普通高等教育“十二五”国家级规划教材

江苏省本科优秀培育教材

财务管理

FINANCE MANAGEMENT

王玉春 主编

第七版

南京大学出版社

重印说明

重印《财务管理(第七版)》过程中,我们积极推进党的“二十大”精神进教材,扎根落实高等教育立德树人与专业培养的双重任务,对全书内容进行全面审核与仔细斟酌,精益求精,臻于至善,严格把控教材再版重印质量关。教材编写旨在树立中国特色社会主义发展思想,传播社会主义核心价值观,实践扎根中国、服务教育、铸造精品的教材建设理念;探索与遵循教育教学规律、人才成长规律和教材建设规律,确保教材修订内容的准确性、权威性,真正达到铸魂育人的目的。

前 言

从我国经济社会发展的要求看，当前经济已由高速增长阶段转向高质量发展阶段，正处在转变发展方式、优化经济结构、转换增长动力的攻关期，建设现代化经济体系是跨越关口的迫切要求和新时代高质量发展的战略目标。全面贯彻新时代中国特色社会主义思想，以新发展理念引领改革，发展新质生产力，是推动高质量发展的内在要求。以供给侧结构性改革为主线，推动经济发展质量变革、效率变革、动力变革，提高全要素生产率，对企业财务管理理论与实践的发展提出了新的要求。

从企业财务管理理论与实践的发展要求看，新时代企业财务人员要爱国、敬业、诚信，不断提高思想素质和业务水平，充分利用互联网的各种资源，实现业务、资金和信息的高度整合。企业财务管理的理念发生变化，由原先关注基础型的财务管理转向业务型和战略型财务管理；手段与技术有了相应的创新，主要体现在数据管理平台化、财务服务共享化以及财务数据一体化这三个方面。财务资源管理的关注点也要发生一定变化，由原来过多关注有形财务资源适度转变到关注无形财务资源，尤其是与新质生产力的新技术与数据资源或数据资产等。多层次的资本市场机制的形成与投融资数字平台的建立与完善，有利于提高直接融资与金融资产投资的比重，企业财务活动的市场化与运行效率也迅速提高，但财务管理的风险也日益加剧。

目前，中小企业逐渐实行会计核算外包，如委托代理记账公司进行会计账务处理与编制财务报表等。跨国公司和国内大型企业集团实行“现金池”的资金集中管控，并着手建立财务共享中心，通过在一个或多个地点对会计人员、业务和流程的有效整合，实现公司内各会计流程标准化和精简化。目前建立的财务共享服务中心多为会计方面的财务处理服务中心，可以称为“共享会计服务”，是一种以会计事项性处理功能为主的服务。加之通用的会计准则、成熟的会计核算软件与互联网的结合，提高了会计工作效率，节省了会计人力资源。面对这些变化，更多的会计人员面临危机与挑战，会计人员面对现实需要转变观念与角色，要由会计核算型人才转变为理财人才或管理会计人才，这是未来会计人才需求转变的趋势。在会计与财务分设的企业中，财务管理人员要进一步提高企业理财艺术，提高组织企业财务活动和协调财务关系的水平。

学习本门课程，要以国际视野掌握企业财务管理前沿理论与方法。同时要理论自信，学习掌握适合中国社会主义市场经济条件下的企业财务管理理论与方法。目的是为企业管理服务，以实现企业的经济目标最大并与社会目标协调。

第七版教材是根据金融政策、财税政策、会计准则等变化，以及企业财务管理理论与方法的发展变化，对第六版教材内容进行的调整与完善。重点修订部分体现在第一章、第四章、第五章、第十五章。

本教材的主要特点：

(1) 本教材是普通高等教育“十一五”“十二五”国家级规划教材；2020 年 12 月，经过学校、江苏省教育厅组织的专家层层评审，教材被推荐参加了全国首届高等教育优秀教材评奖。在省级高等教育教材建设层面，本教材是江苏省高校精品教材，“十三五”江苏省高等学校重点教材，2020 年 12 月，教材被评为江苏省首届高等教育本科优秀培育教材。

(2) 教材顺应了财务管理理论与实践的要求。财政部 2021 年 4 月发布《企业财务通则》(公开征求意见稿)第二章“财务治理结构”中要求企业建立健全制衡有效的财务治理结构，并强调财务风险管控、财务预算管理，本教材 2008 年就率先把这些内容写入了教材。教材在以下方面弥补了现有财务管理教材有关内容的缺失，如财务治理结构中的财务决策与控制、认股权证与认沽权证、短期融资券融资、反映证券基金投资价值的指标及其分析、EVA 价值分析和财务风险预警系统建立等，尽可能满足财务管理理论学习、研究以及理财实践发展的需要。本书主要作为大学本科管理、经济学科等相关专业基础课教学用书，也可以作为管理和经济学科的研究生用书。教师在授课过程中，可以根据不同专业的特点、教学大纲和课时量，灵活安排教学内容，突出教学重点。我们认为，为了提高教学效率与集约化教学水平，提高教育资源的利用效果，教材的编写不必按照专业过于细化。

(3) 每一章都精心设计了章前引言、章后小结、复习思考题、计算练习题，有些章后附有知识拓展的扫码阅读。对于教材中某些需要说明的问题，一般以脚注的形式说明。这样便于教与学，循序渐进地从主要的教与学的环节把握各章的重点和难点。

(4) 一般的在校学习用书与有关的应试用书在内容体系安排上，会因施教对象不同而有所差异。本书在内容设计上，考虑这一差异并尽可能协调专业学习用书与应试用书的差异性，既能使学习者按着专业规定的学习纲要系统地学习，又能有利于学习者在今后参加全国注册会计师统一考试和会计专业中级、高级等诸多资格认证考试中，对相应的应试教材的有关内容更深入地理解和把握。

(5) 本书由从事财务管理教学的教师合作完成。他们大多职称高、学历高，不仅具有从事高等教育教学的专业经验，而且具有参与企业财务管理和财务诊断、财务咨询服务的经验。丰富的专业理论与实践经验为写好本教材奠定了良好的人力资源基础。

本书由江苏省高校“财务管理”精品课程负责人、南京财经大学王玉春教授主编。王玉春教授负责本书提纲的拟定、总纂、修改和使用过程中的修订，并参与有关章节的写作。具体分工如下：

王玉春教授编写第一章、第三章、第六章、第七章、第八章、第九章、第十章、第十二章、第十四章，李连军教授编写第二章、第四章、第十一章，蒋琰教授编写第五章、第十三章、第十五章。

本教材的出版与历次再版,凝聚了多方的支持与团队的良好合作。感谢普通高等教育“十一五”“十二五”国家级规划教材评审组和评审委员会匿名专家,以及江苏省高等学校“十三五”重点规划教材匿名评审专家对本书纲要和书稿的肯定和鼓励。感谢同行的支持和帮助。感谢南京大学出版社为本书出版发行过程给予的大力支持。感谢使用院校师生十几年来的认可和支持。编写组将基于此,不忘初心,砥砺前行,不断完善创新教材,迈向新的台阶。

编　者

2024 年 8 月

目　录

第一章　财务管理总论

企业财务管理学发展过程按一定的标志划分为初期发展阶段、中期发展阶段和后期发展阶段。企业财务由财务活动和财务关系两个方面构成。企业财务管理目标是财务管理理论要素的重要组成部分，也是财务管理工作者应明确的管理目标。企业的财务管理总是在一定的条件下进行的，撇开影响企业的外部条件来研究企业的财务管理，则很难客观、公正、现实地解释企业的财务现象。企业的外部财务管理环境主要包括金融环境、财税环境等。公司财务治理结构属于公司治理结构的范畴，应正确确定财务治理的原则，实行分层财务治理。

第一节　财务管理概述

一、财务管理学的发展

财务管理学是财务学或金融经济学的分支。财务学由三个相互联系的领域构成：货币与资本市场（money and capital markets），即宏观财务学，研究的有关问题也是宏观经济学研究的问题；投资学（investments），主要研究有价证券投资问题；财务管理（financial management），研究的重点是企业管理者如何制定正确的财务决策，使企业价值最大化，协调企业财务相关者利益。美国 Ronald W.Melicher 等学者将金融学分为三个部分，即金融系统、投资学和财务管理或公司理财，还可以将金融学区分为宏观层面的金融学和微观层面的金融学。财务管理属于微观经济学。宏观层面金融学和微观层面的金融学的研究都要涉及投资学，尤其在微观金融学中，以公司作为投资主体，需要研究如何有效地进行金融资产投资。

在西方，“公司”一词是一个动态的概念，随着历史发展的变迁，其内涵有所变化，在中世纪的英国，它指的是得到皇家特许状所确认的特权（特别的优惠权或豁免权）的法人团体，如自治城市、行会、教会和慈善机构等，显然这些不能称为现代公司的雏形。现代意义上的公司萌芽于中世纪后期欧洲的一种合资贸易组织。在 16～17 世纪的荷兰和英国，商人为了海外贸易就需要大量的资本支持，他们尝试以股份的形式募集资金，由此产生了早期的股份公司。随着大量的股份公司在欧美出现，就需要法律确认其法人地位。1837 年,美国的康涅狄格州颁布了第一部一般公司法,规定了标准的公司注册程序。1856 年,英国议会通过了一般有限责任法案,正式确认了注册公司股东对公司债务只负有限的赔偿责任。一些经典经济学著作也描述了公司制度。1890 年,新古典经济学的代表人物马歇尔在他的《经济学原理》中,描述了股份公司股东所有权与经营权分离的现象。旧制度学派进一步论述了股份公司所有权与控制权相分离的趋势,经营者和技术专家日益掌握了公司的控制权。站在经营者的角度看,财务管理权是经营权或控制权的重要部分,经营者在经营管理中的地位越来越重要。早期的人们发现,公司制是有史以来营利组织融资和处理相关者利益关系最佳的制度安排。公司有不断追逐利润和扩展的动机,加之金融组织的增多和金融工具的不断推出,这就使公司的扩张成为可能。当时需要有人研究公司的财务问题,1897 年,美国人格林(Thomas L.Greene)撰写的《公司理财》(*Corporate Finance*)一书应运而生。接着,米德又撰写了《信托融资》和《公司融资》,1920 年,斯通(Author Stone)出版了《公司财务融资》(*Financial Policy of Corporation*)。这些著作的出现标志着理论界已把财务问题作为一门学问或学科单独研究。

一般认为,财务管理学产生于 19 世纪末期。从产生到现在,按照不同的标志有不同阶段的划分方法。根据西方主要发达国家财务实践和理论在不同阶段所涉及和讨论的主要问题,财务管理学的发展可分为以下几个阶段。

(一)初期发展阶段

19 世纪末期至 20 世纪 20 年代,为财务管理学科发展的初期阶段。在这一阶段,迅速发展的股份公司急需在资本市场寻求新的资本,如当时美国钢铁公司、雷诺烟草公司等大公司面临的主要问题是,如何尽快取得资本进行扩张。然而,由于资本市场初具规模,不规范的操作则令人担忧:一方面,上市公司会计报表存在着虚假水分,公司提供给投资者的盈余指标和财务状况不实;一方面,公司的内线人和股市操纵者相互配合,造成股价与公司价值背离太大,经常出现股价大幅波动。资本市场不能取信于中小投资者,造成了投资者对股票、债券望而却步,公司陷入了资本市场融资难的困境。但是,另一方面,资本雄厚的大公司通过合并与兼并取得了一定的经营和财务的协同效应。例如,美国历史上发生过五次兼并浪潮,其中前两次浪潮就发生在这一期间。

第一次浪潮出现在 19 世纪 20 世纪之交。从 1893 年至 1904 年,共发生了 2 864 起兼并,这一次浪潮发生在资本主义自由竞争过渡到垄断时期。公司为了避免盲目竞争与规模不经济,努力降低产品成本和价格,出现了大规模的以生产同类产品企业的并购现象,横向并购是第一次并购的主要特征。在第一次并购浪潮期间,典型的大公司并购案例是钢铁公司,美国钢铁公司最初由卡内基钢铁公司和联邦钢铁公司合并而成,合并分别采用股票兑换债券和换股的方式完成。

第二次浪潮发生在 20 世纪 20 年代,在这次并购浪潮中,被并购企业 12 000 多家。反托拉斯法案的出现,使得横向并购受到一定的限制,本次并购的主要特征是大公司产业化横向重组。典型的并购案例是美国通用汽车公司纵向的产业重组,通用汽车公司主要按照制造和销售、汽车主机的档次纵向分类重组。到 1927 年,通用汽车公司的销售额和利润额超过福特汽车公司,成为美国最大的汽车公司。

在财务管理初期发展阶段,财务管理着重研究中小企业在成长期如何筹集资本,大型企业在扩张并购过程中的并购方式、融资方式及其相关法律事项,包括研究如何改善外部融资环境和如何规范证券发行与交易的法律问题。

（二）中期发展阶段

20世纪30年代至50年代，为财务管理发展的中期阶段。20世纪30年代是美国经济严重萧条时期，美国道琼斯确定的30种工业股票价格平均下降了近90%，例如美国钢铁公司的股票由每股262美元下跌至21美元，国内的失业率达到25%，许多企业纷纷破产倒闭，甚至连一些资本雄厚的企业也难逃厄运。有史以来大规模的公司倒闭事件使公司的管理当局深刻地认识到：首先应考虑生存，然后才能考虑发展。财务管理者不仅要关注公司的资本存量，更要关注资本的流量和资产的变现能力。财务管理的重点开始转向公司的破产、重整财务和清偿能力。

20世纪40年代至50年代初期，财务管理仍被视为过多地描述与资本市场相关联的事项，大多站在企业外部立场，而不是站在企业管理当局的立场研究财务管理。50年代中期，研究财务管理的立场发生了一些变化，开始站在企业管理当局的立场，研究如何利用分析技术来分析企业的盈利状况及其对股价的影响。

20世纪50年代末期，财务管理强调严格的数量分析，财务管理的重点由资本结构与存量的分析开始转向资产结构与存量的分析，即财务管理的重点由资产负债表右方负债与所有者权益的分析开始转向资产负债表左方的资产控制分析。随着电子计算机在管理中的应用，建立了各种复杂的现金、存货等资产定量模型，以求对资产进行严格的定量控制。同时，政府也通过制定有关法律来间接控制和规范企业的财务活动，以保证披露的有关财务信息真实可比，以便企业内部管理者和外部利害关系人进行正确决策。

（三）后期发展阶段

20世纪60年代至今，为财务管理发展的后期阶段。在这一阶段，高技术层出不穷，已被广泛地运用到改造传统产业或单独形成新的产业。电子计算机的运用，使投融资的区域迅速扩大、交易方式简捷；金融创新涌现出许多金融工具以及衍生金融工具，财务管理风险加大。

美国的后几次兼并浪潮都发生在此期间。20世纪60年代的第三次兼并浪潮主要以混合兼并为主，适应战后国际市场一体化。70至80年代的第四次兼并浪潮是以美国的企业资本结构和经营机制的全面重组为主，第四次兼并是美国经济进入现代市场经济的转折点。90年代的第五次兼并浪潮是以金融业的大量介入、兼并的企业规模大和兼并的形式复杂为特征，这场兼并是适应信息化时代和国际市场激烈竞争的需要。

20世纪60年代至70年代，企业的资本迅猛扩张总是伴随着大量的融资与投资。融资涉及的资本结构，即资产负债表右方的负债与所有者权益的比例关系的研究又受到广泛的重视，投资的策略受到高度重视。这一时期的财务管理着重研究以下两个问题：第一，在资本市场等外部环境条件发生变化的情况下，什么是最佳资本结构。企业在筹资时，如何安排债券与股票筹资额的比例，才能使资本成本降低而财务风险适中。第二，投资组合理论及其对企业财务决策有何影响。在一定的投资风险条件下，如何进行投资组合，才能取得最大的收益率。在财务管理学中，更强调资本结构理论要能够解决当时的实际问题；引入组合投资理论使财务管理学的内容更加丰富。建立了比较完善且考虑资金时间价值的长期投资决策指标体系，主要包括净现值、内部报酬率等指标，这些指标在当时已被广泛运用。

20世纪80年代至今，财务管理对以下几个问题予以关注：第一，通货膨胀与金融市场利率对财务管理有何影响。第二，西方一些国家解除对金融机构的管制后，金融业开展多角化的混业金融服务，形成了多样化金融服务集团，而不是过去专业化金融机构发展的趋势。这种变化趋势对与金融有密切联系的财务管理学的发展产生何种影响。第三，电子信息产业的迅速发展与现代管理的网络化对财务管理理论与实践有何影响。第四，大企业集团的出现，尤其是跨国大型企业集团的出现对企业财务管理学有何影响。现代经济与管理理论，如代理理论、信息不对称理论、行为理论等对财务理论有何影响。面对这些问题，要求财务管理学的理论更加深化，内容要不断扩展。于是通货膨胀财务、财务信息化或网络财务、企业集团财务和国际财务应运而生。

我国的财务管理学的发展经历了几个特殊时期。在新中国成立前的半个世纪里，随着西方殖民列强的侵入，生存在殖民地与半殖民地上的企业财务管理学的模式必然受到西方的影响，与此相关的高等教育也带有西方的烙印。例如，我国当时的一些大学按照西方财务管理教材内容体系开设了财务管理课程，有的大学还专门成立了财务管理系。这一时期的财务管理学在受到西方财务管理学影响的同时，也融合了中华民族传统理财的思想。

新中国成立后，20 世纪 50 年代至 70 年代，由于受到计划经济体制的影响，企业的财务制度是由政府制定的，企业没有经营自主权和理财自主权，当然也谈不上“属于企业真正的财务管理”。财务管理模式基本上是沿袭解放初期苏联的财务管理模式，虽然我国的财务管理学者结合我国财务管理实践，对财务管理学有所创新、有所发展，但由于受外部经济环境的影响，财务管理模式仍然是适应计划经济的需要。企业的财务是国家财政和银行的“附庸”，财政基本上包办了企业的财务，这种“寄人篱下”、迎合财政的“学问”当然也谈不上学科自身的发展。难怪创建苏联社会主义“财务管理学”的鼻祖契尔钦柯主张：财务依附于财政，只是财政学科体系中的一门课程。可见，在这样的体制下，企业财务管理学不可能有它独自的发展空间，教育界也不可能把它作为管理学科一门独立的专业来研究。

20 世纪 80 年代，我国对原有经济体制中不适应生产力发展的方面进行了比较全面的改革，使经济体制和运行机制发生了深刻的变化。我国的财务管理学开始涉及企业经营自主权和改革中遇到的一些问题，由于当时中国共产党的十二大提出以计划经济为主，市场调节为辅的改革目标，这虽然初步改变了计划与市场相对立的传统认识，但仍然是以计划经济的形式和手段为主。因此，财务管理学科的发展仍然摆脱不了计划经济体制惯性的制约。这一时期出版的财务管理教材和发表的相关的论文可以清楚地说明这一问题。

到了 20 世纪 90 年代，1992 年 10 月，中国共产党第十四次全国代表大会确立了建立社会主义市场经济体制的改革目标，并明确指出，转换国有企业特别是大中型企业的经营机制，是建立社会主义市场经济体制的中心环节。1993 年 11 月，中国共产党十四届三中全会通过了中共中央关于建立社会主义市场经济体制若干问题的决定。这次会议明确了建立社会主义市场经济需要解决的一些重大理论问题，强调以公有制为主体的现代企业制度是社会主义市场经济体制的基础。现代企业制度的基本特征：一是产权关系明晰，企业拥有包括国家在内的出资者投资形成的全部法人财产权，成为享有民事权利、承担民事责任的法人实体。二是企业以其全部法人财产，依法自主经营，自负盈亏，对出资者承担资产保值增值的责任。三是出资者按投入企业的资本额享有所有者的权益，即资产受益、重大决策和选择管理者等权利。四是企业按照市场需求组织生产经营，以提高劳动生产率和经济效益为目的，政府不直接干预企业的生产经营活动。五是建立科学的企业领导体制和组织管理制度，调节所有者、经营者和职工之间的关系，形成激励和约束相结合的经营机制。只有建立市场经济以及现代企业制度，企业成为理财主体，才会有以企业作为主体的财务管理，财务管理学才会有真正的发展。

1993 年，原国家教委颁布的《普通高等学校本科专业目录》中设置了理财专业，1998 年新修订的《普通高等学校本科专业目录》把理财学专业改为财务管理专业。国家正式确立了财务管理专业，为开展这方面的教学和科研活动提供了良好的平台。1993 年以后的财务管理教材内容体系基本上是照搬成熟市场经济国家业已形成比较完善的财务管理内容体系。这也顺应了全球经济一体化和管理现代化、国际化的趋势。同时也需要思考，在引进西方财务管理学的同时，如何结合我国近年财务管理的理论与实践，处理好国际化与本土化的关系，不断丰富我国财务管理学的理论与方法。

二、财务管理内容

（一）财务管理的概念

一般认为，企业的财务是指企业在再生产过程中客观存在的资金运动以及由资金运动引起的企业与有关经济利益主体之间的关系，即客观存在的财务活动和财务关系。企业财务管理是指企业规划、组织和分析评价财务活动，以及处理财务关系的一项管理工作。财务管理学是指人们在财务活动实践中的知识总结，是由感性认识上升至理性认识的理论知识体系，并用来指导财务实践的一门学问。

（二）财务活动

财务活动是企业在再生产过程中的价值运动过程，是企业经营活动过程中运用货币综合反映的过程。企业的资金是企业财产物资的表现形式，它不断循环周转、用以寻求增值的价值。在企业的经营活动过程中，实物资产由一种形态转化为另一种形态。如在制造业的采购阶段，以现金购买原材料；在生产阶段，投入的原材料、包装物、低值易耗品转化为在产品，在产品经过继续加工，生产出完工产品；在销售阶段，出售完工产品，取得现金。在制造业的供、产、销三个阶段，资产的形态依次转化。同时，资金的形态依次由货币资金转化为储备资金，储备资金转化为生产资金，生产资金转化为产品资金，产品资金最后转化为货币资金，完成一个资金循环。在资产与资金转换过程中，除了上述资产参与转换，还有其他实物资产和非实物资产以及人力资本也参与了转换过程。资金的转换有静态存量与动态流量两种相互交织的形态。企业资金运动及其两种表现形态如图 1 - 1①。

图 1 - 1 中的狭长通道表示资金的流量，近似方形图表示资金的存量，图中的流量与存量是不断变化的。从一定时期观察资金运动，可以研究资金运动的流量；从一定时点观察资金运动，可以观察资金运动的存量。从图 1 - 1 中可以看出，局部现金图如同资金运动循环系统的“心脏”，通过不同的管道不断地输入和输出能量，现金是资金运动的始点和终点。一般来说，企业的投入一般表现为现金的流出，企业的收入和增值表现为现金的流入和比投入增加的现金流入。可见，在财务管理中，现金的管理具有举足轻重的地位，这也验证了西方管理学的一些格言：“企业管理的重心在财务，财务管理的重心在现金”；“现金为王”。从图 1 - 1 中还可以看出，企业的现金流量可以分为三类：与供、销等有关的经营活动现金流量；与固定资产购建、处置以及有价证券购买、处置有关的投资活动现金流量；与引起企业资本及债务规模和构成发生变化有关的筹资活动现金流量。

---

① （美）H.克雷普斯等著：《财务管理》，转引自余绪缨主编《企业理财学》，辽宁人民出版社，1995 年 1 月版，第 19 页。

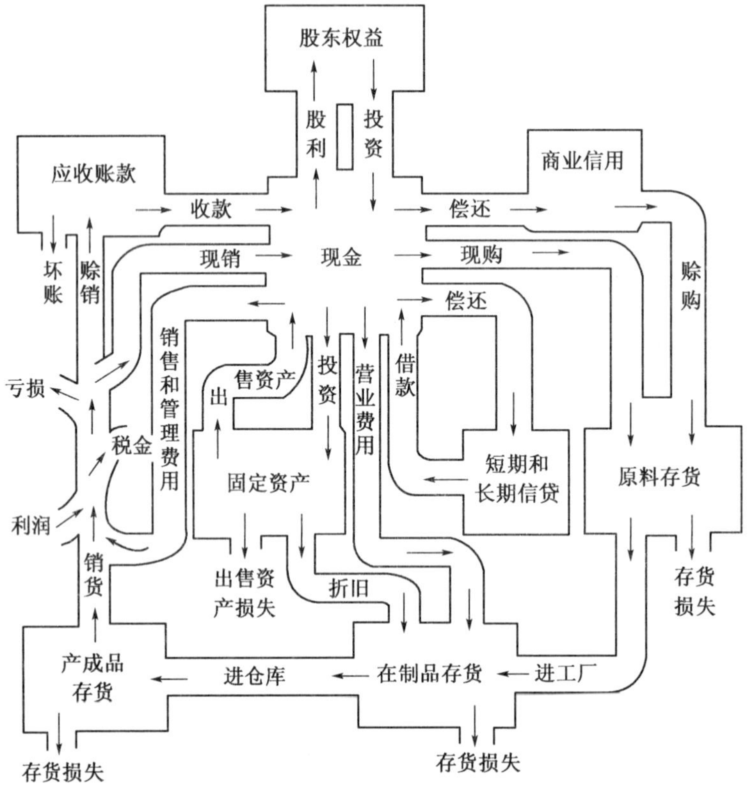

图 1-1　资金的存量与流量

从财务管理主体对财务活动等客体的管理角度，以及从上述现金流量的类型划分上考察，财务活动可以分为筹资活动、投资活动、营运资金日常管理活动和收益分配活动。

1. *筹资活动*

企业进行日常的经营活动和投资活动都需要资金的支持，企业筹资的主要渠道概括地可以分为三类：第一类是国家；第二类是其他企业和金融机构等；第三类是个人。企业通过这些渠道，采取不同的筹资方式筹集资金。这些筹资方式可以划分为两类。一种是权益性融资，通过向投资者直接融资，包括发行股票融资等，其投资主体是国家、法人和社会公众。其出资的方式可以是货币资产，也可以是非货币资产，包括实物资产和无形资产，还包括从净利润中形成的留存收益。另一种是债务性融资，包括银行借款、发行公司债券、商业信用和融资租赁等。在筹资活动中，一定要根据用资计划安排筹资额度，同时要考虑筹资结构，正确处理负债与所有者权益的比例关系，在适度的财务风险下，尽可能降低资金成本。在负债筹资下，要考虑还款能力并编制还款计划，在讲求诚信的条件下，尽可能利用非付息负债。在权益融资中，要考虑融资额度和方式对股权结构、公司治理结构的影响。经营者要维护出资者利益，出资者应按其出资份额享有权利和承担义务，避免大股东侵占中小股东利益。

2. *投资活动*

投资是指为了将来获益所付出的耗费活动。投资按范围划分，可以分为广义投资和狭义投资。广义投资泛指资金投放使用的活动。狭义投资是指某些特定项目的投资活动，如有价证券投资、用于固定资产项目的基建投资、用于对外合资或参资的经营投资、用于资本运营的并购投资和维持日常经营业务开展的营运资金投资。本书所讲的投资主要是指前三项狭义投资。投资按时间长短划分,可以分为短期投资和长期投资。财务管理学所讲的短期投资和长期投资与财务会计学所讲的两者含义有所差别。这里所讲的短期投资既包括短期有价证券的投资,也包括营运资金的投资;长期投资既包括长期有价证券的投资,也包括固定资产投资、无形资产投资以及并购投资等。投资按方式划分,可以分为直接投资和间接投资。投资还可以划分为对内投资和对外投资等。

对于期限长、价值大的长期投资,在投资前,一定要做好可行性研究,避免盲目投资。要对项目的经济可行性、技术可行性、社会环境的可行性进行严格的调研论证,正确处理企业发展过程中的集约化与规模化、专业化与多元化的关系,避免过多的分散投资。加强对研究开发能力和无形资产的投资,提高企业的核心竞争能力和可持续发展的能力。

3. 营运资金日常管理活动

企业在财务活动管理过程中,对短期的营运资金管理是经常性的管理,日常周转的营运资金具有期限短、循环快、灵敏度高的特点。从营运资金的存在形态和用途上看,它包括货币资金、应收账款、存货以及支付的工资和日常的管理费用等。

企业营运资金日常管理的重点是:合理确定货币资金的存量,平衡现金的日常收支,正确处理现金的流动性与盈利性的关系;研究商业信用政策,制定适宜的信用标准,按收款政策取得应收账款,以较低的信用成本,收回较多的应收账款;正确确定存货的批量成本,在满足经营需要的条件下,努力使采购成本和储存成本最低。以尽可能加快营运资金速度,提高营运资金使用效果。

4. 收益分配活动

企业筹资、投资和营运资金日常管理的最终目的是取得收益并进行合理的分配。企业的营业收入扣除营业成本、销售税金及附加、销售费用、管理费用、财务费用和资产减值损失,加公允价值变动净收益和投资净收益为营业利润;营业利润加营业外收入,再扣除营业外支出为利润总额;利润总额扣除缴纳的所得税为净利润或净收益。

在知识经济时代下,财务资本提供者和人力资本提供者都应该是净利润的分配者,净利润是收益分配的对象。收益分配应着重处理好四个方面的关系:企业与投资者以及投资者之间的分配关系;短期利益与长远利益的关系;分配与再融资的关系;对财务资本投入者和人力资本投入者的分配。企业按一定比例从净利润中提取盈余公积金;根据投资比例或投资协议向投资者进行分配;尚有剩余的部分为企业未分配利润。提取的盈余公积金和未分配的利润为企业的内部积累。

上述企业的筹资活动、投资活动、营运资金日常管理活动和收益分配活动是密切联系的,规划、组织财务活动需要综合地从这四个方面着手进行。当然,在财务管理的不同时期,财务管理的重点有所不同。

(三)财务关系

企业在规划、组织企业的财务活动过程中,必然与各个经济主体发生经济关系,即财务关系。财务管理的另一项重要内容是正确处理和协调财务关系。在处理财务关系的过程中,涉及相关的人、事、物的管理,而对人的管理,包括对管理者自我约束管理和相互管理是管理的核心。正确处理财务关系的准绳或依据是相关的法规,包括由企业制定的财务制度。企业的财务关系主要包括以下几个方面。

1. 企业与投资者之间的财务关系

投资者依法足额交纳所认缴的出资，以其所缴的出资额承担公司债务，公司成立后，不得抽回资本，不得随意干涉企业的经营活动。投资者在履行义务的同时也有按出资额享有所有者的资产受益、重大决策和选择管理者的权利。具体的财权有：决定公司的经营方针和投资计划；审议批准公司的年度财务预算方案、决算方案、利润分配方案以及弥补亏损方案；对公司增加或减少注册资本作出决议；对重大的筹资作出决议；对公司合并与分离等资本运营活动以及解散和清算等事项作出决议。出资者应营造一种激励机制，激励经营管理者不断创新、进取的积极性。企业的高层管理者，包括高层财务负责人应根据股东会或股东大会作出的重大财务决议，具体制订财务方案，并贯彻执行。

投资者投入的资本具有一定的"抵押性"，承担着巨大的投资风险，理应取得企业剩余索取权，投资者具有终极财权。经营管理者应忠实地维护资本的保值、增值。同时，具有拥有、占有、处置企业资产的法人财产权。

企业与投资者之间的财务关系实质上是投资者的终极财权与企业法人财权的关系，委托人与受托人双方之间的财务关系。企业作为投资者对外进行权益性投资时，也会与受资方发生上述财务关系。

2. 企业与债权人之间的财务关系

企业在筹资时，为了及时满足筹资需要、降低筹资成本和改善筹资结构，通常采取负债融资方式，如向银行借款、发行企业债券、购货时暂欠款（商业信用）等负债方式。企业与金融机构、其他企业和个人等发生债权、债务关系，这些债权、债务关系涉及双方的权利和义务。应事前约定债务数额、期限、利率和其他约定条款。企业应严格履约、讲求诚信，到期还本付息。

债权人对持续经营的债务企业没有参与经营管理的表决权和剩余收益的控制权，但是当债务企业不能清偿到期债务，并且资产不足以清偿全部债务或者明显缺乏清偿能力的，依照破产法规定清理债务。债务企业处于重整、和解或破产清算期间，债权人就具有相机治理权，控制权就会从所有者转移至债权人。企业破产财产清偿的一般顺序为：先债权人，后所有者。

企业与债权人之间的财务关系实质是债权、债务关系。企业作为债权人与其他债务人也会发生上述财务关系。

3. 企业内部各单位之间的财务关系

企业发挥团队作用，需要明确内部各单位权、责、利，发挥相互合作协同的作用。企业内部各单位分布在供、产、销各生产经营价值链的环节上。按生产经营职能划分，企业组织可分为制造部门和管理部门；按企业各责任中心划分，可分为成本中心、利润中心和投资中心。企业内部单位也可以是各制造部门、管理部门和责任中心。制造部门内部的各个车间需要制定半成品的转移价格，激励其降低成本，增加部门的内部收益。各管理部门，包括财务部门应根据本部门的消耗定额，制定合理的费用预算，并严格按预算开支，努力使企业内部各单位的经济利益与其完成的目标以及企业价值联系起来。

企业内部各单位之间的财务关系实质是企业内部各单位之间的资源占用与利益的内部分配关系。

4. 企业与员工之间的财务关系

企业员工是企业生产经营活动过程中的主体。企业应根据员工的劳动数量与质量支付劳动报酬,企业应从业务收入中扣除应付给员工的劳动报酬和由企业支付的保险费用等。对于允许实行员工持股的企业,企业还应根据员工持股的份额,支付投资报酬。在企业分配关系中,员工应通过企业的最高权力机构或者员工持股会、工会发挥应有的财务管理作用。员工也应根据企业制定的劳动定额按质、按量完成工作。

企业与员工之间的财务关系实质是企业与员工在劳动成果上的分配关系。

5. 企业与政府之间的财务关系

政府担负社会管理和公共服务职能,为了保证其社会管理职能和公共服务职能的行使以及国家机器的正常运转,包括为企业营造良好的经营环境,需要一定的物质基础。而政府不直接从事物质财富的创造,只能以税收的形式参与社会产品的分配,取得物质财富,用于行使国家职能。企业必须依法纳税,其纳税主要有以下几类:流转税、所得税、财产与行为税、资源税。对于国有独资企业、国有控股企业、国有参股企业,国家有关部门履行出资人的职责或受托管理单位依法履行出资人的权利和义务,这种财务关系体现在企业与投资者之间的财务关系中。

企业与政府税务部门之间的财务关系实质是依法强制性、无偿性的分配关系。

第二节　企业财务管理目标

企业财务管理目标是财务管理理论要素的重要组成部分,也是财务管理工作者首先要明确的目标。企业财务管理目标要符合企业发展目标的要求。企业财务管理目标可以分为财务管理复合目标和单一目标。

一、复合财务管理目标

美国财务学者斯蒂芬·A.罗斯(Ross,S.A.)等著的《公司理财基础》一书[①]在阐述财务管理目标时,涉及"可能财务管理目标"概念,其内容具体包括:"生存;避免财务窘境和破产;击败竞争者;销售或市场份额最大化;成本最小化;利润最大化;保持持续的盈利增长"。我们把这种可能的财务管理目标看作是企业发展动态过程中的复合财务管理目标,可概括为:生存、发展、可持续的盈利。

企业动态的发展过程一般要经过创业期、成长期、成熟期等。企业处在不同的发展时期,财务管理的目标也有所差异。在创业期,财务管理工作者应规划合理的股权结构,并努力寻求资本,维持企业生存所需要的基本资本,使销售收入不断增长;在成长期,应充分运用不同的筹资渠道和筹资方式大量地融资,以满足企业扩张的需要,同时应合理地规划资本结构,并正确处理分配中的消费与积累的关系,使利润快速增长;在成熟期,采取稳健的财务政策,调整融资、投资政策,保持持续增长的利润水平。

从企业静态发展的每一阶段看,财务管理的目标也具有下列三个层次。

---

① (美)斯蒂芬·A.罗斯(Ross,S.A.)等著,方红星译:《公司理财基础》,东北财经大学出版社,2002年6月版,第9页。

（一）生存

生存是财务管理最低目标。生存是维持企业简单再生产的财务运作的基本要求，是企业销售并取得的收入刚好弥补生产经营的耗费。收入无法弥补投入，就会出现亏损，生产会出现萎缩，投资者可能会主动要求终止经营活动。另一方面，收不抵支，到期的债务无法偿付和资产不足以清偿全部债务或者明显缺乏清偿能力的企业将进入重整、和解或破产清算程序。

（二）发展

盈利是企业发展的条件。寻求利润是企业经营活动一项最基本的要求，也是扩大再生产的基本条件。在激烈的市场竞争中，企业为了提高竞争能力和市场份额，需要提供优质的产品、优质的服务和低廉的价格。企业应采取积极的财务政策，降低融资成本，控制财务风险，筹集大量的资金满足对内投资和对外投资的需要，形成规模经济，降低成本，扩大销售，保持竞争型的财务态势。

（三）持续盈利

企业的发展离不开长期可持续发展的财务战略管理思想，保持可持续盈利离不开财务管理与人才管理、技术管理、经营管理。人才、技术和经营管理是财务管理的基础，而财务管理是其他管理的综合反映。企业在研究开发中，应注重新产品的研究开发，提高产品技术含量，要增加对研究开发的资本投入。企业在项目投资论证中，选择具有市场潜力和潜在增值的投资项目，充分论证项目未来现金流入、流出情况，降低投资风险。企业在并购重组中，努力降低并购重组中的市场风险、经营风险、管理风险、企业文化风险和政策风险。在企业财务分配中，应协调相关者利益。正确处理企业发展与环境协调的关系。确定财务战略发展目标，追求持续盈利是多重财务管理目标中高层次的目标。

复合的财务管理目标还可以从企业活动过程需要明确的方向来确定，可表述为：适度的财务风险和优化的资本结构、快速的资金周转和较高的投资回报、持续的收益水平和协调的分配政策。

二、单一财务管理目标

复合财务管理目标能满足企业利益相关者不同的需求和对丰富多彩的财务活动管理的不同要求，不同的企业利益相关者对复合财务管理目标的关注点存在差异，不同企业的财务状况、利润水平、现金流量状况存在着差异。一个企业在某一方面的目标完成得可能较好，另一方面的目标完成得可能稍逊。而另一个企业可能与之相反。企业的利益相关者就很难迅速评价和比较这两个企业的财务管理水平。单一的财务管理目标完成的好坏，虽然不能较全面地反映财务管理水平，但体现了唯一性和明晰性。理论界研究讨论的财务管理目标一般是单一的财务管理目标。单一财务管理的目标主要有以下几种。

（一）利润最大化

长期以来，西方经济学家以利润最大化标准分析、评价企业的行为和绩效，利润最大化是企业寻求的目标和努力的方向。物质财富是人类赖以生存和发展的基础，生产经营活动是为了追求投入超过产出的增值活动，生产出更多的剩余产品。利润是衡量物质财富和剩余产品的综合价值指标。

我国在高度的计划经济体制下，企业追求总产值最大化。总产值指标存在的主要问题有两点：一是不能反映投入产出的效果，产值指标包括了生产耗费价值和剩余价值，耗费成本越大、浪费越严重，产值也会越大；二是一定程度地割裂了企业与市场的联系，已出售和未出售的产品，甚至在产品、半成品的期末、期初差额价值也列入产值的范围，即使当期产品未出售，也会有产值。需要指出的是，在当时以产定销的条件下，产值最大化仍然有一定历史意义。

我国在建立社会主义市场经济体制过程中，不少理论工作者指出了利润最大化是企业财务管理的目标。这一财务管理目标优点是：① 简单明确，便于管理者理解；② 与市场紧密联系，面向市场经营；③ 反映了增收节支的效果。以这一指标作为财务管理的目标也存在一定的问题，主要有：① 利润指标着重强调站在企业内部立场评价企业财务管理水平，片面地强调利润最大化，容易造成企业的短期行为，忽视企业长期发展，这对于频繁更替管理人员的企业来说，表现得更为明显；② 按权责发生制计算的利润受不同的会计政策影响，通常不按利润计算现值，因此，这一指标没有考虑时间价值；③ 没有考虑风险因素，利润高可能意味着风险也高；④ 没有反映出利润与投入资本的关系，虽然以资本利润率最大化可以解决这一问题，但上述的其他问题仍不能解决。

（二）企业价值最大化

近几年，以企业价值最大化为企业财务管理目标已逐渐被我国财务界所认同。企业的价值比利润涵盖面更广、更具有综合性。企业价值指标的高低不仅反映了企业的利润水平，还反映了企业的资本结构状况、企业的成长性与社会进步、国民经济发展、生态环境改善的协调状况。

我们认为，对于企业价值最大化，可以站在不同的角度来理解。站在企业全部相关者利益的角度理解，企业的价值应该是全部资产的公允价值，或者是企业按一定的折现率折算未来现金净流入的现值之和。对于上市的企业，企业的价值还可以用公司的股票价格来表现。按企业现值计算的价值公式为：

$$V=\sum_{t=0}^{n}\frac{NCF_t}{(1+i)^t}$$

式中，V 为企业价值；NCF_t 为年现金净流量；i 为折现率；t 为取得现金净流量的具体年数；n 为预计企业持续经营年数。

上式中的折现率为企业无风险报酬率加风险报酬率。在无风险报酬率中，主要受资金时间价值影响。企业价值受企业未来现金净流量、不同时间流量、风险大小和折现率高低影响。企业价值与现金流量成正比，与风险大小成反比。

企业的价值可以用公司股票价格度量。站在企业所有者立场来理解，企业的价值应该是所有者的价值或股东财富的价值。从这一层面理解企业价值与西方财务界普遍认同的财务管理目标——股东财富最大化是一致的。股东的财富也可以是指按股东要求的折现率折算未来由股东支配的自由现金流量的现值之和。股东支配的自由现金流量是指企业在履行了所有财务责任，如支付债务本息和优先股股息等，并满足了企业再投资需要之后的现金流量。就上市公司来说，企业价值最大化可以通过股票价值最大化来表现。股票价值为流通股数与市场价格之积，以股票价值来表现企业价值必须具备两个基本条件：一是股市是有效和理性的；二是公司的股票均能在市场流通。但是，在上述两个条件不够完备的情况下，对比不同时期公司的平均股价变化，仍可以考察公司价值的变化情况。

以企业价值最大化为财务管理目标的优点是：① 考虑了资金时间价值，不同时间的现金流量的现值是不等的;② 考虑了风险价值;③ 有利于避免经营者的短视行为,努力寻求股东财富的最大化,使净资产保值增值;④ 有利于企业战略财务管理,进行战略投资和资本运营;⑤ 促使公司树立良好的公众形象,正确处理好企业发展与社会、经济协调发展的关系。以企业价值最大化为财务管理目标的缺点是:① 难以客观地确定企业价值。每个企业自身状况和所处的环境存在着差异,难以寻找评估价值的参照物,确定企业未来现金流量存在着一定的主观性,而股市的有效性和有些股票市场流通性的局限对确定股票价值也产生一定的问题。② 企业价值计算复杂、不够明晰。在实际工作中,短期年度考核多以利润基础指标来确定经营管理人员的经营管理目标和考评企业的绩效;长期考核多关注价值指标,如实行股票期权激励计划、员工持股计划等,以满足企业未来股票价值增值的要求。从企业可持续长期战略发展的视角来确定财务管理目标,本书仍赞同企业价值最大化为财务管理的目标。

三、实现财务管理目标的相互协调

企业价值最大化符合企业相关者整体利益的要求。但是不同相关者的利益要求存在差异,以及各相关者在实现企业财务管理目标的过程中也存在一定的矛盾,这需要协调。

(一) 所有者与经营者的利益协调

所有者与经营者的矛盾表现为代理问题。当所有权与经营权合一,所有者与经营者一体时,不会产生代理问题;当经营者未持有或持有很少的公司股票时,代理问题就会产生。企业价值最大化有利于所有者获取更多的剩余收益,而经营者一般只取得相对固定的薪酬,所有者与经营者收入的不同步增加,使得经营者可能会漠视企业价值,更多地关注自己的薪酬和偏好自己的在职高消费,而在职高消费会损害所有者的利益。

所有者和经营者还存在另一个潜在的矛盾。有些公司的管理层试图压低价格,通过举债收购公司的股票。管理层为了降低收购成本,通常会选择影响降低股价的经营管理行为,这与股东要求的股票价值最大化的财务管理目标是相悖的。

为了协调所有者与经营者的利益,减少经营者的逆向选择和道德风险,所有者需要设计一套制度,约束和激励经营者围绕企业价值最大化的财务管理目标去努力工作。约束和激励机制包括以下几个方面。

1. 监督

由于信息不对称,所有者和经营者所产生的代理问题主要包括两个方面。一是开始代理时企业面临的逆向选择,二是代理过程中面临的道德风险。这就需要所有者对经营者进行有效的监督,而监督代理行为需要成本,这方面的成本包括三个方面:① 设计合适的治理结构和组织制度,以限制不当的管理行为所发生的费用;② 由于管理层受到严格的治理结构和组织制度的限制,以至于无法当机立断、及时采取有利的行动所产生的机会成本;③ 日常监督管理人员所发生的费用。

2. 解聘

所有者与经营者可以签署“一组合约”,明确管理者的经营目标。具体包括资本的保值增值目标、收入增长和费用开支目标、资本周转和资本结构目标、研究开发和市场占有率目标等。一旦经营者渎职或管理不善造成目标不能完成,所有者可以根据合约解聘经营管理者,从经理人市场招聘更优秀的经理人才,建立有效的组织控制机制来约束经营管理者。

所有者也可以运用市场机制来约束经营管理者,使经营管理者有被解聘的压力。如果管理层违背股东的利益，使得股价被低估，恶意的并购可能会发生，即使大股东和一致行动人采取抵制的方式，公司被并购、控制权转移仍可能会发生。因此，原有股东和一致行动人会实施反并购计划，要求经理人员为了避免外来恶意并购，必须采取相应的反并购措施。同时，也要防止经营者为了阻止恶意并购所采取的其他有损股东利益的行为。

3. 激励

建立一种与约束机制相对应的激励机制，使经营管理者的报酬与企业财务管理的目标完成情况紧密联系，激励他们采取符合企业价值最大化这一财务管理目标的行动。激励可以采取以下几种主要方式。① 股票期权激励。允许管理人员将来以约定的行权价格购买公司一定的股票，通常不低于激励计划草案公告前一个交易日与前 20 个交易日平均价格两者中较高者。若今后的股票价格越高，持有的股票价值就越高，未来取得的市场收益就越大，促使管理人员积极采取有助于提高股票价值的行动。当然，这既要看到股票期权激励的积极作用，也要看到股票期权的消极作用。由于管理人员有操纵公司的信息条件，所持有的股票行权价格，或在行权期的市价容易被公司内幕操纵等，使管理人员产生不当利益，会损害其他投资者的利益以及公司的形象。② 限制性股票激励。限制性股票允许管理人员通常以半折的规定市场价格购买公司一定的股票，根据今后年净利润增长率、销售收入增长率、权益报酬率等指标的完成情况来考核管理人员的绩效，再以考核的结果决定是否解除股票限售。管理人员会不断提高公司的绩效，以赢得更多的股票差价，使管理人员的目标与股东的目标相一致。③ 员工持股计划。员工持股计划的实施对象通常是核心员工与经营管理人员。公司发行一定的股票，公司的内部员工出资认购，员工认购价格通常比市场价低。这种激励有利于将员工短期利益与长期利益结合，经营管理者与股东的利益结合，按劳分配与按资分配结合。④ 年薪激励。经营管理者年薪由基本年薪和业绩年薪组成。经营管理者的劳动与普通职工相比，在量上有差别，其劳动要素投入得到的收入，即基本年薪，应与工资挂钩；经营者在生产经营过程中承担风险、开拓市场、锐意创新等活动给企业带来的绩效，与职工劳动相比，性质不同，不具有可比性，其才能要素投入得到的收入，即绩效年薪不与工资挂钩，应与企业绩效或企业价值挂钩，其业绩年薪的激励能较好地协调所有者与经营管理者的利益关系。

（二）所有者与债权人的利益协调

债务人与债权人的财务关系是一种合约关系，举债人的债务成本和债权人的收益水平——利率在合约中明确地反映。在利率准市场化或市场化的条件下，影响利率的主要因素有：① 社会平均资本成本；② 举债企业现有资产的风险和资本结构现状；③ 举债企业现有资产和举债项目未来创造的现金流；④ 企业资本结构改变的预期。债务人和债权人体现在债务债权上的目标不一致，债务人更多地关注债务资产的营利性，债权人更多地关注债权资产的安全性。这种目标的差异性，加之两者存在严重的信息不对称现象，可能会发生拥有信息优势和用资主动权的债务人损害债权人的利益行为。损害债权人的利益行为通常有两种情形：第一，对于大额债务，所有者通过经营者向债务人举债后，改变了事前约定的债务用途，将借款投向风险更高的项目，而借款利率仍维持在约定的水平，造成债权人的收益水平与贷款项目的风险不对称，低估了债权人的资产价值。如果债务人变更的投资项目获得成功，取得的额外收益全被所有者占有，债权人只能得到以前约定的收益；如果债务人变更的投资项目失败，债权人就可能跟着赔损。第二，所有者为了获得财务杠杆效应，继续举债或举债没有经过原债权人的同意，违背了事前的承诺，造成财务风险加大，旧债的价值下跌。更为严重的是，继续举债会加大财务的拮据成本和代理成本,可能招致企业破产清算。一旦清算,新、旧债权人将共同参与分配企业的清算资产,可能会造成债权人难以补偿的损失。

所有者与债权人的利益协调方式主要是:债权人要求债务人提供防范风险的保证和在借款合同或债券募集办法中加入限制性条款,以及债务人主动与债权人或担保人协商与沟通。债权人在签订借款合同或债务人的发债募集办法中,应明确举债的用途,不允许债务人发行新债或借款,当债务人侵害债权人的利益时,债权人有权拒绝进一步合作,提前收回款项。债务人在履约过程中,如果发现有好的项目需要继续负债,需要事前与原债权人协商与沟通,征得同意后再举债。

除了协调上述利益关系,所有者还需要通过经营者来协调与政府的利益关系。企业在实现财务管理目标的过程中,除了依法纳税,还需要承担其他的社会责任,如保护环境、保证产品的质量安全和维护消费者的权益、对社会公益活动的必要捐赠、尽可能地减少裁员和为员工支付由企业支付的保险费用等。所有者在追求自身效益最大化的同时,要自觉地承担一定的社会责任,而政府应为企业提供良好的外部环境。从短期来看,两者存在一定的利益冲突,但从长期来看,两者的利益是趋同的。

第三节　财务管理环境

财务管理环境是指对企业财务活动产生影响作用的企业内外部条件或因素,通常是指影响企业财务活动的外部条件或因素。企业的财务管理总是在一定的条件下进行的,撇开影响企业的外部条件来研究企业的财务管理,则会很难客观、公正、现实地解释企业的财务现象。企业的外部财务管理环境主要包括金融环境、财税环境、法律环境和其他经济环境。

一、金融环境的影响

在市场经济条件下,企业的许多融资和投资活动需要通过一定的金融机构,运用适当的金融工具,在金融市场来完成。

(一)银行金融机构与非银行金融机构

资金由多余方转移给不足方,具有投资价值的金融资产从供给方转让给需求方一般通过金融机构完成。金融机构包括银行金融机构和非银行金融机构。

1. 银行金融机构

我国的银行主要包括中央银行、政策性银行和商业银行。

(1) 中央银行

中国人民银行是我国的中央银行。中央银行不以营利为目的,不经营普通银行的业务,即不面向社会办理存、贷、汇业务,为实现国家政策服务。中国人民银行在国务院领导下,制定和执行货币政策,货币政策目标是保持货币币值的稳定,并以此促进经济增长,防范和化解金融风险,维护金融稳定。中国人民银行履行下列职责:① 发布与履行与其职责有关的命令和规章;② 依法制定和执行货币政策;③ 发行人民币,管理人民币流通;④ 监督管理银行间同业拆借市场和银行间债券市场;⑤ 实施外汇管理,监督管理银行间外汇市场;⑥ 监督管理黄金市场;⑦ 持有、管理、经营国家外汇储备和黄金储备;⑧ 经理国库;⑨ 维护支付、清算系统的正常运行；另外，作为国家的中央银行从事有关的国际金融活动等。

(2) 政策性银行

政策性银行，一般是指由政府设立，以贯彻国家产业政策、区域发展政策为目的，不以盈利为目标的金融机构。政策性银行实质是一种政府性银行或一种运用金融手段的财政化。1994年，我国组建了三家政策性银行——国家开发银行、中国进出口银行和中国农业发展银行。政策性银行依照国家的政策意图，引导社会资金投向，促进资源优化配置和经济结构调整，在扩大内需、拉动经济增长、稳定农业、扩大进出口等方面发挥了重要作用。目前，我国政策性银行将逐渐进行市场化改革。我国三大政策性银行资金来源和用途见表1-1。

表1-1　我国三大政策性银行资金来源和用途

政策性银行	资金来源	资金运用
国家开发银行	主要依靠向金融机构发行债券	用于制约经济发展的“瓶颈”项目；直接用于支柱产业的重大项目；高新技术在经济领域应用的重大项目；跨地区重大政策性项目等
中国进出口银行	财政拨款，发行政策性金融债券，在国际金融市场筹措资金	为机电产品和成套设备等资本性货物出口提供出口信贷；办理与机电产品出口有关的各种贷款以及出口信贷保险和担保业务
中国农业发展银行	以中国人民银行的再贷款为主，同时发行少量的政策性金融债券	办理粮食、棉花、油料等主要农副产品的国家专项储备和收购贷款；办理扶贫贷款、农业综合开发贷款和小型农、林、水基本建设以及技术改造贷款

政策性银行的产生和发展是国家干预、协调经济的产物。目前，许多市场经济活跃的发达国家也建立了政策性银行，其种类较为全面，并构成较为完整的政策性银行体系。如日本著名的“二行九库”体系，包括日本输出入银行、日本开发银行、日本国民金融公库、住宅金融公库、农林渔业金融公库、中小企业金融公库、中小企业信用保险公库等九个公库。美国设有美国进出口银行、联邦住房信贷银行等政策性银行。法国设有法国农业信贷银行、法国对外贸易银行、法国土地信贷银行、法国国家信贷银行、中小企业设备信贷银行等政策性银行。韩国设有韩国开发银行、韩国进出口银行、韩国中小企业银行、韩国住宅银行等政策性银行。这些政策性银行在各国社会经济生活中发挥着重要的作用，构成各国金融体系的一部分。

(3) 商业银行

商业银行是指依照《商业银行法》和《中华人民共和国公司法》设立的吸收公众存款、发放贷款、办理结算等业务的企业法人。商业银行以安全性、流动性、效益性为经营原则，以经营存、放款，办理转账结算为主要业务，实行自主经营，自担风险，自负盈亏，以盈利为主要经营目标。能够吸收活期存款，创造货币是其最显著的特征。商业银行通过资产负债比例管理，对其银行资产、负债进行综合、全面管理，通过谋求合理的资产与负债结构，使银行资产达到保值增值目的。商业银行可以经营下列部分或者全部业务：吸收公众存款；发放短期、中期和长期贷款；办理国内外结算；办理票据承兑与贴现；发行金融债券；代理发行、代理兑付、承销政府债券；买卖政府债券、金融债券；从事同业拆借；买卖、代理买卖外汇；从事银行卡业务等。商业银行按组织形式可分为以下几种。

① 原国有独资商业银行

原国有独资商业银行由中国工商银行、中国农业银行、中国银行、中国建设银行四家国家专业银行演变而来。除中国农业银行外，国有独资商业银行业务逐步向大中城市集中，主要服务于国有大、中型建设项目。四大国有商业银行曾经实施的改革战略：第一步是尽快完善国有独资公司体制，按照“产权清晰、权责分明、政企分开、管理科学”的原则将国有独资商业银行转变为经营货币的金融企业，成为真正意义上的国有独资公司；第二步是进行股份制改造；第三步则是创造条件分步上市。中国建设银行、中国银行、中国工商银行、中国农业银行已上市，成为原国有独资改制的上市公司。

② 股份制商业银行

1987 年 4 月，交通银行得以重组，成为一家股份制商业银行。随后，又成立了深圳发展银行、中信实业银行、中国光大银行、上海浦东发展银行等。股份制商业银行股本以企业法人和财政入股为主，采用商业银行机制运作，服务比较灵活，业务发展很快。股份制商业银行分城市商业银行、农村商业银行。

城市商业银行，即在对城市信用社清产核资基础上，通过吸收地方财政、企业入股组建而成的股份制商业银行。其依照商业银行经营原则为地方经济发展服务，为中小企业发展服务。

农村商业银行，即一般由农村信用社改制形成的股份制商业银行，主要为地方农村、农业和农民提供金融服务。

2. 非银行金融机构

从一般企业向非银行金融机构融资的关联程度看，非银行金融机构主要有财务公司、金融租赁公司、信托投资公司、金融资产管理公司等。

(1) 财务公司

财务公司是为企业集团成员单位(以下简称成员单位)技术改造、新产品开发及产品销售提供金融服务，以中长期金融业务为主的非银行金融机构。财务公司可从事下列部分或全部业务：吸收成员单位三个月以上定期存款；发行财务公司债券；同业拆借；对成员单位办理贷款及融资租赁；办理成员单位产品的消费信贷、买方信贷及融资租赁；办理成员单位商业汇票的承兑及贴现；办理成员单位的委托贷款及委托投资；有价证券、金融机构股权及成员单位股权投资；承销成员单位的企业债券；对成员单位办理财务顾问、信用鉴证及其他咨询代理业务；对成员单位提供担保；境外外汇借款等。

(2) 金融租赁公司

金融租赁公司可经营下列业务：直接租赁、回租、转租赁、委托租赁等融资性租赁业务；经营性租赁业务；接受法人或机构委托租赁资金；接受有关租赁当事人的租赁保证金；向承租人提供租赁项下的流动资金贷款；有价证券投资、金融机构股权投资；经中国人民银行批准发行金融债券；向金融机构借款；外汇借款；同业拆借业务；租赁物品残值变卖及处理业务；经济咨询和担保等。通常出租人根据承租人对出卖人、租赁物的选择，向出卖人购买租赁物件，提供给承租人使用，向承租人收取租金的交易。它以出租人保留租赁物的所有权和收取租金为条件，使承租人在租赁合同期内对租赁物取得占有、使用和受益的权利。

(3) 信托投资公司

信托投资公司主要开展信托业务。委托人基于对信托投资公司的信任，将自己合法拥有的资产委托给信托投资公司，由信托投资公司按委托人的意愿以自己的名义，为受益人的利益或者特定目的管理、运用和处分资产，可概括为“受人之托、为人管业、代人理财”。信托投资公司办理资金信托业务取得的资金不属于信托投资公司的负债或权益资金，信托投资公司因管理、运用和处分信托资金而形成的资产不属于信托投资公司的资产。信托投资公司的资产管理对象非常广泛，包括资金信托、财产信托、动产与不动产信托管理、其他财产及财产权信托、证券投资信托，以及国有资产委托管理等资产管理业务。它还可以作为基金管理公司的发起人从事投资基金业务，从事债券承销业务、代保管业务、信用见证、提供担保等业务，公益信托、融资信托、实业投资也在经营范围之列。

(4) 金融资产管理公司

金融资产管理公司是指经国务院决定设立的收购国有银行不良贷款，管理和处置因收购国有银行不良贷款形成的资产的国有独资非银行金融机构。金融资产管理公司以最大限度保全资产、减少损失为主要经营目标，依法独立承担民事责任。

金融资产管理公司在其收购的国有银行不良贷款范围内，管理和处置因收购国有银行不良贷款形成的资产时，可以从事下列业务活动：追偿债务；对所收购的不良贷款形成的资产进行租赁或者以其他形式转让、重组；债权转股权，并对企业阶段性持股；资产管理范围内公司的上市推荐及债券、股票承销；发行金融债券，向金融机构借款；财务及法律咨询，资产及项目评估；中国人民银行、中国证券监督管理委员会批准的其他业务活动。

上述主要金融机构接受中国银行业监督管理委员会监管，企业的财务活动与这些金融机构发生密切联系。

（二）金融市场

1. 金融市场概念

金融市场是指资金供求双方以金融工具进行交易而融通资金的市场。包括货币资金交易、黄金、外汇买卖金融市场以及金融机构之间的同业拆借等交易市场。早期的金融市场一般都有固定的地点和工作设施，也就是有形的金融市场。但随着金融活动本身的发展与现代信息技术的进步，金融市场已经突破了固定场所的限制，向有形市场和无形市场两个方向同时发展。

广义的金融市场泛指资金供求双方运用各种金融工具，通过各种途径进行的全部金融性交易活动，包括金融机构与客户之间、各金融机构之间、资金供求双方之间，主要以货币资金为交易对象的金融交易场所。

2. 金融市场的功效

便利筹资和投资，为投资者的闲置资金找到了兼顾安全性、流动性、收益性的投资场所和为筹资者提供了灵活多样的融资场所。

合理配置社会资源、提高资源效率，使资本流动和社会生产实现均衡。

方便资金的灵活转换。使期限、金额、地域不同的资金能够根据不同的需要在不同的主体之间转移。

提高金融体系竞争性和有效性。

当然，金融市场运行不当，可能引发或加剧经济危机，并使危机在国际金融市场迅速传播。

3. 金融市场的要素构成

(1) 金融市场主体

金融市场主体主要有企业、个人、金融机构和政府部门。

① 企业

企业是经济活动的中心，是金融市场的主体。企业在生产经营过程中经常发生资金的余缺情况，金融市场可成为企业投资和融资的场所。企业因其组织形式不同而与金融市场所运用的不同金融工具密切联系。

② 个人

个人是金融市场的主体。他们通常是金融工具的主要认购者和投资者，是资金供给者。

个人因其投资的分散性和多样性特征而繁荣了金融市场，并使金融市场有了广泛的参与性和聚集长期资本的功效。

③ 金融机构

金融机构不仅是金融市场上资金的供给者和需求者，具体包括商业银行和保险公司、证券经营机构和投资基金三大类；同时也是金融市场上资金需求与供给的中介机构，是储蓄转化为投资的中介者。

④ 政府部门

政府部门通常是一国金融市场上主要的资金需求者。政府不论是为了弥补财政赤字还是为了提供公共产品，通常通过发行公债的方式筹措资金，政府部门由此而成为金融市场的交易主体。政府部门除了是金融市场上交易的主体之外，还担负着对金融市场的监管和对资金流量的调节。

(2) 金融工具

金融工具是在信用活动中产生，能够证明货币供给者与需求者之间融通货币余缺的书面证明。其最基本的要素为支付的金额与支付条件。

① 金融工具特征

一般认为，金融工具具有以下特征。

其一，具有流动性。指金融资产(货币供给者持有的金融工具)具有随时转换成货币的能力。各种金融资产都存在着不同程度的流动性问题，某些金融资产在没有到期之前转换成货币，其收到的货币量要打一定的折扣，或者支付一定的交易费用。一般来说债务金融工具如果具备下述两个特点，就可能具有较高的流动性：第一，发行金融资产的债务人信誉高，在以往的债务偿还中能及时、全部履行其义务；第二，债务的期限短。这样它受市场利率的影响很小，转现时所遭受的损失可能性就很小。

其二，具有风险性。指投资于金融工具的投资额是否会遭受损失的风险。风险可分为两类：一类是债务人不履行债务的风险。这种风险的大小主要取决于债务人的信誉以及债务人的偿付能力；另一类是市场的风险，这是市场利率波动对金融资产市场影响的风险。当市场利率下跌时，金融资产的市场价格就上涨；当市场利率上升时，金融资产的市场价格就下跌。一般来说，投资额的安全性与流动性成正比，即流动性越强，其风险越小，安全性越大。投资额的安全性与期限成反比，即期限越长，其风险越大，安全性越小。

其三，具有收益性。指金融工具能定期或不定期给持有人带来收益的特性。金融工具收益性的大小，是通过收益率来衡量的，收益率是指持有金融工具所取得的收益与本金的比率。其具体指标有名义收益率、实际收益率等。

② 金融工具种类

按期限分类，金融工具可分为货币市场的金融工具和资本市场的金融工具。

按其流动性分类，金融工具可分为具有完全流动性的金融工具，这是指现代的信用货币。现代信用货币有两种形式：纸币和银行活期存款，可看作银行的负债，已经在公众之中取得普遍接受的资格和信任。具有有限流动性的金融工具，包括存款凭证、股票、债券、商业票据等。这些金融工具具有一定的流通、转让特性，但附有一定的条件。

按其所有权分类。如果以投资人是否掌握所投资产的权益划分，所持金融工具可分为债务金融工具与所有权金融工具。所有权金融工具一般为股票等，债务金融工具一般为债券、商业票据等。

金融工具还可以按照发行者是否为金融机构划分，分为直接金融工具和间接金融工具。

(3) 交易价格

① 交易价格的概念

金融市场货币资金的交易价格是用于表现资金的使用价值，通常用利率来表现。利率是货币资金的增值额同投入资金价值的比率。在金融市场机制的作用下，通过货币资金的融通利率这个交易价格，可实现资源再分配。它是国家对经济实施宏观间接调控的重要经济杠杆，它的变动对企业财务活动有着重要的影响，利率是资本的价格。发达的市场经济国家利率体系是以市场利率为主体。而在大部分发展中国家，市场利率化较低。我国的利率将由政府管制利率向准市场利率以及最终的市场利率过渡。市场化的利率是由市场货币资金的供求状况来决定，中央银行不直接干涉利率价格水平的形成，但可以通过货币政策工具影响货币市场资金供求及利率水平，从而体现政府的政策导向，由市场配置资金流向和资金价格。利率提高，货币资金供应量减少，消费和投资额就会减少，使经济增长速度减慢；反之，货币资金供应量增加，消费和投资就会增加，经济增速加快。一个国家实行市场化利率，应具备的前提条件是：经济市场化程度高；金融市场交易主体治理结构完善，对利率具有决定权；利率体系作为一个非常复杂的体系，在利率结构中，需要一个稳定的基础性利率、传导性利率；在此基础上，利率的风险结构、期限结构需要由市场供求关系自由决定。

② 影响因素与价格构成

影响交易价格的因素主要有国家财政和货币政策、国家利率的管制程度、货币资金的供求关系、经济周期循环和经济周期波动、国际经济政治关系。货币资金的交易价格，即利率通常由纯利率、通货膨胀补偿和风险报酬构成。具体影响利率的因素在第二章第四节详细介绍。

金融市场资金融通及有关构成要素之间的关系如图 1－2 所示。

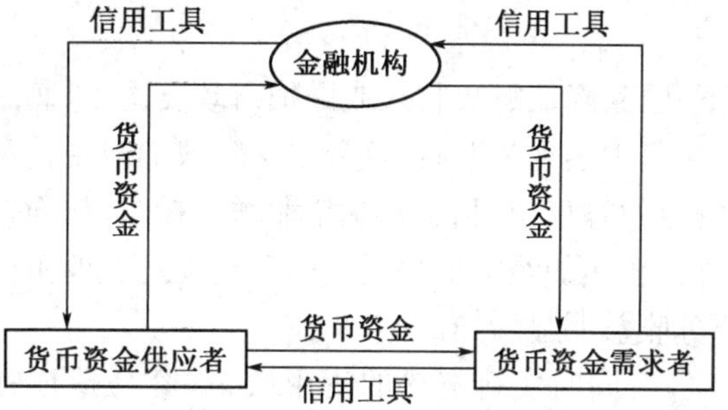

图 1－2　金融市场资金融通及有关构成要素之间的关系

图 1－2 说明了货币资金需求者通过信用工具直接和间接从货币资金供应者和金融机构

融通资金。当然在资金的融通过程中，还需要大量金融市场媒体介入，具体包括货币经纪人、证券经纪人、证券公司和证券交易所等。

4. 金融市场类型

按照交易工具的交易方式、交易期限和地点等不同，金融市场可分为如下几类：

按交易的金融工具所代表的标的物不同，可区分为票据市场、证券市场、外汇市场、黄金市场等。

按金融工具的期限差别，可分为货币市场、资本市场。

按证券的发行级次，可分为证券发行市场（一级市场）、证券流通市场（二级市场）。一般来讲，这是一种常用的市场划分。一级市场是发行证券的市场，这类市场使预先存在的资产交易成为可能；二级市场是现有金融资产的交易场所。

按交易成交后是否立即交割金融工具，可分为现货市场和期货市场。

按政府对金融市场的管制程度，可分为官方管制的金融市场、自由金融市场和黑市。

按交易对象所属的地理范围，可分为地方性金融市场、全国性金融市场、区域性金融市场和国际性金融市场。

二、财税环境的影响

财政体现国家作为分配主体，对社会总产品，尤其是剩余产品的分配关系。企业财务体现了企业作为分配主体对资金和收益的分配。国家的财政收入大部分以税金的形式来源于企业收入和收益，国家的财政支出部分用于大型国有企业财务支出，如挖潜、革新、改造拨款和科技三项费用拨款。在计划经济下，企业所谓的财务只不过是财政的代办，企业财务严格按照财政制定的财务制度代办管理国家所拨款项的事宜，企业没有真正的财权。

（一）财政总量政策对财务的影响

财政政策是国家根据经济发展的需要，为实现一定的经济目标而制定的指导财政工作的基本方针。财政政策主要由三个要素构成，即政策目标、政策手段和政策效应。选择合适的政策手段完成政策目标，取得预期的政策效应是财政政策运用的过程。按财政收入、支出和管理活动分类，财政政策可分为税收政策、支出政策、投资政策、国家预算政策和财政信用政策等。按财政收支活动与社会经济活动之间的关系分类，财政政策可分为总量政策和个量政策。总量政策也称为宏观财政政策，一般分为三种类型，即宽松性财政政策、中性财政政策、紧缩性财政政策。下面仅分析宽松性财政政策和紧缩性财政政策对财务的影响。

1. 宽松性财政政策对财务的影响

在宽松性财政政策下，国家降低财政收入或增加财政支出，以刺激社会总需求增长。在这种政策下，减收增资的结果集中表现为财政赤字，国家财政的减税让利有利于企业财务增加内源性积累资金和外源性资金的筹集，有利于刺激企业增加投资，从而拉动国民生产总值的迅速增长和充分就业等。这种比较热的经济形势反过来又会促进企业生产经营规模的扩张和销售量的迅速增长，企业的财务收益明显增加。

实行宽松的财政政策，若同时实行宽松的货币政策，容易造成社会总需求超过总供给，经济出现过热、通货膨胀，国民经济结构出现失衡。企业财务管理工作者应正确认识这种财政政策对企业财务活动积极和消极的影响。在企业财务活动过程中，要适度地控制筹资风险和投资风险，避免向股东支付过多的股利，要从长远财务战略管理的角度保持可持续发展的财务能力。

2. 紧缩性财政政策对财务的影响

在紧缩性财政政策下，国家增加财政收入或减少财政支出，以抑制社会总需求增长。在这种政策下，增收减资的结果集中表现为财政节余，国家财政的增税减利不利于企业财务增加内源性积累资金和外源性资金的筹集，企业的投资受到外部环境的制约，从而使国民生产总值增长减缓，甚至停滞，出现失业率上升等现象。这种比较冷的经济形势反过来又会促使企业生产经营的萎缩和销售量的迅速减少，企业的财务收益也明显减少。

实行紧缩的财政政策，往往同时伴随着紧缩的货币政策的实施，这种紧缩的经济政策通常是针对经济过热、总需求过剩和通货膨胀压力过大实施的。企业在货币资金市场的融资成本较高，可供选择的投资项目较少，投资收益率较低。企业财务管理工作者应关注财政政策的调整变化，认识财政的紧、松政策，这一张一弛的政策变化具有一定的周期性。财务管理者面对紧缩下的市场不景气和企业遇到的财务困境，应冷静思考；对于有市场前景的产品仍应积极地开拓市场，对于市场不看好的产品应及时淘汰，企业应利用这一时机积极调整产品结构；分析企业资本结构和资产结构所能承受的萧条时期资本保障状况，提高财务弹性，调整财务结构，迎接下一个经济复苏期和高涨期的到来。

（二）税收政策

税收政策是财政政策的主要组成部分，也是实施财政政策的重要手段，在国家实施不同的财政政策时，企业更关注税收政策，它对企业财务活动具有直接和重要的影响。

目前我国实行的税收制度是1994年税制改革的产物，它是一套以所得税、流转税为主体，其他税种辅助配合的税制体系。该税制体系主要由五类税种构成：流转税类，具体包括增值税、消费税、城市建设维护税；所得税类，具体包括企业所得税、个人所得税；资源税类，具体包括资源税、城镇土地使用税、土地增值税等；财产税类，具体包括房产税等；行为税类，具体包括印花税、车船使用税等。

1. 主要税种

据统计，国家税收主要来自企业上缴的流转税和所得税，因此，一般企业这两类税种的纳税额较多。下面就这两类税的主要税种予以阐述。

(1) 增值税

增值税是以商品在流转过程中产生的增值额为征税对象而征收的一种流转税。不同行业的企业、不同类型企业在不同时期，增值税税目、税率会有调整。增值税在中国税收中占比高，具有核心地位。

现行新增值税暂行条例规定：在中华人民共和国境内销售货物或者加工、修理修配劳务（以下简称劳务），销售服务、无形资产、不动产以及进口货物的单位和个人，为增值税的纳税人，应当依照本条例缴纳增值税。

纳税人销售货物、劳务、有形动产租赁服务或者进口货物，除另有规定外，税率为13%。纳税人提供交通运输、邮政、基础电信、建筑、不动产租赁服务，销售不动产，转让土地使用权，税率为9%；销售或者进口粮食、自来水等农产品，以及图书、报纸、杂志、音像制品、电子出版物、饲料、化肥、农药等，税率为9%。

纳税人销售无形资产，除另有规定外，税率为6%。

纳税人兼营不同税率的项目，应当分别核算不同税率项目的销售额；未分别核算销售额的，从高适用税率。

除另有规定外，纳税人销售货物、劳务、服务、无形资产、不动产(以下统称应税销售行为)，应纳税额为当期销项税额抵扣当期进项税额后的余额。应纳税额计算公式：

应纳税额＝当期销项税额－当期进项税额

小规模纳税人以及允许适用简易计税方法计税的一般纳税人发生应税销售行为，实行按照销售额和征收率计算应纳税额的简易办法，一般按3%的征收率征收增值税，销售不动产按5%的征收率征收增值税。不能领购增值税专用发票，不得抵扣进项税额。应纳税额计算公式：

应纳税额＝销售额×征收率

随着社会主义法治理念的日益推进，国家的法制法规日益建立健全，《增值税暂行条例》将向更规范、更具权威的《增值税法》过渡。2022年12月27日，增值税法草案提请十三届全国人大常委会第三十八次会议首次审议。立法总体上按照税制平移的思路，保持现行税制框架和税负水平基本不变，将《中华人民共和国增值税暂行条例》和有关政策规定上升为法律。同时，根据实际情况对部分内容做了必要调整，落实税收法定原则。

(2) 消费税

消费税是对一些特定消费品和消费行为征收的一种税。消费税的特点有：征收范围具有选择性；征税环节具有单一性；征收方法具有选择性；税负具有转嫁性；税率具有差别性。

在中华人民共和国境内生产、委托加工和进口规定的消费品的单位和个人，为消费税的纳税义务人。金银首饰消费税的纳税人，是指在中华人民共和国境内从事商业零售金银首饰的单位和个人；委托加工、委托代销金银首饰的，委托方也是纳税人。我国消费税的征税范围有：烟、酒及酒精、高档化妆品、成品油、摩托车、小汽车等商品。消费税实行从价定率和从量定额以及从价从量复合计征征税。消费税的计税依据分别采用从价和从量两种计税方法。实行从价计税办法征税的应税消费品，计税依据为应税消费品的销售额。实行从量定额办法计税时，通常以每单位应税消费品的重量、容积或数量为计税依据。纳税人兼营不同税率的应税消费品，应当分别核算不同应税消费品的销售额、销售数量。未分别核算销售额、销售数量，或者将不同税率的应税消费品组成成套消费品销售的，从高适用税率。纳税人销售的应税消费品，以外汇计算销售额的，应当按外汇市场价格折合成人民币。纳税人生产的应税消费品，由生产者于销售时纳税。其中自产自用的，用于本企业连续生产的不纳税。当前，我国绝大部分消费税在生产环节征收，消费税后移至批发或销售环节征收，将拓展地方收入来源，引导推动地方经济增长点的迁移，这是消费税改革的趋势。

(3) 企业所得税

企业所得税以纳税人取得的生产、经营所得和其他所得为征税对象。生产经营所得是指从事物质生产、交通运输、商品流通、劳务服务以及经国务院财政部确认的其他营利事业的所得。其他所得是指股息、利息、租金、转让各类资产、特许权使用费以及营业外收益等所得。

企业所得税税率有法定税率和优惠税率两种。法定企业所得税的税率为25%。优惠税率：符合条件的小型微利企业，减按20%的税率征收企业所得税；国家需要重点扶持的高新技术企业，减按15%的税率征收企业所得税。企业应纳所得税额计算公式如下：

企业应纳所得税额＝应纳税所得额×税率

上式中“应纳税所得额”即纳税人纳税年度收入总额减去准予扣除项目后的余额。

纳税年度收入总额包括生产、经营收入，即纳税人从事主业务活动取得的收入，具体包括商品(产品)销售收入、劳务服务收入、营运收入、工程价款结算收入、工业性作业收入，以及其他业务收入。还包括财产转让收入、利息收入、租赁收入、特许权使用费收入、股息收入和其他收入。

纳税年度准予扣除项目包括与收入有关的成本、费用、税金、损失以及税法准予的其他扣除支出。成本，即生产、经营成本，是指纳税人为生产、经营商品和提供劳务等所发生的各项直接费用和各项间接费用；费用，即纳税人为生产、经营商品和提供劳务等所发生的销售(经营)费用、管理费用和财务费用；税金，即纳税人按规定缴纳的消费税、城乡维护建设税、资源税、土地增值税。教育费附加，可视同税金；损失，即纳税人生产、经营过程中的各项营业外支出，已发生的经营亏损和投资损失以及其他损失。

2. 税收政策对企业财务的影响

国家的税收政策对企业的财务活动具有直接和重要的影响，具体表现在以下几个方面。

(1) 融资、投资方面

在实行一定的区域差别税率，或对某一特区或开发区实行不同税收政策时，低税率或低税收政策区域的企业更有利于吸引区域外的企业投资。例如，各地入驻低税率的科技开发区和工业园区的企业吸引了许多外来投资。东北先行试点了消费型增值税税收政策，当时也吸引了许多外来投资者的投资，尤其是对固定资产的投资，加快了老工业基地的固定资产的更新改造，增加了企业生产能力，提升了企业的财务活力。

(2) 财务日常管理方面

财务日常管理主要体现在对现金流和财务收支的日常控制。税率的高低、税基的宽窄和纳税时间的长短等对日常现金流和财务收支的量和节奏都有影响。企业应从税种、税率、税基等方面进行税赋筹划，合理避税。如在消费税上，可进行企业集团内部组织的连续性生产和子公司的合理分设；纳税人兼营不同税率的应税消费品，应当分别核算不同应税消费品的销售额、销售数量等进行筹划。这样，可以减少一定的纳税。在实施税赋筹划方案时，要避免关联交易。从现金流量的节奏上看，每月初、季初是流转税和所得税集中缴纳的时间，工资的支付一般发生在月中，因此，其他经营活动的支出应尽可能安排在月、季的下旬，避免现金的集中流出，出现捉襟见肘的现象。

(3) 收益分配方面

税收政策对企业收益和净收益分配政策有一定的影响，企业流转税种增加、征税范围增大、税率提高，企业利润额会减少；反之，企业利润额会增大。企业所得税应纳税范围扩大、税率提高，企业净利润额会减少；反之，企业净利润额增大。西方股利相关理论认为，股利分配对公司的市场价值具有相关性，公司的股利分配是在多种约束因素下进行的。在这些约束因素中，西方某些国家的税法对超额累计留成收益有一定的约束，股东接受股利交纳的个人所得税远远高于在市场交易的资本利得税，公司为了迎合股东增加资本利得和避税的需要，多拨付留成收益，提高每股净资产价值和股价，政府为了对付这种避税行为，对企业超额留成收益实行征税，可谓“魔高一尺，道高一丈”。企业对超额的留成收益，是作为股利分配，还是继续保留？若作为股利分配，采取什么样的股利政策？企业需要在纳税额、股价变动、资本结构优化和股东的资本利得方面综合权衡选择。

第四节 财务治理结构

一、财务治理结构含义及建立原则

(一) 财务治理结构含义

公司财务治理结构属于公司治理结构的范畴。关于公司治理结构的含义，按公司建立治理结构的目的不同，有不同的解释。1981 年，美国公司董事协会(National Association of Corporate Directors)的会议纪要关于“公司治理”作了这样的概括：公司治理结构是确保公司长期战略目标和计划得以确定，确保整个管理结构能够按部就班地实现这些目标和计划的一种组织制度安排。美国公司董事协会关于“公司治理”的这番表述，显然是从确保战略目标和计划实现为目的来定义的。还有许多学者从维护所有者利益的目的来界定公司治理结构：公司治理是指在公司所有权和控制权分离的条件下，为维护所有者利益而在所有者和代理人之间形成的一种契约关系和制度结构。尽管可以从不同的目的来解释“公司治理”，但人们都承认它是一种制度安排或制度结构。关于建立制度结构的缘由，新制度经济学较早地进行了理论阐述。科思在《企业的性质》中论述了企业制度存在的缘由：企业之所以存在，是因为企业这种方式比市场这种方式更能节约交易费用，交易费用的存在导致了制度的产生，而制度的产生又是为了进一步降低交易费用。诺思认为，制度产生于社会和复杂的交换形式，人类历史从简单的交换形式发展到非个人交换形式是制度存在的缘由。在简单的交换形式中，专业化的分工处于原始简单状态，交易是不断重复，按着约定俗成、即时成交的，每项交易的当事人相互拥有对方的信息，不需要建立一套规范的制度约束就可以达到公平交易的目的。但随着专业化分工的细化和交易的复杂化，交易双方经济人的地位强化，信息不对称问题严重，出现大量损人利己的交易行为，为了规范这种交易关系和更有利于人们合作，便产生了制度。现在，许多学者多从公司控制权的配置和协调公司各方面的关系来解释公司治理制度，认为通过它来协调和制衡股东、经营者以及其他利益相关者(包括债权人、雇员、客户、供应商等)之间的关系，以最大限度地实现剩余索取权和公司控制权的对应，确保决策效率，实现最大经济利益。它包括外部治理机制，主要指代理投票权竞争(proxy contest)、兼并(merge)和内部治理机制(以董事会监管为主的法人治理结构)。公司治理结构是指规范经理、董事会和股东之间的权利与责任的制度安排和整个公司范围内的正式和非正式关系及其对社会的影响。

企业的财务活动是企业活动的一部分。早在 1916 年，古典管理思想的代表亨利·法约尔(Henri Fayol)在他的名著《工业管理与一般管理》一书中，就把企业的活动分为六种：技术性的活动、商业性的活动、财务性的活动、会计性的活动、安全性的活动和管理性的活动。其中财务性的活动是指资金的取得与控制活动，是企业财务活动的组成部分。由此，我们可以导出，企业治理结构是规范企业活动的制度结构，财务治理结构是规范企业财务活动的制度结构，财务治理结构是企业或公司治理结构的重要组成部分。“财务治理结构”的概念有广义、狭义之分。狭义财务治理结构一般指财务内部治理结构，是指与企业内部治理结构相适应的财务权利、责任和利益划分的组织制度结构。建立这样的组织结构，是为了形成法人治理结构下的三大财务机制，包括财务决策机制、财务监控机制和财务激励机制。广义财务治理结构，一般是指企业内部与外部相结合，共同对企业财务进行治理，实现企业财务管理目标，以协调企业与其利益相关者之间财务关系的一套正式的、非正式的制度结构。

过去，在财务管理理论研究中，财务治理结构的研究是一个薄弱环节。正如有的学者分析的那样①：综观整个财务管理理论，其关注的核心都是企业理财效率的提高，而对企业财务的形成及其构成利益主体之间的关系基本上不涉及，原因在于它隐含有一个重要的假设，即先有企业，企业财务是伴随企业而来的。由于不考虑企业形成财务契约的过程及其制度环境，使财务管理理论关注的视角更多地局限于企业具体的财务经营活动，而忽视其赖以存在的治理基础。因此，应重视研究财务治理结构理论。

（二）财务治理结构建立原则

建立规范的财务治理结构应具备下列原则。

1. 财权的合理配置原则

财权的合理配置有利于提高财务的决策效率，财权的合理配置是处理剩余索取权和控制权的对应关系，或者说是协调剩余索取权和控制权在“风险承担者”（所有者）和“风险制造者”（经营管理人员）的对称分配关系。剩余索取权是相对于合同收益权而言的，指的是对企业收入在扣除所有固定的合同支出的余额的要求权。剩余控制权指的是在契约中没有特别规定的活动的决策权。设置优化财权的安排原则应思考的问题是，如果拥有控制权的人没有剩余索取权，他就缺乏作出有效率决策的动力；如果拥有剩余索取权，而没有剩余控制权，剩余索取权难以得到落实。合理的财权配置是确保企业财务决策高效率的制度安排。

2. 责任和问责原则

明确董事会、董事会下设的各种委员会和企业集团财务公司或资金结算中心以及集团公司财务部与子公司财务部的代理责任，实行经营管理人员问责制，建立层层代理制和责任追究制度。在建立健全约束机制的同时，还要建立健全代理人的绩效评价和激励机制。强化财务管理人员的注意义务（duty of care）和勤勉义务（duty of diligence），确保上级经营管理层对下级经营管理层和平行经营管理层的有效管理和协调，维护委托人的利益。

3. 公平性原则

它要求平等对待所有股东和协调利益相关者的利益。经济合作与发展组织（Organization for Economic Cooperation&Development，OECD）在 2004 年 1 月公布的《公司治理原则》修订版的征求意见稿中指出，平等对待所有股东和协调利益相关者的利益是公司治理的一项原则，大股东要切实维护中小股东的利益，拥有充分信息的股东要切实维护信息不充分股东的利益，如果他们的权利受到损害，他们应该有机会得到有效补偿。同时，建立的财务治理结构还应自行维护企业利益相关者（债权人、员工、供应商、客户、政府有关部门）的利益。

二、财务治理结构层次

在古典企业中，出资者集企业资产所有权、经营权、收益权于一身，权、责、利为一体。与这种高度一体化的权力结构相适应，古典企业的内部财务治理结构简单，出资者或经营者视企业利益为自己切身利益，企业的财务治理结构呈现出浓厚的“人治”和自我约束色彩。随着生产

① 《财务治理结构：一项理论研究问题》，中华会计网校（www.e521.com），2004－08－06。

力的进一步发展，当财产所有权进入商品化阶段，古典企业的财务治理问题也就暴露无遗，简单的治理结构、非法人的法律地位以及对企业债务的无限责任使其财务活动难以拓展。例如，在合伙企业，由于每个合伙人都拥有剩余索取权和控制权。同时，各合伙人对企业的发展目标存在一定的差异，合伙企业存在着平行的指挥系统，缺少严格的分层财务治理结构。因此，企业适应市场需要的机动性明显减弱，融资方式受到诸多的限制，企业规模难以扩大。

公司是一种不同于古典企业的法人组织，其区别于古典企业的最大特征之一是产权结构上的所有权与经营权的分离，分层的财务治理和财务控制。在以公司为代表的现代企业中，传统所有权发生了转换，股东将自己财产大部分或其中一部分，通过对其所有权有条件的让渡，确保公司投入资本的保值和增值以及资本的流动。以股份为媒介，所有权在公司中转换为股权和公司法人财产权。在此基础上，股东和经营管理者成为两个基本的权利主体。

建立现代企业制度的关键是构建规范的公司治理结构及其相应的财务治理结构。财务治理结构是关于公司承担主要风险的所有者、发挥战略管理作用的董事会和执行性经营管理者的财务制度结构。我国的《公司法》所称公司是指依照本法在中国境内设立的有限责任公司和股份有限公司。公司法人治理结构是公司制企业组织形式的制度结构。

（一）公司组织形式

1. 有限责任公司

（1）一般有限责任公司

有限责任公司是股东以其出资额为限对公司承担责任，公司以其全部资产对公司的债务承担责任的企业法人。有限责任公司由 2 个以上 50 个以下股东共同出资设立。股东可以用货币出资，也可以用实物、工业产权、非专利技术、土地使用权作价出资。所有者以其出资额为限对公司承担责任，公司以其全部资产对公司的债务承担责任。公司所有者作为出资者按投入公司的资本额享有所有者的资产受益、重大决策和选择管理者等权利。公司享有由所有者出资形成的全部法人财产权，依法享有民事权利，承担民事责任。

（2）国有独资有限责任公司

国家授权投资的机构或者国家授权的部门可以单独投资设立国有独资的有限责任公司。国务院确定的生产特殊产品的公司或者属于特定行业的公司，应当采取国有独资公司形式。国有独资公司的公司章程由国家授权投资的机构或者国家授权的部门依照有关法律制定，或者由董事会制订，报国家授权投资的机构或者国家授权的部门批准。

国有独资公司不设股东会，由国家授权投资的机构或者国家授权的部门授权公司董事会行使股东会的部分职权，决定公司的重大事项，但公司的合并、分立、解散、增减资本和发行公司债券，必须由国家授权投资的机构或者国家授权的部门决定。国有独资公司设立董事会，董事会每届任期为三年。公司董事会成员为三至九人，由国家授权投资的机构或者国家授权的部门按照董事会的任期委派或者更换。董事会成员中应当有公司职工代表。董事会中的职工代表由公司职工民主选举产生。董事长、副董事长由国家授权投资的机构或者国家授权的部门从董事会成员中指定。经营管理制度健全、经营状况较好的大型国有独资公司，可以由国务院授权行使资产所有者的权利。

（3）一人有限责任公司

随着市场经济的发展，很多个人希望能开办公司。增设一人有限公司的形式，能更快地顺应市场经济发展的需要，满足个人开公司的愿望。一个自然人只能投资成立一个一人有限责任公司，股东应当一次足额缴纳公司章程规定的出资额。公司章程就由投资的个人自己制定。不设股东会。个人设立公司的程序和普通有限公司相比，程序更简便。个人具备验资机构的验资证明、公司章程、公司登记申请书等文件到工商机关登记，就可注册成立一人有限责任公司。

2. 股份有限公司

股份有限公司是指由一定数量的股东依法设立，全部资本分为等额股份，股东以其所持股份额为限对公司债务承担责任，公司以其全部资产对公司的债务承担责任的企业法人。

股份有限公司的设立，可以采取发起设立或募集设立的方式。发起设立，是指由发起人认购公司应发行的全部股份而设立公司。募集设立，是指由发起人认购公司应发行股份的一部分，其余部分向社会公开募集而设立公司。股份有限公司发起人，必须按照规定认购其应认购的股份，并承担公司的筹办事务。发起人可以用货币出资，也可以用实物、工业产权、非专利技术、土地使用权作价出资。对作为出资的实物、工业产权、非专利技术或者土地使用权，必须进行评估作价，核实财产，并折合为股份。发起人、认股人缴纳股款或者交付抵作股款的出资后，除未按期募足股份、发起人未按期召开创立大会或者创立大会决议不设立公司的情形外，不得抽回其股本。股份有限公司的资本划分为一定的股份，每一股份的金额相等。公司的股份采取股票的形式。股票是公司签发的证明股东所持股份的凭证。其发行，实行公开、公平、公正的原则。必须同股同权，同股同利。

（二）公司制下财务活动的优势

1. 有利于筹集资本

公司制的企业比合伙企业更具有筹资的优越条件，严格的公司治理结构、较高的信息透明度和资本的流动性有利于公司的证券发行。对于股份有限公司，尤其是上市股份有限公司，可以在公开的资本市场发行股票，包括首发股、增发股和配股，从外部筹集巨额资本。

2. 有利于投资决策

建立完善的议事制度和形成严格的决策机制、执行机制、监督机制，有利于投资前的可行性研究，优选投资方案和监管投资过程以及评价投资结果。企业财务活动的核心问题是投资问题，投资问题决定筹资问题并影响公司的收益分配问题。

3. 有利于财务资源的优化配置

活跃的并购投资市场给公司的管理者形成一种潜在的压力。为了防止控制权旁落，管理层必须根据市场信号，合理配置资源和提高资源效率，提高公司的市场价值。活跃的证券交易市场刺激管理者资源的优化配置，以提高管理者持有的期股价格。

4. 有利于分散投资者的融资风险

一般来说，公司制的企业投资者较多，对公司来说，众多的投资者不仅有利于筹资，还有利于分散注资的风险，避免筹资失败。如西方有些公司出现的公募筹资落空，在筹资时，公司就出现夭折。公司在负债经营时，存在着财务风险，一旦出现破产清算，公司承担有限责任，股东对公司的债务也是承担有限责任。

（三）公司制财务治理模式

财务治理结构依附于公司治理结构，与公司治理结构相适应的财务治理模式分为三类。

1. 以英美为代表的财务治理模式

公司强调内部财务治理，证券交易的监管部门要求公司建立严格的公司治理结构、规范严格的会计信息充分披露制度，以及必要的财务信息披露制度，强调运用市场机制，通过公司股票价格下跌信号的警示以及被恶意并购的风险，对公司的经营管理人员施加外部压力，迫使财务治理结构的不断改善，实现股东利益最大化的财务管理目标。实现这一目标的制度框架是由保证股东财权的公司治理结构和竞争性的外部市场结合提供的。其股权结构表现得较为分散。

治理结构由股东大会、董事会和高层管理人员（如首席执行官）组成的执行机构、独立董事三部分组成。董事会是公司的最高决策机构。一般股东与公司关系比较淡化。经理层有较大的独立性，但仍要受到股东强有力的制约。独立董事对董事会、首席执行官的行为进行监督，是对管理层控制权的监督。

2. *以日德为代表的财务治理模式*

该模式是基于利益导向多元化的相关利益主体的财权模式，其制度框架是由保证各相关主体的利益为基础的公司治理模式和人本主义思想的制度融合。其股权结构表现得较为分散。

治理结构由股东大会、董事会、经理、监察人组成。股东大会决定董事、监察人的人选。特点是经营管理阶层（董事会、经理）决策的独立性强，基本不受股东直接影响，但容易引致内部人控制。因此，通常设监察人制度来防范。

3. *以东南亚为代表的家族财务治理模式*

该模式建立在以家族为代表的控股股东财权模式基础之上，家族直接控制公司的财权制度。其股权结构表现为家族长辈集权化。

治理结构反映股东大会、董事会、经理层的关系。股东大会决定董事会重大事宜、董事会任命经理人。该模式股权集中，大股东充当着重要角色。

上述三种模式为我国现代公司法人治理提供了实践经验，三种财务治理模式都体现了财务决策权、控制权、监督权。只不过权力配置的方式、分权的组织形式及权力行使方式不同，三种治理模式体现其保护的股东利益侧重点也不尽相同。

财务治理结构从根本上来说是为了规范董事会、高级经理人员和财务经理的行为，使企业的财务活动更理性化，更符合股东的利益。董事会是全体股东的代表，由股东大会选举产生；高级经理人员和财务经理由董事会任命，他们的义务主要是为了股东的利益而勤奋地工作。高级经理人员负责公司的日常管理，体现董事会的意志。财务经理和财务职能部门负责企业日常的财务管理活动。于是三者构成了一个团队。在团队中，只有各方合作，团队成员才能获得团队以外的成员所得不到的利益。但是，三方又各有各的利益，在追求自己的效用达到最大化（这种效用最大化可能是财富最大化，也可能是非财富最大化）的过程中，可能产生利益冲突。经营者和财务人员可能会为了自己的利益而隐瞒某些信息，欺骗股东。由于股东、经营者和财务经理所处的地位不同，使得他们掌握的信息不对称，而股东常处于不利的地位。如何才能有效约束企业的经营人员和财务人员，使其为股东的利益服务？这就是财务治理结构所要解决的问题。

对财务决策权、财务执行权和财务监督权进行适当划分。我们可以把公司的财务事项分为重大事项和一般事项。对于公司重大事项的决策权必须赋予股东大会的代表机构——董事会，由董事会全体成员集体进行决策。而对于一般的财务事项可以由经理人员斟酌决定。如果事无巨细都由董事会决定，必定会使公司的效率低下。财务经理和财务职能部门拥有财务执行权，即使是总经理，也不得随便进行干预。公司的财务监督权则赋予公司的监事会，负责对董事会和经理人员的财务行为进行监督。

公司运营时，股东、董事会等决定了公司的重大政策、目标和战略；监事会对董事会成员有任免权，监督公司的经营方针、投资方案的贯彻等；应发挥员工参与作用，要关注股东与利益相关者的共同利益。在德国治理模式中，对员工利益的保护比日本、美国模式更强。尽管我国研究财务治理结构起步晚，但起点高。在关注股东利益的同时，利益相关者（董事、经理、监事、员工、债权人）的利益也提到了议事日程。我国有关法规在借鉴上述三种模式经验基础上，也确立了由股东组成的股东大会行使决策权；由股东大会选举产生的董事组成董事会及其聘任的经理行使经营控制权；为了抗衡管理层的控制权，为关注股东及职工利益，由股东、职工组成监事会，共同行使对董事会、经理的监督权。三种权力，主要是财权在配置过程中处于同等重要的地位，这样就形成我国独特的现代公司财务治理的"三权分立-制衡"结构模式。这种财务治理结构是从属于我国公司治理结构的。

（四）公司分层财务治理结构

公司股东大会、董事会、监事会和经理层之间的关系构成公司治理结构的主要关系。从财务决策和财权代理的层次上看，建立股东大会、董事会和经理层三个层次的财务决策机制和财务控制机制是公司财务治理结构的主要内容。具体包括出资者、董事会董事、财务经理的财务决策和财务控制①，他们各司其职，共同对公司财务进行治理。公司分层财务治理结构与公司治理结构相适应。分层财务治理主体及相对应的职责、权利是不同的。这种分层关系，有利于明确权、责、利。同时，从决策权、执行权和监督权三权分立的有效管理模式看，有利于公司财务内部约束机制的形成。其财务治理结构参见图 1－3。分层财务治理权集中表现为委托代理权或财务分层决策权和控制权的明确划分。

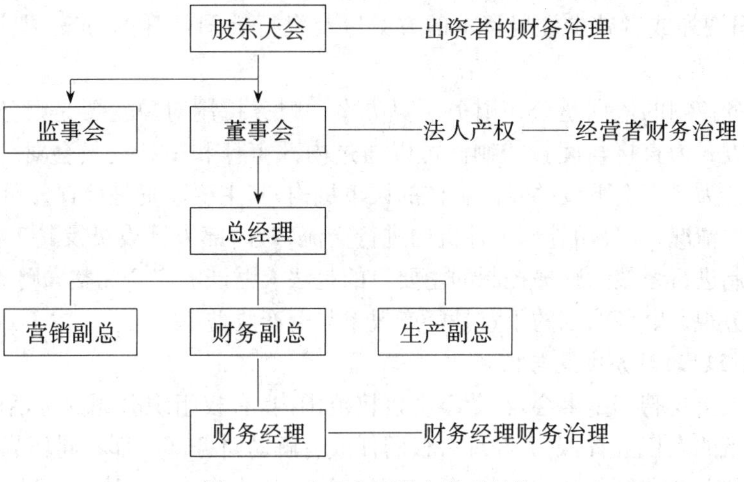

图 1－3　公司分层财务治理结构

1. 出资者的财务决策与控制

出资者的财务决策权是通过股东大会行使的。股东大会是公司最高权力机构。从财务控

① 郭复初教授早在 1988 年提出"国家财务"的概念。干胜道教授于 1995 年提出"所有者财务"的概念，将"所有者财务"从"经营者财务"分离出来。汤谷良教授在 1994 年第 5 期《会计研究》上发表的"现代企业财务的产权思考"一文论述过三个层次的财权问题。汤谷良、谢志华、王斌教授在 1997 年第 5 期《会计研究》上分别发表了"经营者财务论"、"出资者财务论"、"财务经理的财务观点"系列论文。

制的人权上看，股东大会可选举和更换董事，决定有关董事的报酬事项；从财务决策的事权上看，股东大会可选举和更换由股东代表出任的监事，决定有关监事的报酬事项。股东作为出资者，决定公司的财务政策和投资计划；审议批准公司的年度财务预算方案、决算方案；审议批准公司的利润分配方案和弥补亏损方案；对公司增加或者减少注册资本作出决议；对发行公司债券作出决议；对公司合并、分立等资本运营事项作出决议；有权查阅财务会计报告等，对公司的经营和财务状况提出建议或者质询。

出资者对经管者财务决策执行过程应实施必要的财务控制。财务控制的依据为公司章程、董事会审议批准的财务预算方案决议。财务控制对象主要是经营者的财务行为。财务控制方式为间接控制。对于简单型结构公司，间接控制是通过组织中的监事会、财务总监、独立董事进行监管。我国上市公司既设监事会，又设独立董事，要求配备具备会计或财务专业知识的独立董事。对于复杂型结构的企业集团，集团公司一方面通过财务公司或资金结算中心监控子公司的融资行为等；另一方面通过会计主管委派制或财务总监制或财务监事制对子公司的财务行为进行监督。财务控制的主要目的是资本的保值、增值。财务控制的思想是财务战略观。财务控制的重点是投资效率与资本收益率。

2. 董事会的财务决策与控制

董事会主要义务是对股东大会负责，执行股东大会的决议，完成受托责任，维护法人财权。董事会的财务决策权包括财务人权与事权。从财务治理的人权上看，董事会决定公司内部管理机构的设置；聘任或者解聘公司经理，根据经理的提名，聘任或者解聘公司副经理、财务负责人，决定其报酬事项。从财务治理的事权上看，董事会决定公司的经营计划和投资方案；制订公司的年度财务预算方案、决算方案；制订公司的利润分配方案和弥补亏损方案；制订公司增加或者减少注册资本的方案以及发行公司债券的方案；拟订公司合并、设立等资本运营方案。

董事会财务控制的依据是公司财务预算方案。财务控制对象主要是财务经理的财务行为。财务控制方式为直接与间接控制。可以通过内部审计和审计委员会对公司财务进行审计。审计委员会为董事会下设的专门工作的议事机构，其主要职责是检查公司会计政策、财务状况和财务报告情况，与公司外部审计机构进行交流，对内部审计人员及其工作进行考核，对公司的内部控制进行考核。财务控制的主要目的是法人财产的安全完整。财务控制的思想为战略与战术财务观。财务控制的重点是资产效率与资产收益率。

3. 财务部经理的财务决策与控制

财务经理人员受聘于董事会，在董事会授权范围内，有权组织公司财务活动、协调财务关系。从财务决策的人权上看，财务经理有权聘任或者解聘财务部内部不同环节的财务负责人，评价财务人员的业绩和给予必要的奖惩。从财务治理的事权上看，财务经理主持公司的财务管理工作，具体实施董事会有关财务决议；具体规划公司现金流转，拟订财务内部管理机构设置方案和基本的财务管理制度。

财务部经理财务控制的依据是公司财务预算与计划。财务控制对象主要是财务人员的财务行为。财务控制方式为直接控制，通过执行、实施财务计划和财务控制以及财务分析与评价来完成。财务控制的主要目的是资本总量和结构优化及其效率。财务控制的思想为战术财务观。财务控制的重点是现金效率。

本章小结

在财务管理初期发展阶段，财务管理着重研究企业在成长期如何筹集资本；在中期发展阶段，财务管理的重点由资本结构与存量的分析开始转向资产结构与存量的分析；在后期发展阶段，金融创新涌现出许多金融工具以及衍生金融工具，财务管理风险加大。

财务活动可以分为筹资活动、投资活动、营运资金日常管理活动和收益分配活动等。

企业在规划、组织企业的财务活动过程中，必然与各个经济主体发生财务关系。这些财务关系主要包括企业与投资者之间的财务关系，企业与债权人之间的财务关系，企业内部各单位之间的财务关系，企业与员工之间的财务关系，企业与政府之间的财务关系。

企业的财务管理受金融环境、财税环境、法律环境和其他经济环境因素的影响。

企业财务管理目标要符合企业发展目标的要求，可以分为财务管理复合目标和单一目标。复合财务管理目标可概括为生存、发展、可持续的盈利；就单一目标来说，一般认为，财务管理目标是企业价值最大化。

公司财务治理结构从属于公司治理结构，其重点是建立股东大会、董事会和经理层三个层次的财务决策机制和财务控制机制。

复习思考题　封底扫码查看参考答案

简答题

1. 什么是企业财务？什么是企业财务管理？
2. 什么是企业的财务关系？企业主要财务关系有哪些？
3. 企业财务活动主要内容有哪些？
4. 企业财务管理目标有哪些？你赞同哪一种，理由是什么？
5. 企业外部环境与企业财务有何关系？企业财务受哪些外部环境因素影响？
6. 分层财务治理中的财务决策权与财务控制权是如何划分的？

E—阅读：财政部《企业财务通则》2021 年公开征求意见稿

第二章　货币时间价值与风险价值

财务管理的目标是实现企业价值的最大化，而这一目标的实现很大程度上依赖于企业未来现金流量的分布时间、资本成本的高低，以及风险与收益的度量与权衡等问题。货币时间价值和风险价值是影响企业财务决策的重要变量，离开货币时间价值和风险价值，许多财务决策将无法正确作出。风险与收益是现代财务管理过程中一对不可避免的矛盾，要想获得满意的经济收益，企业就必须研究风险价值的问题。所以学习货币时间价值和风险价值的相关概念与计算方法，是理解和掌握财务管理理论知识的基础。

第一节　货币时间价值概述

一、货币时间价值的含义

货币时间价值，是指一定量的货币在不同时点上的价值量的差额。通俗地说，在商品经济中，有这样一种现象：一定量的资金在不同的时点上具有不同的价值。现在的 1 元钱和 1 年后的 1 元钱其经济价值是不同的。例如，在不存在风险和通货膨胀的情况下，若银行存款年利率为 10%，将今天的 10 元钱存入银行，1 年以后就会得到 11 元钱。这 10 元钱经过 1 年时间其价值增加了 1 元，这就是货币时间价值。货币资金在被企业投入生产中产出产品，产品出售后得到的货币量一般大于在当初投入的货币量。随着时间的不断延续，货币在经过不断的周转和循环中按几何级数增长，使得货币具有时间价值。

货币的时间价值有两种表现形式：相对数即时间价值率，是指扣除风险报酬和通货膨胀贴水之后的平均资金利润率或平均报酬率；绝对数即时间价值额，是资金在生产经营过程中带来的绝对增值额。在实际的财务活动中，人们习惯使用相对数来表示，即用增加的价值占投入货币的百分数来表示。例如，前述的货币时间价值为 10%。在此要说明的是，通常所说的贷款利率、债券利率、股利率等除了包括货币时间价值因素外，还包括风险价值和通货膨胀因素，而在计算货币时间价值时，后两部分是不包括在内的。即货币时间价值是指扣除风险报酬和通货膨胀贴水之后的平均资金利润率或平均报酬率。

二、货币时间价值的本质

关于货币时间价值的本质，国内外学者有不同的认识。英国经济学家凯恩斯从资本家和消费者心理出发，认为货币时间价值主要取决于流动偏好、消费倾向、边际效用等心理因素。在这之后也出现了一些学者的思想，虽然表述不尽相同，但是中心思想都是相近的。西方经济学者关于时间价值的概念可大概论述为：投资者进行投资就必须推迟消费，对投资者推迟消费的耐心应给予报酬，这种报酬的量应与推迟的时间成正比，因此，单位时间的这种报酬对投资的百分率称为货币时间价值。国内学者认为这些观点只是说明一些表面现象，并没有揭示出资金时间价值的实质。国内学者基于马克思的理论认为：

1. 货币时间价值是在企业的生产经营和流通过程中产生的

西方学者把货币的时间价值解释为“是对投资者推迟消费的耐心的一种报酬”的观点是不科学的。如果说“耐心”也能产生价值，那么，将货币闲置不用或埋到地下保存起来也应能产生价值，但事实上不可能。只有把货币投入生产和流通过程，使劳动者借助于生产资料生产出新的产品，创造出新的价值，才能实现其价值的增值。由此可见，货币的时间价值只能在社会生产经营和流通过程中产生。

2. 货币时间价值的确定是以社会平均资金利润率或平均投资报酬率为基础的

货币的时间价值一般以单位时间的报酬与投资额的百分率表示，即用利息率表示。但表示货币时间价值的利息率不同于一般的利息率。一般的利息率如存款利率、贷款利率、债券利率等都是投资报酬率的表现形式，这些投资报酬率除了包括货币时间价值因素外，还包括风险价值和通货膨胀因素。作为货币时间价值表现形态的利息率，应以社会平均资金利润率或平均投资报酬率为基础，在利润不断资本化的条件下，货币时间价值应按复利的方法计算，这是因为资本是按几何级数不断增长的。

三、货币时间价值的作用

随着我国社会主义市场经济的发展，其金融体系、经济制度需要不断完善。货币时间价值是代表无风险的社会平均资金利润率，它是企业资金利润率的最低限度，因而是衡量企业经济效益、考核经营成果的重要依据。它作为一种观念应贯彻在具体的财务活动中，在有关的资金筹集、资金投放和使用以及资金分配的财务决策中，都要考虑货币时间价值。这对提高企业的经济效益起着重要的作用。

1. 货币时间价值在筹资活动中具有重要的作用

首先，筹资时机的选择要考虑货币时间价值。因为筹资时间和投资时间是紧密衔接的，即在资本投放之前不久筹集资本，才能使筹集的资本及时地加以运用，避免资本的闲置浪费。但是受筹资环境等因素的影响，筹资时间和投资时间有时并不完全一致，因此，企业必须综合考虑各项因素，树立货币时间价值观念，尽可能使筹资时间与投资时间保持一致。其次，举债期限的选择要考虑货币时间价值。举债期限的选择就是根据资本需求时间和有关举债的条件，确定最佳的举债期限。树立货币时间价值观念有助于正确地选择举债期限，避免了由于不当的选择造成的资本浪费，影响企业发展。最后，在进行资本结构决策时必须考虑货币时间价值。企业取得和使用资本必须付出代价——资本成本。资本成本的一个重要性质在于它是货币时间价值和风险价值的统一，而建立在货币时间价值基础上的资本成本，是资本结构决策必须考虑的一个关键因素。

2. 货币时间价值在投资活动中具有重要的作用

利用货币时间价值原理从动态上比较衡量同一投资的不同方案以及不同投资项目的最佳方案，为投资决策提供依据，从而提高投资决策的正确性。树立货币时间价值观念能够使企业有意识地加强投资经营管理，尽量缩短投资项目建设期。

3. 货币时间价值是企业进行生产经营决策的重要依据

货币时间价值对于企业的生产经营决策也有重要影响。例如，生产经营、销售方式、定价决策、流动资金周转速度的决策等，都离不开货币时间价值观念。

第二节　货币时间价值计量

货币时间价值计量包括两方面的内容：一次性收付款的终值和现值的计算以及年金终值与现值的计算。

一、一次性收付款的终值和现值

在某一特定时间一次性支付（或收取），经过一段时间后再相应地一次性收取（或支付）的款项，即为一次性收付款项。这种收付款项的方法在我们的经济生活中经常遇到。一次性收付款项的利率计算方法包括两种，即单利计算和复利计算。在计算货币时间价值时，货币资金的现值和终值是两个非常重要的因素。例如，存入银行 10 000 元，复利率为 10%，3 年后一次性得到本利和为 13 310 元，这里的 10 000 元就是现值，13 310 元即是 3 年后的终值。由上可以得出，现值就是货币运用起点时的价值，也称本金；终值也称本利和，是货币运用终点时的价值，即一定量货币在未来某一时间点上的价值。它们分为单利的终值和现值、复利的终值和现值两部分内容。

（一）单利的终值和现值

单利是最简单的计算利息的方法。它只要本金在贷款期限中获得利息，不管时间多长，所生利息均不加入本金重复计算利息。这里的本金是指初始投资投入的货币额。利息是指投资者收取的超过本金部分的货币金额。

在单利计算中，经常使用以下符号：P 为现值，又称本金；i 为每一利息期的利率；I 为利息；F 为终值，又称本利和；n 为计算利息的期数。

1. 单利的计算

计算出终值 F 的前提是要先计算出单利的利息。单利的利息计算公式为：

$$I=P\cdot i\cdot n \tag{2.1}$$

[例 2-1]　面额为 10 000 元的带息票据，票面利率 12%，出票日期为 3 月 1 日，4 月 30 日到期（共 60 天），则到期利息为：

$$I=P\cdot i\cdot n=10\ 000\times 12\%\times 60/360=200(\text{元})$$

在计算利息时，所给出的利率一般为年利率。对于不足 1 年的利息，以 1 年等于 360 天来折算。

2. 单利终值的计算

单利的终值计算公式为：

$$F = P + P \cdot i \cdot n = P \cdot (1 + i \cdot n) \tag{2.2}$$

例 2-1 中的票据到期，出票人应付的本利和，即票据的终值为：

$$F = P(1 + i \cdot n) = 10\,000 \times (1 + 12\% \times 60/360) = 10\,200(\text{元})$$

3. 单利现值的计算

单利现值计算同单利终值计算是互逆的，由终值计算现值的过程称为折现或贴现。贴现时使用的利率称为贴现率或折现率。

单利现值的计算公式为：

$$P = F/(1 + i \cdot n) \tag{2.3}$$

［**例 2-2**］　某人希望在 10 年后取得本利和 1 100 元，用以支付一笔款项。则在利率为 10%，单利方式计算条件下，此人现在须存入银行的资金为：

$$P = F/(1 + i \cdot n) = 1\,100/(1 + 10\% \times 10) = 550(\text{元})$$

（二）复利的终值和现值

货币时间价值一般都是按复利计算的。复利是指不仅本金产生利息，而且需将本金所生的利息在下期加入本金，再计算利息，俗称“利滚利”。在复利中需要明确计息期。计息期是指相邻两次计算的时间间隔，如年、月、日等。一般计息期为 1 年。

1. 复利的终值

复利的终值是指现在的一笔资金按复利计算若干期后的本利和。

［**例 2-3**］　假如现在有 10 000 元，年复利率为 10%，则第 1 年到第 n 年各年末的终值为：
第 1 年的终值：

$$F = P(1 + i) = 10\,000 \times (1 + 10\%) = 11\,000(\text{元})$$

第 2 年的终值：

$$F = P(1 + i)(1 + i) = P(1 + i)^2 = 10\,000 \times (1 + 10\%)^2 = 12\,100(\text{元})$$

同理，第 3 年的终值为：

$$F = P(1 + i)^3 = 10\,000 \times (1 + 10\%)^3 = 13\,310(\text{元})$$

…

第 n 年的终值：

$$F = P(1 + i)^n \tag{2.4}$$

(2.4)式是计算复利终值的一般公式，其中 $(1+i)^n$ 被称为复利终值系数或 1 元的复利终值，一般用符号 $(F/P, i, n)$ 来表示。例 2-3 中的 $(F/P, 10\%, n)$，表示复利率为 10%，n 期复利终值的系数。为了方便计算，可查“1 元的复利终值系数表”求得。该表的第一行是利率 i，第一列是计息期数 n，相应的 $(1+i)^n$ 值在其行列相交处。例如，$(F/P, 10\%, 3)$，通过查表查出其值为 1.331 0。由该系数可以把现值转化为终值。

该表的另一用处在于，已知 1 元的复利终值、时间和利率三个量中的两个，就可以得出与之对应的第三个量。

［**例 2－4**］ 某企业有 20 000 元，拟投入报酬率为 10％的投资项目，经过多少年才可使现有资金增加 1 倍？

$$F=20\ 000\times 2=40\ 000(\text{元})$$

$$F=20\ 000\times(1+10\%)^n=40\ 000(\text{元})$$

$$(1+10\%)^n=2$$

$$(F/P,10\%,n)=2$$

查“复利终值系数”表，在投资报酬率 $i=10\%$ 的情况下，终值系数为 2，最接近的值为：

$$(F/P,10\%,7)=1.949$$

所以，$n\approx 7$。即，约 7 年以后可使 20 000 元增加到 40 000 元。

［**例 2－5**］ 某企业有 10 000 元，欲在 10 年后使其达到原来的 4 倍，选择投资机会时最低可接受报酬率为多少？

$$F=10\ 000\times 4=40\ 000(\text{元})$$

$$F=10\ 000\times(1+i)^{10}=40\ 000(\text{元})$$

$$(1+i)^{10}=4$$

$$(F/P,i,10)=4$$

查“复利终值系数表”，在 $n=10$ 的行中找到与 4 最接近的值为 3.707 和 4.046，对应的值分别为 14％和 15％，即：

$$(F/P,14\%,10)=3.707$$

$$(F/P,15\%,10)=4.046$$

用插值法可算得：

$$\frac{i-14\%}{15\%-14\%}=\frac{4-3.707}{4.046-3.707}$$

计算得：$i=14.86\%$。所以，$i=14.86\%$ 时，即最低投资报酬率为 14.86％，才可使现有 10 000 元在 10 年后达到 40 000 元。例 2－4 中也可以采用插值法，计算出来的期限更加准确。具体方法如下：

由例 2－4 知，$(F/P,10\%,n)=2$。查“复利终值系数表”，在 $i=10\%$ 列中找到与 2 最接近的值为 1.949 和 2.144，对应的期限 n 分别为 7 年和 8 年，即：

$$(F/P,10\%,7)=1.949$$

$$(F/P,10\%,8)=2.144$$

用插值法可算得：

$$\frac{n-7}{8-7}=\frac{2-1.949}{2.144-1.949}$$

解得：$n=7.26$(年)。所以，在7.26年以后可以使现有20 000元增加到40 000元。

2. 复利的现值

复利的现值是与复利的终值相对称，两者存在着紧密的联系。它是指未来一定时间的特定资金按复利计算的现在价值，或者说在未来取得一定资金，现在所需投入的本金。

通过复利终值计算已知：

$$F=P(1+i)^n$$

所以，

$$P=F(1+i)^{-n} \tag{2.5}$$

(2.5)式中的$(1+i)^{-n}$是把终值折算为现值的系数，被称为复利现值系数或称为1元的复利现值，记为$(P/F,i,n)$。它表示利率为i时，n期的复利现值系数。例如，$(P/F,10\%,10)$表示利率为10%时10年期的复利现值系数。为了便于计算可通过查"复利现值系数表"来得到数值，例如$(P/F,10\%,10)=0.386$。具体查表方法与查"复利终值系数表"方法相同。

[**例2-6**]　某企业计划投资5年后取得本利和200万元，假设投资报酬率为10%，它现在应投入多少资金？

$$P=200\times(P/F,10\%,5)=200\times0.621=124.2(\text{万元})$$

因此，该企业为在5年后取得本利和200万元，现在应投入124.2万元。

3. 复利息

在前文我们曾经提到了本利和，它包括现值和利息两部分，在知道了现值和终值后，利息的计算公式如下：

$$I=F-P \tag{2.6}$$

[**例2-7**]　某公司计划投资1 000万元，投资期限为10年，利率为5%，每年复利一次，则该公司共可以获得多少利息？

$$F=1\,000\times(1+5\%)^{10}=1\,629(\text{万元})$$

$$I=1\,629-1\,000=629(\text{万元})$$

所以，该公司共获得的利息为629万元。

二、年金的终值和现值

上面介绍的是一次性收付款项的终值和现值，但在现实经济活动中，还存在一定时期内多次收付款项的行为。如果每次收付款是定期等额的，那么我们就称这样的系列收付款项为年金。简而言之，年金是定期等额的系列收支，一般用A(annuity)来表示。例如，分期付款赊购、分期偿还贷款、发放养老金、分期支付工程款、使用年限法计提折旧费等相似年金问题。年金按照每次收付发生的时间不同，可分为普通年金、先付年金、递延年金和永续年金四类。

(一) 普通年金

普通年金是指一定时期内每期期末发生的等额收付的系列款项，又称为后付年金。普通年金是计算其他年金的基础,其收付形式如图 2-1 所示。横线代表时间的延续,用数字标出各期的顺序号;竖线位置表示收付的时刻,竖线下端数字表示收付的金额。

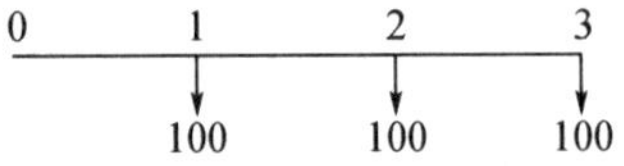

图 2-1　普通年金图例

1. 普通年金终值

普通年金终值是指一定时期内每期期末收付款项的复利终值之和。其计算原理如图 2-2 所示。

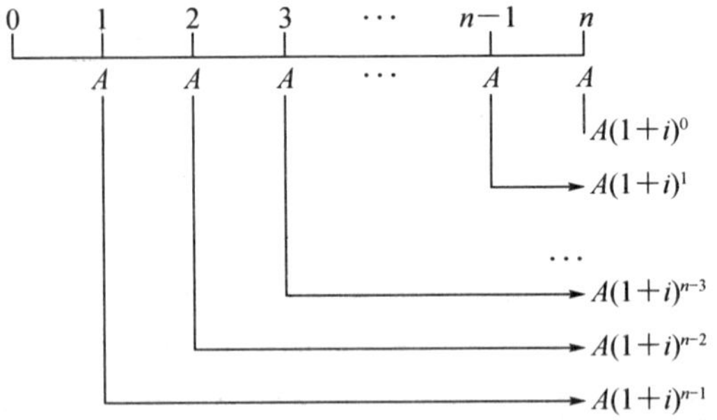

图 2-2　普通年金终值计算原理图解

所以普通年金终值 F 为:

$$F = A + A(1+i) + A(1+i)^2 + \cdots + A(1+i)^{n-1}$$
$$= A[1 + (1+i) + (1+i)^2 + \cdots + (1+i)^{n-1}] \quad \cdots\cdots\cdots\cdots ①$$

两边同乘 $(1+i)$ 得:

$$F(1+i) = A[(1+i) + (1+i)^2 + (1+i)^3 + \cdots + (1+i)^n] \quad \cdots\cdots\cdots\cdots ②$$

②式减①式得:

$$F[(1+i) - 1] = A[(1+i)^n - 1]$$

整理得:

$$F = A\left[\frac{(1+i)^n - 1}{i}\right] \tag{2.7}$$

(2.7)式方括号内的部分被称为普通年金终值系数,表示普通年金为 1 元、利率为 i、经过 n 期的年金终值,记为 $(F/A, i, n)$。可通过"年金终值系数表"查找出相应值。

[**例 2-8**]　某企业在 10 年内每年年末在银行借款 200 万元,借款年复利率为 5%,则该公司在 10 年末应付银行本息为多少?

$$F = A(F/A, i, n) = 200 \times (F/A, 5\%, 10) = 200 \times 12.578 = 2\,515.6(\text{万元})$$

因此该公司 10 年末应付银行本息 2 515.6 万元。

2. 偿债基金

偿债基金是指为了使年金终值达到既定金额,每年年末应支付的年金数额。例如,企业为了约定在未来某一时点清偿某笔债务而分次等额提取的存款准备金。在这里,债务实际上就是年金终值。偿债基金的计算实际上是年金终值的逆运算,其计算公式为:

$$A = F\left[\frac{i}{(1+i)^n - 1}\right] \tag{2.8}$$

(2.8)式方括号内的部分是普通年金终值系数的倒数，称为偿债基金系数，记作$(A/F,i,n)$。它可以把年金终值折算为每年需要支付的金额。

［**例 2－9**］　某企业有一笔 10 年后到期的借款，偿还金额为 100 万元，为此设立偿债基金。如果年利率为 5%，从现在起每年年末需存入银行多少元，才能到期用本利和偿清借款？

$$A = 100 \times \frac{5\%}{(1+5\%)^{10} - 1} = 100 \times 0.079\,5 = 7.95(\text{万元})$$

即每年年末需存入银行 7.95 万元，才能到期用本利和偿清借款。

3. 普通年金现值

普通年金现值是指为在每期期末取得相等金额的款项，现在需要投入的金额。其计算原理如图 2－3 所示：

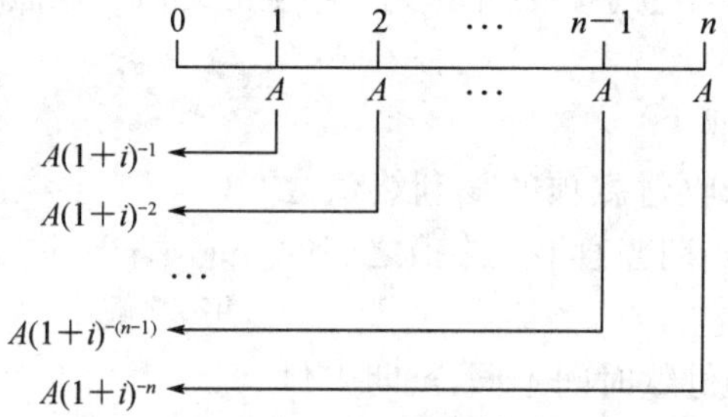

图 2－3　普通年金现值计算原理图解

由图 2－3 可得：

$$P = A(1+i)^{-1} + A(1+i)^{-2} + \cdots + A(1+i)^{-(n-1)} + A(1+i)^{-n}$$

整理得：

$$P = A\left[\frac{1-(1+i)^{-n}}{i}\right] \tag{2.9}$$

(2.9)式方括号内的部分被称为普通年金为 1 元、利率为 i、经过 n 期的年金现值系数，记作$(P/A,i,n)$。可查阅"年金现值系数表"得到相应值。

［**例 2－10**］　某公司扩大生产，需租赁一套设备，租期 4 年，每年租金 10 000 元，设银行存款利率为 10%，问该公司现在应当在银行存入多少钱才能保证租金按时支付？

$$P = A(P/A,i,n) = 10\,000 \times \frac{1-(1+10\%)^{-4}}{10\%} = 10\,000 \times 3.170 = 31\,700(\text{元})$$

因此，该公司应现在存入银行 31 700 元，才能保证租金的按时支付。

4. 年资本回收额

年资本回收额是指为使年金现值达到既定金额，每年年末应收付的年金数额，它是年金现值的逆运算。

其计算公式为：

$$A = P\frac{i}{1-(1+i)^{-n}} \tag{2.10}$$

(2.10)式中的分子式被称为投资回收系数，记作$(A/P,i,n)$，可通过计算$(P/A,i,n)$的倒数得出。

［**例 2-11**］ 某企业欲投资 200 万元购置一台设备，预计使用 10 年，假设社会平均利润率为 5%，该设备每年至少给企业带来多少收益才是可行的？

$$A = P\left[\frac{1}{(P/A,i,n)}\right] = 200 \times \frac{1}{(P/A,5\%,10)} = 200 \times 0.130 = 26(\text{万元})$$

因此，每年至少得到 26 万元的收益才是可行的。

（二）先付年金

先付年金也称即付年金，是指在一定时期内，每期期初等额的系列收付款项。它与普通年金的区别在于付款时间不同。由于“年金终值系数表”和“年金现值系数表”是按常见的普通年金编制的，在利用这种普通年金系数表计算先付年金的终值和现值时，可在计算普通年金的基础上适当调整。

1. 先付年金终值的计算

先付年金终值是各期收付款项的复利终值之和。n 期先付年金终值与 n 期普通年金终值之间的关系如图 2-4 所示。

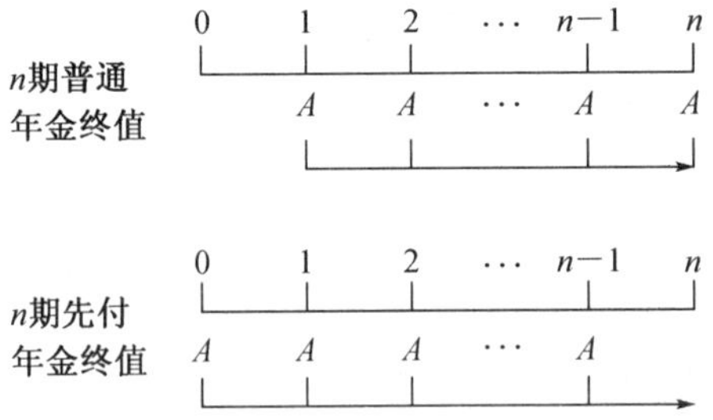

图 2-4 先付年金终值计算原理图解

由图 2-4 可知，由于付款时间不同，n 期先付年金终值比 n 期普通年金终值多计算一期利息。因此，在 n 期普通年金终值的基础上乘以 $(1+i)$，就是 n 期先付年金终值。因此，其终值计算公式为：

$$F = A(1+i) + A(1+i)^2 + \cdots + A(1+i)^n$$

通过整理可得：

$$F = A\left[\frac{(1+i)^n - 1}{i}\right](1+i) = A\left[\frac{(1+i)^{n+1} - 1}{i} - 1\right] \tag{2.11}$$

(2.11)式方括号内的部分称作“先付年金终值系数”，记作$[(F/A,i,n+1)-1]$。和 n 期普通年金终值系数$(F/A,i,n)$相比，它是期数加 1，而系数减 1 所得的结果。同样可通过查“年金终值系数表”来获得其数值。不过查表前要把期数先加 1，得到$(n+1)$期的值，然后减去 1 后就得出 1 元先付年金终值。

［**例 2-12**］ 某企业连续 7 年每年年初存入银行 1 000 万元作为以后投资项目的准备金，银行存款利率为 12%。则该公司在第 7 年末能一次取出本利和多少元进行投资？

$$\begin{aligned} F &= A[(F/A,i,n+1)-1] = 1\,000 \times [(F/A,12\%,8)-1] \\ &= 1\,000 \times 12.300 - 1\,000 = 11\,300(\text{万元}) \end{aligned}$$

因此，该企业在 7 年后可以从银行得到 11 300 万元进行投资。

2. 先付年金现值的计算

如前所述，n 期先付年金现值与 n 期普通年金现值的期数相同，但由于付款时间的不同，n

期先付年金现值比 n 期普通年金现值少折现一期。因此，在 n 期普通年金现值的基础上乘以 $(1+i)$，便可求出 n 期先付年金的现值。其计算公式为：

$$P=A\left[\frac{1-(1+i)^{-n}}{i}\right](1+i)=A\left[\frac{1-(1+i)^{-(n-1)}}{i}+1\right] \tag{2.12}$$

(2.12)式方括号内的部分称作“先付年金现值系数”，记作 $[(P/A,i,n-1)+1]$。它与 n 期普通年金现值系数 $(P/A,i,n)$ 相比是期数减 1，而系数加 1，可利用“年金现值系数表”查得其数值，具体的计算方法与先付年金终值系数的方法相同。

［**例 2－13**］　张某分期付款购买汽车，年初合同签订后，当即付款 10 000 元，以后每年初付款 10 000 元，分 10 年支付，利息率为 8%，这些资金的现值是多少？

$$\begin{aligned}P&=A[(P/A,i,n-1)+1]=10\,000\times[(P/A,8\%,9)+1]\\&=10\,000\times(6.247+1)=72\,470(\text{元})\end{aligned}$$

因此，张某购买的汽车现值为 72 470 元。

（三）递延年金

递延年金是指第一次收付发生在第二期或第二期以后各期的年金，它是普通年金的一个特例。显然，递延年金终值与递延期数无关，它的计算方法与普通年金的终值计算方法相同。我们先通过图 2－5 来了解递延年金的现值计算原理。

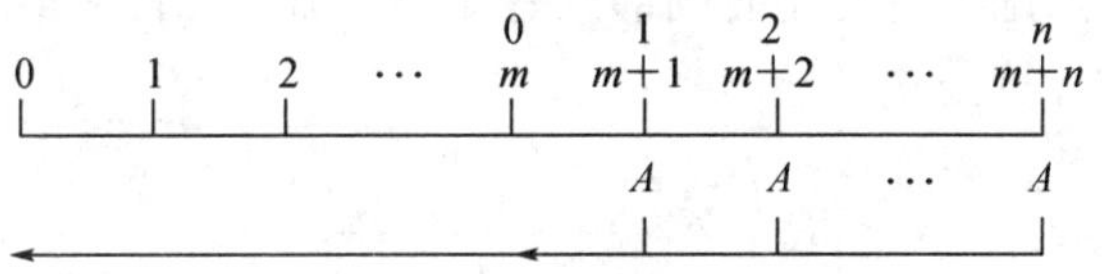

图 2－5　递延年金现值计算原理图

假定最初有 m 期（递延期）没有收付款项，后面 n 期每期有等额的系列收付款项，则此递延年金的现值，即为后 n 期年金贴现至递延期第一期期初的现值。

在计算递延年金现值时，一般有三种方法。

1. 第一种方法

假设递延期也有年金收支，先求出 $(m+n)$ 期的年金现值，再减去递延期 m 的年金现值。计算公式为：

$$P=A(P/A,i,m+n)-A(P/A,i,m)=A[(P/A,i,m+n)-(P/A,i,m)] \tag{2.13}$$

［**例 2－14**］　某公司向银行借入一笔钱，贷款年利率为 5%，银行规定前 5 年不用还本付息，但从第 6 年到第 10 年每年年末偿付本息 10 000 元，该笔贷款的现值是多少？

$$\begin{aligned}P&=10\,000\times[(P/A,5\%,5+5)-(P/A,5\%,5)]\\&=10\,000\times(7.722-4.330)=33\,920(\text{元})\end{aligned}$$

2. 第二种方法

先把递延年金视为普通年金，求出其至递延期末的现值，再将此现值换算成第一期期初的现值。计算公式为：

$$P=A(P/A,i,n)\cdot(P/F,i,m) \tag{2.14}$$

用此方法解例 2-14：

$$P = 10\,000 \times (P/A, 5\%, 5) \times (P/F, 5\%, 5) \approx 33\,920(\text{元})$$

3. 第三种方法

先把递延年金视为普通年金，求出其终值，再将该终值换算成第一期期初的现值。计算公式为：

$$P = A(F/A, i, n) \cdot (P/F, i, m+n) \tag{2.15}$$

按此方法解例 2-14：

$$P = 10\,000 \times (F/A, 5\%, 5) \times (P/F, 5\%, 5+5) = 10\,000 \times 5.526 \times 0.614 \approx 33\,920(\text{元})$$

总之，在计算递延年金时，可以选择不同的途径来计算其现值。但应注意递延期限和收付期的时间，避免出现错误。

（四）永续年金

永续年金是指无限期收付的年金。在实际中的存本取息、优先股股利、无到期日债券利息都属于永续年金的例子。

由于永续年金的特点是没有终止时间即没有终值，因此，只能求其年金现值。其计算公式可根据普通年金现值的计算公式推导出来：

$$P = A\left[\frac{1-(1+i)^{-n}}{i}\right] \tag{2.16}$$

当 $n \to \infty$ 时，$(1+i)^{-n}$ 的极限值为零，故(2.16)式可改写成：

$$P = \frac{A}{i} \tag{2.17}$$

［**例 2-15**］ 某企业要从其他公司每年取得优先股股利 30 000 元，假设市场利率为 15%，现在要最多投资多少元购买该股票？

$$P = \frac{A}{i} = \frac{30\,000}{15\%} = 200\,000(\text{元})$$

因此，该企业最多投资 200 000 元购买该优先股。

在经济管理当中，我们经常会遇到每次收入或付出的款项不相等的情况。由于每次收付的款项不等，因而不能直接按年金终值或现值计算，而必须分别计算每期不等额现金流入量或流出量的终值或现值之和。但在年金和不等额现金流量混合的情况下，能用年金公式计算现值或终值的便用年金公式计算，不能用年金计算的部分，便用复利计算，然后把它们加总，得出该现金流量的现值或终值。

三、年名义利率与年实际利率的转换

在上面计算中用到的折现率，我们都把它假定为年利率，每年复利一次。但在实际经济活动中，复利的计息期不一定是 1 年，还可能是半年或是按季、月甚至日来计算的。例如，某些债券半年计息一次；有的银行对外贷款每月计息一次；有的行业间拆借资本每天计息一次。当利息在 1 年内要复利两次或两次以上时，年实际利率要大于给定的年名义利率。

[例 2 - 16] 资本金为 10 000 元，投资 4 年，年利率为 8%，每季度复利一次，则 4 年后所得的利息为多少？

每季度复利率＝8%÷4＝2%

复利次数＝4×4＝16

4 年后的终值为：

$$F=P(F/P,i,n)=10\,000\times(F/P,2\%,16)=10\,000\times1.373=13\,730(\text{元})$$

4 年后的利息为：

$$I=F-P=13\,730-10\,000=3\,730(\text{元})$$

很显然，当 1 年内复利几次时，实际得到的利息比按年名义利率计算的利息高。如例 2 - 16 中，假如按年名义利率计算利息，结果为：

$$\begin{aligned}I&=F-P=10\,000\times(F/P,8\%,4)-10\,000=10\,000\times1.361-10\,000\\&=3\,610(\text{元})\end{aligned}$$

不难发现，按年实际利率比按年名义利率多得。在财务管理中，遇到每年复利多次时，计算现金流量的现值或终值一般有两种方法。

第一种方法，将年名义利率换算成年实际利率，然后用年实际利率计算现值或终值。年实际利率的计算公式为：

$$i=\left(1+\frac{r}{m}\right)^{m}-1 \tag{2.18}$$

式中，r 为年名义利率；m 为每年复利次数；i 年为实际利率。

由(2.18)式，我们计算例 2 - 16 中的年实际利率为：

$$i=\left(1+\frac{8\%}{4}\right)^{4}-1=1.082\,4-1=8.24\%$$

在用该公式时常常会带小数点，不利于查表。

第二种方法，不计算年实际利率，直接调整有关指标。即首先算出计算周期利率 r/m，计息期数为 $m\cdot n$，然后计算现金流量的现值或终值。这种方法也比较简便，而且不会造成较大的误差。实例见例 2 - 16。

第三节 风险与风险价值计量

在企业财务活动中，始终存在着风险。我们进行投资要求获得一定的收益，就必然要承担与收益相对应的风险。投资者由于冒风险进行投资而获得的超过货币时间价值的额外收益，称为投资的风险价值，或称为风险收益或风险报酬。组织财务管理活动，必须研究风险，计量风险，并设法降低风险，以取得投资的最大收益，使企业价值最大化。

一、风险的概念与类型

风险广泛存在于企业的各项财务活动中，并对企业实现其财务目标有着重要的影响。风险是指事件本身的不确定性，或者说是某一不利事件发生的可能性。从财务管理的角度来说，风险就是无法达到预期报酬的可能性。

（一）风险的特点

1. 风险具有客观性

风险是指事件本身的不确定性，具有客观性。一旦某一特定方案被确定下来，风险总是无法回避和忽视的，但决策主体是否愿意去冒风险以及冒多大风险，是可以选择的。例如，我们把手里的货币存入银行或购买国库券，收益的不确定性较小；如果是投资于股票或期货业务，则收益的不确定性大得多。在一定的条件下，风险的大小是不能人为来控制的，如在某日购买了某公司股票若干，这时的风险就决定不下来，不能人为来控制。也就是说，在一定条件下投资的风险总是存在的，是客观的，而我们愿意冒多大的风险去获取收益，是由自己主观意向决定的。

2. 风险具有时间性

风险的大小随时间延续而变化，是“一定时期内的风险”。例如，我们投资一项房地产开发项目，开始估计可能是不准确的，然而随着工程的完成到出售房屋，越往后期，我们对该项目的风险大小估计就越准确，到销售完房屋后，结果就固定了，因此，我们说风险总是“一定时期内的风险”。

3. 风险具有不确定性

风险可能给投资者带来超出预想的损失，也可能带来意外的惊喜。一般说来，决策者对意外损失的关注比对意外收益的关注要大得多。因此，人们在研究风险时，侧重于减少损失，主要从不利的方面来考虑风险，经常把风险看成是不利事件发生的可能性。财务上的风险是指无法达到预期报酬率的可能性。

（二）风险的类别

1. 财务管理角度

从财务管理的角度看，风险主要包括筹资风险、投资风险等。

（1）筹资风险

筹资风险是指企业在资本筹集过程中所具有的不确定性。筹资风险的影响因素包括筹资时间、筹资数量、筹资渠道和筹资方式。筹资时间越长，不确定性因素就越多，筹资的风险也就越大。因此，要在最短的有效时间内筹集到所需要的资金。筹资数量越多，筹资风险越大。筹资渠道和筹资方式的不同也会影响筹资风险。例如，采用股票筹资和向银行借款筹资，风险大小肯定不尽相同。

（2）投资风险

投资风险是指企业将筹集的资金确定投向某经营活动中所具有的不确定性。投资风险主要由投资的行业和投资时间的长短来决定。一般企业的资本可选择多种行业进行投资，每种行业所存在的利润率不同，决定了它们的投资风险不同。一般来说，长期投资比中短期投资的风险要高。

2. 风险产生的原因、影响程度和投资者的能动性角度

从风险产生的原因、影响程度和投资者的能动性来划分，风险可分为市场风险和公司特有风险。

（1）市场风险

市场风险是指那些对所有公司产生影响的因素引起的风险，如战争、经济衰退、通货膨胀等等。这类风险不能通过分散投资对象而分散，一般称之为不可分散风险或系统风险。如某企业投资于某工程，它都必须承担市场风险，不能避免由通货膨胀或经济衰退等方面所带来的风险。这些风险都会影响企业未来所取得的收益。

（2）公司特有的风险

公司特有的风险是指发生于单个公司的特有事件造成的风险，如公司内部控制出现问题、产品开发失败、没有争取到重要的经济合同等。公司特有的风险可以通过多元化投资来分散，即发生于一家公司的不利事件可以被其他公司的有利事件所抵消，使企业的收益不会受更大的影响，所以这类风险称为可分散风险或非系统风险。

3. 企业本身角度

从企业本身来看，风险可分为经营风险和财务风险两大类。

（1）经营风险

经营风险是指企业生产经营的不确定性所带来的风险。企业的生产经营活动会受到来自企业外部和内部多方面的影响，具有很大的不确定性。外部的影响因素包括政治环境、经济结构、资源环境、金融环境、市场环境等；内部的影响因素包括运营状况、经营管理状况、内部财务管理能力等。

（2）财务风险

财务风险是指由于举债融资而给企业财务成果带来的不确定性，主要指到期不能还本付息的风险，又称筹资风险，也就是狭义的财务风险。

总之，风险对于财务管理活动来说是无处不在，无时不有的。进行财务决策时，选择不同程度的风险，一定要有与之相对应的报酬率，不能高风险而低报酬，或渴望低风险而取得高收益。企业管理者应正确面对风险，仔细分析研究，并控制风险，争取在投资活动中把风险降到最低，获取与风险对应的报酬。

二、风险价值

风险价值又称风险报酬，是指企业承担风险从事财务活动所获得的超过货币时间价值的额外收益。一般用风险报酬率表示，它是指投资者冒风险进行投资所要求的超过货币时间价值的那部分额外报酬率。风险报酬率是投资人投资所必然要求的，如果投资者没有额外的风险报酬，那么投资者就不会拿出资金给企业做生意。而企业没有投资者资金的注入就不会筹集到进行生产和贸易活动所需要的资金，两者是互利互惠的。

一般投资者所要求的期望报酬率与风险是相对应的，风险越高，投资者所要求的期望报酬率就越高。我们用公式来体现期望报酬率和风险的关系为：

$$期望投资报酬率＝无风险报酬率＋风险报酬率$$

一般期望投资报酬率用 K 来表示；无风险报酬率用 R_F 表示；风险报酬率用 $b \cdot Q$ 表示，

其中 b 表示风险报酬系数,Q 表示风险程度。所以,上式可表示为:

$$K = R_F + b \cdot Q \tag{2.19}$$

通过(2.19)式我们可以看出期望投资报酬率包括两部分:一部分是无风险报酬率。如:购买国家发行的公债,到期连本带利肯定可以收回。这个无风险报酬率,可以吸引公众储蓄,是最低的社会平均报酬率。另一部分是风险报酬率,它与风险大小有关,是风险的函数,风险越大,所要求的报酬率越高。它们之间的关系如图 2－6、图 2－7 所示。

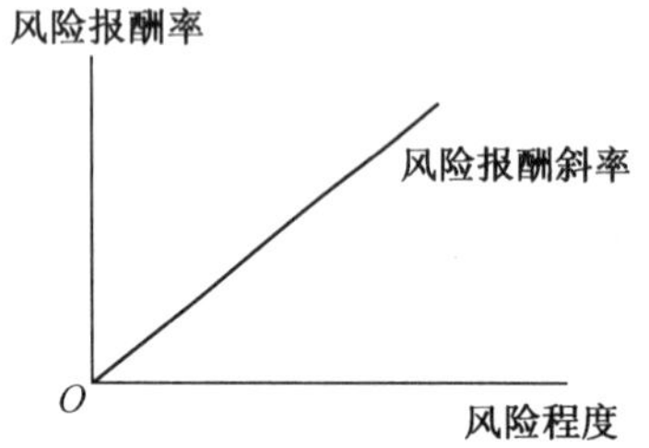

图 2－6　风险程度与风险报酬率之间的关系

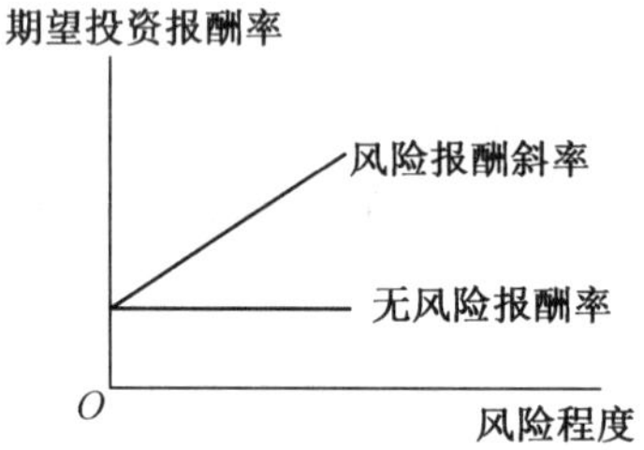

图 2－7　风险程度与期望投资报酬率之间的关系

由于风险报酬率与风险程度成正比,则有:

$$\text{风险报酬率} = \text{风险报酬斜率} \times \text{风险程度} = b \cdot Q$$

通过图 2－6、图 2－7,我们可以更加直观地看出期望报酬率与风险报酬率的关系,以及风险报酬率与影响因素的关系。不过,这些都是建立在一定的假设基础上才得出来的。而确定风险价值,则是一个非常复杂的计算过程,前提是要对风险进行衡量。下面我们以单项资产为例,讨论风险衡量的方法与计算过程。

三、单项资产风险的衡量

风险的衡量是计算风险报酬的先决条件,它是一项比较繁琐的工作,需要使用概率和统计方法。具体的风险衡量过程如下。

(一) 确定概率分布

在经济活动中,某一事件在相同的条件下可能发生,也可能不发生,这类事件被称为随机事件。概率就是用来表示随机事件发生可能性大小的数值。通常把必然发生事件的概率定为 1,把不可能发生的事件的概率定为 0,而一般随机事件的概率是介于 0 与 1 之间的一个数。一般用 P_i 来表示随机事件的概率。它有如下特点:① 任何事件的概率不大于 1,不小于 0,即 $0 \leqslant P_i \leqslant 1$;② 所有可能结果的概率之和等于 1,即 $\sum_{i=1}^{n} P_i = 1$;③ 必然事件的概率等于 1,不可能事件的概率等于 0。

我们把所有可能结果都列示出来,且每种结果出现的次数用概率表示,就构成了概率分布。

[**例 2－17**]　某证券基金公司有三个投资机会,分别为投资国债、股票和认股权证,这三方面的报酬率及概率分布如表 2－1 所示。

表 2-1　某公司未来投资机会各种状态的投资报酬率

经济情况	发生概率	国　债	股　票	认股权证
繁　荣	0.2	10%	25%	30%
正　常	0.6	10%	15%	15%
衰　退	0.2	10%	5%	0

在例 2-17 中我们只取了报酬率和对应概率的有限个值，在现实中会有很多种情况出现。如果随机变量只取有限个值，并且对应于相应的概率，则称随机变量是离散型分布，例 2-17 就属于离散型分布，如图 2-8 所示。

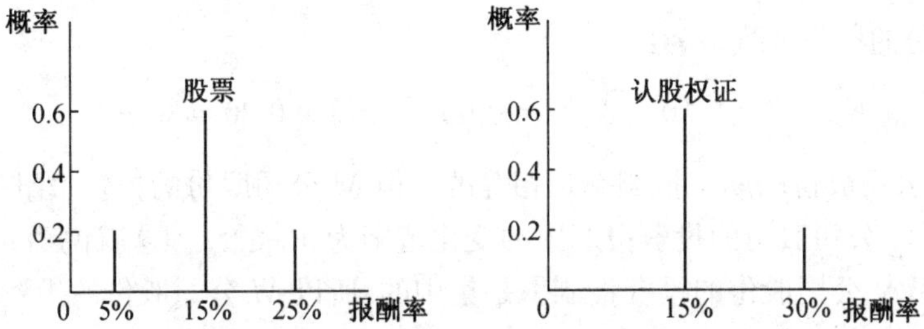

图 2-8　投资报酬率与离散型概率分布图

如果随机变量取无数个值，并且每个值都有对应的概率，则该随机变量可用连续型分布来表示。假设例 2-17 有无数种情况出现，则用图 2-9 表示如下。

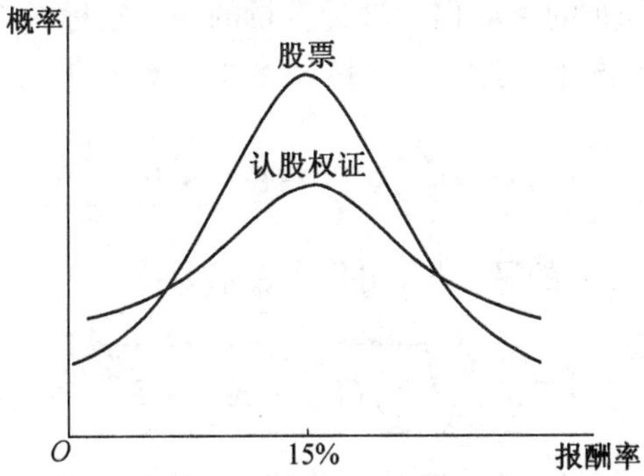

图 2-9　投资报酬率与连续型概率分布图

（二）计算期望报酬率

期望报酬率是指各种可能的报酬率按概率加权计算的平均报酬率。它表示在一定风险条件下，期望得到的平均报酬率。对于离散型概率分布来说，其计算公式是：

$$\overline{K}=\sum_{i=1}^{n}(P_i \cdot r_i) \tag{2.20}$$

式中，$\overline{K}$为期望报酬率；P_i 为第 i 种结果出现的概率；r_i 为第 i 种结果对应的预期报酬率；n 为所有可能结果的数目。

[**例 2-18**]　A 公司持有 M 公司股份和 N 公司股份，两种股份的报酬率的概率分布如表 2-2 所示，试计算两种股份的期望报酬率。

表 2-2 两种股份报酬率及其概率分布

经济状况	M 公司股份		N 公司股份	
	报酬率	概　率	报酬率	概　率
衰　退	10%	0.20	0	0.20
正　常	30%	0.60	30%	0.60
繁　荣	50%	0.20	60%	0.20

M 公司股份的期望报酬率为：

$$\overline{K_m}=10\%\times 0.20+30\%\times 0.60+50\%\times 0.20=30\%$$

N 公司股份的期望报酬率为：

$$\overline{K_n}=0\times 0.20+30\%\times 0.60+60\%\times 0.20=30\%$$

可见，两个公司股份的期望报酬率是相等的。但 M 公司股份的投资报酬率的变化范围为 10%～50%，而 N 公司股份的投资报酬率的变化范围为 0～60%。这就说明 M 公司股份的投资报酬率相对于 N 公司股份的投资报酬率是集中的，所以 M 公司股份的投资风险较小，而 N 公司股份的投资风险较大。

（三）确定离散方差、标准差

在概率中表示随机变量离散程度的指标包括方差、标准差和全距等。常用的指标是方差和标准差。

方差是对围绕期望值分布的离散程度进行度量的一个指标。方差越大，离散程度越大，表示风险越大。在离散分布情况下，方差 σ^2 可按(2.21)式计算：

$$\sigma^2=\sum_{i=1}^{n}(K_i-\overline{K})^2\cdot P_i \tag{2.21}$$

标准差也称均方差，是方差的平方根，用公式表示为：

$$\sigma=\sqrt{\sum_{i=1}^{n}(K_i-\overline{K})^2\cdot P_i} \tag{2.22}$$

下面我们来计算例 2-18 中 M 公司股份和 N 公司股份报酬率的方差和标准差。

M 公司股份报酬率的方差为：

$$\begin{aligned}\sigma_M^2&=\sum_{i=1}^{n}(K_i-\overline{K})^2\cdot P_i\\&=(10\%-30\%)^2\times 0.2+(30\%-30\%)^2\times 0.6+(50\%-30\%)^2\times 0.2\\&=0.016\end{aligned}$$

M 公司股份报酬率的标准差为：

$$\begin{aligned}\sigma_M&=\sqrt{\sum_{i=1}^{n}(K_i-\overline{K})^2\cdot P_i}\\&=\sqrt{0.016}=12.65\%\end{aligned}$$

N 公司股份报酬率的方差为：

$$\sigma_N^2 = \sum_{i=1}^{n}(K_i - \overline{K})^2 \cdot P_i$$
$$= (0 - 30\%)^2 \times 0.2 + (30\% - 30\%)^2 \times 0.6 + (60\% - 30\%)^2 \times 0.2$$
$$= 0.036$$

N 公司股份报酬率的标准差为：

$$\sigma_N = \sqrt{\sum_{i=1}^{n}(K_i - \overline{K})^2 \cdot P_i}$$
$$= \sqrt{0.036} = 18.97\%$$

通过上述计算我们可以发现，M 公司股份报酬率的标准差(12.65%)小于 N 公司股份报酬率的标准差(18.97%)，说明 M 公司股份的风险低于 N 公司股份的风险，在投资中要认真对待 N 公司股份，不可轻易选择。

（四）确定标准离差率

标准离差率也是反映随机变量离散程度的一个指标。它可用来比较期望报酬率不同的各项目的风险程度，有时我们也把它称为变化系数。标准离差率是标准差与期望值的比值。

标准离差率的计算公式一般表示为：

$$Q = \frac{\sigma}{\overline{K}} \times 100\% \tag{2.23}$$

在例 2－18 中，M 公司股份报酬率的变化系数为：

$$Q_M = \frac{\sigma}{\overline{K}} \times 100\% = \frac{12.65\%}{30\%} \times 100\% = 42.17\%$$

N 公司股份报酬率的变化系数为：

$$Q_N = \frac{\sigma}{\overline{K}} \times 100\% = \frac{18.97\%}{30\%} \times 100\% = 63.23\%$$

这说明，在上述假设条件下，N 公司股票的风险大于 M 公司股票的风险。

（五）计算风险报酬率

标准离差率虽然能正确评价投资风险程度的大小，但这还不是风险报酬率。由于风险报酬率与风险程度成正比，所以，风险报酬率可以通过变化系数和风险报酬斜率来确定，即：

$$K_r = b \cdot Q \tag{2.24}$$

式中，K_r 为风险报酬率；Q 为标准离差率；b 为风险报酬斜率，也称风险报酬系数。

一般来说，风险报酬斜率由企业主观确定。由于风险报酬斜率是相对于无风险报酬率而言的，因此，风险报酬斜率的确定以无风险报酬率为基础。

假设例 2－18 中 M 公司的风险报酬斜率为 10%，N 公司的风险报酬斜率为 12%，计算两公司的风险报酬率。

M 公司股份的风险报酬率为：

$$K_r = 10\% \times 42.17\% = 4.22\%$$

N 公司股份的风险报酬率为：

$$K_r = 12\% \times 63.23\% = 7.59\%$$

在知道了风险报酬率为多少后，我们就可以用实际的数值确定风险报酬。

假设 A 公司持有 M 公司和 N 公司股票的金额分别为 1 000 万元和 2 000 万元，则：

A 公司从 M 公司获取的风险报酬额为：

$$1\,000 \times 4.22\% = 42.2(\text{万元})$$

A 公司从 N 公司获取的风险报酬额为：

$$2\,000 \times 7.59\% = 151.8(\text{万元})$$

此外，风险还可以通过确定置信概率和置信区间来判断，但前提是必须符合连续正态分布，在这里不介绍。有关证券组合的风险将在以后有关章节介绍。

四、风险管理

风险管理是预先确定一系列的政策、措施，将那些可能导致利润减少的可能性降低到最小的程度，从而保证企业经营活动按预计的目标进行。风险管理的目的不在于一味地追求降低风险，而在于收益和风险之间的权衡。我们在进行风险管理时，要制定一定的程序，以求风险管理合理化、规范化、技术化。一般风险管理的程序为：

(1) 确定风险。明确可能发生的风险性质和风险类型，并确定风险发生的可能性。

(2) 设立目标。对可能发生的风险进行分析研究，分析其对企业财务活动的影响和影响范围，在此基础上设立风险管理目标。

(3) 制定策略。为了保证风险管理的目标得以实现，应针对风险的性质、种类及其对企业财务活动的影响，制定相应的风险管理策略，以避免可能出现的各种损失。

(4) 实施评价。将制定的风险管理策略付诸实施，在实施中，对照风险管理的目标，定期或经常地进行检查，对风险管理工作的绩效进行评价和考核。

总之，在风险管理时，要顺应本行业形势，合理地分散风险，适当地接受风险，适时地转移风险，力求风险管理合理化，保证企业价值最大化。

第四节　利　　率

一、利率的概念与种类

利率是资金的增值额(利息)与投入资金价值(本金)的比率，是衡量资金增值程度的数量指标。西方经济学认为利率是资本的市场价格，引导资本的配置。因此，利率在资金分配和财务决策中起着重要作用。例如，一个企业如果拥有投资利润率很高的投资机会，它就可以发行较高利率的证券来吸引资金；而外部投资者就会把过去所投资的利率较低的证券卖掉。这样，资金就会从低利润的投资项目不断向高利润的投资项目转移。因此，在发达的市场经济条件下，资金从低收益项目向高收益项目的流动，是由市场机制通过利率的差别来决定的。

在利率这个大系统中，按照不同的标准可划分出多种多样的利率类别，下面介绍几种主要的利率类别。

（一）按利率之间的变动关系分类

按利率之间的变动关系，利率分为基准利率和套算利率。

1. 基准利率

基准利率又称基本利率，是指在多种利率并存的条件下起决定作用的利率。所谓起决定作用的意思是：这种利率变动，其他利率也相应变动。因而，了解了这种关键性利率水平的变化趋势，也就可以了解全部利率体系的变化趋势。基准利率，在西方通常是指中央银行的再贴现率；在中国是指中国人民银行对商业银行贷款的利率。

2. 套算利率

套算利率是指基准利率确定后，各金融机构根据基准利率和借贷款项的特点而换算出的利率。例如，某金融机构规定，贷款给 AAA 级、AA 级、A 级企业的利率应分别在基准利率基础上加 0.5%、1%和 1.5%。若基准利率是 8%，则 AAA 级、AA 级和 A 级企业的贷款利率应分别是 8.5%、9%和 9.5%，这便是套算利率。

（二）按债权人取得报酬情况分类

按债权人取得的报酬情况，可把利率分成实际利率和名义利率。

1. 实际利率

实际利率是指在物价不变从而货币购买力不变情况下的利率，或是指在物价有变化时，扣除通货膨胀补偿以后的利息率。

2. 名义利率

在物价不断上涨的情况下，名义利率高于实际利率，二者之间的关系用公式表示为：

$$R = R_P + I_P \tag{2.25}$$

式中，R 为名义利率；R_P 为实际利率；I_P 表示预计的通货膨胀率。

在通货膨胀条件下，市场上一些利率一般是名义利率，而实际利率却不易直接观察到。通常是利用(2.25)式，根据名义利率和通货膨胀率推出实际利率。

除了以上两种分类外，还有其他分类方法。如，根据在借贷期内是否不断调整，利率可分成固定利率与浮动利率；根据利率变动与市场的关系，利率又可分为市场利率和官定利率。

二、决定利率高低的基本因素

正如任何商品的价格由供给和需求两方面来决定一样，资金这样特殊商品的价格——利率，也是由供给与需求来决定的。

以图 2-10 说明资金需求同利率水平之间的关系。

在图 2-10 中，纵坐标代表投资报酬率或利率，横坐标代表企业在不同利率水平下的投资规模，即对资金的需求量，曲线 D 代表投资机会的报酬率。企业在选择投资机会时，总是先选择报酬率高的投资项目，随后再选择报酬率较低的投资项目，这样，随着投资项目的增多，平均的投资报酬率就会呈下降趋势。当利率处于 R_1 水平时，企业便会筹集资金去投资经营 A 点

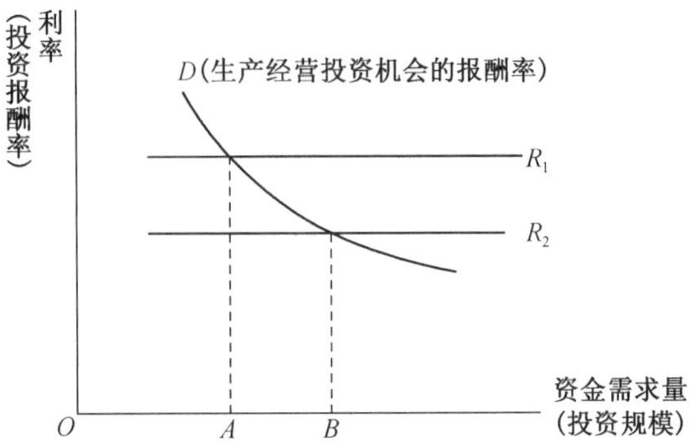

图 2－10　资金需求与利率

之内的投资项目，但不可能对 A 点以外的项目进行投资，因此所需资金较少。但当利率处于 R_2 水平时，从 A 到 B 之间的项目便成为可投资项目，也就是说，随着利率的降低，企业的投资规模会扩大，则资金需要量也增加了。可见，利率水平同资金需要量有密切的关系。

图 2－11 表示的是资金供应量同利率水平的关系。在利率水平为 R_2 时，资金供应量位于 A'，利率水平提高到 R_1 时，资金供应量扩大到 B'点。因此，利率水平同资金供应量也有十分密切的关系。

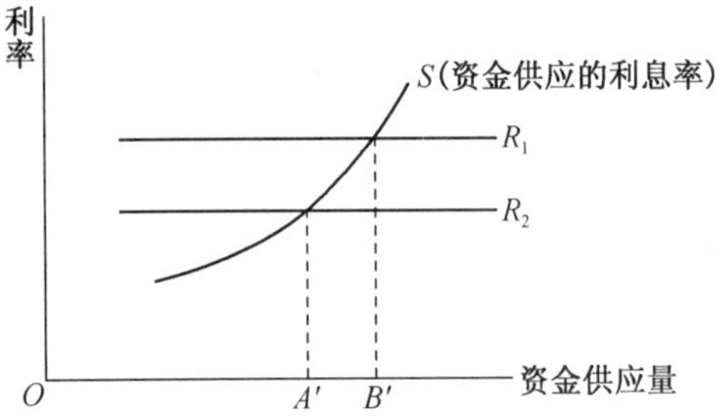

图 2－11　资金供应与利率

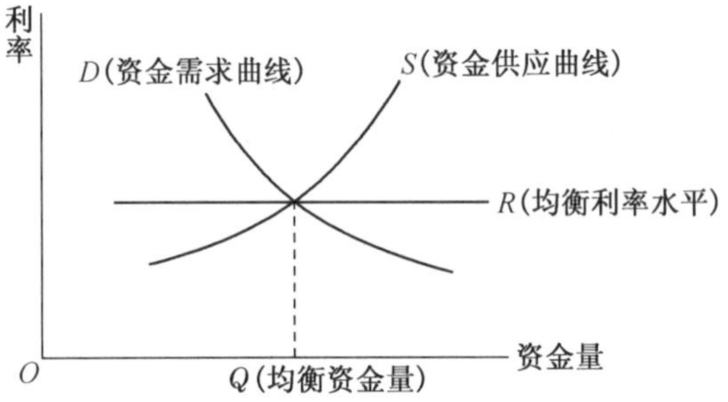

图 2－12　资金供求与利率

将上面两种关系放到同一个直角坐标系中来观察，就会发现利率水平同一般商品价格一样，是由资金需求和资金供给在供求竞争规律支配下，相互交叉平衡而予以确定的。如图 2－12 所示。

图 2－12 表示资金供应、需求和利率在某一时点的平衡关系，随着资金供应量和需求量的变化，利率和均衡资金量也会随之变化，这里不再详述。

资金的供应和需求，是影响利率的最基本因素。除这两个因素外，经济周期、通货膨胀、货币政策和财政政策、国际经济政治关系、国际利率管理制度等，对利率的变动均有不同程度的影响。当然，这些因素有些也是通过影响资金的供给和需求影响利率。

三、未来利率水平的预测

上述利率水平的运动规律，只是从理论上解释利率为什么会发生变动。那么，究竟应该怎样预测特定条件下未来的利率水平呢？这必须分析利率的构成。一般而言，资金的利率由三部分构成，即纯利率、通货膨胀补偿、风险报酬。其中，风险报酬又分为违约风险报酬、流动性风险报酬和期限风险报酬三种。这样，利率的一般计算公式就变为：

$$R = R_0 + I_P + D_P + L_P + M_P \tag{2.26}$$

式中，R 为利率（指名义利率）；R_0 为纯利率；I_P 为通货膨胀补偿（或称通货膨胀贴水）；D_P 为违约风险报酬；L_P 为流动性风险报酬；M_P 为期限风险报酬。

现将上述构成利率的五个方面分述如下。

1. 纯利率

纯利率是指无通货膨胀、无风险情况下的平均利率。影响纯利率的基本因素是资金供给量和需求量，因而，纯利率不是一成不变的，它随资金供求的变化而不断变化。精确地测定纯利率是非常困难的，在实际工作中，通常以无通货膨胀情况下的无风险债券的利率来代表纯利率；在没有通货膨胀时，国库券的利率可以视为纯利率。来自美国的统计资料表明，20 世纪 80 年代的纯利率大约在 2%～4%范围内浮动。

2. 通货膨胀补偿

通货膨胀已成为世界上大多数国家经济发展过程中难以医治的病症。持续的通货膨胀，会不断降低货币的实际购买力，同时，对投资项目的投资报酬率也会产生影响。资金的供给者在通货膨胀情况下，必然要求提高利率水平以补偿其购买力损失。所以，无风险证券的利率，除纯利率之外还应加上通货膨胀因素，以补偿通货膨胀所遭受的损失。因此，每次发行国库券的利息率随预期的通货膨胀率变化，它等于纯粹利息率加预期通货膨胀率。当然，利息率的变化与通货膨胀率的变化并不是完全同步的，一般而言，利率变化会滞后于通货膨胀。

3. 违约风险报酬

违约风险是指借款人无法按时支付利息或偿还本金而给投资人带来的风险。违约风险反映借款人按期支付本金、利息的信用程度。借款人如经常不能按期支付本利，说明这个借款人的违约风险高。为了弥补违约风险，必须提高利率，否则，借款人就无法借到资金，投资人也不会进行投资。国库券等证券由政府发行，可以看作是没有违约风险，其利率一般较低。企业债券的违约风险则要根据企业信用程度来定，企业的信用程度可分若干等级，等级越高，信用越好，违约风险越低，利率水平也越低；信誉不好，违约风险高，利率水平自然也高。

在到期日和流动性等因素相同的情况下，各信用等级债券的利率水平同国库券利率之间的差额，便是违约风险报酬率。

4. 流动性风险报酬

流动性是指某项资产能否迅速转化为现金的可能性。如果一项资产能迅速转化为现金，说明其变现能力强，流动性好，流动性风险小；反之，则说明其变现能力弱，流动性不好，流动性风险大。政府债券、大公司的股票与债券，由于信用好，变现能力强，所以流动性风险小；而一些不知名的中小企业发行的证券，流动性风险则较大。一般而言，在其他因素均相同的情况下，流动性风险小与流动性风险大的证券利率差距约介于 1%～2%之间，这就是所谓的流动性风险报酬。

5. 期限风险报酬

一项负债，到期日越长，债权人承受的不确定因素就越多，承担的风险也越大。为弥补这种风险而增加的利率水平，就是期限风险报酬。例如，同时发行的国库券，10 年期的利率一般要高于短期利率，这便是期限风险报酬。当然，在利率剧烈变动的情况下，也会出现短期利率高于长期利率的情况，但这种偶然情况并不影响上述结论。

综上所述，影响某一特定借款或投资的利率主要有以上五个因素，只要能合理预测上述因素，便能比较合理地测定利率水平。

本章小结

货币时间价值，是指一定量的货币经历一定时间的投资和再投资所增加的价值。资金的循环和周转以及因此实现的货币增值，需要或多或少的时间，每完成一次循环，货币就增加一定数额，周转的次数越多，增值额也越大。因此，随着时间的延续，货币总量在循环和周转中按几何级数增长，使得货币具有时间价值。在掌握它的定义的同时，还要充分理解它的实质和熟悉它的作用。

在某一特定时间上一次性支付（或收取），经过一段时间后再相应地一次性收取（或支付）的款项，即为一次性收付款项。它包括单利的计算和复利的计算。年金是等额定期的系列收支，一般用 A 来表示。年金按照每次收付发生的时间不同，可分为普通年金、先付年金、递延年金和永续年金四类。

一般说来，风险是指在一定条件下和一定时期内可能发生的各种结果的变动程度。从财务的角度来说，风险主要指无法达到预期报酬的可能性。一般应用数学方法定量衡量风险。

利率是资金的增值即利息同投入资金的价值即本金之比。决定利率的基本因素包括：纯利率、通货膨胀补偿、违约风险报酬、流动性风险报酬和期限风险报酬等。

复习思考题　封底扫码查看参考答案

简答题

1. 什么是货币时间价值？从何而来？怎样计量？
2. 货币时间价值与投资风险价值的性质有何不同？
3. 什么是年金？它有哪些类型？如何计算？
4. 如何衡量投资风险的程度？
5. 什么是风险报酬？如何计量风险报酬？
6. 什么是利率？它有哪些类型？一般由哪些部分组成？

计算题

1. 某企业为了上一个新项目，向银行借款 1 200 万元，借款期 10 年，年利率为 8%，到期后企业还本付息共计多少元？

2. 年初拟存入一笔钱，准备在以后 10 年中每年末得到 1 000 元，如果年利率为 10%，应存入多少钱？

3. 某企业年末购入设备，付款有两种选择：一是 1 次付款 80 000 元；二是分期付款，即在年末合同签订后，即刻付 10 000 元，以后每年年末付 10 000 元，分 10 年付清。年折现率选择 6%。该企业应选择哪种方式付款？

4. 某企业向银行借入一笔钱，银行贷款的年利率为 8%，银行规定前 10 年不用还本付息，但从第 11 年至第 20 年每年年末偿还本息 10 000 元，这笔款项的现值为多少？

5. 某永续年金的每年收入为 1 000 元，利息率为 10%，求该项年金的现值。

6. 银行的年利率为6%，每季度计复利一次，银行的年实际利率为多少？

7. 甲公司2020年年初对某设备投资120 000元，该项目2022年年初完工投产；2022年至2024年各年末预期收益分别为20 000元、30 000元、50 000元；银行存款利率为10%。分别按单利和复利计算2022年年初投资额的终值和2022年年初各年预期收益的现值之和。

8. 丙公司2020年和2021年年初对C设备投资均为80 000元，该项目2022年年初完工投产；2022年至2024年各年末预期收益均为40 000元；银行存款利率为8%。按年金计算2022年年初投资额的终值和2022年年初各年预期收益的现值。

9. 某人拟于下一年年初借款42 000元，从下一年年末开始，每年年末还本付息额均为6 000元，连续10年还清。假设预期最低借款利率为8%，此人借款计划是否合理？

10. 某公司现有三种投资方案可供选择，三个方案的年报酬率及其概率的资料如下表2-3：

表2-3　某公司投资方案

市场状况	发生概率	投资报酬率		
		甲	乙	丙
繁　荣	0.3	40%	50%	60%
一　般	0.5	20%	20%	20%
衰　退	0.2	40%	15%	-30%

假设甲方案的风险报酬系数为8%，乙方案的风险报酬系数为9%，丙方案的风险报酬系数为10%，该公司作为稳健的投资者，欲选择期望报酬率较高且风险报酬率较低的方案，试通过计算作出选择。

第三章　筹资路径与资本成本

筹资是企业财务活动的重要环节，筹资的数量与结构、筹资活动的效率与质量直接影响着企业的经营成果。所以，筹资决策是财务决策的重要组成部分。

在市场机制的作用下，企业筹措和使用资本必须为之付出一定的代价，这种代价是企业的资本成本，企业花费这种代价是期望获得投资报酬。在企业财务决策中，资本成本体现为所有筹资来源所要求的报酬率，是筹资决策必须考虑的一个重要的因素。

本章主要介绍长期筹资的基本概念、筹资渠道与筹资方式、筹资数量的预测、资本成本等内容。

第一节　筹 资 概 述

一、企业筹资的概念

企业筹资就是根据其对资金的需求，通过筹资渠道，运用筹资方式，筹措企业生存和发展所需资金的行为。长期筹资是指筹集企业使用期限在一年以上资本的行为，主要用于购置固定资产、对外长期投资、取得无形资产和优化资本结构等。企业在初创阶段，首先必须筹措一定的初始资本，以开展和维持正常的生产经营活动。企业在生存发展过程中，除了需要维持一定的资本规模，还常常需要根据市场需求的变化，扩大企业经营规模，调整生产经营结构，以及开展必要的对外投资活动，往往也需要追加筹资，以满足企业发展对资金的需求。另外，企业根据内外部理财环境的变化，适时采取调整资本结构的策略，同样需要筹措资本。

二、企业筹资的目的

筹资与投资是相互关联、相互依存的两项重要的财务管理活动。但是，这两项活动并不是平行的，筹资只是手段，投资才是目的，筹资是为了投资。从根本上看，企业筹资的目的是以较低的成本为企业具有较高投资回报的投资项目筹措到足够的资金。具体而言，企业筹资的目的有以下四种。

（一）设立企业

设立企业的目的是指因为组建企业而需要进行的筹资。任何企业的设立或创建，都是以筹措一定数量的资本金为基础的。根据我国《公司法》的有关规定，股份公司在设立时，必须有法定的资本金，并且不低于国家规定的限额。为此，要建立企业，就必须通过不同的方式筹措一定数量的股本，这是企业最基本的筹资动机。

（二）扩张和发展企业

扩张和发展企业的目的是指企业因扩大生产经营规模或增加对外投资而需要进行的追加筹资，即为扩张性筹资。企业在其产品生命周期的成长阶段，往往需要筹集大量的资金，尤其是长期资金，用于生产经营规模的扩大、设备更新和技术改造。此外，企业追加有利的对外投资规模、开拓有发展前途的对外投资领域等也需要筹集一定的资金。企业的这种为扩大经营规模或范围从而不断寻求发展而进行的筹资，是企业最为普遍的筹资动机。

（三）偿还企业债务

偿还企业债务的目的是指企业为了偿还到期债务而需要进行的筹资，即为偿债筹资。大多数情况下，这是企业在没有足够的现金用于支付或财务状况恶化时而采取的筹资行为。一般而言，企业为了获得财务杠杆利益，可以利用一定的负债进行生产经营。但债务到期必须偿还，如果企业的现有支付能力不足以清偿到期债务，那么企业在法规允许的情况下可以通过一定的方式筹集资金，以满足偿还到期债务的需求。但有时企业的债务到期了，尽管有能力偿付，但为了保持一定的负债规模，企业可能采取借新债偿还老债的措施。

（四）调整企业资本结构

调整资本结构的目的是指企业因调整现有的资本结构而进行的筹资，即为调整性筹资。资本结构是指企业各种资本的构成及其比例关系，它是由企业采用各种筹资方式及其不同的组合而形成的。当企业的资本结构不合理时，可以通过采用不同的筹资方式对其进行调整，使之趋于合理。例如当企业的债务资本较多时，企业可以通过增加权益资本来达到使资本结构趋于合理的目的；反之，当企业的债务资本较少时，可以通过增加债务资本来达到使资本结构趋于合理的目的。

三、企业筹资的原则

企业筹资是企业的基本财务活动，也是一项重要而复杂的工作，为了有效地筹集资金，实现筹资管理的目的，必须遵循下列一些基本原则。

（一）分析投资和生产经营情况，合理预测资金需要量

企业筹资首先必须确定所需筹资的数量。企业财务人员需要认真分析投资机会，确定企业投资所需的资金数量，使所筹资的数量与投资所需数量达到平衡，避免筹资不足而影响投资活动，或筹资数量过剩而影响筹资效益。此外，企业在经营中资金需求量往往是不断波动的，要认真分析生产经营状况，采用一定的办法，预测资金的需求数量，这样既能避免因筹资不足影响生产经营的正常进行，又可防止资金筹集过多，造成资金闲置。

（二）合理安排筹资时间，及时取得所需资金

同等数量的资金，在不同时间点上具有不同的价值。企业筹资必须根据企业资本的投放时间安排予以筹划，及时地取得资本来源，使筹资与投资在时间上相协调。这样，既能避免筹集资金形成资金投放前的闲置，又能防止取得资金来源的滞后，错过资金投放的最佳时机。

（三）分析筹资渠道和资本市场，认真选择资金来源

资金的来源渠道和资本市场为企业提供了资金的来源和筹资场所，它反映资金的分布情况和供求关系，决定着筹资的难易程度。不同来源的资金，对企业的收益和成本有不同影响，因此，企业应认真分析筹资渠道和资本市场，合理选择资金来源，以便降低资本成本，经济有效地筹集资金。

（四）研究各种筹资方式，选择最佳资本结构

企业筹资决策时，必须在确定筹资数量、筹资时间、资金来源的基础上，认真研究各种筹资方式，确定合理的资本结构。一方面，企业筹集资金必须付出一定的代价，不同筹资方式条件下的资金成本有高有低，为此，就需要对各种筹资方式进行分析、对比，选择经济、可行的筹资方式。另一方面，合理安排资本结构，以便降低成本，减少风险。

四、企业筹资的类型

企业通过各种筹资渠道和采用各种筹资方式所筹措的资本，由于具体的属性、期限、范围和机制的差异，可以分为不同类型，按照不同角度通常可分为权益资本和债务资本、长期资本和短期资本、内部筹资和外部筹资、直接筹资和间接筹资。

（一）权益资本和债务资本

企业的全部资本，按照属性不同可以分为权益资本和债务资本两大类。这是由企业资本的所有权决定的。

权益资本又称股权资本，是企业依法取得并长期拥有、自主使用的资本，是企业最基本的资金来源。根据我国有关法规制度，企业的权益资本由股本、资本公积、盈余公积和未分配利润组成。按照国际惯例，权益资本通常包括股本和留存收益两部分。权益资本具有以下属性：① 权益资本的所有权属于企业的所有者。企业所有者具有参与企业的经营管理的权利和剩余求偿权，同时对企业债务承担有限或无限责任。② 企业对权益资本依法享有经营权。在企业经营期内不需要归还，属于企业的永久性资本，筹资风险小。权益资本的多少代表了企业自身的资本实力，是企业组织经营活动和举借债务的基础。

债务资本又称债权资本，是企业借入的、并承诺按期还本付息的资本。债务资本具有以下属性：① 债务资本是企业的债务，同时是债权人的债权，体现了企业与债权人的债务与债权关系。② 企业对持有的债务资本在约定期限内享有经营权，并承担按期还本付息的义务。③ 一般而言，债权人拥有债权本息索取权，但没有选举权。借入资金有一定的风险，如果企业借入资金过多，可能会陷入债务危机而导致破产。

企业的权益资本与债务资本应具有合理的比例关系，企业在负债时除了要考虑负债带来的利益，同时也应考虑负债导致企业财务失败的可能性，合理安排权益资本与债务资本的比例关系是企业筹资管理的一个核心问题。

（二）直接筹资与间接筹资

企业的筹资活动按是否通过金融机构，分为直接筹资和间接筹资两种。

直接筹资是指企业不经过金融机构直接从最终投资者手中筹集资金的行为。在直接筹资中，企业与投资者通过建立直接的借贷关系实现资金从所有者手中转移到企业。直接筹资主要有投入资本、发行股票、发行债券和商业信用等。直接筹资具有筹资范围广、筹资方式多等特点，但存在筹资费用高、程序繁琐等不足。近年来随着金融工具的不断创新，直接筹资发展很快。

间接筹资是指企业借助银行等金融机构进行的筹资活动。在间接筹资中，企业与投资者不直接发生借贷关系，而是投资者以存款等方式投资于银行等金融机构，再由这些金融机构集中起来以贷款方式投放给需要筹资的企业，这时银行等金融机构发挥着中介作用。间接筹资的主要形式有银行借款、非银行金融机构借款、融资租赁等。间接筹资是传统的筹资类型，它具有筹资效率高、筹资期限较为灵活等特点，但存在筹资范围窄、筹资方式较少等不足。

（三）长期资金筹集与短期资金筹集

企业的全部资金按期限的长短可分为长期资金和短期资金两种。

长期资金是企业使用期限在1年以上的资金，通常包括权益资金和长期债务。长期资金是企业长期生存与发展所必须持有的资本，其一般用于投资固定资产和无形资产、进行对外长期投资、垫支企业的营运资金等。

短期资金是指企业使用期限在1年以内的资金，通常是指企业的短期债务。短期资金是企业在生产经营过程中进行资金周转调度所必须持有的资金，一般用于短期流动资产的投资。

企业长期资金与短期资金的比例关系构成企业全部资本的期限结构。资本的期限结构对企业的风险与收益会产生影响，企业应合理安排长短期资金的比例，在风险与收益之间进行很好的权衡。

（四）内部筹资与外部筹资

企业的全部资本按照资本来源的范围，可分为内部筹资和外部筹资两种。

内部筹资主要是指企业通过留用利润而形成的资本来源。留用利润包括盈余公积金和未分配利润。留用利润将增加企业的资金总量，它的数量由企业的可分配利润政策或股利政策决定。此外，计提折旧和企业职工持股也是企业的内部资金来源。某一特定经营期间折旧资金来源的数量取决于当期企业折旧资产的规模和折旧政策；职工持股数额的多少取决于公司内部职工持股计划的有关限定。

外部筹资是指企业从外部筹资而形成的资本来源。外部筹资的方式较多，常用的外部资金来源主要采用发行股票、发行债券、银行借款、租赁和商业信用等方式，它们一般都需要支付筹资费用。

企业应首先充分利用内部筹资，然后再考虑进行外部筹资。

第二节　筹资渠道与筹资方式

企业筹资活动要通过一定的渠道并采用一定的方式来完成。不同的筹资渠道和筹资方式各有其特点和适用性，两者既有联系，又有区别。同一筹资渠道的资本往往可以采用不同的筹资方式，同一筹资方式又常常可以适用于不同筹资渠道的资金。

一、筹资渠道

筹资渠道是指企业取得资金的来源或途径，即从哪里取得资金，体现着资金的源泉和流量。确定筹资渠道是筹资的必要前提。筹资渠道主要是由社会资金的提供者及数量分布所决定。随着经济体制改革的深入发展和资本市场的建立，我国企业的资金来源发生了巨大的变化,逐步由单一渠道向多渠道发展,由纵向渠道为主逐步向横向渠道为主转变。目前,我国社会资金的提供者众多,数量分布广泛,为企业筹资提供了广泛的资金来源。认识企业筹资渠道的种类及其特点和实用性,有利于企业充分开拓和利用筹资渠道,实现各种筹资渠道的合理组合,经济有效地筹集资金。我国企业的筹资渠道主要有以下几种。

(一)国家财政资金

国家对企业的投资是国有企业的最主要的资金来源渠道,特别是国有独资企业,其原有资本由国家投资形成。现在国有企业的资本金来源大部分是由过去财政以直接拨款方式形成的,国家财政资金为国有大中型企业的发展奠定了基础。国家制定了不断加大扶持基础性产业和公益性产业的长远发展规划,财政今后为改善基础产业和关系国计民生的大型企业的发展环境继续提供财力支持。

(二)银行信贷资金

银行对企业的各种贷款是我国目前各类企业最为重要的资金来源。我国银行分为以营利为目的、从事信贷资金投放的商业性银行和以产业政策扶持为目的的政策性银行两种。商业性银行主要有中国工商银行、中国农业银行、中国建设银行、中国银行以及交通银行等,其为各类企业提供商业性贷款;政策性银行主要有国家开发银行、农业发展银行和中国进出口银行,其为特定企业提供政策性贷款。我国政策性银行目前正抓紧改革,不断增加市场化的运作方式。银行信贷资金拥有居民储蓄、单位存款等经常性的资金来源,贷款方式灵活多样,可以适应各类企业债务资金筹集的需要。

(三)非银行金融机构资金

非银行金融机构资金也可以为一些企业提供一定的筹资来源。非银行金融机构是指除了银行以外的各种金融机构及金融中介机构,主要有信托投资公司、保险公司、租赁公司、证券公司、企业集团的财务公司以及城乡民间金融组织、信用社等。这些机构资金力量虽然不及专业银行,融通资金的范围也有一定的限制,但由于其资金供应比较灵活方便,并可提供其他方面的服务,因而可作为企业补充资金来源渠道,具有广阔的发展前景。

(四)其他企业和单位资金

企业间的相互投资和商业信用的存在,使其他企业和单位资金也成为企业资金的重要来源。企业在生产经营过程中,往往形成部分暂时闲置的资金,这些闲置资金既可以在企业、单位之间相互调剂使用,也可以为一定的目的而进行相互投资;另外,企业间的购销业务一般可以通过商业信用方式来完成,从而形成企业间的债权债务关系,形成债务人对债权人的短期信用资金占用。这些都为企业筹资提供了一定的资金来源。

(五)民间个人资金

民间资金亦可以为企业直接提供筹资来源。主要是社会个人暂时闲置不用的资金,企业可以通过发行股票、债券等筹资方式将其筹集起来,为企业所用。目前我国城乡居民个人持有大量的货币资金,是企业不可忽视的资金来源。

(六)本企业内部资金

企业内部资金是指企业在生产经营活动中积累形成的属于企业自有的资金,主要包括计提折旧,税后利润中提取的公积金、未分配利润等。企业通过内部积累筹集资金,既有利于满足扩大企业生产经营规模的资金需求,又能够减少债务资本,降低财务风险。

上述有关渠道来源的资金既可以是境内资金,也可以是境外资金。境外资金是指国外及我国香港、澳门、台湾地区的投资者向企业提供的资金，是外商投资企业的重要资金来源。企业通过吸引外资，不仅可以筹集到必要的资金来满足生产经营的需要，而且能够引进国外先进技术和管理经验，促进企业技术进步和管理水平的提高。

筹资渠道除了上述具体渠道以外，还可以划分为企业内部筹资与外部筹资。

二、筹资方式

筹资方式是指企业筹资时所采取的具体方法和形式，体现着资金的属性。筹资渠道属于客观存在，筹资方式则属于企业主观能动行为。目前，我国企业资金的组织形式多种多样，金融工具得到比较广泛的开发和利用，为企业筹资提供了便利。因此，研究各种筹资方式，有利于企业开发和利用各种筹资工具。企业筹资管理的重要内容是如何针对客观存在的筹资渠道，选择合理的筹资方式，有效地进行筹资组合，以降低筹资成本，提高筹资效益。

目前，我国企业可以利用的筹资方式主要有以下七种。

（一）吸收直接投资

吸收直接投资是指企业以协议（如共同投资、共同经营、共担风险、共享利润）等形式吸收国家、其他法人单位、个人和外商直接投入的资金，形成企业资本金的一种筹资方式。这种筹资方式不以股票为媒介，主要适用于非股份制企业，是非股份制企业取得权益资本的基本方式。

（二）发行股票

股票是股份制企业为筹措股本而发行的有价证券，是持有人拥有公司股份的凭证。这种筹资方式是股份有限公司筹措股权资本的主要方式。

（三）发行债券

债券是企业为筹集债务资本而发行的、约定在一定期限内向债权人还本付息的有价证券。这种筹资方式是企业负债经营时筹集借入资金的重要方式。

（四）银行或非银行金融机构借款

银行或非银行金融机构借款是指企业向银行或非银行金融机构借入的、按规定期限还本付息的款项。这种筹资方式也是企业负债经营时常采用的主要筹资方式之一。

（五）租赁

租赁是出租人按照承租企业的要求融资购买资产，并以收取租金为条件，在契约或合同规定的期限内，将资产租借给承租人使用的一种经济行为。租赁直接涉及的是物而不是钱，但它在实质上具有借贷属性，是承租企业筹借资金的一种特殊方式。

（六）商业信用

商业信用是指商品交易中的延期付款或预收货款所形成的借贷关系，是企业之间的一种直接信用关系。它产生于银行信用之前，但银行信用出现之后，商业信用仍然得到广泛的发展和运用，适用于各类企业。这种筹资方式比较灵活，成为企业筹措短期资金的重要方式之一。

（七）可转换债券

可转换债券又简称可转债，是指由公司发行并规定债券持有人在一定期限内按约定的条件可将其转换为发行公司普通股的债券。从筹资企业的角度看，可转换债券具有债务与权益筹资的双重属性，是一种混合性的筹资方式。可转换债券是企业筹措长期资本的一种特殊的筹资方式。最后指出的是，可转换债券不同于可交换债券，两者不要混淆。可交换债券不再赘述。

除上述各种筹资方式外，还有用于短期资本筹集的短期融资券等，用于长期资本筹集的优先股等。

三、筹资渠道与筹资方式的关系

筹资渠道与筹资方式有着密切的联系，筹资渠道解决的是资金来源问题，筹资方式解决的是通过什么方式取得资金的问题。同一筹资渠道的资金往往可以采用不同的方式取得，如非银行金融机构资金，既可以采取吸收直接投资、发行股票的方式取得，又可以采取借款、债券、融资租赁等方式取得。一定的筹资方式也可以适用于不同的筹资渠道，如发行股票筹资方式，除银行信贷资本外，几乎所有的资金渠道都适用。企业在进行筹资决策时，应认真分析各种筹资渠道和筹资方式的特点及适用性，寻求两者的合理配合。

一般而言，企业常用筹资渠道与筹资方式的对应关系可用表 3－1 表示。

表 3－1　筹资渠道与筹资方式的对应关系

渠道＼配合＼方式	吸收直接投资	发行股票	发行债券	借款	融资租赁	商业信用	可转换债券
国家财政资金	√	√					
银行信贷资金				√			
非银行金融机构资金	√	√	√	√	√	√	√
其他企业、单位资金	√	√	√		√	√	√
民间个人资金	√	√	√				√
本企业内部资金	√	√					

第三节　筹资数量的预测

企业在筹资之前，应当采用一定的方法，科学合理地对企业在未来一定时期的资金需求量进行预测。只有这样，才能使筹集来的资金既能保证满足生产经营的需要，又不会产生不合理的闲置。现将预测筹资数量常用的方法介绍如下。

一、销售百分比法

销售百分比法是根据资产负债表有关项目与销售收入比例关系，预测短期资金需要量的方法。

具体的计算方法有两种：一种是根据销售总额预计资产、负债和所有者权益的总额，然后确定筹资需求；另一种是根据销售的增加额预计资产、负债和所有者权益的增加额，然后确定筹资需求。以下举例说明。

［**例 3－1**］　某公司 2021 年销售收入为 8 000 万元，2022 年在不增加固定资产的情况下销售

收入预测数为1亿元。该公司2021年12月31日经整理后的资产负债表如表3-2所示。

表3-2　资产负债表(2021年12月31日)　　单位:万元

资　产	金　额	负债及所有者权益	金　额
货币资金	200	短期借款	100
应收账款	300	应付账款	200
		应付费用	200
存货	1 500	长期借款	1 000
		实收资本	3 000
固定资产	3 000	资本公积	200
		留存收益	300
合　计	5 000	合　计	5 000

注:表中“应付费用”为预提费用、应付职工薪酬、应交税费等。

(一)根据销售总额确定筹资需求

预测筹资需求的步骤如下:

第一步,区分敏感项目与非敏感项目。随销售额变动的资产称为敏感资产,包括货币资金、应收账款、存货等项目;随销售额变动的负债称为敏感负债,包括应付账款、应付费用等项目。两者统称为资产负债表的敏感项目。不随销售额变动的资产、负债项目即为非敏感项目。

第二步,确定销售百分比。根据上年有关数据确定销售额与资产负债项目的百分比:某敏感资产或负债额/销售额。

具体计算见表3-3。

表3-3　筹资需求表　　单位:万元

资　产	上年实际	销售百分比	本年计划	负债及所有者权益	上年实际	销售百分比	本年计划
货币资金	200	2.50%	250	短期借款	100	—	100
应收账款	300	3.75%	375	应付账款	200	2.50%	250
存货	1 500	18.75%	1 875	应付费用	200	2.50%	250
固定资产	3 000	—	3 000	长期借款	1 000	—	1 000
				负债合计	1 500	5%	1 600
				实收资本	3 000	—	3 000
				资本公积	200	—	200
				留存收益	300	—	500
				所有者权益合计	3 500		3 700
				筹资需求			200
合　计	5 000	25%	5 500	合　计	5 000	5%	5 500

$$货币资金/销售收入=200/8\ 000\times100\%=2.50\%$$

$$应收账款/销售收入=300/8\ 000\times100\%=3.75\%$$

存货 / 销售收入 $=1\,500/8\,000\times100\%=18.75\%$

应付账款 / 销售收入 $=200/8\,000\times100\%=2.50\%$

应付费用 / 销售收入 $=200/8\,000\times100\%=2.50\%$

可见,该公司每 100 元销售收入占用现金 2.5 元,占用应收账款 3.75 元,占用存货 18.75 元;形成应付账款 2.5 元,形成应付费用 2.5 元。

第三步,计算预计销售额下的资产和负债。资产(或负债)=预计销售额×各项目销售百分比。

货币资金 $=10\,000\times2.50\%=250$(万元)

应收账款 $=10\,000\times3.75\%=375$(万元)

存货 $=10\,000\times18.75\%=1\,875$(万元)

应付账款 $=10\,000\times2.50\%=250$(万元)

应付费用 $=10\,000\times2.50\%=250$(万元)

假定生产能力未充分利用,非敏感项目与上年相同。在此基础上预计总资产和总负债(无关项目按上年数计算):

总资产 $=250+375+1\,875+3\,000=5\,500$(万元)

总负债 $=100+250+250+1\,000=1\,600$(万元)

总负债为不增加借款情况下的总负债。

第四步,预计留存收益增加额。留存收益是公司内部的筹资来源。只要公司有盈利并且不是全部支付股利,留存收益会使股东权益自然增长。这部分资金的多少,取决于收益的多少和股利支付率的高低。

留存收益增加额 = 预计销售额 × 销售净利率 × (1 − 股利支付率)

假设公司预计销售净利润为 1 000 万元,股利支付率为 80%,则:

留存收益增加额 $=1\,000\times(1-80\%)=200$(万元)

第五步,计算外部筹资需求。

外部筹资需求额= 预计总资产 − 预计总负债 − 预计所有者权益

$=5\,500-1\,600-3\,700=200$(万元)

该公司为完成销售收入 1 亿元,需要增加资金 500 万元(5 500−5 000),负债的自然增长提供 100 万元(250+250−200−200),留存收益提供 200 万元,本年应再从外部筹资 200 万元(500−100−200)。

(二)根据销售增加额确定筹资需求

具体方法如下:

外部筹资需求= 资产增加额 − 负债自然增加额 − 留存收益增加额

$$
\begin{aligned}
&= 新增销售额 \times 资产销售百分比 - 新增销售额 \times \\
&\quad 负债销售百分比 - 留存收益增加额
\end{aligned}
$$

将例 3 - 1 数据代入上述公式，得：

$$
\begin{aligned}
外部筹资需求 &= (10\,000 - 8\,000) \times 25\% - (10\,000 - 8\,000) \times 5\% - 200 \\
&= 200(万元)
\end{aligned}
$$

销售百分比法的优点是能为企业提供短期预计的财务报表，以适应进行外部筹资的需要。但它是以预测年度敏感项目与销售收入的比例为前提，如果有关比例发生了变化，那么据此进行预测就会对企业产生不利的影响。

二、线性回归分析法

线性回归分析法是假定资金需要量与营业业务量之间存在线性关系，建立数学模型，然后根据有关历史资料，用线性回归方程确定参数预测资金需要量的方法。其预测模型为：

$$y = a + bx$$

式中，y 为资金需要量；a 为不变资金；b 为单位产销量所需要的变动资金；x 为产销量。

按照资金习性，可以把资金分为不变资金、变动资金和半变动资金。不变资金是指在一定的营业规模内不随业务量变动的资金；变动资金是指随业务量变动而同比例变动的资金。半变动资金可以通过一定的方法分解为不变资金和变动资金两部分。

运用以上预测模型，在利用历史资料确定 a、b 数值的条件下，即可预测一定产销量 x 所需要的资金总量。

［**例 3 - 2**］ 某公司产销量和资金变化情况如表 3 - 4 所示。2022 年预计销售量为 40 万件，试计算 2022 年的资金需要量。

表 3 - 4　2015～2021 年产销量与资金需要量的关系表

年　度(年)	销售量 x_i(万件)	资金平均占用量 y_i(万元)
2015	20	8
2016	16	7.5
2017	18	8
2018	19	9
2019	21	10
2020	25	12
2021	30	13

资金需要量的预测步骤为：

第一步，根据表 3 - 4 的资料计算整理出表 3 - 5 的资料。

表 3-5　线性回归方程数据计算表

n	x_i	y_i	x_iy_i	x_i^2
2015	20	8	160	400
2016	16	7.5	120	256
2017	18	8	144	324
2018	19	9	171	361
2019	21	10	210	441
2020	25	12	300	625
2021	30	13	390	900
$n=7$	$\sum_{i=1}^{n}x_i=149$	$\sum_{i=1}^{n}y_i=67.5$	$\sum_{i=1}^{n}x_iy_i=1\,495$	$\sum_{i=1}^{n}x_i^2=3\,307$

第二步,将表 3-5 的数据代入下列方程。

$$\begin{cases}\sum_{i=1}^{n}y_i=na+b\sum_{i=1}^{n}x_i\\ \sum_{i=1}^{n}x_iy_i=a\sum_{i=1}^{n}x_i+b\sum_{i=1}^{n}x_i^2\end{cases}$$

求出 a、b 值,即 $\begin{cases}7a+149b=67.5\\ 149a+3\,307b=1\,495\end{cases}$

解得:$a=0.49$,$b=0.43$。

第三步,将 $a=0.49$,$b=0.43$ 代入 $y=a+bx$ 中,$y=0.49+0.43x$。

第四步,将 2022 年预计销售量 40 万件代入上式,求得资金需要总量或占用总量为:

$$y=0.49+0.43\times40=17.69(\text{万元})$$

第四节　资本成本

资本成本是企业财务决策的重要依据,是财务管理的一项重要内容。本节着重阐述资本成本的基本概念、作用和确定方法。

一、资本成本概述

(一) 资本成本的概念

资本成本的经济学含义为投资项目的资金的机会成本,在财务决策中,表现为投资者所要求的收益率。资本成本是指企业为筹措和使用资金而付出的代价,包括筹资过程中发生的筹资费用和用资过程中所支付的报酬。从投资者的角度看,它是投资者提供资金所要求获得的报酬。

资本成本包括筹资费用和用资费用两部分。

1. 筹资费用

筹资费用也称为资金筹集费,是指企业在资金筹措过程中所支付的各项费用,如发行股票、债券支付的发行手续费、资信评估费、印刷费、广告费、公证费、担保费、律师费等。它通常是在筹措资金时一次性发生，因此，属于固定性费用，可作为筹资总额的一项扣除。

2. 用资费用

用资费用也称为资金占用费，是指企业因使用资金而支付的费用，如向股东支付的股利、向债权人支付的利息等。相比之下，用资费用是企业经常发生的，是资本成本的主要内容，它随使用资金数量的多少和时间的长短而变动，属于变动性费用。

资本成本可以用绝对数表示，也可以用相对数表示。通常使用中的资本成本是相对值，它是用资费用与实际筹措资本之间的比率，一般用百分数表示。其基本计算公式如下：

$$资本成本=\frac{用资费用}{筹资数额(1-筹资费用率)}$$

资本成本有多种计量形式。在选择资金来源、比较各种筹资方式时，使用个别资本成本，例如普通股成本、留存收益成本、长期借款成本、债券成本等；在进行资本结构决策时，使用加权平均资本成本（综合资本成本）；在进行追加筹资决策时，使用边际资本成本。

（二）资本成本的作用

在企业的财务管理中，资本成本是一个非常重要的概念，其广泛应用于财务决策的许多方面。

1. 资本成本在企业筹资决策中的作用

企业的资本有多种来源和筹集方式，不同来源资本的数量及其成本的大小会影响企业总的资本成本，进而影响企业的价值。因此，在企业筹措资金时，就必须估算分析各种资本成本的高低，并加以合理配置，以便找到使企业资本成本最小的筹资方案。资本成本对企业筹资决策的影响主要有以下几个方面。

(1) 个别资本成本是选择资金来源、比较各种筹资方式优劣的一个依据。首先，企业的资金可以从不同的途径取得，就长期借款来说，可以向银行借款，也可向保险公司或其他金融机构借款。企业究竟选用哪种来源，首先要考虑的因素就是资本成本的高低。其次，企业筹集长期资金有多种方式可供选择，如长期借款、发行债券、发行股票等，它们的成本是不同的，资本成本的高低可作为比较各种筹资方式优劣的一个尺度，成为企业选用筹资方式时必须要考虑的一个经济标准。当然，资本成本并不是选择筹资方式的唯一依据。

(2) 综合资本成本是进行资本结构决策的基本依据。企业的全部长期资金可采用多种方式筹资组合构成，不同的资本结构，会给企业带来不同的风险和成本，从而引起股票价格的变动。综合资本成本的高低是比较各个筹资组合方案，作出资本结构决策的基本依据。

(3) 边际资本成本是选择追加筹资方案、影响企业筹资总额的重要因素。当企业因增加经营所需资产、扩大生产经营规模或增加对外投资需要追加筹集资金时，为了保持企业理想的资本结构，边际资本成本成为选择最佳追加筹资方案的重要依据。另外，随着企业资金的增加，资本成本不断变化，当企业筹资数量很大，资金的边际资本成本超过企业承受能力时，企业便不能增加筹资数额。因此，边际资本成本是限制企业筹资数量的一个重要因素。

2. 资本成本是评价投资项目的主要经济标准

投资项目的取舍取决于项目的投资收益率是否大于资本成本，如果公司某项投资所赚取的投资收益率小于公司资本成本，那么公司普通股的价值反而因为该项投资而减少；如果公司某项投资所赚取的投资收益率等于公司资本成本,那么公司普通股的价值将不会由于该项投资而改变;如果公司获得的投资收益率超过了公司的资本成本,则超出的收益会增加公司普通股的价值,即增加股东财富(见表3-6)。因此,在企业的长期投资决策中,常常以资本成本作为折现率,计算各投资方案的净现值,以比较选择投资方案的优劣。

表3-6 投资收益率与企业价值

投资收益率	企业价值
内部收益率＜资本成本	减　少
内部收益率＝资本成本	不　变
内部收益率＞资本成本	增　加

3. 资本成本可作为衡量企业整个经营业绩的基准

企业经营获取的利润应高于其使用资金所付出的代价,即利润率应高于资本成本率,而且利润率越是高于资本成本率,表明企业的经营业绩越好。反之,如果利润率低于资本成本率,则表明企业经营业绩不佳,需要改善经营管理,提高利润率和降低资本成本。

(三)影响企业资本成本的因素

1. 总体经济状况

总体经济环境决定了整个经济中资本的供给和需求,以及预期通货膨胀的水平,它们对资本成本的影响反映在无风险收益率上。如果整个社会经济中的资金需求和供给发生变动,或者通货膨胀水平发生变化,投资者也会相应改变其所要求的收益率。具体说,如果货币需求增加,而供给没有相应增加,投资者便会提高其要求的投资收益率,企业的资本成本就会上升;反之,则会降低其要求的投资收益率,使资本成本下降。如果预期通货膨胀水平上升,货币购买力下降,投资者也会要求提高其收益率以补偿预期的投资损失,导致企业资本成本上升。反之,预期通货膨胀水平下降,货币购买力上升,投资者则会降低其要求的收益率,导致企业资本成本下降。

2. 证券市场条件

证券市场条件包括证券的市场流动难易程度和价格波动程度,其影响证券投资的风险。如果证券市场的流动性差,或价格波动大,投资者的风险大,要求的收益率就高,使企业资本成本上升;反之,投资者的风险小,要求的收益率低,企业的资本成本下降。

3. 企业经营决策和筹资决策

企业经营决策和筹资决策会影响经营风险和财务风险的大小。经营风险是企业投资决策的结果,表现在资产收益率的变动上;财务风险是企业筹资决策的结果,表现在普通股收益率的变动上。如果企业的经营风险和财务风险大,投资者便会要求较高的收益率,企业资本成本上升;反之,投资者要求的收益率低,企业资本成本下降。

4. 筹资规模

筹资规模也是影响企业资本成本的一个重要因素,不同的筹资规模,其资本成本不同。随着企业筹资规模的扩大,资金的筹资费用和用资费用都会上升,从而也会提高企业的资本成本。

二、个别资本成本

个别资本成本是指各种筹资方式的成本。其中主要包括银行借款成本、债券成本、优先股成本、普通股成本和留存收益成本，前两者可统称为债务成本，后三者统称为权益成本。其估算方法分别说明如下。

（一）长期借款成本

长期借款成本包括借款利息和筹资费用。借款的利息在税前支付，具有抵税利益，因此，长期借款成本的计算公式为：

$$K_l = \frac{I_l(1-T)}{L(1-F_l)} \tag{3.1}$$

式中，K_l 为长期借款成本；I_l 为长期借款年利息；T 为企业所得税税率；L 为长期借款总额；F_l 为长期借款筹资费用率。

银行长期借款的筹资费用主要是借款的手续费，数额一般较小，有时亦可忽略不计。如果长期借款有附加补偿性余额，则应从长期借款总额中扣除补偿性余额，从而长期借款成本将会提高。

［**例 3－3**］　某企业向银行借款 100 万元，年利率 10％，期限 3 年，每年付息一次，到期一次还本。筹资费率为 0.5％，企业所得税率为 25％。该项长期借款成本计算如下：

$$K_l = \frac{100 \times 10\% \times (1-25\%)}{100 \times (1-0.5\%)} = 7.54\%$$

如果银行要求补偿性余额 20％，则该笔长期借款的成本（筹资费用忽略不计）提高为：

$$K_l = \frac{100 \times 10\% \times (1-25\%)}{100 \times (1-20\%)} = 9.38\%$$

在实务中，还可考虑货币时间价值，根据现金流量计算借款成本，其公式为：

$$L(1-F_l) = \sum_{t=1}^{n} \frac{I_t}{(1+K)^t} + \frac{L}{(1+K)^n}$$

$$K_l = K(1-T) \tag{3.2}$$

式中，K 为所得税前的长期借款成本。

（二）债券成本

债券成本包括债券利息和筹资费用。债券的利息亦在所得税前列支，故债券成本中利息的处理与长期借款利息的处理相同，应以税后的债务成本为计算依据。债券的筹资费用即债券的发行费用一般较高，不可省略。

$$K_b = \frac{I_b(1-T)}{B(1-F_b)} \tag{3.3}$$

式中，K_b 为债券成本；I_b 为债券年利息；B 为债券发行总额；F_b 为债券发行费用率。

债券的发行可按平价、溢价、折价三种价格发行，计算债券成本时应按实际发行价格作为债券的筹资总额。

［**例 3－4**］　某企业按面额发行债券 1 000 万元，票面利率为 12％，期限 10 年，发行费用率 3％，每年付一次利息。公司所得税率为 25％。该债券成本计算如下：

$$K_b = \frac{1\,000 \times 12\% \times (1-25\%)}{1\,000 \times (1-3\%)} = 9.28\%$$

如以溢价发行，发行价格为 1 100 万元，则该债券成本计算为：

$$K_b=\frac{1\,000\times 12\%\times(1-25\%)}{1\,100\times(1-3\%)}=8.43\%$$

如以折价发行，发行价格为 900 万元，则该债券成本计算为：

$$K_b=\frac{1\,000\times 12\%\times(1-25\%)}{900\times(1-3\%)}=10.31\%$$

同样，在实务中，还可考虑货币时间价值，根据现金流量计算债券成本。计算公式为：

$$B(1-F_b)=\sum_{t=1}^{n}\frac{I_b}{(1+K)^t}+\frac{M}{(1+K)^n}$$

$$K_b=K(1-T) \tag{3.4}$$

式中，K 为所得税前的债券成本；M 为债券面值。

（三）优先股成本

优先股的股息是固定的，且没有固定的到期日，按照永续年金现值计算方法，优先股的价格为：

$$P_p=\frac{D_p}{K_p} \tag{3.5}$$

式中，P_p 为优先股股票价格，即优先股筹资额；D_p 为优先股年股利；K_p 为优先股股东要求的收益率，即优先股成本。

优先股成本的计算不同于债券成本。由于优先股股利是税后支付，K_p 属税后成本。优先股筹资时需支付筹资费用，按(3.5)式，优先股成本可计算如下：

$$K_p=\frac{D_p}{P_p(1-F_p)} \tag{3.6}$$

式中，F_p 为优先股筹资费用率。

［**例 3-5**］ 某企业按面值发行 100 万元的优先股，筹资费率为 4%，每年支付 10%的股利，则该优先股的成本为：

$$K_p=\frac{100\times 10\%}{100\times(1-4\%)}=10.42\%$$

企业破产时，优先股的求偿权在债券持有人之后，优先股股东的风险大于债券持有人的风险，这就使得优先股的股利率一般要大于债券的利息率。另外，优先股股利从税后盈余中支付，不具有抵税的作用，所以，优先股成本明显高于债券的成本。

（四）普通股成本

普通股属于企业外部股权资本，与优先股相比，普通股股东的收益一般不固定，它随企业的经营状况而改变。普通股股东承担企业的风险比债权人和优先股股东大，因此，普通股股东要求的收益率也较高。鉴于普通股成本计算考虑的因素较多，通常可用三种方法估算，然后相互验证，取一合理数值。

1. 股利增长模型法

股利增长模型法即折现现金流量法，根据普通股股票估值公式，普通股股票每股的当前市场价格等于预期的每股股利现金流量的现值之和：

$$P_c=\sum_{t=1}^{\infty}\frac{D_t}{(1+K_c)^t}$$

式中，P_c 为普通股价格，即普通股筹资额；D_t 为第 t 年普通股股利；K_c 为普通股成本。

如果公司预期股利按某一固定的比率 g 增长，上年股利为 D_0，利用股利增长模型 $P_c=D_0\sum_{t=1}^{\infty}\frac{(1+g)^t}{(1+K_c)^t}$，普通股预期的价格的计算公式经推导可简化如下：

$$P_c=\frac{D_0(1+g)}{(K_c-g)}=\frac{D_1}{K_c-g}$$

式中，D_1 为普通股下年预期股利。则普通股成本的计算公式为：

$$K_c=\frac{D_1}{P_c}+g \tag{3.7}$$

利用此方法估计普通股成本 K_c 的困难在于股利增长率 g 难以测算得很准确，而 g 对 K_c 的影响又很大，故此方法对 K_c 的计算也只是估算。

对于新发行的普通股，需调整发行时的筹资费用对资本成本的影响：

$$K_c=\frac{D_1}{P_c(1-F_c)}+g \tag{3.8}$$

式中，F_c 为普通股筹资费用率。

2. 资本资产定价模型法

按照资本资产定价模型，普通股股东对某种股票期望收益率，即 K_c 为：

$$K_c=R_F+\beta(K_m-R_F) \tag{3.9}$$

式中，R_F 为无风险收益率；β 为股票的贝他系数（股票的系统风险）；K_m 为证券市场预期平均收益率。

可见，此方法的 K_c 由两部分组成：R_F 为无风险收益率；$\beta(K_m-R_F)$ 为投资者要求的股票投资风险补偿率。所以此方法的关键是在判断市场预期的基础上，估测无风险收益率、市场预期平均收益率和公司股票的 β 值，但要获得有关投资者预期的信息是比较困难的。通常在信息有限的情况下，实务中可以考虑采用 10 年期或 10 年期以上的政府债券利率作为 R_F。

计算 β 系数或 β 值的方法有两种：一是采用回归直线法，基于线性回归原理，通过同一时期内的资产报酬率和市场组合报酬率的历史数据，运用线性回归方程计算直线方程斜率 b，即股票的 β 系数。二是根据证券和股票指数的相关系数、股票指数标准差与股票报酬率的标准差直接计算。

完全的市场组合 β 系数是 1，但投资者某一资产 β 系数可能与完全的市场组合 β 系数不一致，若一项资产的 β 系数小于 1，表明该股票市场价格波动幅度低于股票市场综合指数波动的幅度，该股票走势较为平稳。反之，该股票市场价格波动幅度高于股票市场综合指数波动幅度，该股票市场表现比较活跃。投资组合的 β 系数是所组合的各种股票 β 值的加权平均数。一位稳健的证券投资基金经理在他的股票池中，可能会考虑不同股票 β 系数高低的合理搭配。

K_m 证券市场预期平均收益率的计算所选择的历史期间可以是近几年的，最好跨越"牛熊市"期间，平均收益率可以用算术平均数，也可选择几何平均数，一般采用几何平均数。

β 和 K_m 可采用历史数据分析，但这与未来的预期会有差异，因此对用资本资产定价模型计算的普通股成本最好再作较全面的因素分析确定。

3. 风险溢价法

对股票未上市或非股份制企业，以上两种方法都不适用于计算普通股资本成本。这时可采用债务成本加风险报酬率的方法。若公司发行债券，债务成本为债券收益率，若无公司债券，则可用企业的平均负债成本。根据风险与收益匹配的原理，普通股股东对企业的投资风险大于债券投资者，因而会在债券投资者要求的收益率上再要求一定的风险溢价。依据这一原理，普通股成本可计算如下：

$$K_c = K_b + RP_c \tag{3.10}$$

式中，RP_c 为股东比债权人承担更大风险所要求的风险溢价。

这种方法的关键是估算风险收益率。据统计，普通股风险溢价对本企业发行的债券来讲，大约在 3%～5%之间。当市场利率达到历史性的高点时，风险溢价通常很低，可采用 3%的风险溢价；而当市场利率处于历史性的低点时，风险溢价则会更高，可采用 5%。通常情况下采用 4%的平均风险溢价。

风险溢价和资本资产定价模型都考虑到股东要求风险溢价，但两者的起点(前者是用公司的债务资本成本，后者是用无风险收益率)和风险溢价估价的方法不同。

［**例 3-6**］ 某企业股票市场价格为 24 元，预期股利为 2 元，以后每年增长 4%。市场平均股票收益率为 12%，政府 3 年期国库券的利率为 4%，企业股票的 β 值为 0.9。企业债券收益率为 8%，普通股风险溢价为 4%。试估算企业普通股资本成本。

按股利增长模型法：

$$K_c = \frac{2}{24} + 4\% = 12.33\%$$

资本资产定价模型法：

$$K_c = 4\% + 0.9(12\% - 4\%) = 11.20\%$$

按风险溢价法：

$$K_c = 8\% + 4\% = 12\%$$

三种方法的计算结果，该企业普通股成本在 11%～13%之间，通常可取其算术平均值：

$$K_c = \frac{12.33\% + 11.20\% + 12\%}{3} = 11.84\%$$

（五）留存收益成本

留存收益又称保留盈余或留用利润，属于企业内部股权资本，是企业资金的一种重要来源。留存收益作为内部筹资的资本再投资时，相当于股东对企业进行追加投资，股东对这部分投资要求与普通股等价的报酬。如果企业将留存收益用于再投资所获得的收益，低于股东自己进行另一项风险相似投资的收益，股东将不愿意把其留用于公司而希望作为股利派发。所以，留存收益也要计算成本，它是一种机会成本。

留存收益成本的计算与普通股基本相同，但不用考虑筹资费用。有三种计算方法。

1. 股利增长模型法

计算公式为：

$$K_r = \frac{D}{P_c} + g \tag{3.11}$$

式中，K_r 为留存收益成本。

2. 资本资产定价模型法

计算公式为：

$$K_r = R_F + \beta(K_m - R_F) \tag{3.12}$$

3. 风险溢价法

计算公式为：

$$K_r = K_b + RP_c \tag{3.13}$$

三、综合资本成本

由于受法律、风险等多种因素的制约，企业不可能只使用某一种筹资方式。虽然债务资本成本一般较低，当负债比率超过一定范围将导致财务风险加大，从而提高公司债务及权益资本的成本。企业可以从多种渠道用多种方式筹集资金，而各种方式筹资的成本是不一样的。为了正确进行筹资和投资决策，就必须从企业整体的角度出发，计算综合资本成本。综合资本成本是以各种资本所占的比重为权数，对各种资本的成本进行加权平均计算出来的，故也称为加权平均资本成本。其计算公式为：

$$K_w = \sum_{j=1}^{n} K_j \cdot W_j \tag{3.14}$$

式中，K_w 为综合资本成本，即加权平均资本成本；K_j 为第 j 种个别资本成本；W_j 为第 j 种个别资本占全部资本的比重，即权数。

(3.14)式中权数的计算有三种方法：① 账面价值权数，是按账面价值确定的权数，其资料易于从资产负债表中取得，但这种权数仅能反映企业过去的资本结构，当资本的账面价值与市场价值差别较大时，比如股票、债券的市场价格发生较大变动，计算结果会与实际有较大的差距，从而贻误筹资决策。② 市场价值权数，是以股票、债券等资本的市场价格确定的权数，这种权数能反映企业目前实际资本结构下的资本成本水平，有利于筹资决策。但现行市场价格处于经常变动之中，资料取得较难。③ 目标价值权数，是以股票、债券等资本未来预计的目标市场价值确定的权数，这种权数能体现企业期望的资本结构。所以，按目标价值权数计算的加权平均资本成本更适合用于企业筹措新资本。然而，企业很难客观合理地确定证券的目标价值，限制了这种方法的推广。

［**例 3－7**］　假定某企业共有资本 1 000 万元，其中银行借款 100 万元，资本成本为

6.73%;债券 300 万元,资本成本为 7.42%;优先股 100 万元,资本成本为 10.42%;普通股 400 万元,资本成本为 14.57%;留存收益 100 万元,资本成本为 14%。试计算该企业加权平均资本成本。

计算结果如表 3-7 所示。

表 3-7 加权平均资本成本计算表

筹资方式	资本成本(%)	资本数额(万元)	所占比重(%)	加权平均资本成本(%)
银行借款	6.73	100	10	0.673
债　券	7.42	300	30	2.226
优先股	10.42	100	10	1.042
普通股	14.57	400	40	5.828
留存收益	14	100	10	1.4
合　计	—	1 000	100	11.169

四、边际资本成本

边际资本成本是指增加一单位筹资,资本成本的增加数额。边际资本成本是企业追加筹措资本的成本,也即企业追加筹资时所使用的加权平均资本成本。边际资本成本是财务管理理论中涉及的重要概念之一,也是企业投资、筹资实务中必须加以考虑的问题之一。

对于任何一个企业来说,都不可能以一固定的资本成本筹措无限的资金,当其筹措的资金超过一定限度时,资本成本率就会增加,而且随着时间的推移或筹资条件的变化,个别资本成本也会随之变化。随着新资本的扩大,企业经营规模增大,经营风险增加,若企业债务继续增加,新债权人考虑到财务风险,则会要求更高的利率,从而使债务成本提高;如增加发行普通股,投资者风险增加,要求更高的风险补偿,导致权益资本成本提高。可见,新资本增加会引起边际资本成本上升。因此,企业在追加筹资时,就需要考虑新筹资的资本成本,需要知道筹资额在什么数额上会引起资本成本发生怎样的变化。

现举例说明边际资本成本规划的计算和应用。

[**例 3-8**] 某公司目前资本 1 000 000 元,其中长期债务 300 000 元,优先股 100 000 元,普通股 600 000 元。现公司为了满足投资要求,准备追加筹资,试计算确定边际资本成本。计算步骤如下:

(1) 确定公司最优的资本结构。企业在追加筹资时有两种情况,一是改变现行的资本结构,如增加举债或增加股本,企业按新的目标资本结构进行筹资;二是不改变资本结构,即认为现行资本结构为理想资本结构,仍按此资本结构追加筹资。公司的财务人员经过认真分析,认为目前的资本结构即为最优的资本结构,新筹资将继续保持长期债务占 30%,优先股占 10%,普通股占 60%的资本结构。

(2) 确定各种资本的成本。该公司的财务人员认真分析了目前金融市场状况和企业筹资能力,认为随着公司筹资规模的不断增加,各种筹资成本也会增加,详细情况见表 3-8。

表 3-8　某公司筹资资料

筹资方式	目标资本结构	新筹资的数量范围(元)	资本成本(%)
长期债务	0.30	0～9 000 9 000～45 000 >45 000	5 6 7
优先股	0.10	0～3 000 >3 000	8 10
普通股	0.60	0～30 000 30 000～90 000 >90 000	14 15 16

(3) 计算筹资总额分界点。一定的资本成本率只能筹集到一定限度的资本，超过这一限度再增加筹资，将引起原资本成本率的变化，于是把在现有资本结构下保持资本成本率不变可以筹集到的资本总限度称为筹资总额分界点，也称为筹资突破点。在筹资总额分界点范围内筹资，资本成本率不会改变，一旦筹资额突破筹资总额分界点，即使维持现有的资本结构，其资本成本率也会增加。

根据目标资本结构和筹资方式资本成本变化的分界点，计算筹资总额分界点，其具体公式为：

$$筹资总额分界点=\frac{第\,j\,种筹资方式的成本分界点}{目标资本结构中第\,j\,种筹资方式所占的比例}$$

该公司的筹资总额分界点的计算如表 3-9 所示。

表 3-9 显示了特定筹资种类成本变化的分界点。例如，对长期债务而言，在 9 000 元以内，其成本为 5%，而在目标资本结构中，债务的比重为 30%。这表明在债务成本由 5%上升到 6%之前，企业可筹集 30 000 元(9 000/0.30)的资本。当筹资总额大于 30 000 元时，债务成本就会上升到 6%。

表 3-9　筹资总额分界点计算表

筹资方式	资本成本(%)	特定筹资方式的筹资范围(元)	筹资总额分界点(元)	筹资总额的范围
长期债务	5 6 7	0～9 000 9 000～45 000 >45 000	9 000/0.3=30 000 45 000/0.3=150 000	0～30 000 30 000～150 000 >150 000
优先股	8 10	0～3 000 >3 000	3 000/0.10=30 000	0～30 000 >30 000
普通股	14 15 16	0～30 000 30 000～90 000 >90 000	30 000/0.60=50 000 90 000/0.60=150 000	0～50 000 50 000～150 000 >150 000

(4) 计算边际资本成本。根据表 3-9 计算的分界点，可得出如下四组新的筹资范围：① 0～30 000 元；② 30 000～50 000 元；③ 50 000～150 000 元；④ 150 000 元以上。对这四个筹资范围计算加权平均资本成本，便可得到各种筹资范围资本的边际成本。具体计算见表 3-10。

表 3-10 边际资本成本规划表

序号	筹资总额的范围(元)	筹资方式	资本结构	资本成本(%)	边际资本成本(%)
1.	0～30 000	长期债务 优先股 普通股	0.30 0.10 0.60	5 8 14	1.5 0.8 8.4
					第一个范围的边际资本成本=10.7
2.	30 000～50 000	长期债务 优先股 普通股	0.30 0.10 0.60	6 10 14	1.8 1 8.4
					第二个范围的边际资本成本=11.2
3.	50 000～150 000	长期债务 优先股 普通股	0.30 0.10 0.60	6 10 15	1.8 1 9
					第三个范围的边际资本成本=11.8
4.	150 000 以上	长期债务 优先股 普通股	0.30 0.10 0.60	7 10 16	2.1 1 9.6
					第四个范围的边际资本成本=12.7

本章小结

筹资是企业理财的起点,也是企业财务活动的一项重要内容。无论是企业设立、扩张和发展,还是偿还债务或者调整资本结构等都需要企业进行资金筹集。企业筹资时要讲求效益,遵循一定的基本原则。

企业筹资活动要通过一定的渠道并采用一定的方式来完成。筹资渠道是指企业资金的来源,主要有国家财政资金、银行信贷资金、非银行金融机构资金、其他企业和单位资金、民间个人资金、企业内部资金等。筹资方式是指企业取得资金的具体方法和形式,主要有吸收直接投资、发行股票、金融机构借款、发行债券、融资租赁、商业信用和可转换债券等。筹资渠道和筹资方式之间有着密切的联系,企业在进行筹资决策时,应分析各种筹资渠道和筹资方式的特点及适用性,寻求两者的最佳对应,以便获得较好的筹资效果。在实际工作中,企业要以需定筹,可以用一定的预测法作出资金需要量的预测,以便适度筹资。

资本成本是企业财务决策的重要依据,是财务管理的一项重要内容。从投资角度看,资本成本是指投资者投资所要求的收益率;从筹资角度看,资本成本是指筹资者筹措和使用资金所支付的代价。资本成本与投资决策、资本结构决策密切相关。资本成本的高低受诸多因素的影响,包括总体经济环境、证券市场条件、企业经营和筹资决策以及筹资规模。企业应根据各因素的影响,合理确定企业价值最大同时加权平均资本成本最低的资本结构。

资本成本有多种形式，在比较不同筹资方式时，采用个别资本成本，包括长期借款成本、长期债券成本、普通股成本、优先股成本、留存收益成本；在进行资本结构决策时，使用加权平均资本成本；在进行追加筹资决策时，则常使用边际资本成本。不同形式的资本成本其计算方法各有区别。

复习思考题　封底扫码查看参考答案

简答题

1. 什么是筹资？简述企业筹资的目的。
2. 简述企业筹资时应遵循的基本原则。
3. 企业筹资如何分类？
4. 企业的筹资渠道和筹资方式有什么区别和联系？应该如何实现两者的最佳对应？
5. 预测资金需求量的方法主要有哪几种？
6. 如何使用销售百分比法和线性回归分析法预测资金需要量？
7. 什么是资本成本？资本成本的作用有哪些？
8. 简述影响资本成本高低的因素。
9. 什么是加权平均资本成本？其作用是什么？
10. 什么是边际资本成本？其作用是什么？

计算题

1. 某公司 2021 年销售额为 6 000 万元，税后净收益占销售额的 5%，股利支付率为税后净收益的 50%。公司固定资产生产能力有剩余。为谋求发展，预测 2022 年全年销售额为 8 000 万元，税后净收益占销售额的比重和股利占税后净收益的比重同 2021 年保持一致。公司 2021 年简化资产负债表如表 3－11 所示。用销售百分比法预测该公司 2022 年需从外部筹集资金的数量。

表 3－11　资产负债表（2021 年 12 月 31 日）　　万元

资　　产		负债及所有者权益	
现金	150	应付账款	600
应收账款	900	应付税金	300
存货	1 050	抵押借款	600
		普通股股本	2 200
固定资产	2 400	留存收益	800
合　　计	4 500	合　　计	4 500

2. 某企业 2017～2021 年的销售量和资金需求量的历史资料如表 3－12 所示。假定2022 年的销售量预计为 3 200 件。用线性回归分析法确定 2022 年的资金需要量。

表 3-12　某企业 2017～2021 年销售量和资金需求量

年　度	销售量 x(件)	资金需求量 y(元)
2017	400	120 000
2018	1 600	240 000
2019	1 200	270 000
2020	800	220 000
2021	2 000	400 000

3. 某企业平价发行期限为 5 年，年利率为 10%的债券 3 000 万元，发行费用率为 1%，所得税税率为 25%，计算该债券的资本成本。如果以溢价或折价发行，其发行价分别为 3 200 万元和 2 800 万元，计算该债券的资本成本。

4. 某公司按面额发行票面利息率为 10%的债券 300 万元，筹资费率为 3%，公司所得税税率为 25%。按面额发行优先股 100 万元，筹资费率为 4%，每年支付 12%的股利。发行普通股 60 万股，每股市价 10 元，筹资费率 5%，预期股利为每股 1.2 元，以后每年增长 4%。

要求：① 分别计算债券、优先股和普通股的成本；② 计算该公司综合资本成本。

5. 某期间市场无风险收益率为 10%，平均风险股票必要收益率为 14%。某公司普通股 β 值为 1.2。计算该普通股的成本。

6. 某公司留存收益 200 万元，上一年公司对外发行普通股的股利率为 12%，预计股利每年增长率为 2%。计算该公司留存收益成本。

7. 某企业由于扩大经营规模的需要，拟筹集新资金，有关资料见表 3-13。

表 3-13　某企业筹资资料

资金种类	目标资本结构	新筹资额	资本成本
长期借款	15%	45 000 元以内 45 000 元以上	3% 5%
长期债券	25%	200 000 元以内 200 000 元以上	10% 11%
普通股	60%	300 000 元以内 300 000 元以上	13% 14%

要求：① 计算筹资总额分界点；② 计算边际资本成本。

第四章　权益融资

资金是企业的血液。企业通过各种方式筹集一定数量的资金，是企业持续经营的前提。通过权益融资获得的权益资金是投资者投入企业的资本金及企业经营中所形成的资金积累，它反映所有者权益，又称为主权资金。权益资金的筹集方式主要有吸收直接投资和发行股票融资。

第一节　非股票方式融资

根据我国有关法律规定，合伙企业、独资企业和有限责任公司权益融资的主要方式是吸收直接投资，并形成企业的资本金。

一、资本金制度

为了保证企业的正常经营，国家会对企业设立应筹集的最低资本金数额作出限制规定，即规定所谓的法定资本金数额。股份有限公司和有限责任公司的最低注册资本限额都有一定的法律规定。股东缴纳出资后，必须经依法设立的验资机构验资并出具证明。

二、吸收直接投资

吸收直接投资是非股份制企业按照“共同出资、共同经营、共担风险、共享收益”的原则吸收国家、企业单位、个人、外商投入资金的一种融资方式，是企业资本金的主要来源。吸收投资中的出资者，是企业的所有者，可参与企业的经营决策，有关各方按其出资比例分享利润，承担损失。

（一）吸收直接投资的种类

企业通过吸收直接投资融入的资金主要有以下四种：① 吸收国家投资，主要是计划经济时期国家财政拨款，由此而形成国家资本金；② 吸收企业、事业等法人单位的投资，由此而形成法人资本金；③ 吸收城乡居民和企业内部职工的投资，形成个人资本金；④ 吸收外国投资者和我国香港、澳门、台湾地区投资者的投资，形成外商资本金。

计划经济时期，国家以财政拨款方式供应资金是我国国有企业资金的主要来源。随着我国市场经济体系的逐步完善，资本市场发展和壮大，以及世界经济一体化步伐的加快，企业吸收直接投资的渠道将日益宽广，企业可以根据实际情况灵活选择筹资渠道和筹资方式。

（二）吸收直接投资的出资形式

企业吸收直接投资，投资者可以采用不同的出资形式。

1. 货币资金投资

货币资金投资是直接投资中一种最重要的出资方式。企业有了货币资金，便可用此购置固定资产和各种存货，支付各种费用。因此，企业应尽量要求投资者以现金方式出资。公司对股东的货币出资额占公司投入资本的比例可以约定。

2. 实物投资

实物投资是指以房屋、建筑物、设备等各种固定资产以及原材料、库存商品等流动资产所进行的投资。实物投资一般要符合以下条件：① 实用性。适应企业生产、经营、科研开发等实际需要。② 先进性。技术性能良好，科技含量高。③ 公平性。作价公平合理，按照一定的方法确定实物资产的公允价值。

3. 无形资产投资

无形资产投资是指投资者以专利权、商标权、非专利技术、土地使用权等无形资产进行的投资。一般来讲，吸收无形资产投资如同吸收实物资产投资一样，也要符合以上条件。出资的无形资产必须能够用货币估价，且未来确实能够给企业带来收益。

（三）吸收直接投资的程序

企业吸收其他单位或个人的直接投资，一般要遵循以下程序。

1. 确定吸收投资所需的资金数量

企业新建或扩大经营规模时，可采取吸收直接投资方式，但在吸收直接投资前，应先确定资金的需要量以便合理筹集一定数量的资金，在满足正常生产经营需要的前提下，防止资金积压和浪费，提高资金使用效率。

2. 联系投资者，商定投资数额及投资方式

企业应作一些必要的宣传，以便出资单位了解企业的经营和财务状况，有利于企业在众多投资者中选择最合适的投资伙伴。

投资者确定以后，企业应同投资者进行具体协商，以便合理确定投资数额和出资方式，从使用的灵活性上来考虑，企业应尽可能吸收现金投资，如果出资方有较先进的适用于企业的固定资产、无形资产等，也可采取非现金投资方式。

3. 签署投资协议，付诸实施

企业与投资者初步协商，没有太大异议便可进一步协商。当出资数额、资产作价确定后，便可签署投资协议等，并加以落实。

投资者有权参与企业的经营决策，但有些投资者一般并不直接参与经营管理，他们最关心的是未来的投资回报问题。企业应按有关投资协议，从实现的净利润中，向投资者支付报酬。

（四）对吸收直接投资的评价

1. 吸收直接投资的优点

（1）有利于增强企业信誉。吸收投资所筹集的资金属于自有资金，能增强企业的信誉和偿债能力，对扩大企业经营规模、壮大企业发展实力具有重要意义。

（2）有利于尽快形成生产能力。吸收直接投资可以直接获取投资者的先进设备和先进技术，有利于尽快形成生产能力，尽快开拓市场。

(3) 有利于降低财务风险。吸收直接投资可以降低企业的资产负债率，缓解偿债压力，降低财务风险。

2. 吸收直接投资的缺点

(1) 资金成本较高。一般来讲，企业采用吸收直接投资方式所负担的资金成本较高，特别是企业经营状况较好和盈利较强时，更是如此。因为向投资者支付的报酬是根据其出资额和企业实现利润的多少来计算的。

(2) 企业控制权容易分散。投资者一般按其投资数量取得企业的经营管理权，如果外部投资者较多，则企业的控制权就比较分散。

第二节　股票方式融资

随着我国资本市场的建立和逐步完善，通过发行股票在资本市场募集资金，已成为股份公司一种主要的融资方式。因此，股票方式融资也成为权益融资最重要的内容。

一、发行普通股

(一) 普通股涉及的基本问题

1. 普通股股东的权利和义务

(1) 普通股股东享有的权利

① 剩余收益请求权和剩余财产清偿权

作为公司的投资者，普通股股东有权按照其出资比例从公司获得投资收益。但是，他们的收益请求只有在所有其他生产要素提供者(包括企业的供应商、债权人、经营者等)的收益请求及国家的税收要求得到满足之后才能实现。即他们的投资收益是企业经营收入这块大蛋糕被其他利益相关者分割完毕后的剩余部分，故称为剩余收益请求权。

在企业因故解散清算时，普通股股东有权按照其出资比例分得企业的剩余财产。同样，这种清偿权也是要在所有其他有关人员的清偿要求得到满足之后才能实现，故称为剩余财产清偿权。

② 监督决策权

普通股股东享有的是剩余收益请求权，其投资收益的高低完全取决于企业经营业绩的好坏，是企业经营风险的主要承担者。因此，普通股股东必然要拥有对企业重大经济行为的监督权与决策权，这种监督权和决策权主要表现在以下几个方面：参加股东会并依出资比例就选举公司董事，公司利润分配，公司的合并、分立、解散以及其他重大事项行使表决权；参与公司章程的制定和修改；查阅公司的财务会计报告等。一般来说，同股同权。但在一些民营科技创新公司，公司创始人为了保持企业控制权，推出了双重股权结构，发行具有特别表决权的类别股份(特别表决权股份)，每一特别表决权股份拥有的表决权数量大于每一普通股份(参与分配的股份)拥有的表决权数量。

③ 优先认股权

公司增发新股时，普通股股东有权按照其出资比例优先认购同样比例的新股。普通股股东的这种优先认股权，主要是为了在公司扩股时使他们有机会保持自己对公司的控股比例不受侵害。当然，普通股股东可以按照自己的意愿放弃或转让这一权利。

④ 股票转让权

股份公司的股东有权按照自己的意愿随时转让手中的公司股票。上市公司的股东可以在证券交易市场转让手中的股票,非上市公司的股东可以在场外交易市场上转让手中的股票。

需要说明的是,目前我国《公司法》对股份转让作了限制性规定:如发起人持有本公司股份,自公司成立起一年内不得转让;公司董事、监事、高级管理人员应当向公司申报所持有的本公司股份及其变动,在任职期间每年转让的股份不得超过其所持有的本公司股份总数的25%,且所持本公司股份自公司股票上市交易之日起一年内不得转让等。

(2) 普通股股东必须履行的义务

遵守公司章程;缴纳所认缴的资本;以所缴纳的资本额为限承担公司的亏损责任;公司核准登记后,不得擅自抽回投资。

由上述权利义务关系可知,对普通股股东来说,其在公司中的股份反映的是他对公司净资产的所有权;对股份公司来说,普通股股东对企业的投资构成企业的权益资本。作为企业的所有者,普通股股东的收益只与企业的经营业绩相关联,不受其他任何投资者投入资本的保护,相反,他们的投资作为企业的长期自有资本,是企业承担亏损、清偿债务的保证。如果企业的经营成果不佳,无力偿还全部债务,就必须以普通股股东投入的资本金来偿还,以保护债权人的应得利益。因此,企业亏损,名义上是企业法人财产的损失,实际上是企业所有者投资的减少,是企业所有者个人财产的损失。

2. 普通股股票的价值

普通股股票的价值可分为以下几类。

(1) 票面价值

普通股股票的票面价值是股票票面标明的金额,其大小通常由公司章程确定。票面价值的主要作用是确定每股股票占公司股本总额的比例。我国有关法律规定,股票必须有面值,但国外也有发行无面值的股票。

(2) 账面价值

一般来说,普通股股票的账面价值指公司账面上普通股股票的价值总额,即每股股票对应的公司净资产。

(3) 清算价值

清算价值指公司清算时每股股票所代表的实际价值。如果公司清算时其净资产价值大体等于其账面价值,则清算价值通常要低于账面价值。因为公司清算时所发生的各种费用都要由公司所有者承担,并从企业的净资产中扣除,这将减少每股股票的清算价值。

(4) 市场价值

股票的市场价值即是它的市场价格,是在股票交易过程中形成并使用的,为市场上大多数人所接受的价格。

票面价值、账面价值、市场价值的作用和反映的内容不同,因此其价值水平也不同。票面价值的主要作用是确定每股股票在公司股本总额中的比例。在股票初始发行时,其票面价值与账面价值、市场价值差异较小,随着企业经营活动的开展和资产的不断增加,有些股票的每股对应的净资产和市场价值将不断变化,不变的票面价值与不断变化的账面价值和市场价值之间将出现较大差异,且在资本市场的长期变化过程中,这种差异将越拉越大。就账面价值和市场价值来说,股票的市场价值是由公司运用其资产创造收益能力的高低以及市场炒作决定的，而账面价值反映的是每股股票对应的公司净资产，并不反映公司运用这些资产能力的高低。因此，同样的净资产，在不同的经营者手中可以产生完全不同的效果，从而产生不同的市场价值，造成市场价值与账面价值的较大差异。

3. 普通股的分类

一般来讲，股份公司只发行一种普通股，所有普通股股东享有同样的权利和义务。但是，有时出于某种特殊的需要，股份公司也可根据权利、义务的不同而将普通股分为不同的类别。在我国，目前主要有以下几种普通股的分类方法。

(1) 根据投资主体不同，分为国家股、法人股、个人股。其中国家股为有权代表国家投资的有关部门和投资公司以国家资产投入公司形成的股份；法人股为企业法人以其依法可支配的资产投入公司形成的股份；个人股为社会个人或公司内部职工以个人合法财产等投入公司形成的股份；外资股为外国和我国香港、澳门、台湾地区投资者以购买人民币特种股票向公司投资形成的股份。国家股、法人股、个人股彼此间的权利义务关系有所不同。比如，同为上市公司的普通股股东，只有个人股股东的股票在交易所可以上市转让，而国家股和法人股为受限流通股，随着我国股权分置改革工作的完成，国家股和法人股逐步消除其流通限制。

(2) 按股票购买和交易的币种不同，分为 A 股和 B 股。A 股为人民币普通股票，由国内投资者用人民币购买和交易，目前外资股股东还不能购买和交易。B 股为人民币特种股票，以人民币标明股票面值，由外资股股东用外币购买和交易。

(3) 按股票上市地点的不同，分为 H 股、N 股等。目前，我国已有几十家股份公司在香港、纽约等海外证券交易所上市，这些公司在海外上市发行的股票分别以其在上市地货币标明其面值并进行交易。因此，我们根据其上市地点的外文缩写称它们为 H 股(香港上市)，N 股(纽约上市)等。

此外，根据其境内不同交易所上市的股票分类，分为沪股、深股、北股等，这里不再详述。

(二) 普通股的首次发行

1. 一般规定

根据《上市公司证券发行管理办法》主要有下列规定：

(1) 上市公司的组织机构健全、运行良好

公司章程合法有效，股东大会、董事会、监事会和独立董事制度健全，能够依法有效履行职责；公司内部控制制度健全，能够有效保证公司运行的效率、合法合规性和财务报告的可靠性；内部控制制度的完整性、合理性、有效性不存在重大缺陷；上市公司与控股股东或实际控制人的人员、资产、财务分开，机构、业务独立，能够自主经营管理；最近 12 个月内不存在违规对外提供担保的行为。

(2) 上市公司的盈利能力具有可持续性

最近三个会计年度连续盈利(创业板等要求连续两年盈利)，扣除非经常性损益后的净利润与扣除前的净利润相比，以低者作为计算依据；业务和盈利来源相对稳定，不存在严重依赖于控股股东、实际控制人的情形；现有主营业务或投资方向能够可持续发展，经营模式和投资计划稳健，主要产品或服务的市场前景良好，行业经营环境和市场需求不存在现实或可预见的重大不利变化；高级管理人员和核心技术人员稳定，最近 12 个月内未发生重大不利变化；公司重要资产、核心技术或其他重大权益的取得合法，能够持续使用，不存在现实或可预见的重大

不利变化;不存在可能严重影响公司持续经营的担保、诉讼、仲裁或其他重大事项。

(3) 上市公司的财务状况良好

会计基础工作规范,严格遵循国家统一会计制度的规定;最近三年及一期财务报表未被注册会计师出具保留意见、否定意见或无法表示意见的审计报告;被注册会计师出具带强调事项段的无保留意见审计报告的,所涉及的事项对发行人无重大不利影响或者在发行前重大不利影响已经消除;经营成果真实,现金流量正常。营业收入和成本费用的确认严格遵循国家有关企业会计准则的规定,最近三年资产减值准备计提充分合理,不存在操纵经营业绩的情形;最近三年以现金方式累计分配的利润不少于最近三年实现的年均可分配利润的 30%。

(4) 上市公司最近 36 个月内财务会计文件无虚假记载,不存在重大违法行为

没有违反证券法律、行政法规或规章,受到中国证监会的行政处罚,或者受到刑事处罚;没有违反工商、税收、土地、环保、海关法律、行政法规或规章,受到行政处罚且情节严重,或者受到刑事处罚;没有违反国家其他法律、行政法规且情节严重的行为。

(5) 募集资金的数额和使用应当符合规定

募集资金数额不超过项目需要量;募集资金用途符合国家产业政策和有关环境保护、土地管理等法律和行政法规的规定;除金融类企业外,本次募集资金使用项目不得为持有交易性金融资产和可供出售的金融资产、借予他人、委托理财等财务性投资,不得直接或间接投资于以买卖有价证券为主要业务的公司;投资项目实施后,不会与控股股东或实际控制人产生同业竞争或影响公司生产经营的独立性。

除了上述一般规定,境内不同的股票交易所、不同的股票交易板块,股票实行不同的发行制度,即实行核准制与注册制,对股票发行还有一些特殊规定,上市条件存在一定的差异。

概括地说,目前实行核准制的沪深交易所有关主板市场主要是针对成熟的,且规模较大的公司,重视财务指标,要求近三年连续盈利且盈利水平高,近三年经营活动现金净流量或销售收入较高。如要求发行人最近三个会计年度净利润均为正且累计超过人民币 3 000 万元,经营活动产生的现金流量净额累计超过人民币 5 000 万元,或者最近三个会计年度营业收入累计超过人民币 3 亿元。

改革实行注册制的深交所创业板市场关注服务产业生命周期处在创业阶段的公司,与主板市场相比,财务指标要求相对宽松,门槛低一点。如要求最近两年连续盈利,最近两年净利润累计不少于 1 000 万元,或者最近一年盈利,最近一年营业收入不少于 5 000 万元,不考核经营活动现金流量净额指标等。

实行注册制的上交所科创板市场关注服务符合国家战略、面向国家重大需求和世界科技前沿,面向经济主战场,突破关键核心技术、市场认可度高的科技创新型公司。不同的市值有不同的财务要求,预计市值在 10 亿元至 15 亿元的企业要连续两年盈利,最近两年扣非后净利润累计不少于 5 000 万,或者最近一年盈利且营业收入不少于 1 亿。预计市值在 15 亿元以上的企业分别强调相应的收入、研发投入。总体来看,不太强调盈利性,而关注高新技术公司的成长性。

实行注册制的北交所市场关注服务创新型中小企业,尤其是“专精特新”中小企业,即具备“专业化、精细化、特色化、新颖化”特征的中小企业,重点支持先进制造业和现代服务业等领域的企业,推动传统产业转型升级,培育经济发展新动能。上市公司为新三板挂牌满 12 个月的创新层公司,要求最近一年期末净资产不低于 5 000 万元,公开发行后,公司股本总额不少于

3 000万元的公司。不同的市值也有不同的财务要求，预计市值不低于 2 亿元，最近两年净利润均不低于 1 500 万元且加权平均净资产收益率平均不低于 8%，或者最近一年净利润不低于 2 500 万元且加权平均净资产收益率不低于 8%。预计市值在 4 亿元以上的企业分别强调相应的营业收入增长率、研发投入、经营活动现金流净额。由此可以看出，上市公司规模较小。

2. 发行程序

（1）上市公司申请发行证券，董事会应当依法就下列事项作出决议，并提请股东大会批准：① 本次证券发行的方案；② 本次募集资金使用的可行性报告；③ 前次募集资金使用的报告；④ 其他必须明确的事项。

（2）股东大会就发行股票作出的决定，至少应当包括下列事项：① 本次发行证券的种类和数量；② 发行方式、发行对象及向原股东配售的安排；③ 定价方式或价格区间；④ 募集资金用途；⑤ 决议的有效期；⑥ 对董事会办理本次发行具体事宜的授权等。

股东大会就发行证券事项作出决议，必须经出席会议的股东所持表决权的 2/3 以上通过。上市公司申请公开发行证券或者非公开发行新股，应当由保荐人保荐，并向中国证监会申报。保荐人应当按照中国证监会的有关规定编制和报送发行申请文件。

（3）中国证监会依照下列程序审核发行证券的申请：① 收到申请文件后，五个工作日内决定是否受理；② 中国证监会受理后，对申请文件进行初审；③ 发行审核委员会审核申请文件；④ 中国证监会在规定的时间内作出核准或者不予核准的决定。

自中国证监会核准发行之日起，上市公司应在 12 个月内发行证券。

需要指出的是，全面实现股票发行注册制是证券发行改革的主线。股票发行的注册制主要是指发行人在申请股票发行时，必须依法向证券监管部门完整、准确地报告各种公开信息。证监会的职责是对申请文件的全面性、准确性、真实性和及时性进行正式审查，不对发行人的资格进行实质性审查和价值判断，而是将发行公司股票的质量留给市场评定。

3. 招股说明书的编制

股份公司公开发行股票，应当按照证监会规定的格式制作招股说明书。招股说明书形式由封面、书脊、扉页、目录、释义组成。

申请在中国境内首次公开发行股票并上市的公司应编制招股说明书，作为向中国证券监督管理委员会申请首次公开发行股票的必备法律文件，并按规定披露。凡对投资者作出投资决策有重大影响的信息均应披露。招股说明书主要内容简要概括为本次发行概况，风险因素，发行人基本情况，业务和技术，同业竞争与关联交易，董事、监事、高级管理人员与核心技术人员，公司治理，财务会计信息，管理层讨论与分析，业务发展目标，募集资金运用，股利分配政策，其他重要事项，董事、监事、高级管理人员及有关中介机构声明，备查文件。

根据《公开发行证券的公司信息披露内容与格式准则第 1 号——招股说明书》，招股说明书扉页应载有如下内容：发行股票类型；发行股数；每股面值；每股发行价格；预计发行日期；拟上市的证券交易所；发行后总股本，发行境外上市外资股的公司还应披露在境内上市流通的股份数量和在境外上市流通的股份数量；本次发行前股东所持股份的流通限制、股东对所持股份自愿锁定的承诺；保荐人、主承销商；招股说明书签署日期。

发行人应披露投资者重点关注的发行风险因素，包括产品或服务的市场前景、行业经营环境的变化、商业周期或产品生命周期的影响、市场饱和或市场分割、过度依赖单一市场、市场占有率下降等；经营模式发生变化，经营业绩不稳定，主要产品或主要原材料价格波动，过度依赖某一重要原材料、产品或服务,经营场所过度集中或分散等;内部控制有效性不足导致的风险,重大担保或诉讼仲裁等或有事项导致的风险;技术不成熟、技术尚未产业化、技术缺乏有效保护或保护期限短、缺乏核心技术或核心技术依赖他人、产品或技术面临被淘汰等;投资项目在市场前景、技术保障、产业政策、环境保护、土地使用、融资安排、与他人合作等方面存在的问题等。

发行人应根据重要性原则披露主营业务的具体情况,包括:主要产品或服务的用途;主要产品的工艺流程图或服务的流程图;主要经营模式,包括采购模式、生产模式和销售模式;列表披露报告期内各期主要产品(或服务)的产能、产量、销量、销售收入,产品或服务的主要消费群体、销售价格的变动情况;报告期内各期向前五名客户合计的销售额占当期销售总额的百分比,如向单个客户的销售比例超过总额的50%或严重依赖于少数客户的,应披露其名称及销售比例。报告期内主要产品的原材料和能源及其供应情况,主要原材料和能源的价格变动趋势、主要原材料和能源占成本的比重;报告期内各期向前五名供应商合计的采购额占当期采购总额的百分比,如向单个供应商的采购比例超过总额的50%或严重依赖于少数供应商的,应披露其名称及采购比例,受同一实际控制人控制的供应商,应合并计算采购额。

发行人应披露已达到发行监管对公司五项独立性的基本要求:① 资产完整方面。生产型企业具备与生产经营有关的主要生产系统、辅助生产系统和配套设施,合法拥有与生产经营有关的主要土地、厂房、机器设备,以及商标、专利、非专利技术的所有权或者使用权,具有独立的原料采购和产品销售系统;非生产型企业具备与经营有关的业务体系及主要相关资产。② 人员独立方面。发行人的总经理、副总经理、财务负责人和董事会秘书等高级管理人员不在控股股东、实际控制人及其控制的其他企业中担任除董事、监事以外的其他职务,不在控股股东、实际控制人及其控制的其他企业领薪;发行人的财务人员不在控股股东、实际控制人及其控制的其他企业中兼职。③ 财务独立方面。发行人已建立独立的财务核算体系、能够独立做出财务决策、具有规范的财务会计制度和对分公司、子公司的财务管理制度;发行人未与控股股东、实际控制人及其控制的其他企业共用银行账户。④ 机构独立方面。发行人已建立健全内部经营管理机构、独立行使经营管理职权,与控股股东和实际控制人及其控制的其他企业间不存在机构混同的情形。⑤ 业务独立方面。发行人的业务独立于控股股东、实际控制人及其控制的其他企业,与控股股东、实际控制人及其控制的其他企业间不存在同业竞争或者显失公平的关联交易。

发行人应披露重点投资者重点关注的财务会计信息,包括:发行人运行三年以上的,应披露最近三年及一期的资产负债表、利润表和现金流量表;运行不足三年的,应披露最近三年及一期的利润表以及设立后各年及最近一期的资产负债表和现金流量表。发行人编制合并财务报表的,应同时披露合并财务报表和母公司财务报表。还应披露会计师事务所的审计意见类型。报表分析披露发行人财务状况、盈利能力及现金流量的报告期内情况及未来趋势。讨论与分析不应仅限于财务因素,还应包括非财务因素;不应仅以引述方式重复财务报表的内容,应选择使用逐年比较、与同行业对比分析等便于理解的形式进行分析。

发行人应披露募集资金运用,包括预计募集资金数额,要求募集资金原则上应用于主营业务。按投资项目的轻重缓急顺序,列表披露预计募集资金投入的时间进度及项目履行的审批、核准或备案情况。发行人在公司治理方面应披露股东大会、董事会、监事会、独立董事、董事会秘书制度的建立健全及运行情况,说明上述机构和人员履行职责的情况。在股利分配方面,发行人应披露最近三年股利分配政策、实际股利分配情况以及发行后的股利分配政策。发行人还应披露发行当年和未来两年的发展计划，包括提高竞争能力、市场和业务开拓、筹资等方面的计划等。

4. 股票的销售

（1）股票的承销方式

股票的销售方式有自行销售和委托承销。自行销售是指非公开发行股票，其发行对象均居属于原前十名股东的，可以由上市公司自行销售。委托承销即采取代销或者包销方式，这也是国际上通行的两种股票承销方式。代销是指证券公司代发行人发售股票，在承销期结束时，将未售出的股票全部退还给发行人的承销方式。公开发行的股票一般采取包销的方式。包销是指证券公司将发行人的全部股票按照协议全部购入或者在承销期结束时将未售出的剩余股票全部自行购入的承销方式。具体来说，包销又可细分为三种形式，一是全额包销，指证券公司将拟发行人的全部股票自行购入，再向社会公众发售的包销；二是定额包销，是指证券公司将发行人的部分股票自行购入，再向社会公众发售的包销；三是余额包销，是指证券公司承诺在股票发行期结束时，将未售出的股票全部自行购入的包销。

显然，代销的方式对证券公司来说其风险较小，所代销的股票如果在承销期结束时不能全部售出也不会承担任何经济责任或承受经济损失，但其所获收入也较低。包销的方式对发行人较为有利，这时发行风险已全部或部分转嫁给了承销商，但一次发行的发行费用相对代销而言要高出许多，承销商如果包销成功，其收入相应较高。

当股票发行规模较大时，承销商所承担的风险也相应增大，单独一家证券公司的实力往往不足以胜任，应当由承销团承销。承销团可由主承销和参与承销的证券公司组成。主承销的产生一般由发行人按照公开竞争的原则通过竞标或者协商的方式确定。为保证承销工作的顺利进行和“三公”原则的实现，我国证券法规定发行人有权依法自主选择承销商，证券公司不得以贬损同行，给有关当事人回扣，利用行政干预等不正当竞争手段招揽股票承销业务。同时发行人和承销人之间还应签订代销或包销协议，协议应载明下列事项：当事人的名称、住所及法定代表人姓名；代销、包销证券的种类、数量、金额及发行价格；代销、包销的期限和起止日期（《证券法》规定最短不少于 10 日，最长不超过 90 日）；代销、包销的付款方式及日期；代销、包销的费用和结算办法；违约责任；国务院证券监督管理机构规定的其他事项。

（2）承销商的选择

公司首次公开发行股票，要特别注意解决好承销商的选择和发行方案的设计。承销商一般都是给发行方服务的券商。承销商不仅担负着公司股票的发行工作，而且前期还会帮助公司进行股份制改造。比如，设计股权结构，制定发行工作计划；帮助选择进行审计、验资和资产评估的会计师事务所和资产评估机构；帮助准备全套申报文件，特别是帮助准备招股说明书；帮助发行公司与政府有关部门联系；确定发行时间、发行方式及组织承销团；帮助向证券交易所提出上市申请；组织实施方案、发行及上市。此外，承销商还要提供如增资扩股、分红派息等各种售后服务。因此，股票发行是否成功，不但取决于发行公司自身的状况，也与承销商的能力和经验密切相关。

发行方在选择承销商时应考虑以下几个因素：① 承销商的资本实力。承销商若以包销方式承销公司股票的，其资本实力决定着其承担包销风险的能力。资本实力不足的承销商在发行不利的情况下可能无力承担剩余的股票销售。② 工作经验。这种经验既包括进行承销工作的经验，也包括对发行公司及其所在行业的了解。由于目前我国一些公司股票的发行准备工作与公司股份制改造工作往往是同步进行的，所以只有对企业经营状况了解透彻的承销商才能较好地完成公司改制的任务。③ 专业人员水平。承销商是否有足够的、高水平的专业工作人员，对股票发行工作的成功是非常重要的。④ 组织协调能力。由于承销商可能要同时协调会计师事务所、资产评估机构、律师事务所以及承销团成员等各方面的关系，所以其协调能力就显得尤为重要。⑤ 机构网络。承销商与各方面的关系是否畅通，销售网络是否发达，对发行成功与否也会产生较大的影响。⑥ 研究能力。由于目前我国证券市场和证券发行工作起步较晚，在股份制改组和股票发行中不断涌现出新的问题，研究能力较强的承销商可以为客户提供更好的服务。

(3) 股票初次发行价格的确定

根据我国的有关规定，股票的发行价格不得低于其面值，即不得折价发行。

股票发行的价格的确定是发行中一项十分重要的工作。发行价格定得过低，原股东的利益将受到较大损害。发行价格定得过高，固然对原股东有利，但会损害新股东的利益，而且会造成股票发行的困难，并影响股票上市后的价格表现，从长远看也会给企业带来不利的影响。因此如何妥善处理新股定价问题，就成为发行人和承销商十分关注和必须认真解决的一个问题。

我国证券监督管理部门对股票在公开市场的首次发行的定价方式做过多次规定，根据这些规定，我国上市公司股票首次发行价格的确定方式历经变化，具体过程如下：

1995 年发行额度的发行价格＝发行当年全面摊薄每股收益×市盈率

1996 年发行额度的发行价格＝发行前三年平均每股收益×市盈率

1997 年发行额度的发行价格＝发行当年加权平均每股收益×市盈率

其中，

发行当年加权平均每股收益＝[发行当年预测税后利润×(12－发行月份)/12]/加权总股数

加权总股数＝发行前总股数＋本次公开发行股本数×(12－发行月份)/12

自 1998 年《证券法》出台以后，我国新股发行市场化改革的步伐加快。1999 年中国证监会规定，新股初次发行采取协商定价的方式，参照同行业上市公司的市场表现、股票市场整体表现及新股发行情况等确定发行价格，提交定价分析报告供审批。之后，相继出现了由承销商和发行公司协商确定上市价格上网定价、向二级市场配售和向法人配售等新的定价方式。近年上市公司发行多采用网下向询价对象询价配售(以下简称“网下配售”)与网上资金申购定价发行相结合的方式。

尽管中国证监会于 1999 年 3 月 8 日公布了其关于新股定价的最新规定，但协商定价依然需要询价对象提供具体的定价根据，定价根据基本上依据 1997 年的定价公式来确定。

不难看出，尽管定价公式中的具体内容几经变化，但其基本原则都是相同的，即以每股收益和市盈率作为基本参照物，只是为了使根据每股收益和市盈率确定的发行价格更能反映公司的实际经营情况和上市后的表现，对两者的计算依据作了一定的调整。

股票的价值取决于其所能够带来的未来现金收益的现值，而未来的现金收益是无法在事前准确估计的。因此，不论哪种定价方法都只能是对股票实际价值的估计，而不可能完全准确、合理地确定出新股发行价格。

（三）普通股的增资发行条件

普通股增资发行是指已上市公司增发股票筹措权益资本的行为，又分为增发（不仅指公开增发）和配售两种方式。上市公司增发新股，应当符合有关增发新股的条件，可以向不特定对象公开增发，也可以向特定对象非公开增发，还可以向原股东配售。从上市公司普通股增资的方式看，非公开增发与向原股东配售（简称配股）居多，而公开增发有一定的难度。

1. 关于增资发行的有关规定

为完善对上市公司增发新股行为的约束机制，中国证监会对上市公司增发新股的有关条件作出补充规定。上市公司增发新股，除应当符合《上市公司新股发行管理办法》的一般规定外，还应当区分不同的增资方式，采取不同的规定。

（1）向不特定对象公开增发募集资金

公司最近三个会计年度加权平均净资产收益率平均不低于6%，扣除非经常性损益后的净利润与扣除前的净利润相比，以低者作为加权平均净资产收益率的计算依据；除金融类企业外，最近一期期末不存在持有金额较大的交易性金融资产和可供出售的金融资产、借予他人款项、委托理财等财务性投资的情形；发行价格应不低于公告招股意向书前20个交易日公司股票均价或前一个交易日的均价。

（2）向特定对象非公开增发募集资金

特定对象符合股东大会决议规定的条件；发行对象不超过35名，发行对象为境外战略投资者的，应当遵守国家的相关规定；发行价格不低于定价基准日前20个交易日公司股票均价的80%；本次发行的股份自发行结束之日起，六个月内不得转让；控股股东、实际控制人及其控制的企业认购的股份，18个月内不得转让；本次发行将导致上市公司控制权发生变化的，还应当符合中国证监会的其他规定。

（3）向原股东配售募集资金

拟配售股份数量不超过本次配售股份前股本总额的30%；控股股东应当在股东大会召开前公开承诺认配股份的数量；采用证券法规定的代销方式发行。控股股东不履行认配股份的承诺，或者代销期限届满，原股东认购股票的数量未达到拟配售数量70%的，发行人应当按照发行价并加算银行同期存款利息返还已经认购的股东。

2. 增发新股的价格

上市公司增发新股和配股都属于股权再融资，而后者是向原有股东的再融资，股东可以选择配股，也可以放弃配股。上市公司增发新股，其定价可以参照公司股票的市场价格确定，但定向增发的发行价格不得低于定价基准日前20个交易日公司股票均价的80%，也就是说比市场价格低。在这里，我们主要讨论配股的市场价值问题。简单来说，配股价格要高于公司每股净资产，但低于市场价格。

［**例4-1**］　设某股份公司原有普通股股票1 000万股，每股面值1元，每股净资产5元，每股市场价格20元。现公司需要筹措2 800万元的权益资本，为此，该公司决定按照每10股配售2股的方式向原股东配售，配股价格为14元（假设股东全部选择配股，公司所筹资金额为200万股×14元/股=2 800万元）。假设公司某股东原来持有该公司股票1 000股，总价值20 000元，当该股东按照配股价格买入应配售的200股股票后，他付出了2 800元，但按照配股

后的股票价格计算,他所持有的股票价值为 1 200×19＝22 800 元,与他原有的股票价值和新投入的资金价值之和相同。如果该公司按照每 10 股配售 4 股,假定每股配股价 7 元向公司原股东配售新股,配股后该股东股票总数为 1 400 股,其购入的新价值仍然为 2 800 元,按照配股后的股票价格计算,他持有的股票价值为 1 400×16.29＝22 800 元(忽略因四舍五入产生的误差)。配股前后公司价值和每股股票价值计算如表 4－1 所示。

表 4－1　配股价格对公司股价和股东价值的影响计算表

	10 股配 2 股,配股价 14 元	10 股配 4 股,配股价 7 元
配股前		
普通股股数(万股)	1 000	1 000
股票价格(元/股)	20	20
股东权益价值(万元)	20 000	20 000
配股后		
新增普通股股数(万股)	200	400
新增权益资本(万元)	2 800	2 800
全部普通股股数(万股)	1 200	1 400
股东权益价值(万元)	22 800	22 800
股票价格(元/股)	22 800/1 200＝19.00 (除权价格)	22 800/1 400＝16.29 (除权价格)

如果公司股票的市场价格确实是股票实际价值的反映,且所有股东均按照配股价格完成配股,或原股东能够以合理的价格出售手中的配股权,则配股价格的高低会影响配股后股票市场价格的高低,但并不会影响股东实际财富的变化。因此,上市公司能够以较低的价格配股,这样,既容易完成配股筹资的任务,又不会损害公司股东的利益。事实上,只要所有股东都按照配股价格完成配股,则不论配股价格如何确定,公司股东在配股中得到的利益都是相同的,不会出现一部分股东利益受损的情况。

但是,如果公司股票的市场价格未能准确反映公司股票的实际价值,而且一部分股东若不参加配股,不参加配股的股东若在配股股权登记日还继续持有股票,则会出现持股市值下降。

例 4－1 中,如果公司的某些股东不参与配股,其配股权又无法售出,则当部分股东按照低于股票市场价格的配股权配股后,由于股票的下跌,不能参与配股的股东将遭受损失。按照上述 10 股配 2 股的方案,假设有 50%股份的股东放弃配股,公司将实际配股 100 万股,配股后公司总价值为 20 000＋100×14＝21 400(万元),公司股票总数为 1 100 万股,平均每股价值为 21 400/1 100＝19.45(元),那么未能参加配股的股东由于配股产生的稀释效应导致每股损失 0.55 元。

如果出现下面这种特例,参与配股的股东会出现损失。如果公司的股票价格远高于股票的实际价值,这时,如果部分股东放弃配股,而另一部分股东参与配股,则参与配股的股东将蒙受损失。假设某公司现有普通股 1 000 万股,普通股股票的实际价值为每股 10 元,但股票的市场价格却高达每股 20 元，公司将按照 14 元的配股价实施 10 股配 2 股的配股方案。如果公司全体股东均参与配股，则公司可配售出 200 万股，收取权益资金 2 800 万元，公司普通股股票总数变为1 200万股，总价值变为 12 800 万元，每股价值为 12 800/1 200＝10.67(元/股)，尽管每个股东为配售的每一股投入了 14 元，而配股后每股的实际价值为 10.67 元，但由于每个股东都是按比例配股的，相互之间并不存在侵害利益的问题。这时，如果公司清算，持有 120 股普通股股票的股东(在配股前该股东持有 100 股普通股)将得到 1 280 元(清算费用略)，与他持有的原 100 股股票的价值(100 股×10 元/股＝1 000 元)和新投入的 20 股股票价值(20 股×14 元/股＝280 元)之和相同。但是，如果部分股东不参加配股，则这部分股东将会侵害参加配股股东的利益。比如，如果只有 40％的股东参加配股，则该公司共配售新股 80 万股，收到权益资金 1 120 万元，配股后公司普通股股票总数变为 1 080 万股，总价值变为 11 120 万元，每股价值为 11 120/1 080＝10.30(元/股)。尽管参加配股的每个股东为配售的每一股股票投入了 14 元，但配股后每股的实际价值仅为 10.30 元/股，一个配股前持有 100 股普通股股票的股东配股后全部普通股股票的价值为 120×10.30＝ 1 236 (元)。由于参加配股的股东在配股时投入了 280 元，因此配股后他约损失了 44 元。

值得一提的是，增发新股与向原股东配售新股相比，其成本较高，时间较长，如果发行价确定不好，还容易损害公司原股东的利益。而向原股东配售新股不但可以避免上述问题，而且较容易完成筹资方案。但配售新股由于销售对象范围有限，其筹资数额也就相应有限，难以实现大规模的增资。因此，增发新股与向原股东配售新股两种增资发行方式各有利弊，筹资者需要根据公司自身的特点、市场情况以及关于增资发行的规定，选择合适的增资方式。

(四) 发行普通股筹资的利弊

1. 发行普通股筹资的优点

(1) 普通股筹资形成的公司资本金没有到期期限，是企业可以永久使用的资金，因此具有使用稳定、安全的特点。

(2) 普通股股东的投资回报为税后利润，与利息相比，不具有强制性。即企业经营情况好，有利润时可以向股东分配，而企业分配能力不足时，可以少向或不向股东分配利润，这种利润分配的灵活性是利息支出所不具备的。

(3) 通过公开证券市场发行股票使企业由一个非公众公司变成为一个公众公司，可以大大增加公司的知名度和美誉度。公司名称在每日的股票行情中出现，公司的经营动态不断为广大投资者所关心和了解，其宣传效应甚至可超过一般的广告宣传。

(4) 由于对公司上市有严格的条件要求，公司上市是对公司经营状况和信誉的一个较好的肯定，有助于公司开展商业往来。

(5) 公司上市不仅可以筹措资金，有利于股权转让，公司价值评定，同时还造就了大量的公众股东，对那些生产消费品或从事服务业的上市公司来说，这些公众股东的一部分还有可能成为公司未来的客户。

2. 发行普通股筹资的弊端

尽管发行普通股筹资存在着上述优点，但公开发行股票筹资也存在着明显的不足，主要有：

(1) 公开发行股票要产生大量的直接成本。包括：券商的保荐费、承销费；会计师事务所的审计、验资费用；律师事务所出具法律文书的费用等。

(2) 公开发行股票还会产生大量的隐性成本。企业发行股票尤其是增发,西方有的学者认为,可以看作企业向市场传递了一条关于公司股票价格的"消息",由于股票市场很可能将这条消息看作是一条"坏消息",它将对公司的股票价格带来不利的影响,从而导致股票价格的低估。而股利是从净利润支付,没有抵税作用。

由于公司管理人员比外部投资者更加了解公司的实际情况,在他们之间存在着信息不对称。如果公司管理人员完全根据投资项目的净现值大小选取投资项目,并在需要时增发新股筹措资金,则外部投资者每一次购买新股时所付出的价格可能高于、低于或等于股票的实际价格。但平均来讲,这些效应是相互抵消的,投资者的购买价格是合理的。但如果公司管理人员并不完全依据上述原则筹措资金,而是出于其他因素的影响考虑新股的发行时机,情况就可能发生变化。

我们知道,股票的市场价格是由其未来预期收益的现值决定的。如果未来的预期收益降低,股票的价格将下跌,反之,股票的价格将上升。如果证券市场是非常有效率的,则上述预期的变化将马上在市场上表现出来。但实际上市场并非完全有效,信息不对称的存在使公司管理人员更有可能首先对公司未来收益的变化作出较准确的判断。如果公司管理人员认为公司未来的预期收益低于股票市场价格所反映的数额,意味着公司股票的市场价格高于其实际价值,显然,这时发行新股将有利于公司的老股东。反之,如果公司管理人员认为公司未来的收益高于股票市场价格所反映的数额,意味着公司股票的市场价格低于其实际价格,这时发行新股将对公司老股东产生不利的影响。因此,如果公司管理人员从公司老股东的利益出发考虑新股发行问题,他们会选择股票市场价格高于其实际价值时发行新股。出于对公司管理人员行为的这种考虑,外部投资者将把公司发行新股看作一个关于股票价格的"坏消息",认为这时的股票市场价格过高,在购买新股时将要求以较低的价格成交。投资者的这种预期将给公司发行新股筹措资金带来一定的困难。

发行新股向市场传递的另一个可能的信息是:公司准备改变自身的资本结构,降低负债率。这可能会使投资者认为公司对自身的偿债能力信心不足,缺乏足够的能力支持较高的资产负债率,这显然也是一条"坏消息",将导致公司股票价格的下跌。因此,从信息传递的角度看,发行新股筹资将对公司带来一些不利的影响。

(3) 为了对广大投资者负责,上市公司负有严格的信息披露义务。上市公司必须定期和不定期地在公开媒体上向社会公众公布公司的财务和非财务信息。这种信息披露的作用之一就是减少上市公司和投资者之间的信息不对称。但是,这种透明度的增加会相应降低公司经营活动的隐蔽性,使公司的竞争对手更容易了解公司的经营动向,给公司的市场竞争带来一些不利的影响。同时,这种较高的信息披露成本往往会加大公司的财务负担。

(4) 可能会稀释原股东的控制权和收益权。如果公司原股东不能按原持股比例购入增发的普通股,则必然将有新的股东进入公司,从而导致公司原有股东的持股比例下降。新股东的加入不但会稀释原股东拥有的投票权,同时还对公司已积累的盈余具有分享权,如果新股发行价格不能弥补这一损失,新股发行将会降低每一普通股可能得到的净收益。

二、发行优先股

（一）优先股的特点

优先股是介于普通股和公司债之间的一种筹资工具。优先股股东对公司的投资在公司注册成立后不得抽回，其投资收益在公司的税后利润中提取，在公司清算时其对公司财产的要求权也排在公司债权人之后；另外，从公司资本结构看，优先股属于公司的权益资本，这些都表现出优先股具有一定的普通股性质。发行优先股可以提高所有者权益资本，降低公司资产负债率。

但另一方面，与普通股相比，优先股股东在利润分配和财产清偿方面又优先于普通股股东的权利。在利润分配上，股份公司要在支付优先股股东应得的股息之后，才能向普通股股东支付股利。另外，优先股股息通常是按照其面值的固定比例或浮动比例支付的，无特殊情况，不随公司经营业绩的波动而波动。当公司因故解散清算时，在偿清全部债务和清算费用后，优先股股东按照其股票面值先于普通股股东分配公司的剩余财产。这些优先于普通股的权利，使优先股又具有一定公司债的性质。

中国证监会 2021 年 6 月发布的《优先股试点管理办法（2021 年修正）》中，明确优先股每股票面金额 100 元。优先股面值是计算优先股股息的基础，也代表着优先股股东在公司清算破产时所对应的权益。上市公司已发行的优先股不得超过公司普通股股份总数的 50%，且筹资额不超过发行前净资产的 50%。

（二）优先股的权利

1. 利润分配权

优先股股东在利润分配上有优先于普通股股东的权利。有些股份公司的章程明确规定，在公司未发放优先股股息之前，不得发放普通股股利。有时，为了保护优先股股东的利益，公司还规定在某些特殊情况下不得发放普通股股利。例如，有些公司规定，当流动比率低于某一临界水平时，不得发放普通股股利，以使公司能够保留较多的现金供经营之用。

2. 剩余财产请求权

当公司经营不善而破产时，在偿还全部债务和付清清理费用后，如有剩余财产，优先股股东按票面价值先于普通股股东得到清偿。

3. 管理权

优先股股东的管理权限是有严格限制的。通常，在公司的股东大会上，优先股股东没有表决权，但是，当公司研究与优先股有关的问题时，有权参加表决。

（三）优先股的分类

与普通股不同，优先股的种类较多，不同类型的优先股，在某些具体权利上有所区别。

1. 累积优先股与非累积优先股

累积优先股指欠发的股息可以累积到以后的年度一起发放，积欠的股息一般不加利息。公司只有在发放完积欠的全部优先股股息后，才能发放普通股股利。

非累积优先股指欠发的股息不再补发的优先股。若公司某年因故无法支付优先股股息，以后年度盈利时，只需付清当年的优先股股息后即可发放普通股股利，以前积欠的优先股股息不再累积补发。

2. 参加优先股与非参加优先股

参加优先股指优先股股东在获取定额股息后，还有权与普通股股东一起参加剩余利润的分配。其特点是，在股份公司的利润增大时，优先股股东除可按所持优先股股份数分取股息外，还可分得额外红利。参加优先股股票由于参与利润分配方式不同，又可分为全部参加分配的优先股股票和部分参加分配的优先股股票。

参加分配的优先股股票，其股东有权与普通股股东共享本期部分剩余利润。

［**例 4－2**］ 假定某股份公司本年提取盈余公积金后的净利润为 6 万元。发行全部参加分配优先股面值 15 万元，年股息率 8%；假如按照约定，优先股按照一定的股息率计算分配股息后，若公司还有剩余利润，再按 12%股息率扣除第一次分配的股息率参加二次分配。普通股股利分配率为 70%。

则全体优先股股东第一次分得股息为：150 000 × 8% ＝12 000(元)；第二次分得的股利为：150 000 ×（12% －8%）＝6 000(元)。

普通股股东分得的股利为：60 000 × 70% ＝42 000(元)。

参加分配的优先股股票指优先股股东有权按规定额度与普通股股东共同参加利润分配的优先股股票。例 4－2 中，若优先股规定按 9%参加剩余利润分配，则全体优先股股东第一次分得股息为：150 000 × 8% ＝12 000(元)；第二次分得的股息为：150 000 ×（9% － 8%）＝1 500(元)。

非参加优先股股票指按照规定股息率分取股息的优先股股票。其特点表现在优先股股东只能一次分配股息，不能再参加剩余利润的分配。

3. 可转换优先股和不可转换优先股

可转换优先股股东，有权根据优先股发行的规定，在将来一定时期内转换为普通股。如果普通股价格上升，优先股股东可行使这一权利将其股票转换为普通股，从中获利。如果普通股价格下跌，优先股股东便不行使这一权力，继续享受优先股的待遇。中国证监会发布的《优先股试点管理办法》规定，上市公司不得发行可转换为普通股的优先股。但考虑到商业银行资本监管的特殊要求，根据资本监管规定，在非公开发行的触发事件发生时，商业银行优先股可强制转换为普通股。

不可转换优先股没有上述权利。

4. 可赎回优先股和不可赎回优先股

可赎回优先股指公司按照发行的规定，可在将来某一时期按规定的价格(优先股面值和尚未支付的股息)赎回发行的优先股。这种优先股与可回售优先股的权利恰恰相反，可回售优先股的选择权属优先股股东，可赎回优先股的选择权在公司。由于这一原因，可赎回优先股的股息率稍低。

不可赎回优先股指公司无权按上述方式收回的优先股。

5. 股息可调整优先股和股息不可调整优先股

股息可调整优先股是指股息率可以调整的优先股股票。其特点是股息率不是固定的，而是浮动的。股息率变化与股份公司的经营状况无关，而是受优先股东持股期限风险与机会成本，以及金融市场利率的影响。

股息不可调整优先股是指股息率固定的优先股。

（四）优先股筹资的利弊

1. 优先股筹资的主要优点

优先股的发行是在不增加股票投票权和表决权人数的情况下集资的，它不会导致原有普通股股东控制能力的下降。

（1）发行优先股是公司资本权益的增加，不是公司的负债，不会像发行公司债那样加大企业的财务风险。优先股在付不出股息时，可以累积拖欠或不付，不至于进一步加剧公司资金周转的困难。

（2）发行优先股不必以资产抵押，使公司可以保留资产在必要时作为抵押品借债，从而确保了公司的融资能力。

（3）不可收回的优先股没有规定的到期日，不用偿还本金。事实上发行方等于使用的是无期限的贷款，无偿还本金义务。大多数优先股又附有收回条款，这就使发行优先股筹资更有弹性。企业可在财务状况较弱时发行，财务状况转强时收回，有利于结合资金需求，同时也能调节公司的资本结构。

2. 优先股筹资的缺点

（1）成本较高。在多数情况下，债务筹资的债券利息支出可作为费用处理，抵减会计利润，从而减少应纳税所得额。而优先股股息属于资本收益，要从税后利润中支出，得不到税收屏蔽的好处，因而成本较高。

（2）优先股在股息分配、资产清算等方面拥有优先权。这样会使普通股股东在公司经营不稳定时的收益受到影响。

（3）可能形成较重的财务负担。优先股要求支付一定的股息，但又不能在税前扣除，当盈利下降时，优先股的股息可能成为公司一项较重的财务负担，有的不付或延期支付，这又会影响公司的形象。

（4）优先股的限制较多。发行优先股，通常有许多限制条款，例如，发行时要求近三年连续盈利，对普通股现金股利支付以及公司举债有一定限制等。

三、可选择性股权融资

（一）认股权证

1. 认股权证的概念及特征

认股权证通常也称为认购权证，一般来说，是公司发行的一种长期股票买入选择权。它本身不是股票，既不享受股利收益，也没有投票权，但它的持有者可以在规定的时间内按照事先确定的价格选择购买一定数量的公司股票。不难看出，认股权证具有股票买权的性质，它是一种股票买权。认股权证一般是附在公司的长期债券上与它们共同发行的，但认股权证在发行后，就可以同它所附着的公司债券分离，单独流通和交易。认股权证主要具有如下特征。

（1）认股权证是一种股票买权。发行认股权证的主要目的是吸引广大投资者购买公司发行的债券等。认股权证往往是按购买债券数量的某种比例配售给投资者的，这样，投资者不仅能获取所购债券的固定利息收入，而且还能根据认股权证规定的价格在行权期购买普通股股票。

（2）每份认股权证所能认购的普通股股数是固定的，其固定数目应列示在认股权证上。

（3）认股权证上应规定认购普通股票的价格，该价格可以是固定的，也可以按股价的市场行情变化进行调整。由于认股权证是一种股票买权，其上面规定的执行价格将像普通股票买权那样随发行公司发放股票股利或拆股去调整。比如，某公司认股权证规定的普通股认购价格为每股 10 元，若公司进行了 1 变 2 拆股，或 10 转增 10 股，或 10 送 10 股，则原认股权证对应的股票认购价格也相应降低为每股 5 元。

(4) 认股权证上还须载明认股权证的有效期限，超过有效期限后，认股权证即失效。尽管也有无期限的认股权证，即永久有效的认股权证，但大多数认股权证是有期限的。根据权证行权期限划分，认股权证分为欧式权证、美式权证、百慕大式权证三种。欧式权证的持有人只有在约定的到期日才有权买卖标的证券；美式权证的持有人在到期日前的任意时刻都有权买卖标的证券；百慕大式权证的行权期限既不是天天，也不是一天，而是一段时间。

2. 认股权证的价值

认股权证实质上是一种股票买权，因此，它的价值由确定股票买权的方法来决定，要受到所认购的股票的市场价格、权证规定的认购价格(执行价格)、认购股数、自认股权证发行至到期日的时间长短、市场利率、认股权证供求关系等因素影响。与二级市场一般股票买权不同的是，购买普通股票时，出售方的股票是已经在市场上流通的股票，不是新发行的股票，不存在股票价格的稀释效应。而认股权证的持有者在行使其权利时，公司向其交付的股票是新发行的股票(或者是公司所赎回的，已退出流通领域的库藏股)，因此，执行认股权证将增加公司流通在外的股票数量。由于认股权证的持有者在行使其权利时向公司交付的款项低于股票的市场价格(否则，认股权证的持有者就不会行使这一权利)，这一权利的行使又会对股票的市场价格产生稀释作用，而这反过来又会对认股权证本身的价值产生影响。

(1) 认股权证的内在价值

认股权证的价值分为内在价值和时间价值两部分。内在价值又称认股权证的底价，在不考虑稀释效应的情况下，认股权证的底价由(4.1)式决定：

$$V_W = q \cdot (P_O - K) \tag{4.1}$$

式中，V_W 为认股权证的内在价值；P_O 为普通股股票当前的市场价格；K 为认股权证认购公司普通股股票的认购价格(执行价格)；q 为每个认股权证可认购的普通股股票数量。

如果认股权证的市场价格低于其内在价值，则会出现无风险套利的机会。比如，设 $q=1$，若市场价格 V_M 低于 V_W，那么套利者可以按 V_M 的价格在市场上买入认股权证，再按照权证规定的认购价格 K 向公司购入普通股股票，总支出为 V_M+K，然后，按市场价格出售股票，总收入为 $P_O=V_W+K$，收入与支出之差为：

$$V_W + K - (V_M + K) = V_W - V_M > 0$$

［**例 4-3**］ 已知某股票的市场价格 $P_O=40$ 元，针对该股票的认股权证规定的认购价格 $K=35$ 元，每个认股权证可认购的普通股股票数量 $q=0.5$，则该认股权证的内在价值为：

$$V_W = q \cdot (P_O - K) = 0.5 \times (40 - 35) = 2.5(\text{元})$$

如果这一认股权证的市场价格 $V_M=2$ 元，则投资者可按照 2 元的价格从市场上买入 2 个认股权证，再行使认股权，以 35 元的价格从公司手中购入股票，总支出为 39 元。随后，投资者将购入的股票按照 40 元的市场价格卖掉，净收入为 1 元。

显然，这种无风险套利机会在市场上不可能存在，因此，认股权证的市场价格不会低于 V_W。

与一般股票期权一样，认股权证的市场价格要高于其内在价值(底价)，这两者之差即为认股权证的时间价值。认股权证的时间价值主要受权证距到期日的时间长短和标的股票价格的变动大小的影响。距到期日的时间越长，股票价格的变动性越大，在认股权证有效期内标的股票价格上升的机会越多，投资者获利的机会也越大，认股权证的时间价值也就越高；反之，认股权证的时间价值就越低。

(2) 认股权证对股票价格的稀释效应

由于认股权证具有股票价格的稀释效应，其实际价值低于普通股票买权的价值，具体分析如下：设认股权证施权前公司普通股总数为 N，认股权证数量为 M，每个认股权证可以认购 q 股股票，认购价格为 K，认股权证执行前公司规定权益的总价值为 V_O。当认股权证的持有者行使其买权时，公司需按照认购价格 K 增发 $M \cdot q$ 股新股。因此，认股权证施权后公司股东权益的总价值变为 $V_1 = V_O + M \cdot q \cdot K$，股票总数量变为 $N + M \cdot q$，每股股票的价值变为：$P_1 = (V_O + M \cdot q \cdot K)/(N + M \cdot q)$。

［**例 4－4**］　接例 4－3：假设公司发行在外的普通股股票数量 $N = 2\,000$ 万股，发行在外的认股权证数量 $M = 400$ 万个，其他条件不变，认股权证的持有者在 $P_O = 40$ 元时行使认股权。在行使认股权之前，公司规定权益的总价值 $V_O = 40 \times 2\,000 = 80\,000$(万元)，总股票数 $N = 2\,000$ 万股；行使认股权后，公司发行新股 $M \cdot q = 400 \times 0.5 = 200$(万股)，$M \cdot q \cdot K = 400 \times 0.5 \times 35 = 7\,000$(万元)，$P_1 = (80\,000 + 7\,000)/(2\,000 + 200) = 39.54$(元)，稀释效应使股票价格下降了 0.46 元。

3. 认股权证在筹资活动中的应用

认股权证给了其持有者在未来可能以较低的价格买入具有较高价值的公司股票的权利作为回报。它有利于公司附有认股权证的公司债券的促销发行，同时也可以为它们所发行的公司债券支付较低的利息，降低了发行债券的资本成本。对那些有良好发展前途的中小企业来说，由于受实力限制，发行普通公司债券需要支付较高的利息，这对营运资金紧张的中小企业是一个较大的压力。而发行附有认股权证的公司债券，既可以吸引那些对公司的前途感兴趣，目前又不愿意直接购买公司股票的投资者购买，又可以减少发行方债券利息的支付，缓解资金压力。认股权证除了促进公司债券等金融产品的销售，还可以用于对老股东长期持股以及管理者的激励。另外，利用认股权证的一个边际作用是，当认股权证的持有者执行其权利，向公司认购普通股股票时，公司又可以筹措到一笔新的资金。由于投资认股权证风险较高，发行规则需要进一步完善等原因，目前，我国公司认股权证筹资方式处在暂停发行状态，但认股权证是金融市场的一种融资工具，待发行规则完善之后还会推出。

4. 认股权证筹资的利弊

认股权证筹资，其优点有：

(1) 吸引投资者。这是发行认股权证的主要优点。在企业发行债券等金融产品时，给予投资者认购普通股票的权利，可以有效刺激投资者的投资欲望，使企业较容易筹得所需的资金。

(2) 低资金成本和有利的筹资条款。由于认股权证具有附加投资价值，因此，企业在发行债券等金融产品时，可以适当地降低利率等，从而获取低成本的资金来源。另外，投资者在获取认股权证所带来的利益后，往往乐意接受公司某些过于严格的契约条款，使公司处于主动的地位。

(3) 扩大了潜在的资金来源。当认股权证的认购权被行使时，就增加了企业的资金来源。对需要扩充权益资金的公司而言，它可以获得既享受发行债券等低资金成本的好处，又享有了筹集权益资金的好处，具有双重筹资的效果。

认股权证筹资，其不足之处有：

(1) 不能确定投资者将在何时行使认股权。这一点往往使公司陷于被动。因为认股权证为公司再次提供了一个筹资机会，但这笔资金何时才能取得，公司又不能控制。在公司急需资金时，这笔资金数额不能满足需要，公司又不便于用其他方法再筹资，特别是用发行普通股票再筹资。

(2) 高资金成本风险。一般来说，认股权证筹资成本较低。但市场股价较低时，公司可能通过提高普通股股利来刺激股价上涨，使认股权证持有者行使认股权，以筹措资金，但这会使资金成本增高。

(二) 认沽权证

认沽权证是指看跌期权，即期权的购买者拥有在期权合约有效期内按执行价格卖出一定数量标的物的权利。具体地说，就是在行权的日子，持有认沽权证的投资者可以按照约定的价格卖出相应的股票给上市公司。认沽权证虽然不具有目前直接融资的性质，但有利于避免股价下跌和今后再融资。认沽权证行权期也有欧式权证、美式权证、百慕大式权证三种。

随着我国证券市场的稳步发展，市场参与者投资理念的日趋理性，我国在股权分置改革中推出了一种权证新产品——认沽权证，如新钢钒认沽权证等。

认沽权证与认股权证或认购权证是两类完全不同的权证产品。认股权证属于“看涨期权”，在未来某一时间以固定价格购买标的证券，但持有人并无义务购买标的证券；而认沽权证属于“看跌期权”，在未来某一时间以固定价格出售标的证券，但持有人并无义务出售标的证券。

(三) 可转换债券

可转换债券是指由股份公司发行的，可以按一定条件转换为一定数量的公司普通股股票的证券，属于《证券法》规定的具有股权性质的证券。可转换债券的可转换性质实质上也是一种股票期权或股票选择权，在这一点上它与认股权证是相同的。所不同的是，认股权证虽然也同公司债券等一道发行，但发行后认股权证可脱离公司债券等单独流通，而可转换债券的可转换性却是始终与它所附着的标的股票联系在一起，无法分离。

1. 发行可转换债券相关规定

经批准，公司发行可转换公司债券需符合下列规定：① 最近三个会计年度加权平均净资产收益率不低于 6%；② 本次发行后累计公司债券余额不超过最近一期期末净资产额的 40%；③ 最近三个会计年度实现的平均可分配利润不少于公司债券一年的利息；④ 可转换债券每张面值 100 元，期限最短为一年，最长为六年，其利率由发行公司和主承销商协商确定；⑤ 公开发行可转换公司债券应当提供担保，但最近一期未经审计的净资产不低于 15 亿元的公司除外。

2. 可转换债券的基本特征

(1) 转股价格

可转换债券发行时对转股价格有明确规定，通常规定证券持有者在行使转换权的有效期内,有权按一固定转换价格将可转换债券转换为普通股。如某公司发行期限为5年的可转换债券,每张面值100元,规定可按每股50元的价格转换为公司普通股股票,50元即为转股价格。需要说明的是,转股价格应不低于募集说明书公告日前20个交易日该公司股票交易均价和前一交易日的均价。但发行可转债后,因配股、增发、送股等引起发行人股价变动的,应当调整转股价格。

(2) 转换比率

转换比率是指可转换公司债券在实际转换时,一个单位的债券能转换成股票的数量。这个比率一般在债券发行时明确规定。其公式为:转换比率=可转换债券面值/转股价格。

(3) 转换期

转换期是指可转换债券持有者行使转换权的有效期间,可转换债券的转换期可以等于债券期限,也可以短于债券期限。短于债券期限的转换期又有递延转换期和有限转换期,前者是指可转换债券只能从其发行一定时间之后才能够行使转换权;后者是指只能在一定时间内行使转换权,超过这段时间,转换权失效。通常可转换公司债券自发行结束之日起六个月后方可转换为公司股票。

(4) 赎回条款

可转换债券中的一个重要条件就是有关赎回的附加条款,这是为了避免金融市场利率下降时公司承担较高利率的风险,同时还迫使投资者行使其转换权。具体包括:不可赎回期、赎回期、赎回价格和赎回条件等。一般来讲,赎回期安排在不可赎回期之后,不可赎回期结束后即进入可转换债券的赎回期;赎回价格一般高于可转换债券的面值,两者之差即为赎回溢价,它随债券到期日的临近而减少;赎回条件分为有条件赎回和无条件赎回两种。无条件赎回是指在赎回期内发行方可根据规定的赎回价格随时赎回可转换债券;有条件赎回是指发行方规定某些条件(主要是股票价格在一定期间持续达到上限条件),一旦满足这些条件,发行方即可按照规定价格赎回可转换债券。

(5) 回售条款

回售条款即可转换债券发行公司的股票价格在一定期间持续降低到某种幅度时,债券持有人有权按照约定的价格将可转换债券出售给发行者的有关规定。这种规定是对可转换债券投资者的一种保护。具体包括回售条件、回售价格等内容。

(6) 强制性转换条款

强制性转换条款即在某些条件具备后,债券持有人必须将可转换债券转换成股票,无权要求偿还债券本金的规定,目的在于保证可转换债券顺利转换成股票,实现公司扩大权益融资的意图。

3. 可转换债券的筹资分析

(1) 可转换债券融资的动机

可转换债券具有低票面利率与可转换为公司普通股两大特征,而这两大特征也正是可转换债券发行者发行可转换债券的主要动机。

企业发行可转换债券的动机之一是取得较低的票面利率,减少利息支出。由于可转换债券给予其持有者在一定时间内转换为公司普通股的选择,相当于一个普通债券与一个公司股票买权的组合,而其所附着的股票买权的价值就体现为比普通公司债券更低的票面利率(或更高的发行价格),而较低的票面利率可以使发行者在可转换债券的存续期内节约可观的利息支出。

企业发行可转换债券的另一个主要动机是利用可转换债券的可转换性进行推迟的股权融资。通常情况下,可转换债券发行者发行可转换债券的真正目的并不是发行公司债券,而是要发行公司股票。但是,由于种种原因,在公司需要资金的时候恰恰并不适合于发行股票筹资,或公司无法发行股票。这时,公司可以选择发行可转换债券,在将来这些可转换债券转换为公司股票,发行者不需要归还本金,其结果相当于公司在发行可转换债券时发行了公司股票。

从可转换公司债券的特征来看,它适合于那些或处于发展时期,或处于财务困境时期的企业作为筹资工具。这是因为,虽然发展中的企业与困境中的企业都存在着差异,但从财务风险和财务状况方面看,二者却具有很多相似之处。首先,虽然原因可能不同,但发展中的企业和财务困境中的企业都对资金有较强烈的需求,而企业本身又都不具备足够的创造收益(内源性资金)的能力;其次,这两类企业的股东或因缺乏对企业继续投资的能力,或因不愿意对企业继续投资,近期内都不会再向企业注入大量的资金,因此,企业要发展或生存就必须进行一定规模的、针对新的投资者的外部融资;第三,这两类企业目前都不具备稳定的现金收益流量,其对投资者的回报取决于企业未来的发展状况,因此,其现实的偿债能力较差;第四,对外部投资者来讲,由于企业的未来是不确定的,所以投资风险很高。由于上述特性,发展中的企业和财务困境中的企业都难以筹措到正常的债务资金和权益资金。但是,这两类企业又确实存在着未来的发展、股票价格上升的可能与潜力,因此,不但这两类企业需要进行外部融资,而且也有一些投资者有兴趣对两类企业进行投资,关键就在于选择适当的金融工具,可转换公司债券恰恰是一种适合于这种情况的金融工具。一方面,可转换公司债的债券性质使投资者避免了直接进行股权投资的风险,得到了比作为公司股东更为可靠的保护;另一方面,可转换公司债券的可转换性质又使得投资者在公司取得成果时有可能与公司股东一起分享收益,具有股权投资获取高额剩余收益的能力。所以,当企业未来具有较大的不确定性时,这种筹资方式对投资者有较大的吸引力。

对于发展中企业的股东来说,如果在发展阶段直接对外筹措权益资金,由于企业内外部信息不对称,新股东对企业未来的增长潜力和收益能力的认识与公司现有股东会有较大的差异。在新股东看来,向发展中企业投资是一项风险很高的投资,相应的投资回报率也应该很高,从而有对发展中企业的股票定价偏低的预期;而在企业现有的股东来看,企业的实际风险并没有新股东想象得那样高,企业股票的价格也不应该像新股东所要求的那样低。因此,如果按照新股东所要求的价格向其发售普通股票,则发行价格将低于股票的实际价值,降低了公司现有股东的股票价值。而采用可转换债券来筹资,由于设定的转换价格要参照股票当前的市场价格,只要债券发行价格合适,则将来可转换债券转换为公司普通股票后,就相当于公司在当前的价格(高于定向增发的股票发行价格,因为定向增发股票是上市公司股权再融资的常用融资工具,定向增发要低于市场价格发行)发行了普通股票,同时延缓了对现有股东股权的稀释效应。

(2) 可转换债券的设计与发行

由于绝大多数公司发行可转换债券的目的,是将其作为以比较吸引人的价格获得延迟权益资本的途径,即希望这些债券能在规定的时期内全部转换成普通股股票。公司财务经理必须根据可转换债券的特点,从债券设计、发行时机及转换政策等方面进行妥善的安排。

① 债券的设计

债券设计最主要的工作是确定其转换价格(转换比率)和债券利率。从公司的角度看,转换价格应尽可能高,因为价格越高,转换比率就越小,转换时公司需增发的普通股股份也就越少,这样可以减少由于转换造成的每股收益稀释。但是,如果转换价格过高,则其持有人将不进行转换,公司则因此无法实现其预定的目标。

另一方面,与转换价格相对应,可转换债券的票面利率应低于相同等级的一般债券利率 1 至 3 个百分点,或者更低一些,作为投资人获得转换机会的代价。

公司在设计发行可转换债券时还必须考虑其对公司每股收益和资本结构的影响。

② 发行时机的选择

可转换债券的发行时机取决于公司普通股股票的目前市场状况以及对公司未来发展的预期等因素,发行时机选择是否适当,将直接影响融资目标的实现。

例如,当公司的发展前景被普遍看好时,对发行可转换债券是有利的。因为此时意味着公司的股票市价可能上涨,相应转换价值就可能增加,从而对投资人有较大的吸引力。于是公司在发行时可将利率定得低一些,而不至于影响发行。

③ 转换政策

从发行的目的出发,公司希望可转换债券的持有人能在规定的期限内自愿将其转换成普通股。当普通股的现金股利收入大于可转换债券的利息收入;或者转换期限将到,且普通股股票的市价已超过其转换价格时,持有人有意愿进行转换。

如果债券持有人不愿进行转换,公司从自身的利益出发,应采取相应的措施鼓励甚至迫使其转换。前面谈到的强制性转换条款和赎回条款都是为了促使可转债持有者及时进行转换而设计的。

(3) 可转换债券筹资的利弊

可转换债券筹资主要有以下优点:

第一,可以降低筹资成本。由于可转换债券给予其持有者在股票价格有利可图时进行转换的权利,因此其利息率低于同一条件下的不可转换债券。

第二,由于可转换债券规定的转换价格也可能要略高于发行时的公司普通股股价,因此它实际上为公司提供了一种以高于当期股价发行新普通股的可能。事实上,一些公司之所以发行可转换债券,原因之一是因为他们认为目前公司的普通股股价过低,直接增发新股对公司不利,因此才以发行可转换债券的方式变相发行新股,发行方和投资方都希望将来公司的普通股股价可以升上去,可转换债券将转化为公司普通股。

第三,当可转换债券转化为公司普通股后,债券发行者就不必再归还债券本金,免除了还本的负担。

但是,可转换债券也存在一些明显的缺点,主要有:

第一,尽管可转换债券的利息率确实低于同等条件下不可转换债券,但由于可转换债券实际上是债券和权益资本的混合物,所以它的成本也应介于两者之间。考虑到权益资本的成本高于债务资本的成本这一事实,可转换债券的实际成本有可能并不低。当公司普通股股价上涨幅度较大时,这一缺点就表现得较为明显。

第二,如果公司发行可转换债券的实际目的是利用其转换性能发行股票,且一旦公司普通股股价未能如预期的那样上升,无法吸引债券持有者将债券转换为公司普通股股票,则公司将面临严峻的归还本金的压力。

第三,可转换债券的低利息,将随着转换为公司股票而消失,在这一点上,可转换债券不如附有认股权证的公司债券，后者的低息优势可以长期保持直至债券到期。

可转换债券的上述利弊都是相对的。如果证券市场是有效率的，则证券市场上的交易也必然是公平的，长期来看，所有证券都应该按照其内在价值交易。这样，证券的买方和卖方都得到了应该得到的东西，不存在对谁有利对谁不利的问题。虽然发行可转换债券相当于在早期以当时股票的市场价格或略高于当时的市场价格发行了股票，但发行者同样为此付出了代价：一是在可转换债券未转股之前需要为此支付利息；二是在可转换债券转换为公司股票时，公司股票的价格高于转股价，公司此时失去了按照较高市场价格发行股票的机会。对投资者来讲，虽然可转换债券似乎既为其提供了在公司前景不好时的基本债券收益，又提供了公司前景看好时与公司股东分享收益的机会，但这样一种机会是用一定价格购买的(买权的价值)，如果这一价格是合理的，则投资者并未得到什么额外收益。

进一步来看，与发行普通公司债相比，如果公司发行可转换债券后，公司股票价格并未像预期的那样节节上升甚至下降，在转换期内始终未给可转换债券持有者提供转换机会，虽然对公司的形象产生不好的影响，公司需要归还本金，但节约了大量的利息支出。相反，如果公司股票价格在可转换债券发行后节节上升，最终实现了债券的转换，虽然公司实现了最初的发行目标，并避免了归还本金，而且支付了较低的利息，但公司失去了以当下较高的市场价格发行普通股的机会，这不一定对公司有利。由于事前人们无法可靠地预测公司股票价格的未来走势，不论是发行者还是投资者都面临着不确定性。因此，我们决不能简单地将可转换债券(包括认股权证)看作是一种可以使发行者或投资者得到额外好处的金融工具。

我国宝安公司最先于1992年10月在国内发行了可转换债券，1996年4月，国务院证券委提出可选择有条件的公司进行可转换债券的试点。1997年3月5日，国务院证券委发布了《可转换公司债券管理暂行办法》，为企业发行可转换公司债券提供了法规依据。之后，南宁化工、吴江丝绸、鞍钢新轧等一系列企业都发行了可转换公司债券。

在实务中，上市公司还可以发行可交换公司债券，可交换债券是指上市公司股东(通常是大股东)通过抵押其持有的股票给托管机构而发行的公司债券。债券持有人在一定条件下可以将其持有的可交换债券转换成股票。发行可交换债券不增加公司总股本，但发行可转债可能会增加公司总股本。

四、留存收益融资

留存收益融资属于企业内部权益融资，股份有限公司的股利政策，如分派现金股利等，会影响留存收益额。支付给股东的盈余与企业的留存收益或保留盈余，存在此消彼长的关系。股利分配既决定给股东分配多少股利，又决定有多少净利留在企业。所以，留存收益融资取决于企业的股利分配政策和股利支付形式。收益分配管理将在第十一章中详细讲述。

本章小结

权益融资是企业筹集长期资金的一种最基本的方式。权益融资主要包括非股票方式融资和股票方式融资。其中，股票方式融资包括发行普通股、发行优先股，可选择性股权融资和留存收益融资等。

发行普通股股票是股份有限公司重要的融资方式，普通股股票的价值包括市场价值、票面价值、账面价值、清算价值。我国证券监督管理部门对股票的首次发行定价方式做过多次规定，根据这些规定，我国上市公司股票首次发行价格在不同的时期具有不同的确定方法。

优先股是介于普通股和公司债之间的一种筹资工具。优先股股东对公司的投资在公司注册成立后不得抽回，其投资收益在公司的税后利润中提取，在公司清算时其对公司财产的要求权也排在公司债权人之后。另外，从公司基本结构看，优先股属于公司的权益资本。

权益融资的各种方式各有利弊，且国家对这些方式的采用也有不同的规定，企业应根据实际情况选择最适合自己的融资方式组合。

复习思考题　封底扫码查看参考答案

简答题

1. 普通股股东的基本权利与义务是什么？
2. 普通股股东与优先股股东的权利有何不同？
3. 普通股筹资的条件及其利弊是什么？
4. 试述认股权证融资和可转换债券融资的利弊。

计算题

1. 东方公司欲通过配股方式发行普通股，已知配股前公司普通股数为 50 万股，公司计划以每股 30 元的配股价配售 10 万股新股，此后市场股价为每股 40 元（忽略发行费用和市场炒作等不确定因素），则配股前东方公司的股价应该是多少？

2. 江马公司准备通过配股筹措 3 500 万元的资金，目前该公司发行在外普通股为 200 万股，市场价格为每股 50 元，公司准备以每股 35 元的价格配售新股。问：

（1）为筹措到所需的资金，公司需要配售多少股股票？

（2）全部配售后的股票价格是多少？

3. AA 公司发行了一期限为 5 年，每份面值 1 000 元，票面年利率 10%，转换价格为 16.75 元，总额 1 000 万元的可转换债券，求该可转换债券的转换比率。

E—阅读：中国证监会《上市公司证券发行管理办法》

第五章　债务融资

第一节　债务融资概述

一、企业债务的由来

从会计角度看，企业负债是指企业承担的能够以货币计量、需要以资产或劳务偿付的债务。但从财务角度看，负债是可供企业支配，用来获取收益的债务资本。在计划经济时期，企业过多关注资本金的管理，而随着市场经济的确立和发展，负债经营为越来越多的企业所接受。为使负债更好地服务于企业，有必要提高对负债的认识，加强负债资本的管理。

负债与自有资本相比较，具有如下特征：

(1) 负债是以往或目前已经完成的交易而形成的当前债务，凡不属于以往或目前已经完成的交易，而是将来要发生的交易可能产生的债务，不能视为负债。

(2) 负债是要在将来支付的经济责任。

(3) 负债是可以确定和估计的金额。

(4) 负债是需要用现金或其他资产支付的、确实存在的债务。

(5) 负债有确切的债权人和到期日。

二、企业债务融资的必要性

(一) 债务融资是解决企业资金不足的主要方式

市场经济的建立和发展，为企业的发展壮大提供了良好的环境，企业要使生产经营规模扩大，必须增加更多的资金投入，但资本金的投入受到诸多的限制，短期内靠企业的自身盈利来完全满足也是不现实的，负债筹资可以满足需要。统计资料表明，目前一般企业的资金来源主要是负债，尤其是向银行负债。

(二) 良好的社会环境有利于企业负债经营

经济体制改革的深化、法规体系的建立健全，有利于规模企业负债经营，有利于充分发挥企业自身的潜力，逐步树立并提高企业的信用，企业理财者逐步摆脱了“无债一身轻”的旧观念，越来越注重适度负债经营，充分利用财务杠杆来获取收益。

（三）债务融资与权益融资比较，更具有优势

首先，负债只需要向债权人偿付一定的本金与利息，债权人无权参与企业的经营管理活动，股权资本筹资则受股东控制和牵制。其次，负债融资对企业来说，所付出的经济代价也许比股权融资要小。第三，发行股票受一系列条件的约束。目前并非一般企业都具备在公开市场发股票筹资的条件；而负债的方式既多又灵活，企业可以根据自身情况选择。

三、企业债务的种类

企业债务尽管形式较多，但按偿付期的长短，一般分为短期负债和长期负债两类。

（一）短期负债

不同的短期债务融资方式一般总会导致相应的流动负债。流动负债是指将在一年或者超过一年的一个营业周期内偿付的各种债务，包括短期借款、应付票据、应付账款等。流动负债根据偿付金额是否可以确定又分为三种。

1. 应付金额当前可以肯定的流动负债

金额可以肯定的流动负债是指企业在偿付日期必须偿付的有肯定金额的流动负债。这类债务一般在有关经济业务发生时，按有关合同的规定确立并形成债务，一般有明确的债权人、偿付金额和偿付日期。如应付账款、应付票据、短期借款等。

2. 应付金额不可以肯定的流动负债

金额不可以肯定的流动负债是指金额要取决于企业在一定会计期间内的经营状况、经营成果，到期经计算后才能确认应付金额的负债。如应交税金、应付利润等。

3. 应付金额需要估计的流动负债

这些需要估计的流动负债是指由于过去的经济业务而产生，但应偿付的金额、偿付日期及收款人等具有很大的不确定性，企业应根据以往的经验及有关资料，事先估计入账的一种债务。例如企业因实行“三包”应付的修理费用等。

（二）长期负债

长期负债是指偿还期在一年或者超过一年的一个营业周期以上的债务。包括长期借款、应付债券等。企业在扩充经营阶段，往往由于在增添设备、扩建厂房、杠杆收购等方面需要大量资金，从而举借长期债务。因为这些需要举债的长期资金不是靠企业的正常营运资金所能满足的，也不是企业在短期内可以归还的，所以长期负债的特点是借款期限长，借款金额大。

第二节　短期债务融资

短期债务融资是企业融资管理的重要组成部分。由于短期债务融资对满足资金需求、降低资金成本、调整资金结构等多方面都有较大的影响，因此，企业短期债务融资的合理与否对企业收益的提高与风险的降低等多方面意义重大。短期债务融资是营运资金中与流动资产相对应的另外一个方面。它同流动资产一样，也有多种表现形式，不同的短期债务融资方式一般总会导致相应的流动负债，而不同的流动负债有着不同的特点。短期债务融资的取得构成了企业的短期负债资金结构，影响着企业的资金规模，进而影响着企业全部资金结构的稳定性和合理性。它们的偿还也制约和影响着企业的现金流。为此，我们需要好好把握不同的短期债务融资方式的特性，控制短期债务融资规模，探寻合理的短期债务融资结构，针对不同的融资业务特点，要有重点地管理，保证债务资金流入、流出顺畅，尽量减少债务资金的占用，从而降低资本成本和风险，以期更好地为生产经营服务。

短期债务融资的主要渠道是银行信贷资金和其他企业的经营资金。按照来源和特点不同分为商业信用、短期借款和短期融资券等。企业应根据自身情况和外部环境妥善选择筹资方式，并在此基础上优化组合，最终确定一个科学的融资结构。

一、商业信用

商业信用是指商品交易中由于延期付款或预收货款所形成的企业与企业间的信用关系。它是企业之间由于商品和货币在时间和空间上分离而形成的直接信用关系。同时，这种融资关系是在企业正常生产经营活动中产生的，只要交易对方允许延期付款或企业按有关规定定期支付某些费用，企业就可获得相应短期资金使用的权利。其主要表现形式有应付账款、应付票据和预收账款等。

（一）应付账款

应付账款是指买卖双方发生商品交易后，卖方允许买方在购货后一定时期内支付货款的一种形式。卖方利用这种信用形式主要是为了促销；对买方来说，延期付款相当于向卖方借用资金购进商品，在一定程度上满足或缓解买方的短期资金需求。

按照信用和折扣取得与否，可将应付账款这种信用形式分为免费信用、有代价信用和展期信用。

1. 信用折扣含义

信用折扣也称为现金折扣。按照国际惯例，为了促使买方按期付款或及早付款，卖方往往规定一些信用条件，比如(2/10，n/30)表示如果从购货发票日算起10天内付款，可享受2%的现金折扣，若于10天后至30天内付款则无这笔折扣，买方必须支付全部货款。允许买方付款期限最长为30天。一家公司如想享受供应商给予的商业信用，那么该公司付款期通常会确定在商业信用有效期最后一天。我们假设一公司欠款10万元，若第10天付款，只需支付9.8万元，若第11天付款需支付10万元，资金增加了0.2万元。因此从中可以看出，购货单位支付的折扣费用0.2万元相当于供货公司因向购货单位提供超过折扣期限的信用资金而索要的报酬，其本质就是利息。对购货公司而言，丧失的折扣就是相对付出的利息费用。

2. 免费信用、有代价信用和展期信用

(1) 免费信用

免费信用指买方公司在规定的折扣期内享受折扣而获得的信用。前例中如果该公司10天内付款，便享受了10天的免费信用期，获得折扣0.2万元，免费信用额为9.8万元。

(2) 有代价信用

有代价信用指买方公司放弃折扣付出代价而获得的信用。前例中，若该公司在第30天付款，则其延期使用信用资金9.8万元20天(30－10)，为之付出的代价为10×2%＝0.2(万元)。可以按下列公式求出放弃折扣的机会成本：

$$\text{放弃现金折扣的年成本}=\frac{\text{折扣百分比}}{(1-\text{折扣百分比})}\times\frac{360}{(\text{信用期}-\text{折扣期})}\times 100\%$$

$$放弃现金折扣的月成本=\frac{折扣百分比}{(1-折扣百分比)}\times\frac{30}{(信用期-折扣期)}\times100\%$$

该公司放弃折扣的机会成本为：

$$放弃现金折扣的年成本=\frac{2\%}{1-2\%}\times\frac{360}{30-10}\times100\%=36.73\%$$

这表明：① 若企业能以低于36.73%的年利率借入资金，则应享受折扣；② 若用于短期投资的年报酬率高于36.73%，则可放弃折扣。放弃现金折扣的机会成本与折扣百分比的大小、折扣期的长短同方向变化，与信用期的长短反方向变化。

(3) 展期信用

展期信用是买方企业超过规定的信用期推迟付款而强制获得的信用，是一种违反常规的做法。由前述公式我们可以看到企业付款期越长，放弃折扣的机会成本越小，但在企业因缺乏资金而欲展延付款期时，需在降低了的放弃折扣的机会成本与展延付款期带来的损失之间作出选择。展延付款带来的损失主要指企业信用地位和信用等级的下降。

3. 付款日的选择

企业究竟是否享有现金折扣，并选择何时付款，应视其所处具体情况而言。如果其能以低于放弃折扣的隐含利息成本的利率借入资金，便应在现金折扣期内用借入的资金支付货款，享受现金折扣。如果在折扣期内将应付账款用于短期投资，所得的投资利益率高于放弃折扣的机会成本，则应放弃折扣而去追求更高的收益。

承上例，如现金折扣条件为“2/10，1/20，n/30”时如何选择付款日？

(1) 折扣成本最大法

第一方案，第1天至第10天付款：与上例相同为36.73%。

第二方案，第11天至第20天付款。

$$放弃现金折扣的成本=\frac{1\%}{1-1\%}\times\frac{360}{30-20}\times100\%=36.36\%$$

如拖延至30天以后付款，因无息占用且无其他惩罚措施，所以越长越有利，但要考虑信用损失和对以后交易的影响。

(2) 实付款现值最小法(超限拖欠同折扣成本最大法)

设折现率为10%，则各种情况下的 PV 如图5-1所示。

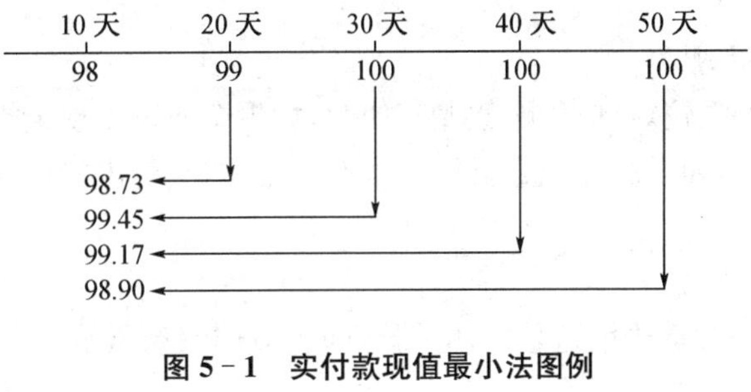

图5-1　实付款现值最小法图例

$$20天付时的现值=99/\left[1+\frac{0.10\times(20-10)}{360}\right]=98.73$$

$$30\text{天付时的现值}=100/\left[1+\frac{0.10\times(30-10)}{360}\right]=99.45$$

$$40\text{天付时的现值}=100/\left[1+\frac{0.10\times(40-10)}{360}\right]=99.17$$

$$50\text{天付时的现值}=100/\left[1+\frac{0.10\times(50-10)}{360}\right]=98.90$$

可见到期后再拖欠，则欠得越久所付款的现值越低，但展期信用有严重负面影响。需要注意的是，以上都是针对单个卖方的决策，若面对提供不同信用条件的卖方，应选择信用成本最小(或所获利益最大)的一家。

（二）应付票据

应付票据是企业通过商业汇票结算所反映的延期付款。根据承兑人不同，商业汇票分为商业承兑汇票和银行承兑汇票两种，其支付期最长不超过6个月。商业承兑汇票是指由收款人开出，经付款人承兑，或由付款人开出并承兑的汇票。银行承兑汇票是指由收款人或承兑申请人开出，由银行审查同意承兑的汇票。商业汇票是反映应付账款和应收账款的书面证明。对于买方来说，它是一种短期融资方式。票据可以带息，也可以不带息。带息票据的利率一般也比银行借款的利率低，且不用保持相应的补偿余额和支付协议费，所以应付票据的融资成本低于银行借款成本。但是应付票据到期必须付款，若延期，便要支付罚金。

（三）预收账款

预收账款是卖方企业在交付货物之前向买方预先收取部分或全部货款的信用形式。对于卖方来讲，预收账款相当于向买方借用资金后用货物抵偿。通常销售紧俏商品时才愿意采用这种形式，以便顺利获得资金。另外，对于生产周期长、资金需要量大的货物销售，如轮船、飞机等，生产企业也经常向订货者预收账款，以缓解资金不足的矛盾。

（四）商业信用筹资的优缺点

1. 商业信用筹资的优点

(1) 商业信用是伴随商品交易自然产生取得的，只要企业生产经营活动一如既往，这种信用融资就会经常发生，不需要办理有关繁琐的手续，也不附加条件。

(2) 商业信用融资可能不需要成本或成本很低。

(3) 商业信用融资具有较大的弹性，能够随着购买或销售规模的变化而自动地扩张或缩小。

2. 商业信用筹资的缺点

(1) 商业信用的期限较短，应付账款尤其如此，如果企业设置现金折扣，则期限更短。

(2) 对应付方而言，如果放弃现金折扣或者严重拖欠，其付出的成本很高。

二、短期借款

短期融资的另外一种重要渠道是短期借款，即企业向银行或非银行金融机构借入的期限在一年以内的借款。

（一）短期借款的种类

按照国际通行做法，短期借款按偿还方式不同，分一次性偿还借款和分期偿还借款。按照利息支付方式不同，分为收款法借款、贴现法借款和加息法借款。按有无具备担保品，分为抵押借款和信用借款。

1. 按照利息支付方式不同分类

(1) 收款法借款

收款法是在借款到期后向银行支付利息的计息方法，也叫利随本利清法，即还款时将本金和利息一并偿还的方式，借款人实际取得的借款等于约定的借款总额，名义利率等于实际利率。银行向企业发放的贷款多采用这种计息方法。

(2) 贴现法借款

贴现法借款是指借款人在急需资金时，以未到期的票据向银行融通资金的一种借款方式。这种借款方式，银行直接贷款给持票人，借款的偿还保证建立在票据到期付款人能够足额付款的基础上。贴现法借款的实际利率 $R_{实}$ 的确定需根据借款期限确定：① 借款期限为 1 整年的，$R_{实}=\frac{年利息}{实际可用借款额}\times 100\%=\frac{贷款额\times i}{贷款额\times(1-i)}\times 100\%=\frac{i}{1-i}\times 100\%$；② 借款期不足一年的，$R_{实}=\frac{年利息}{实际可用借款额}\times 100\%=\frac{贷款额\times i}{贷款额\times(1-i/12\times n)}\times 100\%=\frac{i}{1-i/12\times n}\times 100\%$。式中 i 为名义利率，n 为实际借款月份。

(3) 加息法借款

加息法是银行发放分期等额偿还贷款时采用的利息收取方法。银行根据名义利率计算的利息加到贷款本金上，计算出贷款的本息和，要求企业在贷款期内分期偿还本息之和的金额。由于贷款分期均衡偿还，借款企业实际上只平均使用了贷款本金的半数，却支付了全额利息，这样企业所负担的实际利率高于名义利率大约一倍。例如，某企业借入年利率 12%的贷款 20 000元，分 12 个月等额偿还本息，则第 1 个月偿还的本金其实只使用了 1 个月就偿还，依次类推，全年贷款本金平均使用额只有(0＋20 000)/2 元。则该项借款实际利率为：$R_{实}=\frac{20\,000\times 12\%}{20\,000/2}=24\%$。

2. 按有无具备担保品分类

(1) 信用借款

信用借款方式是指单凭借款人的信用，无须提供担保而发放贷款的贷款方式。这种贷款方式没有现实的经济保证，贷款的偿还保证建立在借款人的信用承诺基础上。因而，银行贷款风险较大。

(2) 担保借款

担保借款方式是指借款人或保证人以一定财产作抵押(质押)，或凭保证人的信用承诺而发放贷款的贷款方式。这种贷款方式具有现实的经济保证，贷款的偿还建立在抵押(质押)物及保证人的信用承诺基础上。

贷款的抵押品是指由借款人向银行提供的，并经银行认可作为实物担保的财产物资。抵押品的范围主要包括以下五大类：有价值和使用价值的固定资产；各种有价证券；能够封存的流动资产；可作转让的无形资产；私有财产和其他可以流通、转让的物资或财产。银行根据抵押品的评估价值决定贷款金额，一般为抵押品面值的 30%～90%，这一比例的高低取决于抵押品的变现能力和银行的风险偏好。

（二）短期借款的信用条件

按照国际通行做法，短期借款主要有以下一些信用条件。

1. 信用额度

信用额度是银行对借款人规定的无担保借款的最高额。一般来说，企业在批准的信用额度内，可随时使用银行借款，但银行并不承担必须提供全部信用额度的义务。信用额度有效期通常为 1 年。

2. 周转信贷协定

周转信贷协定是一种经常为大公司使用的正式信用额度。与一般信用额度不同，银行具有法律义务提供不超过某一最高限额的贷款。而企业享用周转信贷协定时，要就贷款额度未使用部分付给银行一笔承诺费。例如，某周转信贷额为 1 000 万元，承诺费率为 0.5%。借款企业年度内使用了 600 万元，余额 400 万元。借款企业该年度应向银行支付承诺费 2 万元(400×0.5%)。周转信贷协定有效期通常为 1 年。

3. 补偿性余额

银行要求借款企业在银行中保持按贷款限额或实际借用额一定百分比(一般为 10%～20%)的最低存款余额。例如：某企业按年利率 8%向银行借款 10 万元，银行要求维持贷款限额 15%的存款，那么实际可用借款只有 8.5 万元，在不考虑存款利息的情况下，则其实际利率为：

$$R_{实}=\frac{10\times 8\%}{8.5}\times 100\%=9.4\%$$

上述为企业取得短期借款的条件。需要指出的是，我国境内银行不向企业收取借款额度未使用部分的承诺费，也未强制要求借款企业实行补偿性余额的规定。

（三）短期借款筹资的优缺点

1. 短期借款的优点

(1) 短期借款的取得简便快捷。短期借款在短期内即会得到偿还，由于数额少、期限短，银行对企业短期借款的审查程序比长期借款简化，企业获得资金的速度也自然加快。

(2) 短期借款具有弹性。短期借款主要是为了满足企业短期或季节性资金或临时性的需要，可以随企业的需要安排，便于灵活使用和及时归还。

(3) 短期借款的成本较低。短期借款筹资的利率要低于长期借款利率，这是由于企业对未来长期经营情况无法明确预知，债权人向企业提供长期负债要承担较大的风险，因而要求得到较高的风险报酬。

2. 短期借款的缺点

(1) 期限短，偿债压力大，财务风险高。对于短期借款的企业来说，有可能短期现金流量不足，不能偿还到期债务。当企业债务到期时，企业要么按原计划偿债，要么安排新的借款以偿还到期债务。

(2) 短期负债筹资的利息成本具有不确定性。长期负债筹资利息成本在整个资金使用期限内基本稳定，而短期负债筹资在一次借款偿还后，下次利息成本则难于确定，其各个期间利率的波动也较大，对企业的收益也会产生波动影响。

三、短期融资券

(一) 短期融资券的产生和发展

我国目前发行的短期融资券是指具有法人资格的非金融企业在银行间债券市场发行的,约定在一年内还本付息的直接债务融资工具。短期融资券遵循市场发展规律,取消行政审批,实行备案管理,强调发行人信息披露、中介机构尽职履责、机构投资者自担风险。

短期融资券的产生与商业票据中的商业本票有着密切的关系。商业本票是随着商品和劳务的交易,由债务人签发的一种债务凭证,它由买方签发,约定在未来的某一个时期将购货款项支付给卖方,卖方持有票据直至买方按期支付货款。卖方若需要资金,可在持票期内将该商业本票背书转让或到金融机构进行贴现。后来有一些规模大、信誉好的大公司便利用商业本票的这一特点,开始脱离商品劳务的交易过程而单纯签发商业本票来筹措短期资金。1990年,美国发行在外的短期融资券相当于同期银行贷款总额的1/4。在我国,公司发行短期融资券于1987年在上海开始试点,1989年在全国推行。2005年5月24日,中国人民银行发布了《短期融资券管理办法》以及《短期融资券承销规程》、《短期融资券信息披露规程》两个配套文件,允许符合条件的企业在银行间债券市场向合格机构投资者发行短期融资券。

(二) 短期融资券的种类

1. 按发行方式不同分类

分为间接销售融资券和直接销售融资券。间接销售融资券指先由发行人卖给经纪人,然后由经纪人再卖给投资者的融资券。经纪人主要有银行、投资信托公司、证券公司等。委托经纪人发行融资券,需支付一定数额的手续费。

直接销售融资券是指由发行人直接销售给最终投资者的融资券。直接发行融资券的公司通常是经营金融业务的公司或自己有附属金融机构的公司,它们有力量自己组织推销工作,从而节省了间接发行的手续费用。

2. 按发行人不同分类

从全球范围看,短期融资券分为金融企业的融资券和非金融企业的融资券。金融企业的融资券主要是指由各大公司所属的财务公司、各投资信托公司等发行的融资券。这类融资券一般都采用直接发行方式。

非金融企业的融资券是指那些没有设立财务公司的工商企业所发行的融资券。这类企业一般规模不大,多数采用间接方式来发行融资券。我国目前发行的是非金融企业的融资券。

3. 按发行和流通范围不同分类

分为国内融资券和国际融资券。国内融资券是发行者在其本国国内金融市场上发行的融资券。发行这种融资券一般只要遵循本国法规和金融市场惯例即可。

国际融资券是发行者在其本国以外的金融市场上发行的融资券。发行这种融资券,必须遵循有关国家的法律和国际金融市场上的惯例。

(三) 我国短期融资券发行的条件

在我国,企业申请发行融资券应当符合下列条件:

(1) 是在中华人民共和国境内依法设立的非金融企业法人;

(2) 具有稳定的偿债资金来源,最近一个会计年度盈利;

(3) 流动性良好,具有较强的到期偿债能力;

(4) 发行融资券募集的资金用于本企业生产经营;

(5) 近三年没有违法和重大违规行为;

(6) 近三年发行的融资券没有延迟支付本息的情形;

(7) 具有健全的内部管理体系和募集资金的使用偿付管理制度;

(8) 中国人民银行规定的其他条件。

(四) 短期融资券发行的程序

1. 公司作出发行短期融资券的筹资决策

公司财务人员对内、外部的各种因素进行综合调查与分析后,认为采用该方式筹资较为合适,就提出筹资申请,报公司执行机构作出决策。

2. 委托有关的信用评级机构进行信用评级

短期融资券是一种无任何担保的债务凭证,尽管由大公司发行,但也可能存在着不能偿付的风险,因此为了吸引投资者,发行融资券的公司须委托信用评级机构对公司的财务和信用状况进行资信评级。

3. 向银行间市场交易商协会申请注册

企业发行融资券,须向银行间市场交易商协会申请注册,在申请书及其附件中必须提供如下一些内容:① 营业执照;② 发行融资券的申请报告;③ 发行融资券的章程或办法;④ 融资的效益预测、偿还计划和其他相关资料;⑤ 主管部门和开户银行对发行融资券的意见;⑥ 经注册会计师签证的上两年度和上一季度的财务会计报表;⑦ 信用评估公司对企业发行融资券的信用评估报告;⑧ 要求提供的其他材料。

4. 对企业的申请进行审核与注册

银行间市场交易商协会对企业的发行资格、筹资用途、会计报表、融资券的票面内容进行审核后,符合条件即可批准注册。

5. 正式发行融资券,取得资金

经注册后,融资券便可在注册期内正式发行。发行前需公告发行的数量、价格、时间等,以便让投资者了解发行企业的基本情况。此后,投资人与发行人洽谈买卖条件,如果条件可以,则投资人买入融资券,发行人取得资金。

融资券一般采用间接发行。若采用间接发行还要与经纪人协商融资券的有关事项,并签订委托发行协议;经纪人按协议中的有关条件和承销方式,发布公告并进行其他宣传活动;投资者购买融资券,资金存入经纪人账户;经纪人将资金划转,并按协议规定处理未售完的融资券。

(五) 短期融资券筹资的优缺点

1. 短期融资券筹资的优点

(1) 短期融资券筹资的成本低。短期融资券的利率加上发行成本,通常要低于银行的同期贷款利率。但目前我国短期融资券的利率与银行借款利率差别不大,这主要是因为我国短期融资券市场刚刚建立,投资者对短期融资券缺乏了解。随着短期融资券市场的不断完善,短期融资券的利率会更低于银行贷款利率。

(2) 短期融资券筹资能提高企业信誉。由于能在货币市场上发行短期融资券的公司都是著名的大公司,所以,一个公司如果能在货币市场上发行自己的短期融资券,就说明该公司的信誉很好,而且企业今后向银行借款就更容易。短期融资券还可以在银行间债券市场流通转让,流动性较强。

(3) 短期融资券筹资可减轻企业财务工作量。企业发行融资券的规模一般较大，而同样规模的资金量若由银行提供，一般要找数家，且从各家银行借款均要按一定程序进行，手续麻烦、工作量大、费用重复开支，因此采用短期融资券筹资使财务工作量大大减轻，费用还可以降低。

(4) 经纪人有时能提供有价值的建议。发行短期融资券可委托经纪人代理发行，经纪人为顺利销售这些融资券并拿到手续费，往往对企业进行必要的包装宣传，其中也对企业经营管理提供改进意见，由于经纪人面对的是各行各业，且从业人员素质相对较高，许多建议确实有助于企业经营管理的改善，因此对他们的建议必须高度重视。

2. 短期融资券筹资的缺点

(1) 发行短期融资券的条件比较严格。发行短期融资券的企业，必须是信誉好、实力强、效益高的企业，而一些小企业或信誉不太好的企业则不能利用短期融资券来筹集资金。

(2) 在企业出现财务困难时，短期融资券可能难以完成发行任务。短期融资券从申请到批准发行最后收到款项，往往有一段时间，而市场经济条件下的企业因内外环境变化和经营管理不当，可能暂时出现财务困难，计划发行的融资券数量就因此大打折扣。

(3) 到期不能偿还会带来相当严重的后果。短期融资券必须到期还本付息，既不能因企业有闲置资金而提前归还，更不准延期还本付息，否则要影响企业在公众中的良好声誉，严重的将导致企业破产。

第三节　长期债务融资

企业在生产经营中，需要增加长期资本以扩大经营规模，其筹资途径主要有两种：一是增加自有资本的投入，二是长期负债。长期负债是相对于短期负债而言的，是负债的主要组成部分。它是指偿还期在一年或者超过一年的一个营业周期以上的债务。长期负债是企业的一项重要资金来源，在企业的经营决策中具有重要地位。长期债务融资的主要方式有长期借款、发行长期债券和开展融资租赁等。

一、长期借款

长期借款是指企业向银行或其他非银行金融机构借入的使用期超过一年的借款，主要用于购建固定资产和满足长期资金占用的需要。长期借款大多采用分期还本付息的偿还方式，对债权人和债务人都较为有利，因此当企业需求金额较大、期限较长的资金时，可以采用该融资方式。

(一) 长期借款的种类、特征

按提供贷款的机构分类，可分为政策性银行贷款、商业性银行贷款。

所谓政策性银行贷款是指执行国家政策性贷款业务的银行提供的贷款。通常为长期贷款，且一般只贷给国有企业。目前，政策性银行业务不断市场化，带有补贴的、政府指令的政策性业务比重逐步下降，银行自营的开发性业务比重上升，政策性银行逐步实现职能调整和机构转型。

所谓商业性银行贷款是指商业银行以吸收存款为其资金来源，为获取经济利益提供的商业贷款。这是许多企业融资的主要渠道。

长期借贷款具有以下特征:① 期限长于一年;② 企业与银行之间要签订借款合同,合同内容含有对借款企业的具体限制等条款;③ 有规定的借款利率,可固定,亦可随基准利率的变动而变动;④ 主要实行分期偿还方式,一般每期偿还金额相等,当然也有采用到期一次偿还方式。

(二)长期借款的程序

企业申请长期借款,主要按以下基本步骤进行。

1. 提出借款申请

企业申请借款必须符合贷款原则和条件。我国商业银行向企业发放贷款的主要原则是:安全性、流动性、效益性原则。企业申请贷款应具备的条件是:① 独立核算,自负盈亏,有法人资格;② 经营方向和业务范围符合国家产业政策,贷款用途属于银行贷款办法规定的范围;③ 借款企业具有一定的物资财产保证,担保单位具有相应的经济实力;④ 具有偿还贷款的能力;⑤ 财务管理和经济核算制度健全,资金使用效益和企业经济效益良好;⑥ 在银行开立基本账户。只有具备上述条件的企业才能向银行提出申请,陈述借款原因和金额、用款时间和计划、还款期限和方式。

2. 银行审批

银行根据有关政策和贷款条件,对借款企业进行审查,依据审批权限,核准其申请的借款金额和用款计划。银行审查内容包括:① 企业的借款用途是否符合产业政策和金融法规的要求;② 企业的信用状况;③ 企业盈利情况与成长性;④ 借款的担保、抵押与质押情况;⑤ 短期借款的资金流动性,长期借款项目投资的可行性等。

3. 签订借款合同

经银行审核,借款申请批准后,银行与借款公司可就贷款的具体条件签订正式的借款合同,规定贷款的数额、利率、期限和一些保护性条款等。长期借款利率有固定利率和浮动利率两种。若采用固定利率,借贷双方通常会找出一家风险类似于借款企业的其他企业,再以发行期限等于长期贷款期限的债券利率作为参考基准来确定长期贷款利率;若采用浮动利率,借款企业和贷款机构会将长期贷款利率定在超过各年基本利率若干百分点上,当基本利率发生变化时,长期贷款中尚未偿还部分利率也会同比例涨跌。当资金市场利率波动不大,资金供应平稳时企业多采用固定利率。

4. 取得借款

贷款合同签订后,即具有法律效力,企业可在核准的贷款指标范围内,根据用款的计划和实际需求,一次将贷款转入存款结算账户,以便支用。

5. 归还借款

贷款到期时,借款企业可依贷款合同规定,按期偿还借款本金与利息或续签合同。除了分期等额偿还本息外,长期借款的偿还方式还包括:① 定期支付利息,到期一次性偿还本金。采用这种方式企业还款压力大。② 平时逐期偿还小额本金和利息,期末偿还余下的大部分,每次金额依公司的偿还能力和银行的要求综合确定。

(三)长期借款筹资的优点与缺点

1. 长期借款的优点

(1) 融资速度快。企业若发行证券融资,不仅要做发行前的各项准备工作,而且证券发行本身需要一定时间;而银行借款通过双方直接谈判,即可取得其所需资金。因此相对来说,所花时间较短。

(2) 筹资成本低。长期借款利率一般低于债券利率，且利息可在税前支付，使企业可实际少负担利息费用，因而筹资成本低。

(3) 借款弹性较大。长期借款筹资弹性主要表现在企业对借款契约某些条款协商或修改的可能性。借款企业在与贷款机构协商贷款业务时，可就其借款时间、数量、利率直接进行谈判。在借款期间，如果企业情况发生变化，可与银行协商，改变某些借款条款的有关规定。而在发行有价证券筹资方式下，企业想单方面修改某些条款几乎是不可能的。

(4) 具有杠杆作用。无论企业盈利多少，银行只收取固定的利息，而更多的收益归借款企业所有。这样，当企业投资报酬率大于其借款利率时，长期借款能使企业获取超过借款利率的差额利润，提高企业每股净收益。

2. 长期借款的缺点

(1) 财务风险比较高。长期借款必须到期还本付息，当企业经营不景气时，会给企业带来更大的财务困难，甚至可能导致破产。

(2) 限制性条款较多。这有可能使企业在财务管理和生产经营上受到某种程度制约，以致对企业今后的筹资和投资活动产生影响。

(3) 筹资数额受限制。银行一般对长期借款会有上限的限制，无法满足企业生产经营活动大跨度的方向转变和大规模的范围调整等需要的资金。

二、公司债券

公司债券是公司作为债务人为了筹集资金向债权人承诺在未来一定时期还本付息而发行的一种有价证券，是公司负债筹资的方式之一。发行债券主要用途是，一次性筹集大额长期资金用于长期投资或非流动资产的购置。

(一) 债券的基本要素

债券的基本要素是指在发行的债券中必须载明的基本内容，主要包括以下几点。

1. 面值

即债券的票面价值，包括币种和票面金额两个方面的内容。这是债券到期后公司应向债券的持有者偿还的本金数额，也是按期对投资者计算及支付利息的依据。

2. 票面利率

即债券持有者定期获取的利息与债券面值的比率(通常表示为年利率形式)，它提供了投资者计算其投资报酬及公司计算其债券资金成本的依据。常用的利率是固定利率，必要时也可采用浮动利率形式。

3. 偿还期限

即债券自发行日开始至到期日为止的一段时间，在这段时间内，公司应该按照债券发行合同中的有关规定，按期支付债券的利息和本金。

(二) 债券的分类

公司债券可按以下不同标准进行分类。

1. 按债券上是否记名分类

分为记名债券和无记名债券。记名债券，公司只对记名人偿本，持券人凭印鉴支取利息。记名债券的转让，由债券持有人以背书等方式进行，并向发行公司将受让人的姓名或名称载于公司债券存根簿。无记名债券还本付息以债券为凭，一般实行剪票付息。其转让由债券持有人将债券交给受让人后即发挥效力。可见，两种债券在转让上的差别与记名股票、无记名股票相似。

2. 按能否转换分类

分为可转换债券和不可转换债券。可转换债券可以转换为本公司股票，一般来讲，该种债券的利率要低于不可转换债券。按照我国《公司法》的规定，发行可转换债券的主体只限于股份有限公司中的上市公司。若公司债券不能转换为本公司股票，称为不可转换债券。

3. 按有无特定的财产担保分类

分为抵押债券和信用债券。抵押债券又称有担保债券，是指发行公司有特定财产作为担保品的债券。它按担保品的不同，又分为不动产抵押债券、动产抵押债券和抵押信托债券。

抵押信托债券又称质押债券，是指以公司的其他有价证券（如子公司股票或其他债券）作为担保所发行的公司债券。发行抵押信托债券的公司通常要将作为担保品的有价证券委托信托机构（多为信托银行）保管，当公司到期不能偿债时，即由信托机构处理质押的证券并代为偿债，这样就能够更有利地保障投资人的利益。

抵押债券还可以按抵押品的先后担保顺序分为第一抵押债券和第二抵押债券。公司解体清算时，只有在第一抵押债券持有人的债权已获得清偿后，第二抵押债券持有人才有权索偿剩余的财产，因此后者要求的利率相对较高。

信用债券又称无担保债券，是指发行公司没有抵押品担保，完全凭信用发行的债券。这种债券通常是由信誉良好的公司发行，利率一般略高于抵押债券。

4. 按照偿还方式不同分类

分为到期一次债券和分期债券。发行公司于债券到期日一次集中清偿本金的，为到期一次债券。一次发行而分期、分批偿还的债券为分期债券。

5. 按其他特征分类

按照其他特征，还可分为收益债券、附认股权债券、附属信用债券等。

收益债券的特点是，只有当公司获得盈利时才向持券人支付利息。这种债券不会给发行公司带来固定的利息费用，对投资者而言收益较高，但风险也较大。

附认股权债券是附带允许债券持有人按特定价格认购公司股票权利的债券。这种认购股权通常随债券发放，具有与可转换债券类似的属性。附认股权债券与可转换公司债券一样，票面利率通常低于一般公司债券。

附属信用债券是当公司清偿债务时，受偿权排列顺序后于其他债券的债券。这种债券的利率高于一般债券。

（三）债券的发行价格

公司债券的发行价格是发行公司发行债券时所使用的价格，有平价发行、折价发行和溢价发行三种。我国采取平价和溢价发行。债券发行价格计算的一般公式如(5.1)式：

$$\text{债券发行价格}=\frac{\text{债券面额}}{(1+\text{市场利率})^n}+\sum_{t=1}^{n}\frac{\text{债券面额}\times\text{票面利率}}{(1+\text{市场利率})^t} \tag{5.1}$$

式中，n 为债券期限；t 为付息期；市场利率为债券发售时的市场利率。

由(5.1)式可以看出，影响债券发行价格主要有债券面额、票面利率、债券期限和市场利率四个因素。其中前三个因素由发行公司作出决议，债券面额、票面利率越高，债券发行价格越高；债券期限越长，债权人风险越大，其所要求利息报酬越高，发行价格可能就越低，反之就越高。只有市场利率在发行公司控制范围之外，并且正是由于市场利率的经常变化，使之与票面利率不一致，债券才可能按溢价或折价来发行。

［**例 5－1**］　某公司发行票面价值 1 000 元、票面年利率 10%、期限 10 年的债券，每年末付息一次。其发行价格可分如下三种情况：

(1) 当市场利率为 10%，债券的票面利率与市场利率完全一致时，为平价发行。其发行价格计算如下：

$$债券发行价格=\frac{1\,000}{(1+10\%)^{10}}+\sum_{t=1}^{10}\frac{100}{(1+10\%)^{t}}=1\,000(元)$$

(2) 当市场利率为 8%，债券的票面利率高于其市场利率时，为溢价(时价)发行，其发行价格计算如下：

$$债券发行价格=\frac{1\,000}{(1+8\%)^{10}}+\sum_{t=1}^{10}\frac{100}{(1+8\%)^{t}}=1\,134(元)$$

(3) 当市场利率为 12%，债券的票面利率低于其市场利率时，为折价发行，其发行价格计算如下：

$$债券发行价格=\frac{1\,000}{(1+12\%)^{10}}+\sum_{t=1}^{10}\frac{100}{(1+12\%)^{t}}=886(元)$$

(四) 债券的信用评级

债券的信用评级是指由独立的信用评估机构对该批债券的偿债能力及违约可能性所作出的评价。这些评估机构一般用简单的记号或说明来反映债券按合同还本付息的可靠程度，即债券的信用等级。当然，不同的评估机构所使用的符号可能会有所不同，但其基本内容是相似的，以美国的标准普尔公司(Standard & Poor's Corporation)为例，其对债券的信用等级划分和评价如表 5－1 所示。

表 5－1　美国标准普尔公司对债券信用等级的划分

高级	AAA	最高质量等级债券，具有非常强的还本付息能力
	AA	高级债券，具有较强的还本付息能力，但不如 AAA
中级	A	具有较好的投资特征，但对某些不利的经济变化可能会比较敏感
	BBB	有足够的还本付息能力，但在不利的经济条件下可能会缺乏保障
投机	BB	偿付本息的能力一般，对长期支付能力的保证程度不足
	B	
拖欠	CCC	较低级的债券，有失信的可能
	CC	高度投机性的债券，经常失信或有明显的不足
	C	无利息的收益债券
	DDD	发债公司有失信记录，而且目前尚拖欠本金或利息
	DD	
	D	

债券评级时所进行的相关分析主要包括：① 产业分析，主要判断该发行公司所属产业的发展前景（上升或衰退）、对经济环境的适应能力（稳定或敏感），以及产业内部的竞争激烈程度和发行债券公司的竞争地位等；② 财务分析，主要是以发行债券公司的财务数据为基础，对其偿债能力等进行全面的定量分析；③ 契约分析，主要是分析发行债券公司与债券持有者之间签订的信托契约，尤其是对其中的限制性条款和债券优先次序条款等应保持严密的关注。另外，还关注企业高层管理者的素质与公司治理情况。

发行债券公司申请进行债券的信用评级是非常重要的（公开发行公司债券，应当委托具有从事服务业资格的资信评级机构进行信用评级，债券信用评级要达到 AAA 级），其原因在于：① 债券只有经过信用评级，才能够获得投资者起码的信任，同时，也便于投资者对债券的风险有一个相对准确的评价，并根据自己的要求有目的地选择准备投资的债券。② 债券的信用等级直接影响着公司的举债成本，信用等级越高，意味着债券的安全性越好，投资者面临的风险也就越小，其要求的报酬率也必然会随之下降，相应地，公司的融资成本也就随之降低。③ 债券的信用等级直接影响着公司的筹资能力。信用等级越高，购买债券的投资者也就越多（尤其是基金等投资机构购买的债券，法律上对这些债券的信用等级往往有着严格的规定），公司的筹资能力也就越强。

（五）债券筹资的优缺点

1. 债券筹资的优点

与其他长期负债筹资方式相比，债券筹资的优点有：

（1）资金成本较低。经营期间公司债的利息费用属于正常的财务费用，允许在公司税前成本中列支，使公司相应少交所得税，从而在一定程度上降低了公司的实际筹资成本。

（2）能充分利用财务杠杆。一方面债券筹资获得的是一次长期债务资金，公司可相应对其作长期的投资安排，以获取持久的投资收益。只要公司投资报酬率大于其债券利率，债券持有者获得固定利率后，剩余部分归公司所有者拥有，或者分配给股东，或者留归公司以后扩大生产经营活动之用。

（3）可保证公司原有股东对企业的控制权。因为债券投资者只能定期从公司获取固定的利息收益，无权参与公司经营管理。这样公司既筹得长期资金，又不失去对公司的控制权。

（4）更具有灵活性。债券筹资相对于长期借款来讲更具有灵活性，这是因为公司对于债券发行的面值、价格、利率、偿还期等，可根据公司自身和当时市场实际情况决定。如在市场利率较高时，可发行较短期的债券，以供公司短期资金之需。待市场利率下跌后，按期收回或按约定提前赎回债券，再发行一种较低利率的长期债券。当市场利率较低，对公司筹资有利时，发行长期债券，以使公司在以后市场利率上升时不受影响，并保证资金的长期使用。

2. 债券筹资的缺点

（1）财务风险较高。因为债券筹资和长期借款筹资一样，需要到期还本付息，这样，当公司不景气时，特别是资金利润率大大低于其债券利率水平时，会给企业带来沉重的财务负担，甚至导致公司破产。若采取定期还本付息，要求公司定期在财务的资金调度上准备充分的现金流出，加重了对公司资金平衡的难度。

（2）限制条款较多。发行债券的限制性条款比短期借款、租赁筹资严格得多。如发行人最近三个会计年度实现的年均可分配利润不少于债券一年利息的 1.5 倍等。这就限制了公司财务应有的灵活性，影响公司的筹资能力。

三、租赁

（一）租赁的种类及特点

租赁是指在一定期间内，出租人将资产的使用权让与承租人以获取对价合约。具体来说，是指在契约或合同规定的期限内，出租人将其资产租让给承租人使用，同时获取一定的租金。出租人是资产的所有者，承租人是资产的使用者，二者发生了分离。根据《企业会计准则第21号——租赁修订》及其应用指南，出租人租赁分为经营租赁和融资租赁。

1. 经营租赁

经营租赁又称营业租赁或服务租赁，其基本特点在于：① 租赁期限较短，一般在1年以内；② 在符合约定的条件下，承租人有权在租赁期间提前解除租约；③ 租赁期满后，租赁资产由出租人收回；④ 出租人负责租赁资产的维修、保养和管理；⑤ 与租赁资产所有权有关的风险和报酬归属于出租人。

2. 融资租赁

融资租赁又称资本租赁或财务租赁，其基本特点在于：① 租赁期限较长，一般在1年以上或大于租赁资产经济寿命期的75%；② 租赁合同不能因一方提出要求而随意撤销；③ 租赁期满后，租赁资产的所有权通常归承租人或者由承租人拥有优先选择权，即有权选择续租、退还出租人或不低于租赁资产公平市价的价格购进；④ 租赁资产的维修、保养和管理由承租人负责；⑤ 承租人负责对租赁资产及其供应商进行选择，并负责租赁资产的检验等相关事宜，出租人负责出资购买承租人所需要的资产，并出租给承租人。与租赁资产所有权有关的风险和报酬归属于承租人，出租人几乎可以通过一次租赁就足以弥补租赁资产的成本并获取正常收益，而承租人则实际上是以租金的形式分期付款购买了所需要的资产。

（二）长期租赁的形式

从承租人（融资方）看，租赁不再区分为经营租赁和融资租赁，但可区分为短期租赁与长期租赁，短期租赁是指租赁期不超过一年的租赁，但包含购买选择权的租赁不属于短期租赁。租赁一般多为长期租赁，对承租人来说，长期租赁具有长期债务融资的性质，对所有长期租赁均确认使用权资产和租赁负债。长期租赁又可分为直接租赁、售后租赁和杠杆租赁等。

1. 直接租赁

直接租赁是一种购进租出的做法，即由出租人融资向制造厂商支付货款，购进租赁资产后直接租让给用户使用。直接租赁一般由两个合同构成。① 出租人与承租人签订的租赁合同。② 出租人按承租人的要求，与制造厂商签订的购货合同。

直接租赁是融资性租赁中最为普通的一种，其主要特点是省时、省事、手续简便。

2. 售后租赁

售后租赁又称先卖后租或回租，即指企业先将自己拥有的某项资产卖给出租人，然后再将资产租回使用。这是一种融资策略，实质是一种资产抵押的按揭贷款。

在回租业务中，承租人虽然丧失了回租资产的所有权，但仍可以继续使用回租资产。当然，承租人必须支付租金。

回租方式可以解决企业在筹资上遇到的困难，改善其财务状况。

3. 杠杆租赁

杠杆租赁实际上是一种担保贷款租赁方式。这种方式一般涉及承租人、出租人和贷款机构三方当事人。从承租程序看，与其他形式基本相同。所不同的是，对于出租人而言，出租人只垫支购置资产所需现金的一部分(一般为20%～40%)，其余部分以资产为担保向贷款机构借入款项支付。因此，在这种情况下，出租人既是资产的出借人，同时又是贷款的借入人，通过租赁既要收取租金，又要支付债务。由于租赁收益大于借款成本，出租人借此而获得财务杠杆利益，因此，这种租赁形式被称为杠杆租赁。杠杆租赁通常适用于投资数额大、使用期限长的资产租赁。

（三）长期租赁租金的计算

1. 租金的构成

从出租人角度，为购置租赁资产需要支付一定的代价，并以此来取得收益。这些代价或收益都需要通过租金收入来补偿或取得。因此租金的构成主要包括：① 租赁资产的购置成本，包括租赁资产买价、运杂费和途中保险费；② 利息，即出租人为承租人购置租赁资产而应计的利息；③ 租赁手续费，即出租人办理相关租赁业务的营业费用和利润等。

2. 租金的计算

在我国租赁实务中，租金一般采用平均分摊法与等额年金法来计算。

(1) 平均分摊法

平均分摊法是指按事先确定的利息率和手续费率计算租赁期间的利息和手续费总额，然后连同租赁资产成本按支付次数进行平均。这种方法不考虑时间价值因素，计算较为简单，适用于短期租赁和低价值资产租赁。计算公式为：

$$\text{每年支付租金}=\frac{\text{租赁资产成本}+\text{租期内利息}+\text{租赁手续费}}{\text{租期}} \tag{5.2}$$

[例5-2] 某企业2021年1月向租赁公司租入设备一套，价值为5万元。租期为5年，租期年复利率为10%，租赁手续费率为设备价值的4%。租金为每年末支付一次，则该设备每年支付的租金为：

租期内利息$=50\,000\times(1+10\%)^5-50\,000=30\,550$(元)

租期内手续费$=50\,000\times4\%=2\,000$ (元)

每年支付租金$=(50\,000+30\,550+2\,000)/5=16\,510$(元)

(2) 等额年金法

等额年金法是将利息率与手续费率综合成贴现率，运用年金现值方法计算确定的每年应付租金，适用于长期租赁。其计算公式为：

$$\text{每年支付租金}=\frac{\text{等额租金现值总额}}{\text{等额租金的现值系数}} \tag{5.3}$$

具体又分为以下三种情况。

① 后付租金

在我国，承租企业与出租公司商定的租金支付方式，大多是租金于每年年末支付一次(假定租赁行为在年初发生)，而且每期数额相等，即后付等额年金。我们知道，后付年金现值的计算公式为：

$$P=A(P/A,i,n)$$

$$A=\frac{P}{(P/A,i,n)} \tag{5.4}$$

式中，A 为年金，即每年年末等额支付额；P 为年金现值；$(P/A,i,n)$为年金现值系数。

［**例 5－3**］　某公司采用融资性租赁方式于 2021 年 1 月 1 日从一家租赁公司租入一台设备，设备价款 50 000 元，租期 5 年，到期后设备归企业所有，租赁期间要求的年利率为 10%，租金于每年年末等额支付。则公司每年年末应支付的租金额为：

$$A=\frac{50\,000}{(P/A,10\%,5)}=\frac{50\,000}{3.790\,8}=13\,190(\text{元})$$

为了便于有计划地安排租金的支付，承租企业可编制租金摊销计划表。现根据例 5－3 的有关资料编制计划表，详见表 5－2。

表 5－2　租金摊销计划表　　单位：元

日　　期 （年、月、日）	支付租金 (1)	应计租费 (2)＝(4)×10%	本金减少 (3)＝(1)－(2)	应还本金 (4)
2021－01－01	—	—	—	50 000
2021－12－31	13 190	5 000	8 190	41 810
2022－12－31	13 190	4 181	9 009	32 801
2023－12－31	13 190	3 280	9 910	22 891
2024－12－31	13 190	2 289	10 901	11 990
2025－12－31	13 190	1 200	11 990	0
合　　计	65 950	15 950	50 000	—

② 即付租金

承租企业有时可能会与出租公司商定预付方式支付等额年金，即每年租金支付发生在年初而不是在年末（假定年初租赁行为发生时，即刻就付第一笔租金）。即付年金现值的计算公式为：

$$P=A(P/A,i,n)(1+i)$$

$$A=\frac{P}{(P/A,i,n)(1+i)} \tag{5.5}$$

沿用例 5－3 资料，若采用即付等额租金方式，则每年年初支付的租金额为：

$$A=\frac{50\,000}{3.791(1+10\%)}=11\,990.41(\text{元})$$

③ 递延租金

在租赁的设备中，有许多需要安装调试，而并非一经租入即可投入使用。为此，承租企业和租赁公司往往商定，在租期内的前 m 年承租企业不付租金，而在以后各年年末等额支付全部租金。我们知道，递延年金现值的计算公式为：

$$P=A[(P/A,i,m+n)-(P/A,i,m)]$$

$$A=\frac{P}{[(P/A,i,m+n)-(P/A,i,m)]} \tag{5.6}$$

仍然以例 5－3 的资料为据，并假设租赁双方商定第 1 年不付租金，从第 2 年到第 5 年末分 4 次等额支付，则每年末应付租金额为：

$$A=\frac{50\ 000}{[(P/A,10\%,1+4)-(P/A,10\%,1)]}=\frac{50\ 000}{3.791-0.909}=17\ 349.06(元)$$

（四）租赁业务的一般程序

租赁业务因具有融资与融物的双重性质，其业务程序要比一般信贷业务程序复杂。根据国内几家较大的中外合资租赁公司的做法，租赁的业务程序从开始到结束一般分为以下几个阶段。

1. 租赁业务准备阶段

当企业决定采取租赁方式进行固定资产投资时，首先要进行新建项目或技改项目的可行性研究，并报经有权批准的部门批准立项后，做好以下三个方面的选择：

（1）设备租赁方式的选择。企业在资金比较缺乏而又必须进行较大固定资产投资的情况下，选择租赁方式可能比较适宜。

（2）设备来源的选择。一般情况下，企业为提高产品竞争能力，会选择不能替代的先进的品牌设备。

（3）租赁公司的选择。这是办理租赁业务的关键。企业要在多家租赁公司之间进行比较，详细了解各公司经营租赁业务的资格、经营的范围、经营的能力、资信状况、融资融物条件等情况，选择一家符合自己需要的、最为优惠的租赁公司进行租赁业务委托。

2. 提出委托租赁阶段

企业根据自己的需要，确定委托租赁的技术、设备，向租赁公司递交下列文件，提出租赁委托：

（1）租赁申请书。承租人按申请书中要求填写有关内容，包括投资项目、投资金额和预测的项目经济效益情况等。

（2）项目建议书和按国家规定的审批单位准许纳入计划的文件。

（3）可行性研究报告或设计任务书，有权批准项目立项部门的批件。

（4）还款计划落实证明文件。

（5）经认可的担保单位出具的对承租人履行租赁合同给予担保的不可撤销的担保函。

（6）承租企业的工商登记证明文件（如营业执照等），以及承租企业的有关财务报表。

（7）其他所需有关资料和证明文件。

3. 审查受理阶段

租赁机构接到承租人的申请，对所交材料进行认真审查，对项目进行审核调查和咨询旁证，对项目的效益、企业还款能力和担保人担保资格等进行审定，确认和同意后，内部立项并对外正式接受委托。

4. 业务洽谈，签订合同阶段

选定租赁项目后，出租人应会同承租人与设备供应商进行技术和商务谈判。有关技术交流、设备选型、技术维修服务等方面的洽谈以承租人为主，商务方面以出租人为主。谈妥条件后，由出租人作为买方会同承租人与卖方共同签订购货合同。与此同时，出租人与承租人最后商定租赁条件，包括租金、租期和租赁费率等，最后签订租赁合同，并由担保人确定担保。

5. 履行合同阶段

(1) 支付租赁物件价款。若购货合同是由出租人与供货人签订的，价款由出租人直接划付给供货人；若购货合同是由承租人与供货人签订的，价款由出租人先划给承租人再转付给供货人。

(2) 租赁物件的验收。由承租人指定交货地点并负责调试验收，承租人应对各租赁物件的主要性能进行重点测试，确保租赁物件的质量。

(3) 承租人开出租赁物件收据。验收完毕，承租人要开出租赁物件验收收据，连同原始发票一并交给出租人。

(4) 承租人取得租赁物件的使用权并按起租通知书规定的时间交付租金。

出租人收到承租人开出的租赁物件收据及原始发票后，应按实付租赁物件总成本及每期租金金额，开具起租通知书通知承租人，从起租日起承租人即取得租赁设备的使用权，并按起租通知书规定时间交付租金。

6. 租赁物件在租赁期满后的处理

租赁期满，承租人付清租金及有关手续费后，对租赁物件可以按合同规定条款续租、退租或交付产权转让费后留购。

(五) 租赁的优缺点

1. 租赁的优点

(1) 提高经营效率

迅速获得所需资产。由于租赁的特点是融资与融物同时进行，这使租赁与举债相比，能够更快地获得所需资产，从而早日形成生产能力，提高企业的经营效率。

限制条款少。租赁合同中虽然也有一些限制条款，但与其他长期负债融资方式相比，要少得多，这同样会提高企业的经营效率。

(2) 降低经营风险和财务风险

承租人可以免遭租赁资产陈旧过时的风险，因为租赁合同中一般规定由出租人承担这种风险。

破产风险降低。这是因为租金在整个租赁期间分摊，从而降低了企业不能偿付到期债务的风险；另外就租赁来说，即使公司无力支付租金，根据租赁合同，出租人一般也只能是将租赁资产收回，与长期借款和债券融资相比，这不会导致公司陷入破产危机。

(3) 带来节税收益

租赁费用在税前列支，这给公司带来一定的节税收益。

2. 租赁的缺点

一般来说，租赁费率要高于债券利率。公司经营不景气时，租金支出将是一项沉重的财务负担。如果租赁合同中规定承租人不能享有租赁资产的残值，则这将表现为承租人的一项机会成本。

企业除了上述长期融资方式以外，还可以通过发行期限不超过5年的中期票据的方式融资，有关中期票据的发行主体与发行程序等问题与前面讲述的短期融资券基本相同，不再赘述。

本章小结

从理财角度看，资本按来源和性质不同划分为自有资本和负债资本。企业负债是指企业承担的能够以货币计量、需要以资产或劳务偿付的债务。债务融资是解决企业资金不足的必不可少的方式。企业债务尽管形式较多，但根据偿付期的长短，可分为短期债务融资和长期债务融资两类。

短期债务融资是企业融资管理的重要组成部分。其主要渠道是银行信贷资金和其他企业的经营资金。它按照来源和特点的不同分为商业信用、短期借款和短期融资券等。商业信用是指商品交易中由于延期付款或预收货款所形成的企业与企业间的借贷关系。其主要表现形式有应付账款、应付票据和预收账款等。短期借款，即企业向银行或非银行金融机构借入的期限在一年以内的借款。按照利息支付方法不同，分为收款法借款、贴现法借款和加息法借款。短期融资券是一种由规模大、名声响、信誉卓著的企业在银行间债券市场发行的直接债务融资工具，是一种新兴的筹集短期资金的方式。企业在生产经营中，需要增加长期资本以扩大经营规模，其中长期负债是企业的一项重要资金来源，在企业的经营决策中具有重要地位。长期债务融资的主要方式有长期借款、长期债券、融资租赁等。

长期借款是指企业向银行或其他非银行金融机构借入的使用期超过一年的借款，主要用于购建固定资产和满足长期资金占用的需要。长期借款大多采用分期还本付息的偿还方式，对债权人和债务人都较为有利。债券是企业作为债务人为了筹集资金向债权人承诺在未来一定时期还本付息而发行的一种有价证券，是企业负债筹资主要方式之一。发行债券主要目的是一次性筹集大额长期资金。债券的发行价格是发行公司发行债券时所使用的价格，有平价发行、折价发行和溢价发行三种。租赁是融资行为与融物行为的结合，租赁一般为长期租赁，属于长期债务融资，其形式可分为直接租赁、售后租赁和杠杆租赁三种。在我国租赁实务中，租赁的年租金一般采用平均分摊法与等额年金法来计算。

复习思考题　封底扫码查看参考答案

简答题

1. 根据偿付金额是否可以确定，流动负债分为哪几种形式？
2. 商业信用的表现形式有哪些？
3. 企业如何确定是否应享有现金折扣，以及如何确定，何时付款？
4. 商业信用筹资的优缺点有哪些？
5. 短期借款中贴现法借款和加息法借款的实际利率如何确定？
6. 短期借款中的信用条件有哪些？
7. 短期融资券的发行条件是什么？
8. 长期借款筹资的优缺点有哪些？
9. 如何确定债券发行价格？

10. 长期租赁有哪些形式？

11. 如何计算租赁的租金？

计算题

1. 某企业从银行取得借款 200 万元，期限为 6 个月，年名义利率 8%，假定年贴现率等于年名义利率，分别按收款法和贴现法计算该借款的实际利率。

2. 某公司拟采购一批零件，供应商提供的信用条件如下：① 立即付款，价格为 9 630 元；② 30 天内付款，价格为 9 750 元；③ 31 天至 60 天内付款，价格为 9 870 元；④ 61 天至 90 天内付款，价格为 10 000 元。

假设企业资金不足，可向银行借入短期借款，银行短期借款利率为 10%，每年按 360 天计算，公司不违背商业信用。计算放弃现金折扣的成本，并选择付款日期。

3. 某公司拟发行一种面额 500 元，年利率 10%，期限 5 年的债券。若市场利率为年利率 8%（采用复利方式计算）。

要求：(1) 计算到期一次还本付息方式下的发行价格；

(2) 计算本金到期一次偿还，利息每年末支付一次方式下的发行价格；

(3) 计算本金到期一次偿还，利息每半年支付一次方式下的发行价格。

4. 某企业年初向租赁公司租赁一套设备，设备原价 600 万元，租赁期 5 年，预计 5 年后设备残值为 20 万元。每年年末支付租金，出租人为承租人购置设备融资而应计提的年利息按 6%复利计算，租赁手续费为设备原价的 4%，采用平均分摊法计算每年应付租金。如果租赁公司要求的年利率为 8%，采用等额年金法计算每年应付租金，根据等额年金法编制"租金摊销计划表"。

E—阅读：《公司债券发行与交易管理办法》修订说明

《公司债券发行与交易管理办法》

第六章　杠杆作用与资本结构

在财务管理中，经营杠杆和财务杠杆是两个重要的概念，这两种杠杆都与企业的风险和收益相关联，是资本结构决策的重要内容。

企业在筹资时有众多的资本结构供选择，资本结构会影响公司资本成本，从而影响股东的收益和企业价值，它不仅是实务领域的重大问题，也是财务管理理论领域长期以来研究的热点。因此，在财务管理中资本结构管理具有十分重要的现实意义。

本章主要讨论：杠杆作用与风险；资本结构的基本理论；资本结构决策的基本方法。

第一节　杠杆作用与风险

企业资本结构的决定，不仅受到负债所引起的财务风险的影响，也受到企业经营风险的影响。它们是决定企业资本结构的两个基本因素。

自然科学中的杠杆作用，是指通过杠杆的使用，只用一个比较小的力量便可产生更大的效果。财务管理中的杠杆作用，则是指由于固定费用，包括生产经营方面的固定费用和财务方面的固定费用的存在，当业务量发生比较小的变化时，会对经营成果产生放大作用，这两种杠杆效应都与企业的风险和收益相关联，也是资本结构问题的重要内容。

一、经营杠杆与经营风险

（一）经营杠杆

在其他条件不变的情况下，产销量的增加虽然一般不会改变固定成本总额，但会降低单位产品所分摊的固定成本，从而提高单位产品的利润水平，使息税前利润的增长率大于产销量的增长率。反之，产销量的减少会提高单位产品所分摊的固定成本，从而降低单位产品的利润水平，使息税前利润下降率也大于产销量下降率。如果不存在固定成本，所有成本都是变动的，那么边际贡献就是息税前利润，这时息税前利润变动率就同产销量变动率完全一致。这种由于存在固定成本而造成的息税前利润变动率大于产销量变动率的现象，就是经营杠杆或营业杠杆（operating leverage）。现以表 6 - 1 予以说明。

表 6-1　经营杠杆作用分析表　　单位：元

	产销量变动前	产销量变动后	变动额	变动率(%)
销售额	20 000	22 000	2 000	10
变动成本	12 000	13 200	1 200	10
边际贡献	8 000	8 800	800	10
固定成本	6 000	6 000	—	—
息税前利润	2 000	2 800	800	40

注：表中变动成本率为 60%。

由表 6-1 可知，在一定的销售规模内，固定成本保持不变的条件下，随着销售的增长，息税前利润以更快的速度增长，从而获得经营杠杆利益。

（二）经营风险

经营风险又称商业风险(business risk)，是指由于企业经营上的原因造成息税前利润波动的风险。通常用预期息税前利润的标准离差率来度量。经营风险是由公司的经营决策(投资决策)所决定的，即公司的资产结构决定了它所面临的经营风险的大小。经营风险又与公司的经营杠杆有关，经营杠杆扩大了市场和生产等不确定因素对利润的影响。经营杠杆作用越大，利润变动越激烈，企业的经营风险就越大。

影响经营风险的因素主要有产品需求的变化、市场竞争程度、经营杠杆、发展前景等。表 6-2 列举了一些影响经营风险的因素。

表 6-2　经营风险的影响因素

1. 产品需求的变化	经济和市场环境的变化是否会引起产品需求大幅度的变化？
2. 市场竞争程度	公司产品的市场竞争力及份额如何？
3. 产品成本	公司产品成本稳定性如何？
4. 产品价格	公司产品价格稳定性如何？
5. 经营杠杆	公司固定成本是否比较高？
6. 发展前景	公司产品市场扩展是否会引起预期收益的大幅度波动？

1. 产品需求的变化

该因素主要取决于市场需求变动及企业销售对市场需求变动的敏感性。在不考虑其他因素变动的条件下，市场对企业产品的需求越稳定，产品需求弹性越小，则经营风险越低；反之，企业销售状况对经济波动和市场需求环境变化的反应越敏感，则经营风险越高。

2. 市场竞争程度

企业的市场环境竞争能力越强，拥有的市场份额越大，企业的经营风险越小；反之，市场的竞争对手具有较强的竞争实力，保持着较大的市场份额，则企业的经营风险就越大。

3. 产品成本

在生产经营中，原材料、燃料和动力、人工等投入的费用价格较稳定，会保持变动成本和企业收益的稳定性，使经营风险较低；反之，在生产经营中，投入的费用价格不稳定，会造成变动成本和企业收益的变动，使经营风险加剧。

4. 产品价格

在同类产品竞争的条件下，如果能保持相对稳定的销售价格，或者具有较强的价格调整能力，企业承受的经营风险就相对较小；反之，在同类产品竞争的条件下，销售价格不稳定或价格调整能力较差，企业的收益就不稳定，经营风险较大。

5. 经营杠杆

此因素主要是指固定经营成本比重的高低。因为固定成本占总成本比例决定了经营杠杆作用，固定成本占总成本比例越高，从事生产经营活动和获取收益的能力越强，经营杠杆作用越大；但是一旦市场需求下降，产销量减少，这部分固定成本不能随之减少，使企业承受的损失也越大，因而经营风险就越高。反之，固定成本占总成本的比例越低，企业经受经营杠杆作用的冲击也越小，经营风险也越低。

6. 发展前景

企业产品市场具有较大的发展空间，企业所进行的市场扩展，会导致预期收益的大幅度波动，使经营风险加剧。

以上因素对经营风险的作用因行业差异而各异。经营风险的高低直接制约着企业的筹资能力和发展前景。企业的管理者必须采取有效措施，诸如调整市场销售策略以稳定销售量和价格等，把经营风险控制在一定程度内。因为一旦企业的经营风险不可控制，就会危及企业的生存。在控制经营风险的各种策略中，合理地调整经营杠杆是十分有效的措施。

（三）经营杠杆的衡量

只要企业存在固定经营成本，就存在经营杠杆作用。但不同企业，经营杠杆作用的程度不同，为此，需要对经营杠杆进行计量，以衡量企业经营杠杆作用程度的大小。对经营杠杆进行度量的指标是经营杠杆系数，也称为经营杠杆度。所谓经营杠杆系数，是指息税前利润变动率相当于产销额（产销量）变动率的倍数。其计算公式为：

$$DOL = \frac{\Delta EBIT/EBIT}{\Delta S/S} \tag{6.1}$$

式中，DOL 为经营杠杆系数；$EBIT$ 为息税前利润；S 为销售额；$\Delta EBIT$ 为息税前利润变动额；ΔS 为销售变动额。

为了便于计算，可将(6.1)式作如下变换：

$$EBIT = Q(P-V)-F$$

$$\Delta EBIT = \Delta Q(P-V)$$

$$DOL = \frac{Q(P-V)}{Q(P-V)-F} \tag{6.2}$$

式中，DOL 为按销售量确定的经营杠杆系数；Q 为销售数量；P 为销售单价；V 为单位产品的变动成本；F 为固定成本总额。

或

$$DOL = \frac{S-VC}{S-VC-F} \tag{6.3}$$

式中，DOL 为按销售额确定的经营杠杆系数；VC 为变动成本总额。

或

$$DOL = \frac{M}{M-F} \tag{6.4}$$

式中,M 为边际贡献。

[**例 6-1**]　以表 6-1 的资料,计算其相应的经营杠杆系数。

$$DOL=\frac{20\,000-12\,000}{20\,000-12\,000-6\,000}=4$$

或
$$DOL=\frac{40\%}{10\%}=4$$

(四) 经营杠杆系数的作用

由经营杠杆的原理可知,当企业产销量增加时,息税前利润将以 DOL 倍的幅度增加;而当企业产销量减少时,息税前利润将以 DOL 倍的幅度减少。可见,经营杠杆扩大了市场和生产等不确定因素对利润变动的影响。而且,经营杠杆系数越高,经营利润变动越激烈,企业的经营风险就越大。所以,企业经营风险的大小和经营杠杆有着重要关系。

(1) 在固定经营成本不变的情况下,经营杠杆系数反映了业务量变动引起息税前利润变动的幅度。如例 6-1 中,$DOL=4$,说明销售额的增减变动会引起息税前利润 4 倍的增减变动。

(2) 经营杠杆度反映了企业所面临的经营风险。在盈利且固定经营成本不变的情况下,销售额越小,经营杠杆系数越大,经营利润对业务量的变动越敏感,经营风险越大;反之,销售额越大,经营杠杆系数越小,经营风险越小。如例 6-1 中,在销售额为 20 000 时,经营杠杆系数为 4;如果销售额增长为 22 000 元时,经营杠杆系数下降到 3.14①。显然,后者经营利润对销售收入的变动敏感性减弱,经营风险降低。

(3) 当销售额处于盈亏临界点的前阶段,经营杠杆系数随销售额的增加而递增;当销售额处于盈亏临界点的后阶段,经营杠杆系数随销售额的增加而递减;当销售额达到盈亏临界点时,经营杠杆系数趋近于无穷大(因为此时经营杠杆系数计算公式的分母为零),此时企业在保本的状态下经营,利润对销售量的变动极敏感,销售量的微小变动,便会使企业出现盈利或亏损,经营风险极高。

(4) 在同等营业额条件下,固定经营成本比重越高的企业,其经营杠杆度越高,经营风险越大;反之,固定经营成本比重较低的企业,其经营杠杆的作用也较低,经营风险较小。

(5) 息税前利润的标准离差,随着经营杠杆系数上升而增加,表明公司经营风险的加大。因经营环境和经营策略改变而引起的经营风险状况,通常可以用息税前利润的标准离差来描述。经营风险越高,则息税前利润的标准离差越高,经营杠杆系数也越高;反之,经营风险越低,息税前利润的标准离差越低,经营杠杆系数也越低。

企业一般可以通过增加业务量、降低产品单位变动成本、降低固定经营成本比重等措施使经营杠杆度下降,从而降低经营风险。

二、财务杠杆与财务风险

(一) 财务杠杆

企业长期债务的利息和优先股的股息每年通常是固定的,并不随企业经营利润的变化而变化。当息税前利润增加时,每一元盈余所负担的固定财务成本或固定财务费用相应减

① $DOL=(22\,000-13\,200)/(22\,000-13\,200-6\,000)=3.14$。

少,普通股的收益就会较大幅度增加;反之,当息税前利润减少时,每一元盈余所负担的固定财务成本相应增加,普通股的收益就会随之更大幅度减少。这种由于固定财务成本的存在,使普通股每股收益的变动幅度大于息税前利润变动幅度的现象,就是财务杠杆(financial leverage)。下面举例加以说明。

[**例 6-2**] *A*、*B* 两家公司的资本结构(假定只考虑股本与有息债务)、普通股每股收益及其他资料如表 6-3 所示。

表 6-3 *A*、*B* 公司资料 单位:元

项　目	*A* 公司	*B* 公司
股本	400 000	200 000
发行在外股数(股)	400 000	200 000
债务(利息率为 6%)	0	200 000
资本总额	400 000	400 000
息税前利润	400 000	400 000
债务利息	0	12 000
税前利润	400 000	388 000
所得税(税率为 25%)	100 000	97 000
税后利润	300 000	291 000
每股收益	0.750	1.455
息税前利润增长率(%)	10	10
增长后的息税前利润	440 000	440 000
债务利息	0	12 000
税前利润	440 000	428 000
所得税(税率为 25%)	110 000	107 000
税后利润	330 000	321 000
每股收益	0.825	1.605
每股收益增长额	0.075	0.15
每股收益增长率(%)	10.000	10.310

可见,在表 6-3 中,*A*、*B* 两个公司的资本总额相等,息税前利润和息税前利润增长率也相等,但两家公司的资本结构不同,*A* 公司全部资本都是普通股,没有负债;*B* 公司的资本中普通股与负债各占 50%。在息税前利润都增长 10%的情况下,*A* 公司每股收益增长幅度与息税前利润相同,也为 10%;而 *B* 公司每股收益却增长了 10.31%,高于息税前利润的增长率,也高于 *A* 公司,这就是财务杠杆作用带来的利益;当然,如果息税前利润下降 10%,*A* 公司每股收益仍下降 10%;*B* 公司每股收益的下降幅度将大于息税前利润,为 10.31%,这就是财务杠杆的作用带来的损失。可见,*B* 公司由于利用了负债,使其普通股的收益随经营利润的变动而产生更大幅度变动,这就是利用财务杠杆的影响作用。

(二) 财务风险

财务风险(financial risk)也称筹资风险,是指企业为取得财务杠杆利益而利用债务资本时,增加了破产机会或普通股盈余大幅度变动的机会所带来的风险。企业为取得财务杠杆利益,就要增加负债,一旦企业息税前利润下降,不足以补偿固定利息支出,企业的每股收益下降

得更快，甚至会引起企业破产。财务风险是公司筹资决策的结果。以下举例说明。

表 6-4　*C*、*D* 公司资本结构与财务风险　　单位：元

项　　目	*C* 公司	*D* 公司
普通股	400 000	200 000
债务(利息率 6%)	0	200 000
资本总额	400 000	400 000
预期息税前利润	40 000	40 000
实际息税前利润	8 000	8 000
债务利息	0	12 000
税前利润	8 000	−4 000

从表 6-4 中可以看出，*C* 公司没有负债，就没有财务风险；*D* 公司有负债，当息税前利润比计划减少时，就有了比较大的财务风险，企业如果不能及时扭亏为盈，将可能引起企业破产。

影响财务风险的因素主要有以下几种。

1. 资本供求的变化

资本市场资本供求的变化，会引起企业资本需求及投资规模的变化，从而使企业股东收益变得不确定，加剧了企业的财务风险。企业通过资本市场取得资金的渠道越多，筹资越顺利，企业的财务风险越小；反之，企业通过资本市场取得资金的渠道越少，筹资越困难，企业的财务风险越大。

2. 利率水平的变动

资本市场利率水平的变动，会引起企业债务资本成本和综合资本成本的变动，从而导致股东收益的变动，加大了企业的财务风险。市场利率水平越稳定，企业的财务风险越小；反之，市场利率水平越不稳定，企业的财务风险越大。

3. 获利能力的变化

企业获利能力即经营利润水平的变化，会引起股东收益的变动甚至产生不能偿债的风险。企业的获利能力越高，负债的风险越小；反之，企业获利能力较弱，则企业进行负债经营的风险也就越高。

4. 资本结构的变化

资本结构的变化即财务杠杆的利用程度。企业负债比率的变化，或者说财务杠杆利用程度变化，会引起投资者收益的变动。财务杠杆水平越高，股东收益及公司破产的风险越大；反之，随着负债比率的降低，财务杠杆的作用减弱，企业的财务风险随之降低。

以上对企业财务风险的影响因素中，财务杠杆对财务风险的影响最为综合。企业股东欲获得财务杠杆利益，需要承担由此引起的财务风险，因此，必须在财务杠杆利益与财务风险之间进行合理的权衡。

经营风险与财务风险密切相关，两者对设计公司筹资与财务结构非常关键。

（三）财务杠杆的衡量

由上述分析可知，只要在企业的筹资方式中有固定财务支出的债务和优先股，就存在财务杠杆的作用。但不同企业，财务杠杆的作用程度是不一样的，为此，需要对财务杠杆进行计量。对财务杠杆的衡量常用的指标是财务杠杆系数。所谓财务杠杆系数，是普通股每股收益的变

动率相当于息税前利润变动率的倍数,又称财务杠杆度。其计算公式为:

$$DFL = \frac{\Delta EPS/EPS}{\Delta EBIT/EBIT} \tag{6.5}$$

式中,DFL 为财务杠杆系数;ΔEPS 为普通股每股收益变动额;EPS 为普通股每股收益。

为了便于计算,可将(6.5)式变换如下:

$$EPS = (EBIT - I)(1 - T)/N$$

$$\Delta EPS = \Delta EBIT(1 - T)/N$$

式中,I 为利息;T 为所得税率;N 为流通在外普通股股数。

$$DFL = \frac{EBIT}{EBIT - I} \tag{6.6}$$

在有优先股的条件下,由于优先股股利通常也是固定的,但属税后利润支付。此时,(6.6)式应改为:

$$DFL = \frac{EBIT}{EBIT - I - D/(1 - T)} \tag{6.7}$$

式中,D 为优先股股利。

财务杠杆作用的强弱取决于企业的资本结构。在资本结构中,负债资本所占比例越大,财务杠杆作用越强,财务风险越大。

[**例 6-3**] 根据表 6-3 的有关资料,A、B 公司的财务杠杆系数分别为:

$$DFL_A = \frac{0.075/0.75}{40\,000/400\,000} = 1, DFL_B = \frac{0.15/1.455}{40\,000/400\,000} \approx 1.03$$

或

$$DFL_A = \frac{400\,000}{400\,000 - 0} = 1, DFL_B = \frac{400\,000}{400\,000 - 12\,000} \approx 1.03$$

由以上计算可见,A 公司没有举债,财务杠杆系数为 1,表明在息税前利润变动 1 倍时,其每股收益也变动 1 倍,两者变动幅度相等;因为 B 公司有举债,财务杠杆系数大于 1,为 1.03,表明在息税前利润变动 1 倍时,其每股收益将变动 1.03 倍。显然,B 公司每股收益的不稳定性大于 A 公司,B 公司在利用财务杠杆的同时也承担了较大的财务风险。但是,在公司息税前利润较大,经营风险较小时,适当地利用负债,充分发挥财务杠杆的作用,可以增加股东每股收益,使股票价格上涨,提高公司的价值。

财务杠杆系数在负债经营条件下定量描述了股东收益率与经营收益率之间的关系。在企业筹资决策中,决策目标是要通过财务杠杆作用使普通股股东收益得到提高。

(四) 财务杠杆系数的作用

由财务杠杆的原理可知,当企业息税前利润增加时,股东的每股收益将以 DFL 倍的幅度增加;而当企业息税前利润减少时,股东的每股收益将以 DFL 倍的幅度减少。可见,财务杠杆扩大了经营利润和举债等不确定因素对股东收益变动的影响。而且,企业举债越多,财务杠杆系数越高,每股收益变动越激烈,企业的财务风险就越大。所以,企业财务风险的大小和财务杠杆有着重要关系。

财务杠杆系数说明息税前利润变动所引起每股收益变动的幅度。如例 6－3 $DFL_B=1.03$，表明在息税前利润变动 1 倍时，其每股收益将变动 1.03 倍。当企业没有负债时，财务杠杆系数为 1，说明息税前利润变动 1 倍，其每股收益也变动 1 倍，上例 $DFL_A=1$，就是这种情况。

财务杠杆度反映了企业所面临的财务风险。在资本总额、息税前利润相同的情况下，负债比率越高，财务杠杆系数越高，企业的财务风险越大，但预期每股收益也越大；反之，在资本总额、息税前利润相同的情况下，负债比率越低，财务杠杆系数越低，企业的财务风险越小，但预期每股收益也越小。如例 6－3 中 B 公司负债提高到 300 000 元，其他因素不变，财务杠杆系数提高到 1.05①，显然，这种情况下每股收益对经营利润的变动更加敏感，企业财务风险加大。

三、联合杠杆与联合风险

（一）联合杠杆

如前所述，由于固定经营成本的存在，产生经营杠杆的作用，从而使息税前利润的变动率大于业务量的变动率；同时，在长期负债经营情况下，由于固定性债务成本的存在，产生财务杠杆的作用，从而使普通股每股收益的变动率大于息税前利润的变动率。由这两个杠杆可知，经营杠杆是通过扩大销售影响息税前利润，而财务杠杆则是通过扩大息税前利润影响每股收益，两者最终都影响到普通股的收益。如果两种杠杆共同起作用，那么销售额较小的变动就会使每股收益产生更大的变动。通常把经营杠杆与财务杠杆的联合效应称为联合杠杆（combined leverage），也称为总杠杆或复合杠杆。

下面举例说明联合杠杆的作用。

［**例 6－4**］　某企业有关资料如表 6－5 所示。

表 6－5　某企业资料　　单位：万元

项　　目	基　年	计划年	增减率（%）
销售收入	100	120	20
变动成本（变动成本率为 60%）	60	72	20
固定成本	20	20	0
息税前利润	20	28	40
利息	10	10	0
税前利润	10	18	80
所得税（假定税率为 40%）	4	7.2	80
税后利润	6	10.8	80
普通股股数（万股）	10	10	0
每股收益	0.6	1.08	80

由表 6－5 计算可见，在经营杠杆与财务杠杆的共同作用下，业务量增长 20%，息税前利润增长 40%，每股收益则增长 80%，这就是联合杠杆的作用。

① $DFL=400\,000/(400\,000-300\,000\times6\%)\approx1.05$。

（二）联合杠杆的衡量

由以上分析可知，只要企业同时存在固定的生产经营成本和固定的利息费用等财务支出，就会存在联合杠杆的作用。不同企业，联合杠杆作用的程度不同，为此，需对联合杠杆作用程度的大小进行计量。通常用联合杠杆系数来衡量联合杠杆的作用程度。所谓联合杠杆系数，是指每股收益变动率相当于业务量变动率的倍数。计算公式如下：

$$DCL=\frac{\Delta EPS/EPS}{\Delta S/S} \tag{6.8}$$

式中，DCL 为联合杠杆系数。

(6.8)式可做以下变换：

$$DCL=\frac{\Delta EPS/EPS}{\Delta S/S}\cdot\frac{\Delta EBIT/EBIT}{\Delta EBIT/EBIT}=DOL\cdot DFL \tag{6.9}$$

由(6.9)式得：$DCL=\dfrac{Q(P-V)}{Q(P-V)-F-I}$，或者：$DCL=\dfrac{S-V\cdot C}{S-V\cdot C-F-I}$。如果企业有优先股，则

$$DCL=\frac{Q(P-V)}{Q(P-V)-F-I-D/(1-T)} \tag{6.10}$$

［**例 6-5**］ 根据例 6-4 的资料，计算该企业的联合杠杆系数。

$$DCL=\frac{100-60}{100-60-20-10}=4$$

或

$$DCL=\frac{80\%}{20\%}=4$$

计算结果显示，该企业联合杠杆的作用程度为 4，即企业的业务量每变动 1%，每股收益变动 4%。

（三）联合杠杆系数的作用

由联合杠杆的原理可知，在联合杠杆的作用下，当企业经济效益良好时，每股收益会大幅度上升；反之，当企业经济效益差时，每股收益会大幅度下降。企业联合杠杆系数越大，每股收益的波动幅度越大。由联合杠杆作用使每股收益大幅度波动而造成的风险，称为联合风险，它是经营风险和财务风险共同作用的结果。联合杠杆更加放大了市场和生产等不确定因素对所有者收益变动的影响。

(1) 联合杠杆系数说明了业务量变动所引起每股收益变动的幅度。如例 6-5 表明，销售额每变动 1 倍，每股收益变动 4 倍。

(2) 联合杠杆度反映了企业所面临的联合风险。在负债经营情况下，企业同时承担经营风险和财务风险。在联合杠杆作用下，销售量(额)的变动会引起每股收益大幅度的变动。企业联合杠杆系数越大，每股收益随业务量波动而波动的幅度越大，企业所承担的联合风险越大；反之，企业联合杠杆系数越小，每股收益随业务量波动而波动的幅度越小，企业所承担的联合风险越小。

(3) 联合杠杆系数可显示经营杠杆与财务杠杆之间的相互关系。如果一个企业具有较高的经营杠杆度和经营风险,则应在较低的程度上使用财务杠杆,降低财务风险以降低由于业务量变动所带来的额外收益的变动。反之,如果企业具有较低的经营杠杆度和经营风险,可以使用较高的财务杠杆来增加每股收益。

第二节　资本结构基本理论

所谓资本结构,通常是指公司长期债务资本和权益资本的比例关系。该比例的高低,通过综合资本成本的变化,直接影响企业价值的高低。企业价值是微观经济学中极为重要的概念,它是指在市场经济体制下,市场对企业潜在盈利能力和发展前景的评价与认同。在市场经济环境下,影响企业价值的直接因素是综合资本成本,企业只有获得超过资本成本水平以上的投资报酬率,才能增加企业价值。而综合资本成本又决定于企业的资本结构。因此,优化资本结构,以最低的综合资本成本,达到企业价值最大化,是资本结构理论研究的核心问题。

资本结构理论是西方财务管理理论体系中的核心理论之一,在西方已有相当广泛的研究,并形成了各种各样的理论流派。

一、净经营收入理论

净经营收入理论也简称为独立假说(NOI 理论),该理论的核心思想是:公司的综合资本成本和企业价值都与公司的财务杠杆无关。决定企业价值的真正因素是公司的净经营收入。

由于负债资本成本较低,当公司增加负债资本结构变化后,是否会因此而降低公司的综合资本成本和提高公司股票价格呢?答案是否定的。净经营收入理论认为,公司虽然增加了成本较低的债务,但风险也同时增加了,将导致普通股成本的增加,即使用债务筹资可以获得更高的预期收益,正好被权益资本成本的增加所抵消。也就是说,无论公司负债多少,综合资本成本都保持不变,从而资本结构变化不会影响公司股票的市场价值,市场价值是由市场对公司未来净经营收入的预期所决定的。

净经营收入理论关于公司财务结构对资本成本和企业价值影响的描述,可用图 6-1 和图 6-2 表示。

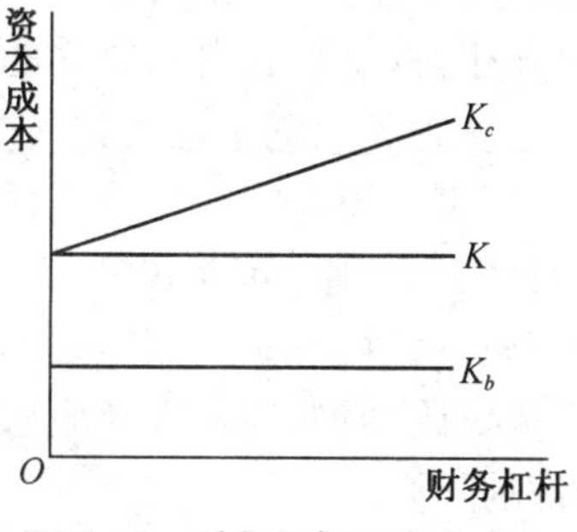

图 6-1　财务杠杆与资本成本

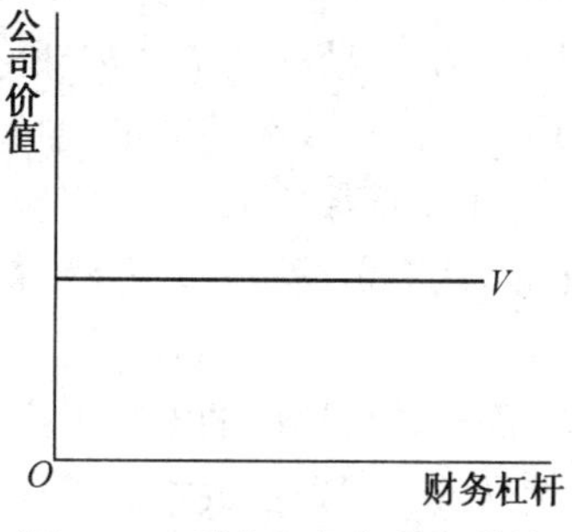

图 6-2　财务杠杆与公司价值

人们通常所讲的债务资本成本(K_b)是债务资本的显性成本。除此之外,债务筹资还具有隐性成本,它是指运用财务杠杆所带来的权益资本成本的变化。事实上,债务的真实成本应是显性成本与隐性成本之和。K_c 是权益资本成本，K 是综合资本成本，V 是企业价值。按照净经营收入理论，债务筹资并非像看上去那么便宜，较低成本的债务资本的增加，会导致较高的权益资本成本的增加，并且其增加量抵消了运用较便宜的债务资本所增加的收益，无论资本结构如何变化，公司综合资本成本和企业价值都保持不变。因此，不存在“最优资本结构”，资本结构决策毫无意义。

二、净收入理论

净收入理论也称为依赖假说，该理论与净经营收入理论相反，认为公司的资本成本和企业价值都会受到财务杠杆的影响。该理论的两个假定是：第一，公司的权益资本成本不变，是一个常数，并以此来计算公司的净收入；第二，公司的债务成本是固定的且低于权益资本成本。在这两个假定下，该理论认为，不管公司负债多少，债务资本成本和权益资本成本固定不变，由于债务资本成本低于权益资本成本，较高的财务杠杆可以降低公司的综合资本成本，因此，较多的债务筹资对公司价值会产生有利的影响。显然，按该理论的思想，公司负债比率越高越好，负债比率越高，综合资本成本越低，当负债比率由零增加到 100%时，综合资本成本相应的由权益资本成本下降到债务资本成本，此时综合资本成本最低，公司价值达到最大。其结论是：公司应当负债 100%。这当然与事实不符。

净收入理论关于公司财务结构对资本成本和企业价值影响的描述，可用图 6－3 和图 6－4 表示。

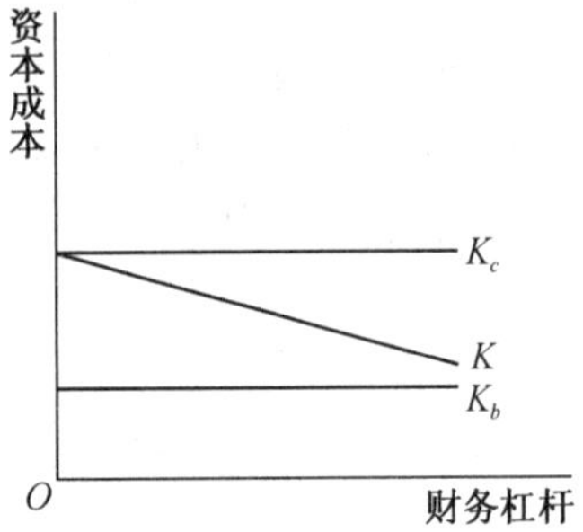

图 6－3　财务杠杆与资本成本

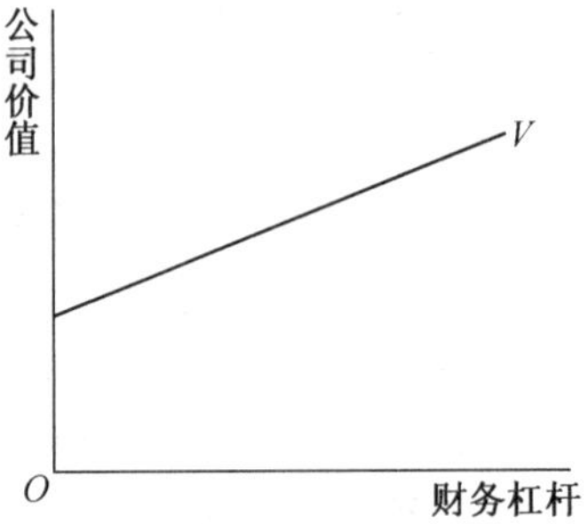

图 6－4　财务杠杆与公司价值

以上净经营收入理论和净收入理论是早期的资本结构理论，1952 年由美国的经济学家大卫·戴兰得(David Durand)最早公开提出，其建立在实证研究和判断基础之上，缺乏较为严密的理论推导和论证。早期的资本结构理论根本缺陷在于，都是在各自不成立的假定条件下进行推理的，因而得出两种极端的结论：净经营收入理论认为无论资本结构如何变化，公司综合资本成本和企业价值都保持不变，研究资本结构毫无意义。而净收入理论则根本不考虑负债财务风险的影响，认为负债越多，企业价值越大，从而得出公司应负债 100%。因此，早期的资本结构理论得出了有悖于事实的结论。事实上，早期资本结构理论的假定是不成立的。现代财务理论认为，随着负债比率的不断提高，公司的财务风险增加，债权人和股东都要求更高的风险补偿，必然导致公司资本成本的提高和企业价值的降低。

三、传统理论

关于早期资本结构理论，除了上述两种极端的观点以外，还有一种介于这两种极端观点之间的折中观点，被人们称为折中理论。微观经济学关于完全竞争和完全垄断的研究成果可以很好地帮助我们理解介于两者之间的公司活动。净经营收入理论与净收入理论也有助于人们对介于这两种极端情况之间的折中情况进行研究。由于净经营收入理论和净收入理论只是在一定的假定下的抽象思维分析，并无实用价值。20 世纪 50 年代，许多财务管理学者都采用介于净经营收入理论和净收入理论之间的思路，致力于构建资本结构理论模型，并取得一定的研究成果。相对于现代资本结构理论，这种观点又被称为传统理论。

传统理论基本思想有以下几点：① 认识到债务资本的避税作用，由于利息费用可以冲减应税收入，从而引起税收的减免作用。② 公司负债会产生财务风险，即公司财务杠杆直接影响公司的或有破产成本。③ 在适度负债水平下，公司的财务风险不会明显提高，债务资本成本相对稳定；但当负债超过一定限度时，必将导致财务风险提高，使债务资本成本上升。④ 在适度负债水平下，由于财务杠杆的作用，举债经营会增加股东的收益，使股票市价上升，企业价值提高，从而增强股东的投资信心，加大投资，减少股利分配，导致权益资本成本下降；但当负债超过一定限度时，公司财务风险增加，财务状况相对恶化，使股票市价下跌，由于投资者承担的风险提高，会要求更高的风险补偿，从而导致权益资本成本上升。⑤ 由第 3 和第 4 点的分析可见，在适度负债的范围之内，随着负债比率的提高，综合资本成本呈下降的趋势，企业价值呈上升趋势。当负债比率达到某一点时，综合资本成本由下降变为上升，企业价值则由上升变为下降，根据综合资本成本与企业价值之间呈反比的基本关系，在此点上，公司的综合资本成本最低，企业价值最大，因而，此点的负债比率即为最优资本结构。当负债比率超过此点时，随着负债比率的提高，综合资本成本呈上升的趋势，企业价值呈下降趋势。因此，当负债比率未达到此点时，负债增加的收益大于债务资本成本，故应提高负债比率，以降低综合资本成本，提高企业价值，充分发挥财务杠杆效应；当负债比率超过此点后，负债增加会导致财务风险加大，综合资本成本上升，企业价值降低，故应降低负债比率，以减少破产风险。⑥ 最优资本结构既不在负债 100%的点上，也不在负债为零的点上，而是在两者之间的某一点上，在这一点，债务资本的边际成本等于权益资本的边际成本，此时公司综合资本成本达到最小，企业价值达到最大。

传统理论对资本成本和企业价值的描述可用图 6－5 和图 6－6 表示。

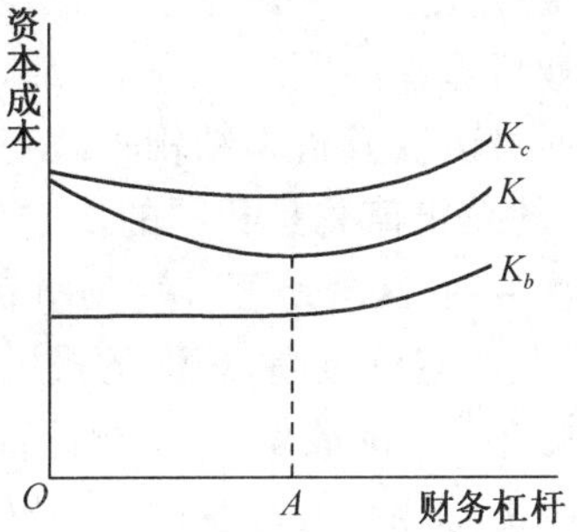

图 6－5　财务杠杆与资本成本

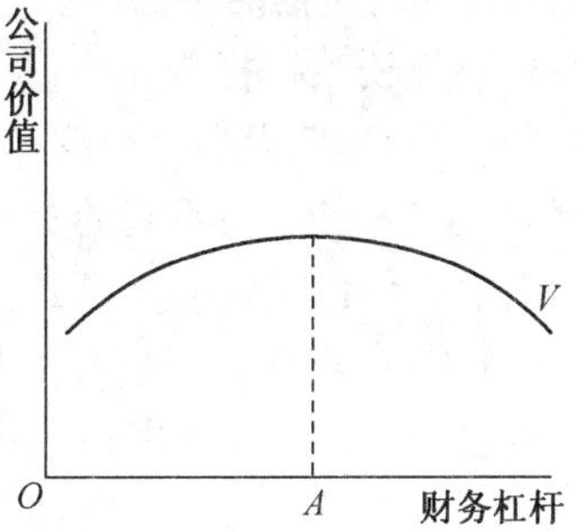

图 6－6　财务杠杆与公司价值

传统理论的模型显示，在 O 至 A 段，公司可以通过债务筹资获得相对低的资金，并获得利息抵税的好处，综合资本成本呈下降趋势，公司价值相应上升。A 点以后，由于破产风险的威胁，随着负债比率的增加，导致公司承受很高的财务风险和昂贵的利息费用，债务资本成本开始上升，并与权益资本成本的上升共同影响，逐渐抵消债务利息抵税的好处，综合资本成本开始上升，公司价值下降。A 点代表了公司在保持最低综合资本成本状态下的负债规模，因此同时公司价值达到最大。

四、MM 理论

MM 理论，也称现代资本结构理论，是由美国两位著名学者佛朗哥·莫迪格利安尼(Modigliani, F.)和莫顿·米勒(Merton Miller, M.)创立的。1958 年，两位学者联合发表了一篇论文，名为《资本成本、公司财务和投资理论》，首次以严格、科学的方法研究资本结构以及资本结构与企业价值的关系，形成了著名的“MM 资本结构理论”，简称为“MM 理论”。“MM 资本结构理论”为现代财务管理理论的发展作出了重要贡献。

MM 理论基于下列一些严格的假设：

(1) 完全资本市场。即所有公司股票和债券都在完全资本市场中完成交易，这就是说股票和债券的交易无交易成本，投资者(包括个人和机构)和公司可以同等利率借款。

(2) 企业的经营风险可以用息税前利润($EBIT$)的标准离差衡量，有相同经营风险的企业处于同一风险等级上。

(3) 企业和个人的负债均无风险，债务利率为无风险利率。

(4) 投资者对企业未来收益和收益风险的预期是相同的。这实际上是假设信息是对称的，即企业的经理和一般投资者获取的信息完全相同。

(5) 投资者预期的息税前利润固定不变。企业现金流量是一种永续年金，即企业的增长率为零。

在以上这些严格的假设前提下，莫迪格利安尼和米勒经过严格的数学推导，得出无公司所得税情况下和有公司所得税情况下的基本结论，后被称为 MM 定理。

(一) 无公司税 MM 模型

无公司税的 MM 模型，又称为最初的 MM 理论。根据上述假设，该理论认为，在无公司所得税情况下，由于资本市场的套利机制，企业的资本结构不影响企业价值，即不存在最优资本结构问题。根据这一定理，企业不存在最优资本结构，资本结构没有任何意义，企业筹资决策也就失去了它存在的理由。

最初的 MM 理论包括两个命题。

MM 命题Ⅰ(无税)：杠杆企业价值等于无杠杆企业价值。

莫迪格利安尼和米勒提出一个论点，即公司无法通过改变其资本结构来改变其流通在外证券的总价值。也就是说，在不同的资本结构下，企业的总价值总是相同的。换言之，对企业的股东而言，既没有任何较好的也没有任何较差的资本结构，这就是著名的 MM 命题Ⅰ。

MM 理论认为，在完全的资本市场中，如果杠杆企业的定价过高，理性的投资者将不会投资于该公司，他会简单地在个人账户上借款以买入无杠杆公司的股票，通常把此替代称为自制的财务杠杆。如果投资者个人能够以同样的利率借款，他就能独立地复制公司财务杠杆的影响，以获得与投资于杠杆公司同样的收益，由于套利机制的作用，会使债务资本成本趋近于无杠杆企业的资本成本，均衡的结果当然就是杠杆公司的价值下跌，无杠杆公司的价值上涨，直至它们的价值相等，资本结构的变化不影响股东收益。

因此，莫迪格利安尼和米勒的结论是：正是投资者能够自制财务杠杆，市场最终均衡的结果是，杠杆企业的价值与无杠杆企业的价值趋于相等，所以资本结构不影响企业价值。

MM 命题Ⅱ(无税):股东的期望收益率随财务杠杆上升。

该命题可用公式表示为:

$$K_c = K_u + \frac{B}{S}(K_u - K_b) \tag{6.11}$$

式中,K_u 为无杠杆企业的资本成本。

杠杆企业的权益资本成本等于同风险等级的无杠杆企业的权益资本成本加风险补偿报酬。风险补偿报酬的多少,取决于企业利用杠杆的程度和无杠杆企业权益资本成本与杠杆企业债务资本成本之差。对于杠杆企业而言,负债比率越高,风险补偿报酬率也越高,并导致其权益资本成本上升;反之,随着负债比率的下降,股权的风险补偿随之下降,导致权益资本成本降低。

(6.11)式表明企业收益率是企业负债-权益比 B/S 的线性函数,权益资本成本 K_c 随着负债-权益比 B/S 的增加而提高。财务杠杆与权益资本成本以及与综合资本成本的关系可以用图 6-7 反映。

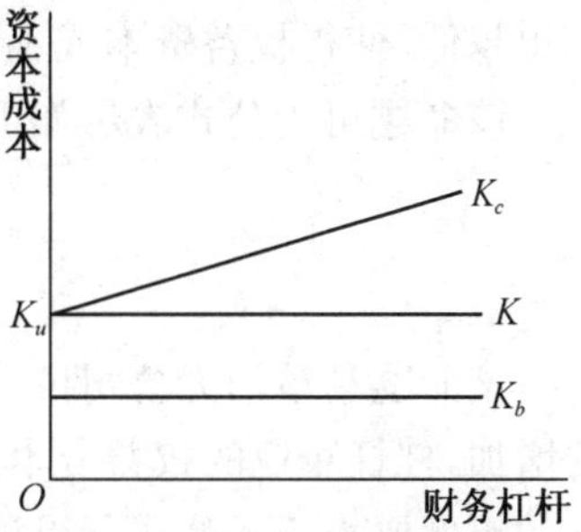

图 6-7　财务杠杆与资本成本

MM 理论认为,在不考虑公司所得税的条件下,同等风险等级的公司债务资本的增加并不会降低综合资本成本,也不会提高企业的价值,原因在于当企业增加债务时,剩余权益变得更具风险,所以成本较低廉的债务资本给公司带来的收益,将会被随风险补偿报酬增加而上升的权益资本成本所抵消。MM 理论证明了这两种作用恰好相互抵消。因此财务杠杆与公司综合资本成本和企业价值无关。

(二) 有公司税 MM 模型

有公司税的 MM 模型,又称为修正的 MM 理论。有公司所得税情况下 MM 定理:由于利息费用在交纳所得税以前支付,负债具有抵税作用,因此利用负债可以降低综合资本成本,提高企业的价值。负债越多,税收避税作用越大,企业因此而增加的价值越大,故企业负债越多越好。修正的 MM 理论包括两个命题。

MM 命题Ⅰ(公司税):杠杆企业价值等于无杠杆企业价值与债务利息减税现值之和。

该命题可用公式表示为:

$$V_L = V_u + B \cdot T \tag{6.12}$$

式中,V_L 为杠杆企业价值;V_u 为无杠杆企业价值;T 为所得税税率。

可见,杠杆企业的价值等于同等风险等级的无杠杆企业的价值加上杠杆企业债务利息减税的现值。在(6.12)式中,如果 $T=0$,即不考虑公司所得税,则有 $V_L=V_u$,这与最初的 MM 命题Ⅰ(杠杆企业价值等于无杠杆企业价值)是一致的。

财务杠杆与公司的价值的函数关系见图 6-8。

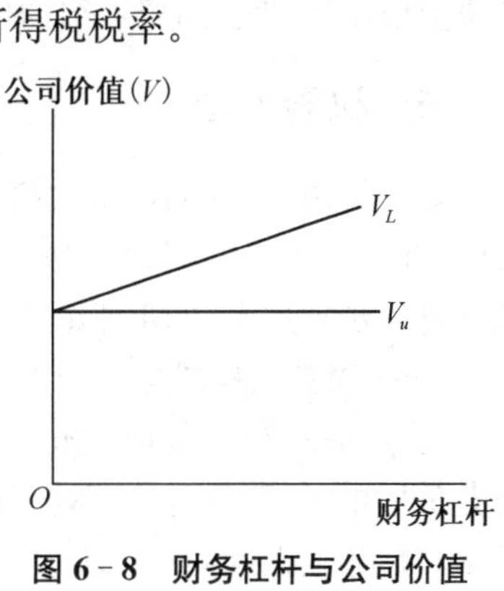

图 6-8　财务杠杆与公司价值

上述可见,在有公司税的情况下,企业通过用债务替代权益以提高负债比率,能够降低其税收从而提高企业价值。按照这一定理,似乎企业资产全部由债务资本构成时,企业价值最大。这与企业经营的实际情况相差甚远，事实上没有企业采用这样的结构。企业为保持其经营的稳定性和维持其财务生存能力，一般都按一定的债务和股本比例借款，MM模型的假设在实际中不可能做到。企业不可能都按无风险利率借款，当企业负债增加时，财务风险增加，债务成本上升，投资者期望的息税前利润也会变化。

MM 命题Ⅱ(公司税)：股东的期望收益率随财务杠杆上升。

杠杆企业的权益资本成本等于同风险等级的无杠杆企业的权益资本成本加税后风险补偿报酬。风险补偿报酬的多少，不仅取决于企业利用杠杆的程度和无杠杆企业权益资本成本与杠杆企业债务资本成本之差，还取决于公司所得税率的高低。对于杠杆企业而言，负债比率越高，风险补偿报酬率也越高，并导致其权益资本成本上升；反之，负债比率越低，风险补偿报酬率也越低，使得权益资本成本下降。

该命题可用公式表示如下：

$$K_c = K_u + \frac{B}{S}(K_u - K_b)(1 - T) \tag{6.13}$$

该命题与最初无公司税 MM 理论的风险补偿命题相对应。从(6.13)式中可知，随着负债的增加，杠杆企业的权益资本成本也随之上升，不过在有公司所得税条件下，权益资本成本上升的幅度要小于无公司所得税条件下的权益资本成本，也就是说，在所得税因素的影响下，杠杆企业权益资本成本的上升比在无税情况下要减少。

$$\frac{B}{S}(K_u - K_b) - \frac{B}{S}(K_u - K_b)(1 - T) = \frac{B}{S}(K_u - K_b)T$$

正是这一原因，才使杠杆企业的价值要比无杠杆企业的价值增加了赋税结余额 $T \cdot B$。财务杠杆与公司价值的函数关系见图 6-9。

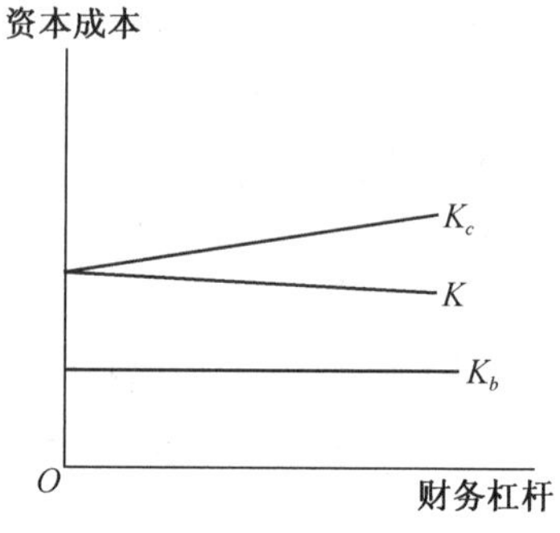

图 6-9　财务杠杆与资本成本

MM 理论的众多假设方便了理论推导，却在实践中受到挑战。在现实生活中，有的假设是不能成立的，但也正是因为这些假设抽象掉了现实中的许多因素，才使得 MM 理论能够从数量上揭示资本结构最本质的问题，即资本结构与企业价值的关系。这便是 MM 理论的精髓。后续研究者放松了这些假设，并引入现实因素，使理论更接近现实。从这个意义上说，MM 理论对资本结构理论研究起到了奠基作用。

五、权衡理论

为了解决上述问题，莫迪格利安尼和米勒及其后续支持者通过研究，使上列假设得以一一解除，并引入现实的因素：财务拮据成本和代理成本，得出“税负利益-破产成本”的权衡理论，从而进一步发展了 MM 理论。

(一) 财务拮据成本

财务拮据成本，是指与破产和财务困难有关的直接成本和间接成本的总和。当企业由于债务负担重、经营效益差而处于财务拮据状态时，将产生财务拮据成本，包括财务拮据的直接成本和财务拮据的间接成本。

1. 财务拮据的直接成本

直接成本主要包括:① 当企业破产尚未发生之时,企业所有者和债权人为债务清偿和企业破产等问题的谈判和争执常会延缓资产的清偿,导致固定资产因失修而破损、存货过期失效等情况发生,使企业价值减小;② 当企业进入破产程序时,将发生破产诉讼律师费用、诉讼费用、法庭收费、清算费用和其他行政支出,耗费企业的财力;③ 在清算过程中,清算财产变现也会产生损失。这些都是财务拮据成本的直接破产费用。

2. 财务拮据间接成本

间接成本主要包括:① 当企业处于财务困境时,企业不得不因为资金短缺而放弃有利的投资机会,从而降低了预期收益;② 企业经理和员工因企业将要破产不悉心经营,诸如推迟机器设备的大修、变卖企业有用的资产以获取资金、降低产品质量以节约成本费用等短期行为,导致企业价值损失;③ 顾客和供应商因企业将要破产而取消合同,从而造成企业的经营困难形成的损失;④ 债权人要求更高的风险补偿报酬,以较高的利率贷款,或者提出更加严厉苛刻贷款附加条款,限制了企业正常的经营活动,使债务成本上升,企业价值下降。这些是财务拮据的间接成本。

企业负债越多,固定的利息支出越大,同时财务风险也越大,推动资本成本上升,收益下降,导致财务拮据发生的概率越大。财务拮据成本增大会抵消因负债税收屏蔽作用而增加的企业价值。

(二) 代理成本

代理成本是指有关监督管理活动的成本,以保证管理活动符合管理人员、所有者、债权人之间达成的约定协议。换言之,是为正确处理股东与经理之间、股东与债权人之间的代理关系所发生的费用。

在现代企业组织中,股东与经理之间是所有者与经营者之间的委托代理关系,企业经理人员是所有者股东的代理人,为了使经理替股东谋利,达到企业价值最大化,需要花费代理费用。另一种代理关系是债权人将资金交给企业的经理人员经营而形成的。由于企业经理是由股东聘任的,所以经理人员在管理中更多的是考虑股东利益。如果没有任何限制,经理将会向债权人借债来为股东谋利益,经理也会因为良好的业绩而得到股东给予的较高回报。但是,新债务的增加提高了企业的负债比率,使财务风险增大,新的债权人要求的报酬率上升,导致旧债务价值下降,企业对旧债权人的破产保护减少,更多的收益转到了股东手中。如果企业将举债得到的资本投资于风险很大、预期收益很高的新项目。项目若能成功,企业收益增加,好处归股东,债权人只能得到固定收益;项目若失败,企业无力偿债,债权人将遭受很大的损失。企业用债权人的资金投资于高风险的项目,实际上是将风险转嫁给了债权人。

由于存在着股东通过经理人员利用各种方式将收益从债权人转向自己,并把风险转嫁给债权人的动机,债权人必须在贷款和债券合同中增加许多保护性条款约束企业的经营行为以保护自己。这些条款在一定程度上会限制企业的经营,使企业经营灵活性减少,经营效率下降;另外,为了保证这些条款的实施,还必须用特定的方法对企业进行监督,这必然会发生额外的监督费用,抬高债务的成本。以上两项都会增加企业费用支付或机会成本,这便是代理成本。代理成本的存在会提高负债成本而降低负债利益。

(三) 权衡理论的数学模型

企业负债可以带来债务利息免税利益,随着负债比率的增加企业价值加大,但负债比率超过一定限度时，企业破产的概率加大，财务拮据成本和代理成本增加。如把此因素考虑进去，则企业价值应为：

$$V=V_U+TB-FA \tag{6.14}$$

权衡理论的数学模型用图 6－10 予以说明。

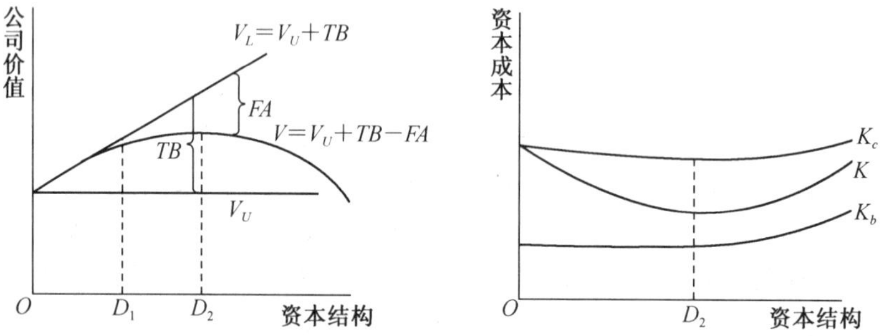

V_U—无债务资本的企业价值
TB—债务利息免税现值
FA—财务拮据成本和代理成本的现值
V_L—没有财务拮据成本和代理成本时的企业价值
V—有财务拮据成本和代理成本时的企业价值

K_c—权益资本成本
K_b—债务资本成本
K—企业加权平均资本成本
D_1—财务拮据成本与代理成本变得重要的负债水平
D_2—最佳资本结构

图 6－10　权衡理论示意图

图 6－10 说明：负债比率达到 D_1 点前，减税利益起完全支配作用；负债比率超过 D_1 点，财务拮据成本和代理成本的作用显著增强，抵消部分减税利益；当负债比率达到 D_2 点时，$\mathrm{d}TB=\mathrm{d}FA$，即边际收益完全被负债损失所抵消，即此点的边际负债利息减税利益正好等于边际财务拮据成本与代理成本之和，同时综合资本成本由下降变为上升，负债减税带来的企业价值增加值（$TB-FA$）达到最大；负债比率超过 D_2 点，负债损失增长将超过减税收益增长。因此，在 D_2 点，企业资本结构达到最优，企业价值最大，如果企业继续扩大负债比例，综合资本成本将因财务拮据与代理成本上升而上升，导致企业价值下降。

权衡理论认为，企业有其最佳资本结构，即在 D_2 点上，按此资本结构筹资，企业价值最大，加权平均资本成本最低。

相对于 MM 理论，权衡理论具有更大的现实意义。它充分考虑了在随负债比率增加而加大的财务风险的作用下，所导致的财务拮据成本和代理成本产生的损失，以及债务成本上升和企业收益下降等因素对负债减税收益的抵消作用。因而权衡理论较 MM 理论具有更好的可操作性。但是，在权衡理论所建立的企业价值模型中，尽管负债减税利益可以准确计算，财务拮据成本和代理成本却无法准确估算，其与负债比率之间的函数关系也无法建立，使得该理论在实际应用中仍然存在一定的难度。

六、不对称信息理论

资本结构的权衡理论，使 MM 理论的许多假设都被松动了，但有一个假设却始终没有被触及，这就是充分信息的假设。但在实际工作中，这一假设显然是不完全正确的，企业管理人员比投资者更多更快地掌握企业内部的信息，这就是一个不对称信息的环境。不对称信息理论的基础是：在资本市场上，公司经营者与投资者处于信息不对称的地位，经营者掌握了更多的诸如股票交易、新股上市、机构投资者介入、股市消息等与投资紧密相关的信息，这种信息的不对称，直接影响着投资者的投资行为、公司筹集资本的顺序和资本结构的确定。关于不对称信息理论，主要有以下几种。

（一）罗斯的不对称信息理论

罗斯（Ross）最早系统地将不对称信息理论引入了资本结构的分析，他保留了 MM 理论中的基本假设，放松了关于充分信息的假定。罗斯假设企业管理者对企业的未来收益和投资风险有内部信息，而投资者没有这些内部信息，他们只能通过管理者输送的信息来评价企业价值。罗斯认为，企业选择的资本结构就是把内部信息传递给市场的一个信号。当企业发展前景比较好时，一般都选择负债方式筹集资金，以便充分利用财务杠杆作用，通过举债大幅度地提高每股收益，从而提高企业市场价值。反之，当企业前景暗淡或投资项目的风险较大时，则会选择发行股票筹集资金。因此，罗斯认为，资本结构中负债比率的上升是一个积极信号，它表明管理者对企业未来收益有较高预期和信心，这将有利于企业价值的提高。

（二）迈尔斯的不对称信息理论

20 世纪 60 年代，美国哈佛大学的高顿·唐纳森教授对企业实际资本结构的建立问题进行了一项广泛的调查，发现当企业缺少资金时，首先选择内部资金来源，当企业需要外部筹资时，企业则首先会利用负债，然后是发行可转换债券，最后才是发行普通股股票。已有的 MM 理论和权衡理论都无法解释这一现象。迈尔斯（Myers）认为造成这种现象是因为存在信息不对称的缘故。迈尔斯在罗斯理论的基础上进一步考察了不对称信息对企业投资成本的影响。迈尔斯假设，企业有一净现值为正的投资项目，但项目需要筹集资金，企业管理人员明确知道这一确切信息，但投资者对这一信息缺乏理解和分析，投资者只能根据企业选择的资本结构判断项目对企业市场价值的影响。在这种情况下，如果企业通过发行股票筹集资金，会被市场误解，使得新发行的股票贬值，即会出现新股票真实价值大于新股票市场价值。这样，企业投资决策的标准不再是净现值大于零，必须是净现值大于新股票真实价值减新股票市场价值的差，以补偿股票贬值的损失，从而加大了企业的投资成本。

迈尔斯认为正是因为存在不对称信息的情况，企业通过股票筹集资金会被市场误解，使得新发行股票贬值，导致企业的投资成本增加，企业投资决策标准不再仅仅是净现值大于零，投资收益还必须能补偿股票贬值的损失。

不对称信息总是鼓励企业管理人员少用股票筹资，多用负债筹资。但利用负债又容易引起企业财务拮据和财务风险的增加。因此，企业总是尽量使用内部资金，其次是利用负债，最后才发行股票。所以，实际中企业筹资的顺序是，首选内部资金来源，如留存收益、折旧等，然后企业会利用负债，发行可转换债券，最后才是发行普通股。

近年来，不对称信息理论作为一种新的资本结构理论在财务管理理论和实务界得到广泛的认同和较大发展。其显著的特点是运用行为科学对公司及其投资者在资本市场进行投资筹资活动的价值取向的合理解释，并以此为依据判断在信息不对称环境中进行投资筹资活动的后果。不对称信息理论对丰富资本结构理论作出了重要贡献。但其仍无法找到各种筹资方式之间的最佳比例关系。

综合以上资本结构理论以及财务管理的实践，可以达成一种共识：在现代市场环境中，运用负债经营有利于企业价值的提高，但由于财务风险的存在，负债的运用必须谨慎适度。

第三节 资本结构决策基本方法

一、资本结构概述

资本结构是指企业各种资本的构成及其比例关系。

在实务中，资本结构有广义和狭义之分。广义的资本结构是指企业全部资本的构成，包括长期资本和短期资本。狭义的资本结构是指长期资本结构。因为，短期资金的需要量和筹集是经常变化的，且在企业资金总量中所占的比重不稳定，因此，不列入资本结构管理范围，而是作为营运资金管理。

资本结构的决策将涉及以下关联问题：

(1) 如何确定在权益资本、债务资本之间的一个合适的结构化的比例关系，也就是如何确定在资产负债表右方的各个组成项目之间的一个合适的平衡。

(2) 估计各类资本的成本。这些不同类型资本的成本不仅是企业形成不同类型筹资顺序的重要依据，更是企业进行资本结构决策的重要依据。

(3) 考虑影响资本结构的因素，这些因素是通过何种方式以多大程度影响公司资本结构。影响资本结构的宏观因素可能有：国家中长期发展政策、产业政策、货币与财政政策、资本市场管制政策、税收政策、企业的社会责任、贷款银行和评信机构的态度等。影响资本结构的微观因素可能有：企业财务状况、企业财务战略、企业的增长率、企业产业特征、企业所有者和管理人员的态度等。

二、资本结构决策的意义

企业资本结构的决策，是指合理地利用债务资本，科学地安排债务资本的比例，它是企业筹资管理的核心问题。所以，在企业资本结构中，合理地安排好权益资本与债务资本的比例关系，对企业具有重要的意义。

(一) 合理安排债务资本比例有利于降低企业的资本成本

由于债务资本需定期支付利息和按时还本，且企业清算时，债权人的受偿权优先于股东，所以，债权人的投资风险一般小于股东，企业因此支付给债权人的报酬通常会低于股东。另外，债务利息在税前支付，企业使用债务资本可以获得利息减税的利益，从而使得债务资本的成本低于权益资本的成本。因此，企业在一定限度内合理提高债务资本的比例，可以降低企业综合的资本成本。

(二) 合理安排债务资本比例有利于发挥财务杠杆作用

由于债务利息是固定不变的，当息税前利润增加时，每1元经营利润所负担的固定利息费用就会随之降低，从而使股东获得的收益提高，这就是财务杠杆作用所带来的利益。因此，在一定限度内合理地利用债务资本，特别是在公司经营利润预计有较大幅度增长时，适当增加负债，有利于发挥财务杠杆作用，获取财务杠杆利益。

(三) 合理安排债务资本比例有利于提高公司价值

公司价值是其权益资本市场价值与债务资本市场价值之和。公司价值的计量与资本结构相关联，因为资本结构的安排会直接影响到权益资本和债务资本的市场价值，进而影响公司总价值。因此，合理安排资本结构有利于公司价值的提高。

三、资本结构的决策

根据现代资本结构理论分析，企业最佳资本结构是存在的。在资本结构最佳点上，企业价值达到最大，同时加权平均资本成本达到最小。

资本结构理论为企业筹资决策提供了有价值的参考，可以指导企业筹资决策行为。但在现实中，由于筹资活动及筹资环境的复杂性，难于找到各种筹资方式之间的最佳比例，即最佳的资本结构，只能通过一定的方法判断、选择相对较为合理的资本结构。通常运用比较资本成本法、每股收益分析法、比较公司价值法和比较杠杆比率法等，进行资本结构的决策。

（一）比较资本成本法

根据资本结构理论，当资本结构处于最佳点时，企业综合资本成本最低。比较资本成本法，就是通过计算及比较各种资本结构的加权平均资本成本，以判别并选择理想的资本结构。

［**例 6-6**］　某公司原来的资本结构如表 6-6 所示。债券年利率为 10%，筹资费用率为 2%。普通股每股面值为 1 元，发行价格为 10 元，目前市场价格仍为 10 元，筹资费用率为 4%，今年期望股利为每股 1 元，预计以后每年股利增加 4%。公司所得税率假设为 40%。

表 6-6　某公司资本结构　　单位:万元

筹资方式	金　额
债　券	80
普通股	80

该公司拟增资 40 万元，以扩大生产经营规模，现有如下两个筹资方案供选择。

A 方案:增发债券 40 万元，因负债增加，风险加大，新发行债券利率提高到 12%。普通股股利增加到每股 1.2 元，以后每年还可增加 5%，但由于风险加大，普通股市价降至每股9.5元。

B 方案:发行债券 20 万元，年利率仍为 10%。另发行股票 20 万元。普通股股利增至每股 1.2 元，以后每年再增加 4%，由于市场对企业预期提高，普通股市价将上升到每股 12 元。

假设各种筹资方式的筹资费用率保持不变。试分析该公司应选用何种资本结构。

(1) 计算当前资本结构加权平均资本成本。

$$W_b=\frac{80}{160}=50\%,K_b=\frac{80\times10\%\times(1-40\%)}{80\times(1-2\%)}=6.12\%$$

$$W_c=\frac{80}{160}=50\%,K_c=\frac{1}{10\times(1-4\%)}+4\%=14.42\%$$

$$K=6.12\%\times50\%+14.42\%\times50\%=10.27\%$$

(2) 计算 A 方案加权平均资本成本。

$$W_{b1}=\frac{80}{200}=40\%,K_{b1}=\frac{80\times10\%\times(1-40\%)}{80\times(1-2\%)}=6.12\%$$

$$W_{b2}=\frac{40}{200}=20\%,K_{b2}=\frac{40\times12\%\times(1-40\%)}{40\times(1-2\%)}=7.35\%$$

$$W_c=\frac{80}{200}=40\%, K_c=\frac{1.2}{9.5\times(1-4\%)}+5\%=18.16\%$$

$$K=6.12\%\times 40\%+7.35\%\times 20\%+18.16\%\times 40\%=11.18\%$$

(3) 计算B方案加权平均资本成本。

$$W_b=\frac{80+20}{200}=50\%, K_b=\frac{100\times 10\%\times(1-40\%)}{100\times(1-2\%)}=6.12\%$$

$$W_c=\frac{80+20}{200}=50\%, K_c=\frac{1.2}{12\times(1-4\%)}+4\%=14.42\%$$

$$K=6.12\%\times 50\%+14.42\%\times 50\%=10.27\%$$

由以上计算可见,B方案加权平均资本成本低于A方案,所以应选择B方案,即选择与原来相同的资本结构:负债资本与权益资本各占50%,在此资本结构下可保持较低的综合资本成本。

这种方法通俗易懂,计算过程也不复杂,是实务中常用的较为实用的方法。但因其所拟定的方案数量有限,故企业可能仅是选择了相对较为合理的资本结构,而不一定找到了最优的资本结构。

(二) 每股收益无差别点分析法

每股收益无差别点,是指每股收益不受筹资方式影响的息税前利润或销售额、销售量。

负债筹资是通过它的杠杆作用来增加股东财富的,即每股收益的高低会受到资本结构的影响;而偿债能力是建立在未来盈利能力基础之上的,资本结构的安排必须充分考虑企业的盈利水平。将以上两个方面联系起来,分析资本结构与每股收益之间的关系,进而确定合理的资本结构的方法,即为每股收益无差别点分析法。每股收益无差别点可以通过计算得出。

每股收益的计算为:

$$EPS=\frac{(EBIT-I)(1-T)-D}{N} \tag{6.15}$$

式中,EPS 为每股收益;$EBIT$ 为息税前利润;I 为债务利息;T 为所得税率;D 为优先股股利;N 为流通在外的普通股股数。

在每股收益无差别点上,无论是采用何种方式筹资(债务筹资还是权益筹资),每股收益都是相等的。若以 EPS_1 代表权益筹资,EPS_2 代表负债筹资;$\overline{EBIT}$代表每股收益无差别点上的息税前利润;I_1、I_2 分别代表两种筹资方式下的年利息;D_1、D_2 分别代表两种筹资方式下的优先股股利;N_1、N_2 分别代表两种筹资方式下的流通在外的普通股股数,则有:

$$EPS_1=EPS_2$$

$$\frac{(\overline{EBIT}-I_1)(1-T)-D_1}{N_1}=\frac{(\overline{EBIT}-I_2)(1-T)-D_2}{N_2} \tag{6.16}$$

以下举例说明之。

[**例6-7**] 某公司需筹集资本2 000万元,现有如下两个方案供选择。

方案Ⅰ:全部发行普通股,按面额发行,每股面值20元,共发行100万股。

方案Ⅱ：按面值 20 元发行普通股 50 万股；另筹借长期债务 1 000 万元，年利率为 12%。

假设公司所得税税率为 40%，试求每股收益无差别点。

$$\frac{\overline{EBIT}(1-40\%)}{100}=\frac{(\overline{EBIT}-1\,000\times 12\%)(1-40\%)}{50}$$

$$\overline{EBIT}=240(\text{万元})$$

此时每股收益为：$\frac{240\times(1-40\%)}{100}=1.44$(元)。

上述每股收益无差别点分析，可描绘如图 6－11。由(6.16)式可知，假设 $D=0$，在筹资总额及普通股发行价格一定的条件下，负债比率愈大，普通股股数 N 愈小，每股收益的直线的斜率愈大，愈向纵轴方向靠近。

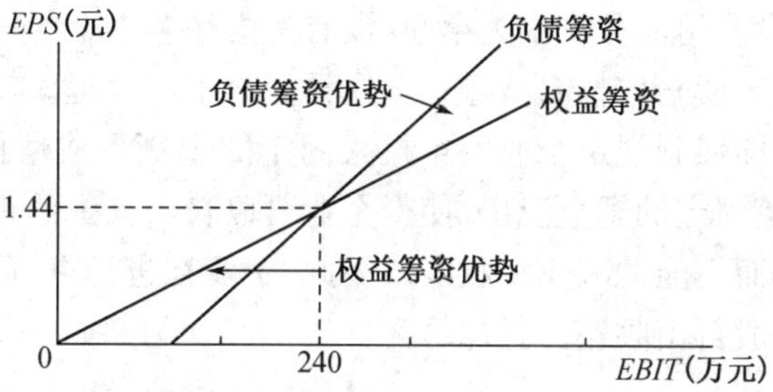

图 6－11　每股收益无差别点分析示意图

可见，如果息税前利润低于每股收益无差别点 240 万元时，运用权益筹资可获得较高的每股收益，这就是权益筹资的优势；反之，如果息税前利润高于每股收益无差别点 240 万元时，运用债务筹资可获得较高的每股收益，这就是负债筹资的优势。可做如下解释，即随着息税前利润总额 $EBIT$ 增大，企业承受债务利息的能力越大，受债务利息支付的影响越小，负债经营对每股收益 EPS 的财务杠杆效应越明显。

下面以公式来解释，假设 $D=0$，在筹资总额及普通股发行价一定的条件下，两种筹资方案的每股收益的差为 ΔEPS，可表达为变量普通股股数 N_1、N_2 的函数：

$$\Delta EPS=EPS_1-EPS_2=(EBIT-\overline{EBIT})\cdot\frac{N_2-N_1}{N_1\cdot N_2}\cdot(1-T)\qquad(6.17)$$

(6.17)式中，$EBIT$ 与筹资总额相对应，为假定常量，$\overline{EBIT}$ 与税率 T 为常量，$EBIT$、$\overline{EBIT}$、T 构成(6.17)式的约束条件。由(6.17)式可知，当 $EBIT>\overline{EBIT}$ 时，则有 $\Delta EPS<0$，因而应选择第二种筹资方案更有利，即 $N_1<N_2$，此时负债资本所占的比重较大；当 $EBIT<\overline{EBIT}$ 时，则有 $\Delta EPS>0$，因而应选择第一种筹资方案，即负债资本所占的比重较小的资本结构更有利。

根据例 6－7 资料，假设公司预期息税前利润为 400 万元，两个筹资方案的每股收益分别为：

$$EPS_1=\frac{400(1-40\%)}{100}=2.4(\text{元})$$

$$EPS_2=\frac{(400-1\,000\times 12\%)(1-40\%)}{50}=3.36(\text{元})$$

根据例 6-7 资料，假设公司预期息税前利润为 200 万元，两个筹资方案的每股收益分别为：

$$EPS_1=\frac{200(1-40\%)}{100}=1.2(\text{元})$$

$$EPS_2=\frac{(200-1\,000\times 12\%)(1-40\%)}{50}=0.96(\text{元})$$

可见，当公司预期息税前利润 400 万元，大于每股收益无差别点 240 万元时，方案Ⅱ每股收益为 3.36 元，大于方案Ⅰ每股收益 2.4 元。此时，采用具有负债的资本结构对公司更加有利。当公司预期息税前利润 200 万元，小于每股收益无差别点 240 万元时，方案Ⅰ每股收益为 1.2 元，大于方案Ⅱ每股收益 0.96 元。此时，采用无负债的资本结构对公司更加有利。

前面的计算中是假设公司债务将永久存在，没有考虑债务本金的偿还问题，这意味着当一笔债务到期时，公司需发新债来代替旧债，显然，这种假设不够合理。实际上，很多债务合同都要求企业设置偿债基金，即强制规定企业每年投入固定的金额形成偿债基金。偿债基金的设置意味着企业每年有一笔固定的现金流出，使得企业可以自由支配的现金流量减少，由于它是用来偿还债务本金的，因而不能冲减应税收入。因此，企业在进行筹资决策时应该考虑可供企业自由支配的资金，即每股自由收益。其计算为：

$$UEPS=\frac{(EBIT-I)(1-T)-D-SF}{N} \tag{6.18}$$

式中，$UEPS$ 为每股自由收益；SF 为偿债基金。

如果企业须建立偿债基金以偿还债务本金，则每股收益无差别点公式改为：

$$\frac{(\overline{EBIT}-I_1)(1-T)-D_1-SF_1}{N_1}=\frac{(\overline{EBIT}-I_2)(1-T)-D_2-SF_2}{N_2} \tag{6.19}$$

式中，SF_1、SF_2 分别代表两种筹资方式下企业每年提取的偿债基金。

每股收益无差别点分析法较好地考虑了财务杠杆利益，可以判断在何种息税前利润水平下采用何种资本结构。但这种方法只考虑了资本结构对每股收益的影响，并假定每股收益最大，股票价格也就最高，并未考虑资本结构对风险的影响，忽略了债务筹资的隐性成本。事实上，投资者不仅关注企业的预期收益，同时也关注其风险，随着负债的增加，投资者的风险加大，股票价格和企业价值也会有下降的趋势。所以，每股收益无差别点分析法，有时会作出错误的决策。

（三）比较公司价值法

以上比较资本成本法和每股收益分析法，虽然集中考虑了资本成本和财务杠杆利益，但没有明确反映财务风险的影响，也没有直接体现公司价值最大化的财务管理目标。在资本结构中，随着负债比率的增加，必将导致较高的财务风险，尤其是公司长期过度负债会使债权人投资更加谨慎，往往会对贷款提出一些附加性、限制性条款，从而使债务成本上升。而与此同时，随着公司风险的提高，股东也会要求更高的投资报酬，从而使权益成本攀升，公司综合资本成本因此上升。另外，过重的债务使企业承担过重的利息负担，容易导致企业陷入财务困境。而且，在激烈的市场竞争中，过高的负债比率会强化财务杠杆的负面效应，使每股收益下降变动的风险加大，一旦企业投资报酬率低于债务利息率，会引发每股收益大幅度下跌，导致企业价值下降。显而易见，筹资决策中不考虑财务风险会造成错误的决策。

根据现代资本结构理论，最佳资本结构应当是可使公司价值最高，同时公司的资本成本最低的资本结构。比较公司价值法，是在反映财务风险的条件下，以公司价值的大小为标准，测算判断公司最佳的资本结构。

公司的市场总价值等于其权益资本的市场价值加上债务资本的市场价值。即：

$$V=B+S$$

式中，V 为公司总价值；B 为债务资本的市场价值；S 为权益资本的市场价值。债务资本的市场价值假设等于其面值。

权益资本的市场价值计算如下：

$$S=\frac{(EBIT-I)(1-T)}{K_c}$$

式中，K_c 为权益资本成本。权益资本成本可采用资本资产定价模型（capital asset pricing model，CAPM）计算：

$$K_c=R_F+\beta(R_m-R_F)$$

式中，R_F 为市场无风险报酬率；β 为股票的贝他系数；R_m 为市场平均报酬率。

公司加权平均资本成本可按以下公式计算：

$$K=K_b(1-T)\frac{B}{V}+K_c\frac{S}{V}$$

式中，K 为公司加权平均资本成本；K_b 为税前的债务资本成本。

以下举例说明比较公司价值法。

［例 6-8］ 某公司全部资本现均为股票资本，账面价值 2 000 万元。该公司认为目前资本结构不合理，拟举债购回部分股票予以调整。公司预计息税前利润为 500 万元，假定所得税率仍维持在 33%。

表 6-7　不同债务规模的债务利率和股票资本成本测算表

B(万元)	K_b(%)	β	R_F(%)	R_m(%)	K_c(%)
0	—	1.2	10	14	14.8
200	10	1.25	10	14	15.0
400	10	1.30	10	14	15.2
600	12	1.40	10	14	15.6
800	14	1.55	10	14	16.2
1 000	16	2.10	10	14	18.4

表 6-8　不同债务规模的公司价值和综合资本成本测算表

B(万元)	S(万元)	V(万元)	K_b(%)	K_c(%)	K(%)
0	2 264	2 264	—	14.8	14.80
200	2 144	2 344	10	15.0	14.29
400	2 028	2 428	10	15.2	13.80
600	1 838	2 438	12	15.6	13.74
800	1 605	2 405	14	16.2	13.93
1 000	1 238	2 238	16	18.4	14.97

可见，当企业负债 600 万元时，公司价值达到最大(2 438 万元)，同时综合资本成本达到最小(13.74%)。因此，可以判断该公司债务资本为 600 万元时的资本结构为最佳资本结构。

比较公司价值法有其合理性，但不易确定的因素很多，因而，精确地计算最优资本结构下的企业价值最大值是不现实的，只能根据企业价值的变化情况确定一个大致的资本结构优化范围。

(四) 比较杠杆比率法

比较杠杆比率法是资本结构管理的又一常用的实务方法。在这里有两种杠杆比率非常重要，即资产负债相关比率和固定费用相关比率。资产负债相关比率可由资产负债表得到，包括：债务比率，即总负债与总资产之比率；长期资本负债率，即长期负债与全部长期资本之比率；产权比率，即全部负债与净资产之比率。固定费用相关比率反映了企业偿还债务的能力，可由公司的利润表得到，包括：利息保障倍数，即息税前利润与年利息费用之比；固定费用比率，即息税前利润/(年利息费用+还原为税前的偿债基金)；现金流固定费用比率，即(息税前利润+折旧)/(利息支出+还原为税前的优先股股利+还原为税前的还本额)。指标的具体计算见表 6-9。

表 6-9　财务杠杆比率

比　　率	计算公式	当前比率	股权筹资时的比率	债务筹资时的比率
资产负债相关比率				
1. 债务比率	总负债/总资产			
2. 长期资本负债率	长期负债/(长期债务+净资产)			
3. 产权比率	全部负债/净资产			
固定费用相关比率				
1. 利息保障倍数	息税前利润/年利息费用			
2. 固定费用比率	$\dfrac{\text{息税前利润}}{\text{利息}+\text{偿债基金}/(1-\text{税率})}$			
3. 现金流固定费用比率	$\dfrac{\text{息税前利润}+\text{折旧}}{\text{利息支出}+\dfrac{\text{优先股股利}}{(1-\text{税率})}+\dfrac{\text{还本额}}{(1-\text{税率})}}$			

把财务杠杆比率分析应用于选择筹资方案，是通过确定筹资方案对财务杠杆比率产生的影响进行的。公司管理人员可将每个比率的当前水平与未来预期水平进行比较，计算出有关比率并填入表 6-9 的空白项，以判断筹资方案或由此产生的相应资本结构对每个财务杠杆比

率的影响。在现实中，息税前利润水平会有较大范围的波动，因此，应当计算不同的息税前利润水平下的财务杠杆比率，如果能包括所有可能的息税前利润及其概率分布，将比计算单一预期息税前利润水平下的财务杠杆比率更有用。在这些计算的基础上，再把不同的息税前利润水平及不同的筹资方案下的财务杠杆比率与某种标准财务杠杆比率进行对照，以确定筹资方案可行性。

如果存在财务杠杆比率标准，则计算出来的杠杆比率对决策者的价值会更大。通常，企业财务分析人员、投资者、债权人以及债券评级机构都会根据行业状况确定一些标准比率，由于不同行业的经营风险不同，故杠杆比率标准会因行业而异。当然，在同一行业中，不同的企业也会因规模和盈利能力等方面的差异而使经营风险各异，使得各企业有着不尽相同的杠杆比率，但与行业标准比较已在实践中普遍采用。正是因为每个行业的公司财务杠杆比率大致有一个分布比较集中的数值，即为“标准值”，所以公司管理人员在筹资决策时也会较多关注不偏离行业标准。

四、资本结构决策的影响因素

在资本结构决策中，企业除了要进行定量分析，还要进行定性分析，所谓定性分析是指认真、科学地分析影响资本结构的各种因素，并根据这些影响因素来确定企业合理的资本结构。企业在进行资本结构定性分析时需要考虑的因素主要有以下几点。

1. 企业成长与销售稳定性

预期销售增长率的高低表示企业的成长性，决定财务杠杆在多大程度上扩大每股收益。如果未来销售会以较高的速度增长，那么使用具有固定财务费用的外部债务筹资，就会大幅度提高普通股的每股收益。反之，如果未来销售呈较快下降的趋势，那么使用具有固定财务费用的债务筹资，就会使普通股的每股收益大幅度下降，此时，企业更倾向于通过内部的留存收益来补充资本。除了销售的增长率外，销售是否稳定对资本结构也有重要影响。如果企业的销售比较稳定，则可较多地负担固定财务费用；如果销售具有较大的波动性，则负担固定财务费用将冒较大的财务风险。

2. 企业风险状况

在决定企业的资本结构时，必须考虑企业的风险承受能力和由此带来相关成本的高低。企业的全部风险包括经营风险和财务风险，如果将企业的总风险规定在一定的范围内，那么经营风险越小，企业承担财务风险的能力就越强，此时应适当提高负债比率，有利于提高普通股每股收益；反之，经营风险越大，企业承担财务风险的能力就越低，此时应适当降低负债比率，减少普通股每股收益变动的风险。

3. 企业的获利能力

在实际工作中，获利能力强的企业可以产生大量的税后利润，其内部积累可以在很大程度上满足企业的资金需求，故这类企业的负债比率通常较低。

4. 企业的资产结构

资产结构会以多种方式影响企业的资本结构。一般来讲，资产总额中实物性资产比例较高，或企业总资产中变现能力强的资产所占比例较高企业的破产成本较小，从而负债能力强，其负债比率可能高些；反之，总资产中无形资产比例较高或总资产中变现能力较差的资产所占比例较高的企业，其负债比率可能低些。另外，资本密集型的企业，一般拥有大批的不动产或大量的固定资产，此类企业通常可采用长期抵押借款来筹集资金；而劳动密集型的企业，其资产结构中流动资产所占比例相对较大，营运资金的筹集是企业财务管理的重心，所以筹资大多采用短期的方式，而长期借款相对较少。

5. 企业的筹资灵活性

企业的筹资灵活性是指企业在需要资金时从不同筹资渠道筹措资金的能力。有时为了保持较好的举债能力，确保筹资的弹性，企业倾向于在正常情况下少使用负债筹资，以便随时可按较低利率发行债券或进行长期借款取得资金。因此，希望保持较高筹资灵活性的企业的负债比率通常会低些，以保留一定的债务筹资能力在需要时使用。

6. 企业管理者的态度

企业管理者的风险意识和对业绩表现的重视程度也是影响企业资本结构的因素。一般而言，风险意识较强，管理方式偏于稳健的管理人员不会为追求较高的财务杠杆作用而使企业的负债比率过高；而那些风险承受能力强、比较乐于显示其经营业绩和才能的管理者，则会敢于冒风险追求发挥财务杠杆的作用，从而使企业的负债比率较高。

7. 企业的控制权

该因素主要取决于企业所有者的态度，如果企业的股东不愿使企业的控制权旁落他人，则可能尽量采用负债筹资方式来增加资本，因为对于企业的老股东来说，发行新股会减少他们在公司中的持股比例，进而削弱他们对公司的控制能力，而借债筹资对其控制权的影响则相对较小。反之，如果企业不愿承担风险，就可能较少利用财务杠杆，尽量降低债务资本的比例。

8. 企业的信用等级与债权人的态度

企业能否以举债的方式筹资和能筹集到多少资金，不仅取决于企业管理者和股东的态度，而且取决于企业的信用等级和债权人的态度。如果企业过高安排债务筹资，其信用等级将下降，债权人将不愿意借债给企业，从而使企业无法达到它所希望达到的负债水平；或者以较高的利率给企业提供贷款，从而提高企业的资本成本和风险。

9. 政府的税收政策

企业利用负债可以获得减税利益，而股票的股利不能抵税。因此，所得税税率越高，负债的好处越多；反之，税率越低，则采用负债方式而产生的减税利益就越不明显。因此，税收政策实际上对企业债务安排产生一种刺激作用。

10. 其他因素

除了上述因素以外，国民经济发展前景、国家中长期发展政策、产业政策、货币与财政政策、资本市场管制政策、竞争机制、行业因素、利率水平的变动趋势以及投资者的偏好等都与资本结构决策有关。例如，对竞争者极易进入的产业，因其利润的稳定性较差，所以不易使用高负债比率。如果公司管理者认为利息率暂时较低，但不久的将来有可能上升的话，便会大量发行长期债券，从而在若干年内把利率固定在较低水平上。

需要指出的是，资本结构决策是企业财务决策中一项比较复杂的工作，虽然在理论上存在一种最佳资本结构，但在实践中很难找到它。

本章小结

经营杠杆是指当企业的成本结构中存在固定生产经营成本时，业务量变动会导致息税前利润发生更大幅度的变动。经营杠杆作用大小是用经营杠杆系数，即息税前利润变动率相当于产销量变动率的倍数衡量，表明业务量变动所引起息税前利润变动的幅度。经营杠杆系数反映了企业所面临的经营风险状况，经营杠杆系数越大，经营杠杆作用越大，经营风险就越大。

财务杠杆是指当企业存在固定的财务成本时，息税前利润的变动会导致普通股每股收益更大幅度的变动。财务杠杆作用大小是用财务杠杆系数，即普通股每股收益变动率相当于息税前利润变动率的倍数衡量。企业使用的固定支付的债务等资本越多，财务杠杆及效应就越大，企业的财务风险也就越大。

经营杠杆与财务杠杆的联合效应就是联合杠杆效应，它反映了企业每股收益对业务量的敏感性。联合杠杆的衡量是用联合杠杆系数，即普通股每股收益变动率相当于业务量变动率的倍数，它是经营杠杆系数与财务杠杆系数的乘积。联合杠杆系数反映了企业所面临的联合风险，联合杠杆作用越大，企业的风险就越大。

资本结构是指企业各种资本的构成及其比例关系。在通常情况下，资本结构是公司长期债务资本和权益资本的比例关系。因此，企业资本结构的决策，就是指合理地利用债务资本，科学地安排债务资本比例，它是企业筹资管理的重要问题。资本结构决策的意义在于合理安排债务资本比例，降低企业的资本成本，充分发挥财务杠杆作用。

资本结构决策的基本方法有：比较资本成本法、每股收益无差别点分析法、比较公司价值法和比较杠杆比率法等。比较资本成本法，是通过计算及比较各种资本结构的加权平均资本成本，以判别并选择最佳的资本结构，此方法的局限性在于可能漏掉最优方案。每股收益无差别点分析法是通过确定每股收益无差别点来选择最佳资本结构，此方法只考虑了资本结构对每股收益的影响，而未考虑资本结构对风险的影响。比较公司价值法是在反映财务风险的条件下，以公司价值的大小为标准，测算判断公司最佳的资本结构。此方法的局限性在于公司价值计算有着诸多不确定因素。比较杠杆比率法是通过确定财务杠杆比率来选择最佳资本结构，其局限性在于标准的杠杆比率难以确定。

复习思考题　封底扫码查看参考答案

简答题

1. 简述经营杠杆系数的作用。
2. 简述财务杠杆系数的作用。
3. 简述联合杠杆系数的作用。
4. 试述联合杠杆与企业风险之间的关系。
5. 资本结构理论主要有哪些？其主要内容是什么？
6. 运用权衡理论，分析资本结构与企业价值之间的关系。
7. 资本结构的含义及影响因素是什么？
8. 资本结构决策的方法有哪些？其决策思路是什么？

计算题

1. 某公司 A、B 两方案资本结构的资料如表 6－10 所示。

表 6-10 某公司资本结构方案

	A	B
普通股股数(假定每股面值 10 元)	400 万股	200 万股
债券金额(利率为 8%)		2 000 万元
资本总额	4 000 万元	4 000 万元
息税前利润	600 万元	600 万元

假设公司所得税率为 40%,若第二年公司息税前利润增长 20%。

要求:(1) 计算两个方案的财务杠杆系数;

(2) 比较两个资本结构方案的财务杠杆作用。

2. 某企业资本总额为 250 万元,负债比率为 45%,债务利息率为 14%,销售额为 320 万元,固定经营成本为 48 万元,变动成本率为 60%。试计算该公司经营杠杆系数、财务杠杆系数和联合杠杆系数。

3. 某公司原有资本 700 万元,其中债务资本 200 万元,年利息率 12%。普通股资本500 万元,已发行股数 10 万股,每股面值 50 元。由于扩大业务,需追加筹资 300 万元,公司所得税税率为 25%。其筹资方式有二:

方案Ⅰ,全部发行普通股,增发 6 万股,假定每股面值 50 元;

方案Ⅱ,全部筹借长期债务,债务利息率 12%。

要求:(1) 计算每股收益无差别点和此点的每股收益;

(2) 该公司预测明年的息税前利润为 140 万元,其应采用何种资本结构?

4. 某企业每年销售额为 700 万元,变动成本率为 60%,年固定成本总额为 180 万元,假设所得税税率为 40%,资本总额为 500 万元,其中普通股股本为 300 万元(发行普通股 30 万股,每股面值 10 元),债务资本为 200 万元,年利息率为 10%。

要求:(1) 该企业联合杠杆系数为多少?

(2) 要使每股收益增长 70%,企业的销售额应为多少?

(3) 企业决定追加筹资 200 万元,有两个方案,甲方案,发行普通股 20 万股,假定每股面值 10 元;乙方案,发行 200 万元长期债券,年利率为 20%。试计算每股收益无差别点;如果增资后企业的息税前利润可达 130 万元,企业应选择哪种筹资方式?

5. 已知某企业在某年年初长期资本 1 600 万元中:长期债券 800 万元,年利率 10%;普通股 800 万元(80 万股,每股面值 1 元,发行价 10 元,目前价格也为 10 元)。预期股利为1 元/股,预计以后每年增加股利 5%。假设该企业所得税税率为 40%,且发行各种证券均无筹资费。该企业现拟增资 400 万元,以扩大生产经营规模,现有如下三个方案可供选择。

方案Ⅰ:增加发行 400 万元的债券,因负债增加,投资人风险加大,债券利率增至 12%才能发行,预计普通股股利不变,但由于风险加大,普通股市价降至 8 元/股。

方案Ⅱ:发行债券 200 万元,年利率 10%;发行股票 20 万股,每股发行价 10 元,预计普通股股利不变。

方案Ⅲ:发行股票 36.36 万股,普通股市价增至11 元/股。

要求:从资本成本的角度,通过计算说明哪种筹资方式最优。

第七章　投资决策概论

企业投资是企业财务管理的重要内容。根据不同的投资标志，投资有不同的分类，本书所讲的投资主要是直接投资和间接投资。在投资前，应对投资环境要素进行分析和正确评价。资产、资本组合投资决策和多元投资组合决策是投资决策的一项内容，而固定资产与无形资产投资管理是企业财务管理的一项重要内容，对这项主要资产的管理将在下一章讲述。

第一节　投资的种类与原则

一、投资的种类

投资主体为获得未来预期收益，投入一定量财力、物力的经济行为，称为投资。企业投资是企业财务管理的重要内容，企业只有不断投资，才有可能不断积累，扩大经营规模。

根据不同的投资标志，投资有不同的分类。

（一）按照投资与企业生产经营的关系，可分为直接投资和间接投资

直接投资是指把资金投放于生产经营性资产，通常以货币资产、实物资产和无形资产对本企业和其他企业投资，以便获得利润的投资。这种投资在生产经营性企业中所占比重较大。

间接投资可以指通过对控股企业的投资，间接对旗下控制的企业投资；也可以指通过资本市场购买金融资产间接投资受资企业。购买金融资产间接投资一般是指通过购买股票、证券投资基金等，以获取利润的投资。其目的是为了获得红利、利息和资本利得。随着我国金融市场的不断完善和投资方式多样化的形成，企业间接投资越来越广泛。

（二）按照投资的时间长短，可分为短期投资和长期投资

短期投资是指能够随时变现的，准备持有时间不超过一年的证券投资和其他投资。短期投资具有投资金额小、投资回收期短和投资报酬低的特点。

长期投资是指不准备随时变现，持有时间在一年以上的证券投资和其他投资。长期投资具有投资金额大、回收期长、投资风险大和投资报酬率高的特点。

（三）按照投资的方向，可分为对内投资和对外投资

对内投资是指把资金投在企业内部，购置各种生产经营资产的投资，主要是用于资本性支出的投资。

对外投资是指企业购买金融资产或独资、控股与合资投资等。

二、投资的原则

企业的投资存在投资机遇上的选择性、投资空间的分离性和投资收益的不确定性，所以，若不慎重从事，就会造成投资失败。因此，在投资前，就应进行投资项目的可行性研究，按照投资原则进行抉择。企业投资应坚持下列原则。

（一）符合投入产出原则

企业财务管理的目标是不断提高企业价值。通过投资，追求利润最大化是实现这一目标的主要途径。在直接投资过程中，应在提高投资项目质量的前提下缩短投资周期，降低投资费用；在间接投资过程中，应正确地把握投资机会，同时要考虑资金时间价值。在投资报酬率一定的情况下，尽可能降低风险。或在风险一定的情况下，尽可能提高投资报酬率。

（二）符合长远利益的原则

企业的投资行为必须以维护投资者的长远利益和企业的整体发展战略目标为出发点。符合长远利益原则包含两个方面的内容：其一，从时间长度看，要正确处理目前利益与长远利益之间的关系，对于一些虽然短期内能取得较好收益，但将影响企业长远利益的投资应予否决。相反，对于一些短期内很难见效，但以后长期受益的项目应予选择。其二，从范围上看，要正确处理企业效益和社会效益的关系。企业效益和社会效益是相互影响的，不仅要有企业成本效益观，还应有社会成本效益观，在两者发生冲突时，应以服从提高社会效益为主。

（三）符合安全性原则

一些投资的未来收益具有不确定性，存在着投资风险。投资风险与收益并存，收益性大的项目，其风险也可能大。应尽可能规避风险，防止风险带来的负效应，以保证投入的资产安全完整为前提。为此，企业在进行投资时应重视对投资风险的评估。另外，在进行投资时，要正确处理资产结构与权益结构的对应关系，选择适度的营运资金管理政策，正确处理资产流动性与盈利性的关系，在追求投资收益时，还应保持必要的清偿能力，避免财务失败。

第二节　投资环境要素分析及其评价

一、投资环境的概念和分类

（一）投资环境的概念

投资总是在特定的区域内形成的，不同区域的资本能够相互自由转移，这是形成投资的前提条件，也是形成研究投资环境的前提。

从系统论的观点看，投资环境是指对被研究子系统有影响作用的一切总系统。企业以外，对投资有影响作用的系统称为企业外部投资环境。企业内部对投资有影响作用的系统称为企业内部投资环境。系统环境具有层次性，高层次的环境包括了低层次的环境，层次可以层层划分。环境具有相对性，某一系统的环境往往又以其他系统为环境。

从投资环境要素考察，投资环境是指对投资具有影响的社会政治、经济、法律、文化、自然条件、技术条件等要素的交叉重叠和有机组合而构成的多层次、多环节的综合。

（二）投资环境的分类

投资环境通常按下列标准进行分类。

1. 按照投资环境因素作用范围的大小分类

按照投资环境因素作用范围的大小，可以分为宏观环境和微观环境。宏观环境是指企业外部因素的总和，微观环境是指企业内部因素的总和。

宏观环境又可细分为国际、国内和区域投资环境。

国际环境对国际间的投资影响较为突出，包括相关国家之间的政治、经济、文化、习俗、技术、生产成本、居民消费水平、资本形态的差异及其联系。这些影响因素变化的可预见性较低。

国内环境包括政治制度、经济体制、财政税收制度、金融政策、投资政策、物价水平等。尤其是金融和投资政策，如贷款利率的调整、投资规模控制和投资结构的调整等对投资有较大的影响。

区域环境因素可以指国内的一定行政区域，如华东地区、长江三角洲、省市区域等。也可指一定经济区域，如经济特区和经济技术开发区等。

在不同的区域，其投资环境的要素有一定的差别，国内区域环境因素变化的可预见性较强。

2. 按照投资环境的属性分类

按照投资环境的属性，可分为硬环境和软环境。

硬环境是指投资环境的硬件方面，即物质条件，包括自然地理、交通运输、邮电通讯和能源供应等。硬环境一般具有一定的物质形态，且有相对稳定的特点，改善硬环境需要较大的财力和物力。

软环境是指投资环境的非物质条件，包括政治、法律、文化条件等。软环境一般不具有物质形态，改善软环境需要的财力和物力相对较小，但需要较长时间的努力才能完成。

在一定条件下，上述所分类的环境因素是可以相互转化的。

二、投资环境的要素分析

投资环境分析是进行投资可行性研究的重要一环，构成投资环境的要素众多，这里仅就外部环境的主要构成要素进行分析。

（一）社会政治要素

政治的内容包括具有实体的国家政治思想和政治实践。政治集中地体现了一个国家各阶级、各集团的物质利益，不同的国家，其社会政治制度有很大的差异。从有利于投资的共性因素看，政治稳定性和政策连续性是保持良好投资环境的重要因素。这就要求一个国家的政权要稳定，大政方针、政策不能朝令夕改，在一定时期内要保持相对稳定。

（二）法律环境要素

法律是上层建筑的重要内容。与上层建筑的其他内容相比，它是由国家直接制定或认可的，由国家强制力保证实施的。一个良好的法律环境应体现出法律的完整配套性、法律的稳定性和执法机构的公正性。法律的完整性和配套性是相对的，随着社会不断进步，经济迅速发展，各种法律会不断地补充、调整。法律的稳定性与一国政治的稳定性也密切联系，它与法的公正性对保证投资者的安全感有很重要的作用。

（三）经济环境要素

经济环境的变化影响着社会总供给和总需求的过程，投资要求能否转化为实际的投资行为，在很大程度上取决于社会总供给和总需求互动的状况。投资既决定未来的总供给，又受目前和未来总需求的制约。关于经济环境，要分析的因素较多，但主要分析下列因素。

首先是财税政策。国家若要采取紧缩的财税政策，采取提高税率等措施增加财政收入，减少财政支出，则社会投资成本相对提高，企业的投资额减少。这一财税举措不利于投资规模的扩大。国家若采取宽松的财税政策，对企业减税让利，同时增加财政支出，则社会投资成本相对减少，企业的投资生产增加。这一财税举措有利于投资规模的扩大。

其次是金融政策，主要是指货币信贷政策。货币信贷政策是调节货币供给量的政策，调节货币供给量是调节社会总需求和总供给的强有力手段。它也是影响物价变动的主要因素。当社会总供给超过总需求，经济出现过热，就需要通过利率杠杆，提高存、贷款利率，减少货币供给量，此时投资成本较高，从而间接地限制了企业投资，进行投资是不利的。当经济处于萎缩阶段，市场不景气，就业机会减少时，通过降低存、贷款利率，增加货币供给量，刺激经济增长和增加就业机会，此时投资成本较低，而且投资结果容易构成有效需求，进行投资是有利的。

（四）产业结构和产业政策要素

产业结构运行机制、投入产出衔接关系，对投资有直接的影响，产业结构运行机制能否充分发挥转化资源的功能，从整体上决定了一国经济的投资规模。在产出目标既定的条件下，产业结构运行机制越健全，发挥最大产能的比例越协调，所需要的投资总量越少；反之，所需投资总量越多。产业结构内的技术经济联系程度反映了以前的投资效率，分工协作关系越合理，组织结构越优化，其投资效率越高，新追加的投资额就减少；反之，就增加。国家制定的产业政策反映了哪些产业应予以扶持鼓励、优先发展，哪些应予以限制。对于基础产业、新型产业、战略产业，国家是重点扶持、鼓励发展的。对于那些受资源条件、环境影响、生产成本制约的夕阳产业，国家是采取限制政策的。企业投资方向的研究应关注产业发展动向，投资应尽量符合国家的产业政策，以利于增加投资效益。

三、投资环境的评价

随着经济的快速发展，我国在吸引外资的同时，也不断向境外投资，每年向境外投资的数额不断加大。为了便于投资者对投资取向作出正确的选择，应对投资环境进行正确的评价。评价投资环境应紧紧围绕投资目的进行，企业投资的目的是增值，投资环境的优劣评价就是要看它能否保证投资增值。投资环境的评价不仅能正确引导资金的合理流向，而且可以促使受资地不断改善投资环境，吸引更多的投资。

投资环境评价分析方法包括定量分析法、定性分析法、定量与定性结合分析法。

采用投资定量分析法，其步骤是：首先，应对影响环境的要素分别确定权数和不同标志下的得分区域值；然后请有关专家对各环境要素进行打分，算出平均值；最后确定环境总分值。

定性分析法是通过对投资环境的各个要素进行分析，根据经验进行的主观判断。由于影响投资环境的随机因素较多，有些因素难以定量分析，而定性分析法能较好地解决这一问题，但采用定性分析方法往往伴有较大的主观随意性。

定量与定性结合的分析方法可以弥补上述两种方法的不足。如国际上流行的多因素评价法、技术分析法,就是定量分析法和定性分析法的结合。这一方法是美国学者罗伯特·斯托伯最先提出来的。后来,此方法虽有发展,但基本方法仍没有变。这种方法的基本步骤是:① 搜集整理投资环境要素的有关资料;② 确定各主要环境要素在总投资环境要素中所占的比重,具体是通过定量计分确定,再规定同一要素的几种评分级次;③ 对各投资环境要素进行评价记分,再乘以环境要素的比重,即为该环境要素的评定分值;④ 确定投资总环境系统的总评分;⑤ 对一些难以计量的要素和投资过程中可能发生的变化进行定性分析,调整定量总体分值,得出综合分值。运用这种方法,可以对不同的投资环境进行评分比较,以选择最佳的投资环境。

第三节　组合投资决策

一、资产、资本组合投资决策

我国《企业会计准则——基本准则》把资产定义为:"企业过去的交易或者事项形成的、由企业拥有或者控制的、预期会给企业带来经济利益的资源。"在企业资产负债表上,资产反映为左方的分布状况。这里所讲的资本是指广义的资本,即全部资产的权益情况,它反映在资产负债表的右方。资产、资本组合投资决策的目的是从改善资产、资本结构方面,以内涵方式来改善内部投资,提高投资效果。

(一) 资产组合投资决策

资产按流动性划分,可以分为流动资产和非流动资产。流动资产主要包括货币资产、交易性金融资产、债权资产、存货等。非流动资产主要包括长期投资、固定资产、无形资产、长期待摊费用等。在产销波动不大的情况下,若减少流动资产的比重,尤其是其中的货币资产、应收账款的比重,增加其他资产的比重(如增加生产领域的资产),提高了企业盈利水平,但同时也降低了流动性,增加了偿债的风险性;若减少非流动资产的比重,增加流动资产的比重,特别是其中的货币资产比重,就有较大能力支付到期的银行借款、应付账款和其他债务,避免存货的短缺、停工的发生和产品脱销现象,提高了资产的流动性,减少了风险性,但同时也降低了盈利性。

上述是把流动资产和非流动资产各作为整体看待分析的。从各类资产内部的构成项目看,情况要复杂得多,不同项目的资产对风险与报酬的敏感性是有差别的,这里就不再具体分析了。

资产按照形态可以划分为有形资产和无形资产。一般来说,有形资产是人们可以通过感官感知的,在计量和内在价值的评估上具有操作性强、容易确定的特点,因此,能较客观地反映企业资产价值。而无形资产是人们无法通过感官感知的,在计量和内在价值的评估上具有操作性差、不易确定的特点,因此,反映企业资产价值的模糊性强。企业有形资产越多,其资产的实际价值越大。企业有些无形资产具有与企业同生同灭的整合性,企业在破产时,这些无形资产也随之灭失。就衡量企业的偿债能力看,无形资产比重越小,有形资产比重越大,企业的实际偿债能力越强;反之,实际偿债能力越弱。企业占有资产就是为了获得未来收益,而收益表现的最初形态通常是有形资产。从资产占用形态的转换形态上看,企业获取无形资产,最终还是为了获取更多的有形资产。

资产按照运用过程分类，可以分为正常生产经营活动需要占用的资产和正常保险储备占用的资产。这种划分，在流动资产占用上表现得尤为突出。正常保险储备占用的资产与超储积压资产是有区别的。前者是合理的资产占用，是为了应付意外情况，如供货期将延长、预计资产价格将有较大的上升等而储备的资产。企业若减少甚至不储存保险储备资产，可以做到物尽其用，提高资产收益率。但同时可能遇到不利的随机因素影响，造成企业资产难以维持生产经营需要的经营风险。企业若增加保险储备资产，资产的收益率下降，但经营风险也会降低。企业如何正确处理好保险储备资产与正常生产经营需要资产的结构关系，主要取决于财务管理者对风险程度的心理偏好。

在证券投资基金组合投资决策中，资产组合决策是关键。证券投资基金组合是指基金所投资的股票、债券、其他衍生金融产品和存置的货币资产之间的比例关系。证券投资基金资产组合特征及其变化取决于基金的类别、基金投资环境的变化以及基金经理投资组合的风格。通过对基金组合资产品种的分析、对比和了解，有利于投资者预测未来的投资收益和投资风险。

（二）资本组合投资决策

资本组合涉及企业负债与自有资本结构。在负债中主要涉及流动负债与长期负债的结构。在自有资本中，主要涉及投入资本与留存收益的结构。这里着重讲述企业负债与自有资本结构问题，这一问题与前面的筹资管理有密切联系。

一个企业负债与自有资本的比例为多少比较合理？企业的所有者、债权人、经营者站在不同的立场，对此会有不同的看法。在理论界也存在不同的观点，具有代表性的传统观、净利观、营业净利观和发展“MM”观各有见解。目前，对于负债和自有资本比例变化对企业经营的影响，较普遍的看法是：由于负债资本成本低于自有资本成本，提高负债比重可以降低全部资本成本，但也不能无节制地提高负债比重，过度的负债会增加企业的风险，使经济资源配置失当，造成国民经济病态运行。保持一定的自有资本比例，有利于抵御债务危机和其他经营风险。我国和西方的有些学者认为，负债和自有资本各占全部资本50%的比例比较合适。当然，这一比例也不是一成不变的，在不同的条件下，可以改变这一比例关系。当全部息税前资本利润率大于负债利息率时，应提高负债比例，从而提高自有资本利润率；当全部息税前资本利润率小于负债利息率时，应降低负债比例，以避免或减少自有资本利润率下降。利用财务杠杆的作用，即在负债利息率一定时，由于负债比例不同和利息的固定成本形态共同作用的结果以及对自有资本利润率升降变化所产生的作用，也可以判断资本结构是否合理。

（三）资产与资本适应性组合决策

资产负债表左方的资产按流动性，可以分为流动资产和非流动资产；右方的资本按融资的期限，分为短期资本与长期资本。就流动资产与非流动资产能否迅速实现和补偿其价值的资产风险来看，流动资产的风险小于非流动资产。就能否到期及时偿债的风险来看，长期资本中的负债融资风险要小于短期资本中的负债融资风险。由于资产和资本双方存在着财务风险敏感的反向变化现象，这就要求双方：在结构上，分别对等，保持相对平衡。流动资产需要由短期资本来供给，非流动资产需要由长期资本来供给，这样，各自的风险程度可以相互弥补，以求得在适中的财务风险和融资成本下进行财务运作。但在企业实际的财务运作过程中，双方在结构上很难平衡，平衡是相对的，不平衡是绝对的，可能会出现以下两种极端：

一种是保守型的适应结构。这种结构表现为流动资产不仅由全部短期资本供给，而且还要由相当多的长期资本补给；大量流动资产全部由长期资本，即长期负债和所有者权益供给。从资本方来看，长期资本比重较大，相当多的长期资本用来满足流动资产的需要，减小了不断及时偿债的压力，降低了清偿债务的风险。但由于长期资本的融资成本高，从而降低了企业的盈利性，这实际上是以减少盈利性为代价来换取较小的风险性。从稳健性考虑，企业的短期资本可以适当小于流动资产，即流动资产可以由一部分长期资本供给，这样可以及时清欠，偿还债务。但流动资产不能由过多的长期资本供给，财务政策不能过于保守。

另一种是激进型的适应结构，也称风险型的适应结构。这种结构表现为流动资产全部由短期资本供给；非流动资产不仅由全部长期资本供给，而且还要由相当多的短期资本，即流动负债供给。从资本方来看，短期资本比重增大，相当多的短期资本用来满足非流动资产需要，这就缩短了偿债周期，增加了不断及时偿债的压力，增加了财务风险。但由于短期资本的融资成本低，这就有利于增加企业的盈利性，这实际上是以增加财务风险为代价来换取较高的收益。

二、多角投资组合决策

（一）多角投资组合特点

投资者在投资时，为获取预期的收益，也可能遭受损失的风险，收益与风险总是相伴相随。我们能否在投资时尽可能减少投资风险，取得较好的收益呢？答案是肯定的。减少投资风险的通常做法是进行多角投资或称多样化投资，这在证券投资上表现得较为明显。

证券投资者同样选择若干个投资项目，形成一定的投资体系，称为投资组合。投资组合可以形成有效投资组合和无效投资组合。有效投资组合并不能规避所有的投资风险。证券投资风险按照是否可以通过组合投资进行分散，分为可分散风险和不可分散风险。前者是非系统风险，它只反映企业的个别性，不具有普遍性，例如一个公司的市场占有率下降，另一个公司的市场占有率可能上升，这些不利和有利的因素可以通过资产组合而相互抵消，从而分散风险；后者是系统性风险。这些风险是所有公司都会遇到的，投资者无法通过组合各种公司股票来分散这种风险。例如，就股市价格的实际走势看，由于受到系统风险的影响，遇到利好的“牛市”，几乎所有的股票价格“走阳”；遇到利空的“熊市”，几乎所有的股票价格“走阴”。

投资者要选择哪些项目构成一个投资组合，应该考虑投资组成中各个项目的收益水平、风险程度和所占比重。

在证券市场上，各种证券的价格受到各种因素的影响，所产生的变动方向和变动程度是不一样的。在同一时刻，有的价格上升且上升幅度大；有的价格下跌且下跌幅度大。由于价格的这种变化，造成了各种证券的投资收益率不断变化，有的相同或相似，有的不同或完全相反。不同证券的组合就会产生其价格变化的不同情况，从而得出不同的风险水平。

下面举例说明这种关系。某企业投资 A、B 两种证券，假定这两种证券在某一时刻的收益率变化呈现出两种形态，如图 7-1 和图 7-2 所示。

从图 7-1 中可以看出，在某一时点，A、B 两种证券的收益率变化方向和幅度是完全一致的，两者是密切相关的。衡量相关程度可用相关系数（correlation coefficient）r 值来表示，r 值的变化区间是$[-1,1]$。若 $r=1$，表明 A、B 投资有完全的正相关，在这种完全相同的关系下：一种证券的风险是如此，相关的两种证券的组合，其风险仍是这样。可见，这种投资组合是不会分散特定风险的，是完全无效的投资组合。

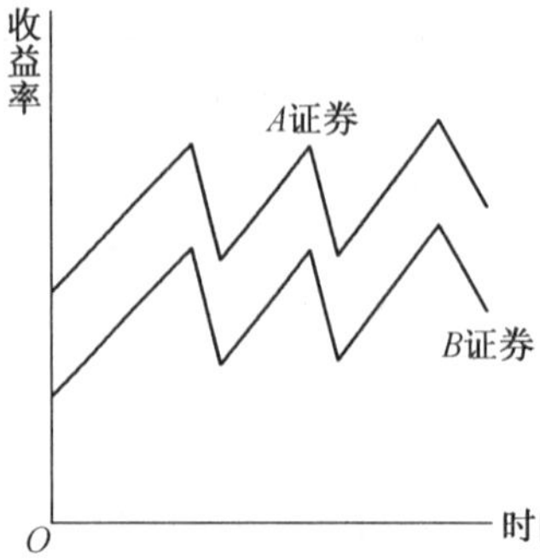

图 7-1 A、B 证券的收益率变化形态(1)

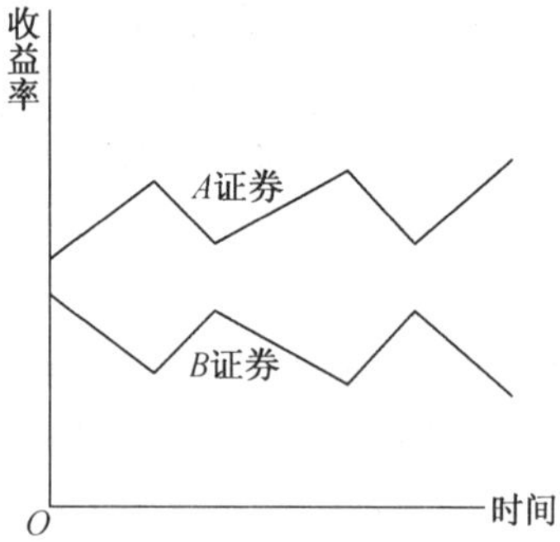

图 7-2 A、B 证券的收益率变化形态(2)

从图 7-2 中可以看出，在某一时点，A、B 两种证券的收益率变化方向和幅度是完全相反的，表明投资是完全的负相关，即相关系数为－1，两种证券的特定风险完全抵消，特定风险为零。需要说明的是，若没有特定风险，特定风险价值随之消失，超过无特定风险证券的收益也随之丧失。假定不考虑市场风险，仅就上述第二种形态的组合来看，它实际上是以丧失特定风险溢酬为代价换来的无风险，利弊共存。

还需要指出的是，有些敢冒风险的投资者，在投资额有限的情况下，为了获取风险溢酬，未必采取投资组合的方式进行投资。这是不是说，投资组合的特定风险低，投资收益一定低，此消彼长，风险和收益是无法统筹兼顾的，投资组合是失败的呢？回答是否定的。看待这个问题，需从两个方面着眼：① 上述两种形态的组合是组合的两种极端，完全能够抵消其特定风险和完全不能够抵消风险的情形是极少见的。更多的情况下，在证券投资中，各种投资的相关系数大于 0 小于 1。据有关部门测算，在我国上海股市的任意两种股票之间的相关系数约为 0.5～0.6。在美国纽约股市任意两种股票之间的相关系数约在 0.5～0.7。当然，也可能存在另一种情况，投资组合中各个项目的投资收益率之间的变化没有任何联系，即相关系数为零，如果是这样，也就失去了投资组合的意义，或者说，这种投资组合是无效的。② 各种投资项目的收益率、方差、标准差不同，对应的相关系数和组合比例也不同，在一定的相关范围内，选取较多的项目进行组合，能够使得在较低的特定风险下取得较高的投资报酬。美国学者怀尼和施勒(Wayne Wagner&Sheila Lao)在 20 世纪 70 年代为了研究股票组合投资对风险的影响，选取了纽约股票交易所上市的 200 种股票为样本，按标准差把样本划分为六个组，在每一分组中又随机地选择若干个资产组合，计算出期限长达十年的每个月的资产组合收益。其部分研究结果如表 7-1 所示。

表 7-1 股票组合与风险(1960 年 6 月至 1970 年 5 月)

资产组合中的股票种类	平均收益率	收益率标准差
1	0.88	7.0
2	0.69	5.0
3	0.74	4.8
4	0.65	4.6
5	0.71	4.6
10	0.68	4.2
15	0.69	4.0
20	0.67	3.9

由表 7－1 可以看出，随着资产组合中的股票种类增加，收益率标准差，即特定风险减小，而平均收益率基本不随资产组合中的股票种类及数量的增加而减小。可见，在一定的相关范围内，增加组合中的投资项目，可以在较低的特定风险下取得较高的收益水平，这正是我们在风险条件下进行投资所期望的。其他研究还表明，超过一定的组合种类，其组合种类的增加对特定风险降低的影响极小，甚至没有影响。或者说，超过一定的相关范围，特定风险不随投资组合种类的增加而减少。

（二）有效多角投资组合

有效多角组合能使投入的一定量的资本，在尽可能降低特定风险的条件下，取得较大的组合收益。进行有效多角组合应按下列步骤进行：首先，对各种投资项目进行分析，计算出每种投资项目的预期风险和收益；其次，进行组合分析，结合预估的每种证券收益和风险，以决定各种可选择组合，从中选择一组有效组合；最后，投资者按照投资战略目标，对这一组有效组合再进行组合调整。

不同的投资者，因受到的约束条件不同，其组合调整的方式也不同。如公司投资比个人投资更注重长远利益，两者的有效组合构成有一定的差异。不同的投资者虽然在有效组合的构成上具有差异性，但所遵循的组合原则是相同的，即在同等的风险水平下，应选择投资收益高的项目；在同样的投资收益水平下，应选择风险水平低的项目。

下面举例说明：某投资者选择十种股票作为组合，这一组合是否为有效组合呢？这个组合中的各种股票的市场收益率和风险收益率标准差如表 7－2 所示。

表 7－2　组合中的各种股票收益、风险

股　票	*A*	*B*	*C*	*D*	*E*	*F*	*G*	*H*	*I*	*J*
市场收益率(%)	10	15	18	18	23	23	29	29	29	25
风　　险(%)	18	23	23	14	11	17	15	20	21	21

表 7－2 中的各种股票市场收益率与风险之间的关系也可通过图 7－3 表示。

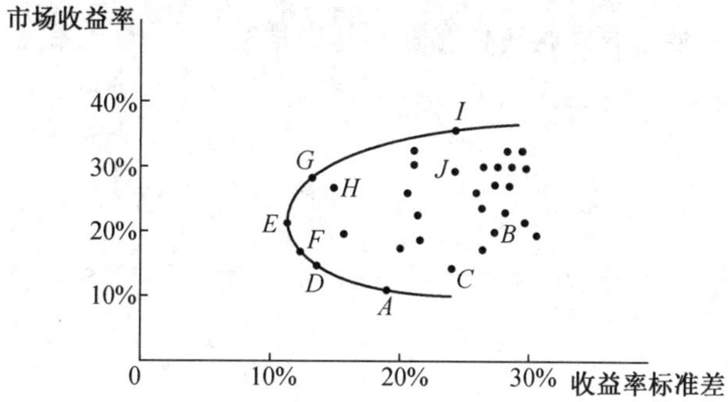

图 7－3　各种股票市场收益率与风险间的关系

在图 7－3 中，曲线上或称“有效界线”(efficient frontier)上的股票组合为有效组合，曲线以外的股票组合为较差组合。因为在市场收益相同的情况下，曲线上的股票特定风险比曲线以外股票更小。如 *C* 和 *D* 股票，两种市场收益率相同，但 *D* 比 *C* 的特定风险小，因此，应选择 *D* 而放弃 *C*。在特定风险一定的情况下，曲线上的股票市场收益率要比曲线以外的股票市场收益率要大，如 I 和 J 股票，两者的特定风险相同，但 I 比 J 的市场收益率要大。因此，应选择 I 而放弃 J。

本章小结

投资主体为获得未来预期收益，投入一定量财力、物力的经济行为，称为投资。

投资的原则应遵循投入产出原则、长远利益的原则、安全性原则。

投资环境分析是进行投资可行性研究的重要一环，构成投资环境的要素繁多，包括社会政治要素、法律环境要素、经济环境要素、产业政策要素。

为了便于投资者对投资取向作出正确的选择，应对投资环境进行正确的评价。投资环境评价分析方法包括定量分析法、定性分析法、定量与定性结合分析法。

资产、资本组合投资决策包括资产组合投资决策、资本组合投资决策和资产与资本适应性组合决策。

减少特定投资风险的通常做法是进行多角投资或称多样化投资，这在证券投资上表现得较为明显。

复习思考题　封底扫码查看参考答案

简答题

1. 什么是投资？投资是如何分类的？

2. 影响投资环境要素的因素有哪些？如何正确评价？

3. 投资环境评价分析方法有哪些？

4. 如何正确地进行资产组合投资决策、资本组合投资决策和资产与资本适应性组合决策？

5. 资产与资本适应性组合结构通常有哪几种安排？

第八章　固定资产与无形资产投资决策

在固定资产投资决策过程中，现金流量指标是计算考评财务可行性指标的基础。考评固定资产财务可行性指标可分为贴现指标和非贴现指标。在投资决策中，贴现指标的含义、计算及其考评标准是本章的重点。在固定资产投资决策中要加强固定资产日常控制，实行固定资产的日常控制责任制，提高固定资产的利用效果。在无形资产投资管理过程中，应正确选择投资项目和适当选定投资期限。

第一节　固定资产投资决策

一、现金流量

固定资产投资决策是指从收集资料进行固定资产投资的可行性研究，到选择最优投资方案的这一过程。本节着重从如何选择最优方案这一环节进行阐述。进行固定资产投资决策时，不仅应计算投资成本、投资风险价值、投入资金的时间价值，还应计算投资项目的现金流量。计算现金流量指标，为计算与投资决策相关的其他指标奠定了基础。固定资产投资决策中涉及的现金主要是指货币资金。目前，无论在西方还是在我国，在资本预算或决策过程中，都以这一指标为预测、决策的基础。

现金流量按其动态的变化状况可分为现金流入量、现金流出量和现金净流量。

按照投资经营全过程，现金流量可分为购建期现金流量，通常表现为现金流出量；经营期现金流量，既有现金流入量，也有现金流出量，通常现金流入量大于流出量；终结期现金流量，通常表现为现金流入量。

（一）现金流出量

现金流出量主要表现为货币资金减少。在投资购建期，表现为购建固定资产的各种支出，垫付的流动资产开支和其他费用的支出。若投资项目为企业整体，购建期现金流出包括筹建期和建设期购建全部实物资产和非实物资产的货币支出；在经营期，表现为以货币资产减少为特征的各种支出，即付现支出，包括付现购置的存货、支付的工资、税金等；在终结期，表现为付现的清理支出等。

（二）现金流入量

现金流入量主要表现为货币资金增加。在购建期，表现在固定资产更新改造或扩建过程中淘汰旧资产的残值变现收入；在经营期，表现为以货币资产增加为特征且与投资资产有联系的各种收入，即收现收入；在终结期，表现为固定资产报废的残值变现收入和收回垫付的其他变现资产。

（三）现金净流量

现金净流量是一定时期与固定资产投资有联系的货币资金增加与货币资金减少的差额，即现金流入量与流出量的差额，这一指标的计算在经营期间表现得较为突出。用公式表示现金净流量就是：

现金净流量＝现金流入量－现金流出量
＝收现收入－付现费用－相关税金
＝收现收入－（总费用－不需要付现的费用）－相关税金
＝净利润＋不需要付现的费用

上式中，“不需要付现的费用”包括固定资产折旧费以及与投资有关的无形资产摊销、长期待摊费用摊销等。当把固定资产作为分析对象时，在不需要付现的费用中，通常只考虑折旧费，因此，上式可简化为：

现金净流量＝净利润＋折旧费

（四）现金流量的举例计算

［**例 8－1**］ 2022 年某企业拟建造固定资产有 *A*、*B* 两个方案，其资料如表 8－1 所示。

表 8－1 *A*、*B* 方案预计投入产出状况表 单位：元

方案＼指标	投资额	使用寿命（年）	残 值	每年营业收入	每年付现成本
A	180 000	4	0	110 000	40 000
B	108 000	4	36 000	70 000	20 000（第一年）

假定 *B* 方案在投资时需要另垫付营运资金 25 000 元，固定资产维护费每年递增 1 000 元，所得税率为 25%，企业资本成本为 10%，试计算两种方案的现金流量。

首先，计算两个方案的营业现金流量，计算过程见表 8－2 和表 8－3。

表 8－2 *A* 方案预计营业现金流量计算表 单位：元

年 数	1	2	3	4
营业收入①	110 000	110 000	110 000	110 000
付现成本②	40 000	40 000	40 000	40 000
折旧③	45 000	45 000	45 000	45 000
税前利润④＝①－②－③	25 000	25 000	25 000	25 000
所得税⑤＝④×25%	6 250	6 250	6 250	6 250
净利润⑥＝④－⑤	18 750	18 750	18 750	18 750
现金流净量⑦＝①－②－⑤＝③＋⑥	63 750	63 750	63 750	63 750

表 8-3　*B* 方案预计营业现金流量计算表　　单位:元

年　　数	1	2	3	4
营业收入①	70 000	70 000	70 000	70 000
付现成本②	20 000	21 000	22 000	23 000
折旧③	18 000	18 000	18 000	18 000
税前利润④=①-②-③	32 000	31 000	30 000	29 000
所得税⑤=④×25%	8 000	7 750	7 500	7 250
净利润⑥=④-⑤	24 000	23 250	22 500	21 750
现金流净量⑦=①-②-⑤=③+⑥	42 000	41 250	40 500	39 750

再计算全部期间投资项目现金净流量,计算过程见表 8-4 和表 8-5。

表 8-4　*A* 方案预计现金流量计算表　　单位:元

年　　数	0	1	2	3	4
固定资产投资	-180 000				
营业现金净流量		63 750	63 750	63 750	63 750
现金净流量合计	-180 000	63 750	63 750	63 750	63 750

注:表中的零年栏中为一次全部初始投资数。

表 8-5　*B* 方案预计现金流量计算表　　单位:元

年　　数	0	1	2	3	4
固定资产投资	-108 000				
营业现金净流量	-25 000	42 000	41 250	40 500	39 750
固定资产残值					36 000
垫付资金回收					25 000
现金净流量合计	-133 000	42 000	41 250	40 500	100 750

注:表中的零年栏中为一次全部初始投资数。

二、投资决策方法

(一)投资回收期法

投资回收期是指由于投资引起的现金流入累计到与投资额相等所需要的时间,一般以年为单位,这是使用较早的一种固定资产投资决策方法。该方法的特点是,回收期越短,投资风险越小,投资方案越有利;反之,投资回收期越长,风险越大,投资方案越不利。具体计算投资回收期时,可分为非贴现的和贴现的投资回收期。

非贴现的投资回收期的计算公式为:

$$投资回收期=\frac{原始投资额}{年现金净流量} \tag{8.1}$$

或

$$投资回收期=当年尚未回收额小于次年净流量年数+\frac{当年尚未回收额}{次年净流量} \tag{8.2}$$

(8.1)式适用于经营期和终结期年现金净流量相等的情况，(8.2)式适用于经营期和终结期年现金净流量不等的情况。

以例 8－1 的数据为例：

$$A\text{ 方案投资回收期}=\frac{180\,000}{63\,750}=2.82(\text{年})$$

$$B\text{ 方案投资回收期}=3+\frac{133\,000-(42\,000+41\,250+40\,500)}{100\,750}=3.09(\text{年})$$

比较 *A*、*B* 两方案，*A* 方案的投资回收期短于 *B* 方案，因此，*A* 方案为最优方案。非贴现或折现的投资回收期法简单易行。不足之处是，忽视了资金时间价值和回收期以后的收益情况。

为了考虑资金时间价值，可以采用贴现或折现的方式来计算投资回收期，其公式的形式与非贴现的(8.2)式的形式基本相同。不同的是，其公式中的指标为贴现后的现值指标。

A、*B* 方案的现值计算如表 8－6、表 8－7 所示。

表 8－6　*A* 方案预计现金流量现值计算表　　单位：元

时　　间	现金净流量	折现系数	现　　值
0	－180 000	1	－180 000
1	63 750	0.909	57 949
2	63 750	0.826	52 658
3	63 750	0.751	47 876
4	63 750	0.683	43 541

表 8－7　*B* 方案预计现金流量现值计算表　　单位：元

时　　间	现金净流量	折现系数	现　　值
0	－133 000	1	－133 000
1	42 000	0.909	38 178
2	41 250	0.826	34 073
3	40 500	0.751	30 416
4	100 750	0.683	68 812

$$A\text{ 方案的投资回收期}=3+\frac{180\,000-(57\,949+52\,658+47\,876)}{43\,541}=3.49(\text{年})$$

$$B\text{ 方案的投资回收期}=3+\frac{133\,000-(38\,178+34\,073+30\,416)}{68\,812}=3.44(\text{年})$$

从上述计算贴现的回收期来看，*A*、*B* 两种方案的期限接近经营年限，但相比之下，*B* 方案较优。

(二) 投资回报率法

投资回报率是指由于投资引起的平均现金净流量与投资额形成的比率。也有的学者主张用投资收益率或投资报酬率考核投资效果。投资收益率是年均息税前利润与项目总投资额比较计算的。本书采用的投资回报率指标与投资收益率指标的计算存在一定差异。投资回报率法的特点是：投资回报率越大，收益性越高，投资方案越有利；反之，收益性越低，投资方案越不利。具体计算投资回报率时，也可分为非贴现的和贴现的投资回报率。非贴现的投资回报率的计算公式为：

$$投资回报率=\frac{年平均现金净流量}{投资额}\times100\% \tag{8.3}$$

以前面表中资料为例：

$$A\ 方案投资回报率=\frac{63\,750}{180\,000}\times100\%=35.42\%$$

$$B\ 方案投资回报率=\frac{(42\,000+41\,250+40\,500+100\,750)/4}{133\,000}\times100\%=42.20\%$$

比较 A、B 两方案，B 方案的投资回报率高于 A 方案。因此，B 方案为最优方案。需要强调的是，由于投资回报率考虑了投资项目全部期间的现金净流量，且按算术平均数计算每年的现金净流量，计算口径不同于非贴现的投资回收期，所以，依这个指标来评价，所作出的决策有时会与非贴现的投资回收期所作的决策相悖。在决策时，对于投资回收期和投资回报率这两个指标，投资者可以只选择其中一个作为决策的依据，一般选择投资回收期指标。

为了考虑资金时间价值，也可以采用贴现的方式来计算投资回报率，按照贴现后的现值指标，采用(8.3)式进行计算，仍依前面资料，计算贴现的投资回报率如下：

$$A\ 方案投资回报率=\frac{(57\,949+52\,658+47\,876+43\,541)/4}{180\,000}\times100\%=28.06\%$$

$$B\ 方案投资回报率=\frac{(38\,178+34\,073+30\,416+68\,812)/4}{133\,000}\times100\%=32.23\%$$

从上述计算的贴现的投资回报率来看，B 方案的投资回报率高于 A 方案，B 种方案为最优方案。

（三）净现值法

净现值是指按照一定的资金成本折现的经营期和终结期的现金净流量现值，减去购建期现金净流量现值的差额。或者是指在项目计算期内，按照一定的资金成本折现的各年现金净流量之和。用公式表示为：

$$NPV^{①}=\sum_{t=s+1}^{n}\frac{I_t}{(1+i)^t}-\sum_{t=0}^{s}\frac{Q_t}{(1+i)^t}$$

或
$$=\sum_{t=0}^{n}\frac{NCF_t}{(1+i)^t} \tag{8.4}$$

式中，NPV 为净现值；I_t 为经营期和终结期第 t 年的现金净流量；n 为终结期；s 为购建期；Q_t 为购建期第 t 年的现金净流量；i 为资金成本率；NCF_t 为项目计算期内 t 年的现金净流量。

一般来说，如果计算出的净现值为正值，表明投资回报率高于资金成本，该项投资方案是

① $\sum_{t=0}^{s}\frac{Q_t}{(1+i)^t}$ 的值通常为负值，即现金净流出，已通过前面的“减号”反映出，计算时不再变号。

可行的。如果计算出来的净现值为零或负值,表明投资回报率等于或低于资金成本,表明该投资方案不可行。

依前面资料计算 A、B 方案的净现值如下:

A 方案净现值 $= 63\,750 \times 3.79 - 180\,000 = 202\,087.50 - 180\,000 = 23\,712.50$(元)

式中的 3.79 为年金现值系数。

$$
\begin{aligned}
B\text{ 方案净现值} &= (42\,000 \times 0.909 + 41\,250 \times 0.826 + 40\,500 \times \\
&\quad 0.751 + 100\,750 \times 0.683) - 133\,000 \\
&= 171\,478.25 - 133\,000 = 38\,478.25\text{(元)}
\end{aligned}
$$

上述计算结果表明 A 和 B 方案均为可行性方案。若选择其中一种方案,由于 B 方案的净现值大于 A 方案,故应选择 B 方案。

在进行固定资产投资决策时,净现值法考虑了资金时间价值,方法也比较简单,在制定固定资产投资决策时,通常运用净现值法进行决策,它是国际上流行的一种决策方法。不足之处是,它没有反映投资方案本身的回报率。

(四)现值指数法

现值指数是指按照一定的资金成本折现的经营期和终结期的现金净流量与购建期的现金净流量的比值。用公式表示为:

$$RI^{①} = \sum_{t=s+1}^{n} \frac{I_t}{(1+i)^t} \Big/ \sum_{t=0}^{s} \frac{Q_t}{(1+i)^t} \tag{8.5}$$

式中 RI 为现值指数。如果计算出的现值指数大于 1,表明投资回报率高于资金成本,一般说来,该项投资方案是可行的。如果计算出来的现值指数为 1 或小于 1,表明投资回报率等于资金成本或低于资金成本,该投资方案不可行。根据前面资料计算 A、B 方案的现值指数如下:

$$A\text{ 方案现值指数} = \frac{202\,087.50}{180\,000} = 1.12$$

$$B\text{ 方案现值指数} = \frac{171\,478.25}{133\,000} = 1.29$$

上述计算结果表明,A 和 B 方案均为可行性方案。若 A 与 B 方案为互斥方案,应选择现值指数大的方案,即 B 方案。

在进行固定资产投资决策时,现值指数法考虑了货币时间价值和不同投资规模下的相对投资回报水平,方法也比较简单。不足之处是,它也没有反映投资方案本身的实际回报率。在运用这种方法时还应注意:在投资额不受限制,且在不同方案的投资额不等的情况下,该方法还应结合净现值法进行综合评价。

(五)内含报酬率法

内含报酬率也称内部收益率,它是指能使投资方案的全部现金净流量的现值为零的折现

---

① 式中 $\sum_{t=0}^{s} \frac{Q_t}{(1+i)^t}$ 只取其绝对值。

率。内含报酬率可通过下式说明：

$$\sum_{t=0}^{n} \frac{NCF_t}{(1+i)^t}=0$$

此式中：i 为内含报酬率，它一般用“IRR”(internal rate of return)表示。

内含报酬率能够反映投资项目自身的回报率，当计算出的内含报酬率大于资金成本，或大于、等于最低期望报酬率，投资方案是可行的。当计算出的内含报酬率等于或小于资金成本，投资方案不可行。

内含报酬率的计算步骤可以分两种情况确定。

1. 每年现金净流量相等

确定内含报酬率的步骤如下。

(1) 计算年金现值系数。

$$年金现值系数=\frac{投资额}{年现金净流量}$$

依前面资料，A 方案的年金现值系数 $=\frac{180\,000}{63\,750}=2.824$

(2) 依年金现值系数表，在相同年数内，找出与上述年金现值系数相邻近的两个折现率。

前例中 A 方案项目年数为 4，年金现值系数为 2.824，邻近的两个折现率为 15% 和 16%，其年金现值系数为 2.855 和 2.798。

(3) 依上面两个邻近的折现率及其年金现值系数，采用插值法准确计算内含报酬率。

$$A\ 方案内含报酬率=15\%+\frac{16\%-15\%}{2.798-2.855}\times(2.824-2.855)=15.54\%$$

2. 每年现金净流量不等

若每年现金净流量不等，可采用逐步测算法确定内含报酬率。确定步骤如下：

(1) 按假设的折现率计算净现值，初次假设的折现率就能使净现值为零是困难的。

(2) 按假设的折现率不能使净现值为零，应通过逐步测算调整折现率，使已采用假设的折现率计算出的净现值，通过反复调试折现率，尽可能从相互对应的方向逼近零。

(3) 采用插值法准确计算内含报酬率。

结合前面 B 方案的内含报酬率的逐步测算过程见表 8－6。

表 8－8　逐步测算过程表　　单位：元

年　数	现金净流量	预估 30%		预估 24%		预估 20%	
		现值系数	现　值	现值系数	现　值	现值系数	现　值
0	－133 000	1	－133 000.00	1	－133 000.00	1	－133 000.00
1	42 000	0.769	32 298.00	0.806	33 852.00	0.833	34 986.00
2	41 250	0.592	24 420.00	0.650	26 812.50	0.694	28 627.50
3	40 500	0.455	18 427.50	0.524	21 222.00	0.579	23 449.50
4	100 750	0.350	35 262.50	0.423	42 617.25	0.482	48 561.50
净现值	—	—	－22 592.00	—	－8 496.25	—	2 624.50

$$B\text{ 方案内含报酬报率}=20\%+\frac{24\%-20\%}{-8\,496.25-2\,624.50}\times(-2\,624.50)=20.94\%$$

从上面计算的结果看，A 和 B 方案的内含报酬率都大于资金成本，均是可行的方案。若 A 和 B 方案为互斥方案，应选择内含报酬率高的 B 方案，放弃 A 方案。

采用内含报酬率法进行投资决策时，考虑了资金时间价值，反映了投资项目自身达到的投资回报水平。不足之处是，它假定企业能够按照投资项目的内含报酬率，将项目所产生的现金净流量再投资，这与投资企业在决策时的假设不相吻合。需要指出的是，在对期限相同但投资额和投资回报不同，或投资额相同但投资期和投资回报不同的若干个投资项目进行决策时，当现金净流量发生很大波动时，运用内含报酬率法可能会计算出若干个内含报酬率，造成决策者无所适从，难以决策。但总体来看，该方法利大于弊，仍是国际上所推崇的决策方法。

继续使用旧固定资产，还是进行更新改造或基建？在更新改造或基建投资决策中，不同方案涉及的固定资产使用寿命相同，可以运用差量分析法计算上述贴现的指标，比较选择最优方案。决策中的不同方案涉及的固定资产使用寿命不同，可以计算固定资产的年平均成本或年平均净现值来进行决策。

在固定资产项目投资决策中，如果影响项目的不确定性因素较多、风险较大，若采用净现值指标评价项目经济效果，可以运用风险调整贴现率法计算调整贴现率，调整贴现率根据风险大小调整。调整后的贴现率等于无风险贴现率与风险贴现率之和，而风险贴现率等于标准离差率与风险系数之积，运用调整后的风险贴现率计算净现值。还可以采用肯定当量法调整各年的现金净流量，具体根据每年的现金净流量的标准离差率及其对应的肯定当量系数调整每年的现金净流量，克服了风险调整贴现率法夸大远期风险的缺陷，但当量系数的确定具有一定经验性。

三、几种特殊情况下的投资决策方法

（一）投资额与期限差异较大的决策方法

1. 年等额净回收额法

年等额净回收额法是指投资方案每年回收相同的现金净流量，通过比较不同投资方案的年等额净回收额的大小来选择最优方案的决策方法。本方法适用于原始投资额差别较大、特别是项目计算期长短不一的多方案比较决策。年等额净回收额法最优方案的选择标准是，年等额净回收额最大的方案为优方案。

年等额净回收额等于投资方案的净现值与投资回收系数（年金现值系数倒数）的乘积。计算公式如下：

$$\text{年等额净回收额}=\text{净现值}\times\text{投资回收系数}$$

或

$$\text{年等额净回收额}=\text{净现值}\times\frac{1}{\text{年金现值系数}}\tag{8.6}$$

［**例 8－2**］ 某企业拟投资一个技术改造项目。有三个方案可供选择：A 方案的投资为 14 300 万元，项目计算期为 12 年，净现值为 8 200 万元；B 方案的投资为 13 200 万元，项目计算期为 10 年，净现值为 7 800 万元；C 方案的净现值为－5 万元。行业基准折现率为 12%。

要求：判断每个方案的财务可行性，并用年等额净回收额法进行投资决策。

分析：C 方案的净现值小于零，该方案不具有财务可行性。A 方案和 B 方案的净现值均大于零，这两个方案具有财务可行性，在 A 与 B 之间比较选择最优方案。

$$A\text{ 方案的年等额净回收额}=A\text{ 方案的净现值}\times\frac{1}{(P/A,12\%,12)}$$

$$=8\,200\times\frac{1}{6.194}=1\,323.86\text{(万元)}$$

$$B\text{ 方案的年等额净回收额}=B\text{ 方案的净现值}\times\frac{1}{(P/A,12\%,10)}$$

$$=7\,800\times\frac{1}{5.650}=1\,380.53\text{(万元)}$$

B 方案年等额净回收额大于 A 方案的，故 B 方案最优。

2. 计算期统一法

计算期统一法是指通过对计算期不等的多个方案选定一个口径可比的计算分析期，以满足时间可比较性的要求，再根据调整后的评价指标数据来选择最优方案的方法。

计算期统一法具体包括方案重复计算法和最短计算期法。

(1) 重复计算法。先寻找各方案计算期的最小公倍数，再将各方案计算期的最小公倍数作为比较方案的计算期，进而调整有关指标数据，并据此进行各方案比较决策。应用重复计算法具体可以采取以下两种方式处理。

第一种方式，将各方案计算期的各年净现金流量进行重复计算，直至与计算期最小公倍数相等后，再计算净现值等评价指标；最后根据调整后的评价指标数据进行方案的比较决策。

第二种方式，直接计算各个方案项目原计算期内的净现值等指标，再按照最小公倍数分别对其折现，并求代数和，最后根据调整后的净现值指标来选择最优方案。

[例 8-3]　A、B 方案均在年初投资，计算期分别为 5 年和 10 年，有关资料如表 8-9 所示，基准折现率为 10%。

表 8-9　项目各年现金净流量

年　份	0	1～5	6～10	净现值
A 项目(万元)	−7 600	2 100	—	361.10
B 项目(万元)	−9 500	1 640	1 640	577.80

要求：用计算期统一法中的方案重复计算法（第二种方式）进行投资决策。

分析决策，由于 A、B 两个方案计算期不同，运用表 8-9 中两方案原净现值比较决策意义不大，需要运用计算期统一法分析比较。A 方案的项目计算期为 5 年，B 方案的项目计算期为 10 年，两个方案计算期的最小公倍数为 10 年。A 方案需要重复计算 1 次现值，调整后的 A 方案净现值为：

$$NPV_A'=361.10+361.10\times(P/F,10\%,5)=361.10+361.10\times0.621=585.34\text{(万元)}$$

B 方案净现值为：

$$NPV_B=1\,640\times(P/A,10\%,10)-9\,500=1\,640\times6.145-9\,500=577.80\text{(万元)}$$

由于调整后的 A 方案净现值大于 B 方案的，故 A 方案优于 B 方案。

在项目投资中，不同方案按最小公倍数确定的计算期会很长。为了避免过多的重复循环确认现金流量和过繁的计算，可以采用最短计算期法分析比较。

(2) 最短计算期法

最短计算期法是指，在把所有方案的净现值还原为等额年回收额的基础上，再根据最短的计算期和年金现值原理计算净现值，最后根据调整后的净现值指标进行不同方案比较决策的一种方法。

[例 8-4] 仍依例 8-3 资料，采用最短计算期法比较 A、B 方案的优劣。

分析决策，见表 8-9，分别按 A、B 两方案实际使用年限计算的原净现值：

$$NPV_A=2\,100\times(P/A,10\%,5)-7\,600=2\,100\times3.791-7\,600=361.10(\text{万元})$$

$$NPV_B=577.80(\text{万元})$$

A、B 两方案中最短的计算期为 5 年，则 B 方案调整后的净现值为：

$$\begin{aligned}NPV'_B&=577.80\times\frac{1}{(P/A,10\%,10)}\times(P/A,10\%,5)\\&=577.80\times\frac{1}{6.145}\times3.791\\&=356.46(\text{万元})\end{aligned}$$

由于 A 方案净现值大于 B 方案调整后的净现值，因此 A 方案优于 B 方案。

(二) 风险调整投资决策法

风险调整投资决策法是指，考虑了不确定性因素对投资项目的影响后，计算有关评价指标分析决策项目可行性的方法。对于大多数行业来说，企业的项目投资在未来会受到企业外部和内部各种因素的影响，时间越久，影响因素越难确定，风险的程度越难估测。因此，投资决策者需要运用一定的方法，估测风险对项目现金流的影响。风险调整投资决策方法有许多种，下面主要介绍期望值决策法和风险因素调整法。

1. 期望值决策法

期望值决策法，也称概率决策法，是指在不确定条件下进行投资决策的一种方法。本方法首先根据不同现金流量及其概率计算每年期望现金流量和标准差；再计算净现值、综合标准差以及变化系数；最后根据有关标准确定方案的可行性。本方法考虑不确定的风险已体现在每年可能出现的不同现金流量及其概率上，因此，计算净现值所用的折现率不再考虑风险的影响，通常以无风险的报酬率表示。

运用期望值决策法，具体分析过程如下：

首先根据投资项目预计的每年现金净流量及其发生的概率计算年期望的现金净流量。计算公式为：

$$E(NCF_t)=\sum_{i=0}^{m}p_iNCF_i \tag{8.7}$$

(8.7)式中：$E(NCF_t)$ 为第 t 年的期望现金流；m 为 t 年可能出现 m 种情况；p_i 为第 i 种情况出现的概率；NCF_i 为 t 年 i 种情况出现时的现金流量。

其次，利用项目期望现金流量和无风险折现率计算项目的期望净现值。

最后，计算现金流量的综合标准离差和变化系数，预测投资项目的风险程度，根据期望净现值和允许的风险控制范围评价投资项目的可行性。

各年现金流量标准离差计算公式为：

$$\delta_t = \sqrt{\sum_{i=1}^{m} p_i [NCF_i - E(NCF_t)]^2} \tag{8.8}$$

综合现金流量标准离差的计算公式为：

$$\delta = \sqrt{\sum_{t=1}^{n} \left[\frac{\delta_t}{(1+i)^t}\right]^2} \tag{8.9}$$

变化系数是综合标准离差与项目投产后各年期望现金净流入现值之和的比率，计算公式为：

$$VD = \frac{\delta}{E(PV)} \tag{8.10}$$

一般来说，综合标准离差和变化系数的大小表明投资风险的程度，在其他条件基本相同的情况下，投资的综合标准离差或变化系数越大，风险也就越大。

［**例 8-5**］　某公司拟进行一项投资，假定经营期为 3 年，风险报酬率为 10%，公司允许的综合标准离差和变化系数分别为 1 000 万元和 0.05 以内，其他资料如表 8-10 所示。

表 8-10　项目各年现金流量及其概率

年份＼指标	概　率	现金流(万元)
0	1	−20 000
1	0.2	5 800
	0.4	7 200
	0.4	8 200
2	0.3	8 100
	0.3	8 600
	0.4	9 100
3	0.2	8 300
	0.3	8 700
	0.5	9 200

$E(NCF_0) = -20\ 000$(万元)

$E(NCF_1) = 0.2 \times 5\ 800 + 0.4 \times 7\ 200 + 0.4 \times 8\ 200 = 7\ 320$(万元)

$E(NCF_2) = 0.3 \times 8\ 100 + 0.3 \times 8\ 600 + 0.4 \times 9\ 100 = 8\ 650$(万元)

$E(NCF_3) = 0.2 \times 8\ 300 + 0.3 \times 8\ 700 + 0.5 \times 9\ 200 = 8\ 870$(万元)

项目投产后各年期望现金净流入现值之和为：

$$E(PV)=7\,320\times0.909+8\,650\times0.826+8\,870\times0.751=20\,460.15(\text{万元})$$

项目期望净现值为：

$$E(NPV)=20\,460.15-20\,000=460.15(\text{万元})$$

各年现金净流量标准离差为：

$$\delta_1=\sqrt{0.2\times(5\,800-7\,320)^2+0.4\times(7\,200-7\,320)^2+0.4\times(8\,200-7\,320)^2}=881.82(\text{万元})$$

$$\delta_2=\sqrt{0.3\times(8\,100-8\,650)^2+0.3\times(8\,650-8\,600)^2+0.4\times(9\,100-8\,600)^2}=437.61(\text{万元})$$

$$\delta_3=\sqrt{0.2\times(8\,300-8\,870)^2+0.3\times(8\,700-8\,870)^2+0.5\times(9\,200-8\,870)^2}=357.91(\text{万元})$$

综合标准离差和变化系数为：

$$\delta=\sqrt{\frac{881.82^2}{1.1^2}+\frac{437.61^2}{1.1^4}+\frac{357.91^2}{1.1^6}}=919.65(\text{万元})$$

$$VD=\frac{919.65}{20\,460.15}=0.04$$

该方案的期望净现值大于0，综合标准离差和变化系数在可接受的范围内，说明投资风险也在可控范围内，投资方案是可行的。

2. 风险因素调整法

为了全面和谨慎地考虑风险对投资价值的影响，也可以按照投资风险的大小适当地调整折现率，或调整现金净流入量，然后再计算有关评价指标进行投资分析。风险调整有两种基本方法：一是风险调整折现率法；二是风险调整现金流量法。前者是根据项目的风险程度调整净现值模型分母；后者是根据项目的风险程度调整净现值模型的分子。

(1) 风险调整折现率法

风险调整的折现率由无风险折现率和风险折现率两个部分构成，根据风险调整折现率计算净现值等指标进行投资决策分析的方法称为风险调整折现率法。这种方法的基本思路是，对高风险的项目，应当采用较高的折现率计算净现值等指标；反之，采用较低的折现率计算。可以采用风险等级打分测评和资本资产定价模型等来确定风险调整的折现率。下面仅介绍采用风险等级打分测评的方式来确定风险调整折现率。

采用风险等级打分测评调整风险折现率的步骤是：首先确定投资项目的风险等级及相应的总分值范围和折现率；其次确定影响投资项目的各风险因素及其分值范围；最后请专家评分，并确定调整的折现率。

[例8-6] 亚林企业某项目投资额现值为8 000万元，项目完工使用期为15年，预计每年现金净流量比较均衡，平均为1 500万元，采用风险等级打分测评折现率，并计算净现值来评价项目的可行性。

亚林企业选择影响风险的因素有市场竞争程度、资源供应情况、公司治理结构状况和国家产业政策支持程度四个主要因素，事先确定每一因素的分值范围在1～10分。风险等级及相应的总分值范围和折现率如表8-11所示。

表8-11　风险等级及相应的总分值范围和折现率

风险等级	分值范围	折现率
很低	1～10	11%
较低	11～20	14%
一般	21～30	16%
较高	31～40	25%

亚林企业请五位专家对投资项目风险程度打分，根据五位专家平均分确定的各因素得分值和总分如表8-12。

表8-12　各因素得分值和总分值

影响因素	市场竞争	资源供应	治理结构	产业政策	总　分
因素状况	较激烈	一般	较严格	不够支持	
平均分值	7	5	4	8	24

表8-12反映的项目风险总分值为24分，从表8-11查得项目风险等级为一般，风险调整折现率为16%。据此计算的项目的净现值为：

$$NPV=1\,500\times(P/A,16\%,15)-8\,000=1\,500\times5.576-8\,000=364(\text{万元})$$

由于净现值大于0，故项目可行。

风险调整折现率法便于理解，也易于操作，使用较广泛。但这种方法把时间价值与风险价值混在一起，人为地假定：随着时间的推移风险也在加大。然而，在某些行业的投资风险却会随着时间的推移而减小，如园林果树种植和酿酒业，时间越长，其项目现金净流量可能越多、越容易确定。

(2) 风险调整现金流量法

为了克服风险调整折现率法存在的上述问题，人们提出了肯定当量系数。按风险调整现金流量计算净现值等指标进行决策的方法称为风险调整现金流量法。风险调整现金流量法的步骤是：首先根据各年肯定当量系数把不确定或不肯定的现金流量折算成肯定的现金流量；然后运用无风险折现率把肯定的现金流量折成现值；最后计算净现值等指标进行决策。

运用这种方法关键是确定肯定当量系数。所谓肯定当量系数是把不肯定的1元现金流量折算成肯定的现金流量与前者的比值，它在0～1之间。肯定的1元与不肯定的1元相比，人们愿意选择前者，不肯定的1元价值小于肯定的1元的价值。这种方法重点考虑风险对现金流量的影响，选择肯定当量系数把有风险的现金流量调整为无风险的现金流量，再利用无风险折现率计算评价指标进行决策。风险调整后的净现值计算公式如下：

$$NPV=\sum_{t=0}^{n}\frac{a_t\times\text{不肯定现金流量}}{(1+\text{无风险折现率})^t} \tag{8.11}$$

其中：a_t 是 t 年现金流量的肯定当量系数。

肯定当量系数与风险成反比，或与标准离差率成反比。肯定当量系数的选取也会因人而异，风险偏好者一般会选用较低的肯定当量系数，而风险厌恶者可能会选用较高的肯定当量系数。假定 F 行业标准离差率与肯定当量系数的经验对照关系如表 8－13 所示。

表 8－13 标准离差率与肯定当量系数关系

标准离差率	肯定当量系数
0.00～0.08	1.0
0.09～0.16	0.9
0.17～0.24	0.8
0.25～0.33	0.7
0.34～0.43	0.6
0.44～0.55	0.5
0.56～0.70	0.4

［**例 8－7**］ F 行业某企业拟投资一项目，投资额为 2 600 万元，假定经营期为 4 年，匡算的项目经营期各年不确定的现金净流量平均为 1 020 万元，分析测算的各年标准离差率及依据表 8－13 确定的肯定当量系数见表 8－14，以国库券年收益 5％作为无风险折现率。运用风险调整现金流量法计算净现值评价项目是否可行。

表 8－14 现金流量和定当量系数表

时间	0	1	2	3	4
不肯定现金净流量(万元)	－2 600	1 020	1 020	1 020	1 020
标准离差率	0	0.09	0.34	0.22	0.25
肯定当量系数	1.00	0.90	0.60	0.80	0.70

根据以上资料，调整现金流量并计算净现值如下。

$$\begin{aligned}\text{净现值} &= 0.90 \times 1\,020 \times 0.952 + 0.60 \times 1\,020 \times 0.907 + 0.80 \times 1\,020 \times 0.864 + \\ &\quad 0.70 \times 1\,020 \times 0.823 - 2\,600 = 121.66(\text{万元})\end{aligned}$$

在按风险程度对现金流量进行调整后，计算出的净现值为正数，可以进行投资。

肯定当量法克服了夸大远期风险的缺陷，根据不同年份的风险程度。采用不同的肯定当量系数，比较客观地调整现金流量。但如何准确合理地确定肯定当量系数却是比较困难的问题。

第二节　固定资产日常控制

一、实行固定资产的日常控制责任制

企业的固定资产具有价值大、使用时间长、种类多、使用地点分散等特点，其管理涉及企业内部各部门和各使用单位。因此，应在公司的统一领导下，实行固定资产的日常控制责任制，即固定资产归口分级管理制度。

在固定资产归口分级管理制度下，财务部门对固定资产负有全面综合管理的职责，具体职责是：财务部门与固定资产的管理和使用部门紧密配合，制定整个企业的固定资产管理制度，并监督有关部门执行；组织固定资产的总分类核算和明细分类核算，反映固定资产的增减变动情况；核定固定资产需要量，如实反映固定资产的价值转移和补偿情况；经常深入到各归口管理部门和使用部门，办理固定资产调入、调出的验收和交换手续，参与固定资产的清理鉴定和清查工作；定期或不定期与各归口、使用部门检查固定资产的保管和使用情况，分析固定资产的利用效果，查明影响固定资产利用效果的各种因素，以便采取积极有效的措施。

二、固定资产实物的日常控制

固定资产能长期参加生产过程，在整个使用期间基本保持原有的实物形态。加强固定资产的实物管理，是提高固定资产使用效果的基本前提。

（一）做好固定资产管理的各项基础工作

固定资产管理的基础工作主要包括建立固定资产卡片、设置固定资产登记簿、编制固定资产目录等。

1. 建立固定资产卡片

固定资产卡片是按照每一个固定资产项目设置的。固定资产卡片除要记载满足技术管理需要的资料外，还要满足财务管理的需要。固定资产卡片正面记录该固定资产的建造单位、型号、开始使用时间、预计使用年限、预计残值和清理费用，背面登记其原值和折旧提取情况。

2. 设置固定资产登记簿

为了汇总反映各类固定资产的增减变动和结存情况，并控制和核对固定资产卡片，应建立“固定资产登记簿”。“固定资产登记簿”应按会计制度规定的固定资产类别和固定资产保管使用部门设置，并且只记金额。

3. 编制固定资产目录

企业财务部门和固定资产归口管理部门以及使用部门，要按照国家规定的固定资产划分标准，分类详细地编制“固定资产目录”。“固定资产目录”应对企业固定资产实行统一的分类编号，分别载明固定资产的名称、规格型号、出厂年份及厂名、原始价值、管理部门等。各固定资产的归口管理部门和使用部门的账、卡、实物的编号都应与“固定资产目录”中的编号一致，以便统一管理。

（二）加强固定资产的动态管理

1. 增加的固定资产管理

企业购建固定资产时，必须经过严格的技术质量检验，有关交接单位和责任人要填制凭证，办理交接手续，才能投入使用，并及时登记固定资产账。财务部门在登记增加固定资产账之前，应严格审查固定资产增加的原始凭证和交接手续是否合理、合法。

2. 减少的固定资产管理

不论何种原因造成的固定资产减少都应进行技术鉴定，按照规定办理审批手续。固定资产减少包括调出、向其他单位投资和报废清理等。

（三）加强固定资产的使用和维修管理

固定资产的效率发挥，一定程度上取决于固定资产的合理使用和日常维修。

应根据固定资产的性能和使用要求，合理地使用固定资产。为了保证固定资产，特别是其中生产设备的合理使用，应根据生产设备的技术要求和复杂程度配备相应专长的操作人员；要求操作人员严格遵守设备操作规程，了解设备的性能、结构，熟悉生产设备的操作方法和技术。

为了有效地使用固定资产，还要加强对固定资产的维修，固定资产的维修工作包括日常维护、检查、修理等。

三、提高固定资产的利用效果

（一）提高固定资产利用效果的途径

企业生产量的增加，不仅取决于固定资产的数量和质量状况，还取决于固定资产的利用效果。一般来说，固定资产利用效果是指固定资金占用与经营成果的比较。

从劳动手段这个生产要素看，影响企业产量的因素主要可以通过下面的公式反映：

$$\text{产品产量}=\text{生产设备数量}\times\text{单位设备工作时间}\times\text{单位时间生产量}$$

从分析上式影响产品产量的因素入手，得出提高固定资产利用效果的主要途径有以下几个方面。

1. 改善固定资产结构，增加在用固定资产数量

应在一定的固定资产结构下，研究固定资产数量对产品生产量的影响，并非固定资产数量越多，生产能力就越大。若固定资产结构不合理，即使有较多的固定资产，也未必能形成较高的生产能力。固定资产按经济用途，可分为生产经营用固定资产和非生产经营用固定资产。生产经营用固定资产按使用情况，可分为在用的、未使用的和不需要用的等。在用的固定资产可再分为在用的生产设备、在用的传导设备、在用的运输工具等。对在用的生产设备可以进一步分类。

应力求通过挖掘企业潜力，提高生产经营用固定资产占全部固定资产的比重，减少未使用和不需用的固定资产。在各类固定资产中，形成生产能力的关键资产是生产设备，因此，应努力提高生产设备占生产经营在用固定资产的比重。

2. 增加生产设备的有效工作时间

从单台设备生产能力看，在生产效率一定的条件下，延长工作时间可以增加生产量。因此，企业应合理增加开工班次，加强对设备的日常检查，减少设备的修理次数和修理时间，缩短

设备的准备工作和结束工作时间，减少废品损失，组织均衡生产，减少由于待料、停电等造成的停机时间。

3. 提高设备生产效率

设备的生产效率可以用设备单位时间生产量来表示。提高设备生产效率，一是要求采用先进技术、先进工艺不断对老设备进行技术改造和更新，提高设备的性能；二是提高生产工人的操作技术水平和熟练程度；三是在保证产品质量的前提下，改进产品设计，以减少产品加工时间。

（二）考核固定资产利用效果的指标

对固定资产利用效果的考核，可以从技术经济方面进行考核，也可以综合地进行考核。

1. 固定资产效率

考核固定资产平均占用额的比率。计算公式为：

$$\text{固定资产产出率(总产出率)}=\frac{\text{总产出}}{\text{固定资产平均总值}}\times 100\% \tag{8.12}$$

(8.12)式中，总产出一般是按不变价格计算的总产值，但为了考察本期固定资产的利用效果，总产出也可以按现行价格计算。固定资产平均总值一般用固定资产平均原值表示，可通过固定资产账户余额确定原值。用公式计算如下：

$$\text{年度固定资产平均总值}=\frac{\text{四个季度固定资产原值平均占用额之和}}{4} \tag{8.13}$$

由于总产出中包括转移价值，为了真实地反映固定资产利用效果，其产出可以用净产出表示，净产出相当于企业的净产值。计算公式为：

$$\text{固定资产产出率(净产出率)}=\frac{\text{净产出}}{\text{固定资产平均总值}}\times 100\% \tag{8.14}$$

由(8.14)式可以看出，固定资产总产出率或固定资产净产出率越大，利用效果越好，说明占用每一单位的固定资产所提供的产出越多。

2. 固定资产利润率

固定资产利润率是指一定时期的利润额与固定资产平均占用额的比率。计算公式为：

$$\text{固定资产利润率}=\frac{\text{利润总额或产品销售利润}}{\text{固定资产平均总值}}\times 100\% \tag{8.15}$$

(8.15)式中的分子，若采用产品销售利润，更能反映出固定资产投入与其产出的关系，比较客观实际地反映本企业固定资产的利用效果。企业利润总额或产品销售利润受企业产品销售量、销售价格、销售成本及有关税率等因素的影响，因此，固定资产利润率更能综合地反映企业的固定资产利用效果。这个指标越大，其利用效果越好，说明占用每单位固定资产所带来的利润越多。

上述综合考核固定资产利用效果的财务指标，均用价值量指标计算，而用技术经济指标考核固定资产利用效果的指标，多采用实物量或劳动量指标计算。

第三节　无形资产投资管理决策

一、无形资产投资的含义及特点

（一）无形资产投资的含义

无形资产是指企业长期使用，且没有实物形态的资产，一般是指没有实物形态、可辨认的、非货币性资产。这些资产在生产经营中能给企业提供某种权利、技术等，表明企业所拥有的一种法定权或优先权，或具有高于一般水平的获利能力。无形资产主要包括专利权、商标权、土地使用权、非专利技术等。

1. 专利权

专利权是一种技术使用权，它是专利发明者或专利受让者在一定时期内的发明成果，依法享有独立权和专用权。如某种产品的配方、造型、结构、制造工艺在制造和使用以及出售等方面的特殊权利。专利权具有排他性、时间性和地域性的特点。

2. 商标权

商标权是指商标所有者对自己的商品使用某种标志的特殊权利。在我国，企业所使用的商标必须经过工商行政管理部门核准注册后才具有法律效力。商标权可以转让、继承和交易。

3. 土地使用权

土地使用权是指土地经营者依法取得土地的使用权利，在一定期间内，使用者享有开发、生产经营等活动的权利。《中华人民共和国土地管理法》明确规定，我国实行土地的社会主义公有制，任何单位和个人不得侵占、买卖或以其他形式将土地非法转让给单位、个人使用。支付土地使用费可以用来测定土地使用权的价值。支付土地使用费的确定主要有两种方式：一是按场地使用期限、场地面积和单位面积的使用费确定；二是按场地每年使用费和年金现值确定。这项无形资产可以作为合营者投入的股本，以场地使用权的价值作为投资企业的一项投资。

4. 非专利技术

非专利技术也称为专有技术，是指企业所采用的先进的、未公开的、不受法律保护的、依靠保密手段所拥有的技术和诀窍。它包括各种设计资料、技术规范、工艺、材料配方、经营管理经验等。

（二）无形资产投资的特点

无形资产投资具有下列特点：

投资的无形资产不具有实物形态，属于“精神资产”，这是区别于有形资产的主要特点。

无形资产投资能在较长时期发挥效用，为企业带来超额收益。

无形资产投资在计价评估上不明晰。有些无形资产与企业整体相关，用公认的会计准则核算其发生的费用比较困难，如自创的商标权、专有技术等。

无形资产投资所形成的收益具有不确定性。这是由其成本和盈利水平的不确定性因素造成的。

无形资产投资具有一定的垄断性和排他性。有些无形资产受到法律保护，有些不公开，有些是企业的特殊条件形成的。因此,不是所有的企业都能用某种无形资产进行投资。

二、无形资产投资管理

无形资产投资管理包括投资前和投资后两个环节的管理。投资前应着重研究以下几方面的问题。

(一) 投资前的无形资产管理

1. 正确选择投资项目

重点研究投资的无形资产项目是否符合一定时期的经济政策和近、远期规划,考察投入单位的经营规模、管理水平、生产技术,以及员工劳动生产率水平是否适合该项投资。正确地选择无形资产投资,其意义远远超过有形资产的投资。如选择商标权投资,可以提高投资方的市场占有率,不断扩大企业品牌在市场上的影响,相应地削弱对手的竞争能力,甚至达到最终兼并竞争对手的结果,尽快地收回花在研制或购进无形资产上的费用。

选择非专利技术投资,其投资小、维持费用少,主要靠保密维持独占性,不像专利权那样需要支付专利费,通过法律保护维持独占性。

选择土地使用权投资,应考虑企业的地理位置、资金状况、单位场地的劳动效率、土地使用权的价格和使用费的变化趋势,以及未来的发展状况等。在中外合资企业中,中方通常以投资土地使用权的方式吸收外资和引进先进技术。

2. 适当选定投资期限

有形资产的评定价值随使用期限而逐渐减少,无形资产的评定价值与其使用期限未必有明显的相关性。当然,有些无形资产在技术的不断创新中会逐渐被淘汰,失去应用的价值。适当地选定无形资产的投资期限,有利于以较小的投入取得较大的产出,以及避免经营风险。选定无形资产投资期限,对其在投资期间的摊销也有影响。因此,其投资期限选定还应结合摊销期限考虑。应按下列原则安排摊销期限:

法律、合同或者企业申请书分别规定有法定有效期限和受益期限的,按照法定有效期限和合同或者企业申请书规定的受益期限孰短的原则确定。

法律和合同或企业申请书中均未规定法定有效期限或者受益期限的,按不少于十年的期限确定。

(二) 投资后的无形资产管理

投资后的主要管理内容是,监管被投资方是否按投资方的有关要求进行生产经营。如对商标权的投资,应监管接受投资的企业是否严格按照商标的技术质量进行生产经营。目前,有些投入具有一定知名商标的企业出于短期利益考虑,不注重对品牌质量的监管,致使"砸名牌"的事例屡见不鲜。另外,必须监管被投资方有无随意再转让已接受投资的专利权、商标权,造成投资方经济损失的事项。

监管无形资产的投资效果,通过无形资产投资前与投资后的效果比较,作出正确评价。

本章小结

进行固定资产投资决策时，应计算投资项目的现金流量。按照投资经营全过程，现金流量可分为：购建期现金流量，通常表现为现金流出量；经营期现金流量，通常表现为现金流入量大于流出量；终结期现金流量，通常表现为现金流入量。

投资决策方法主要有投资回收期法、投资回报率法、净现值法、现值指数法和内含报酬率法。熟悉这些方法的特点、评价标准、优缺点。

固定资产日常控制包括实行固定资产的日常控制责任制、固定资产实物的日常控制以及提高固定资产的利用效果。

无形资产投资管理包括投资前和投资后两个环节的管理。

复习思考题　封底扫码查看参考答案

简答题

1. 为什么要选择现金流量指标作为固定资产投资决策指标的基础？
2. 在固定资产投资决策中，不同阶段的现金流量各有何特点？
3. 为什么通常选择贴现的现金流量指标进行投资决策？
4. 净现值法、现值指数法和内部回报率法有何联系和区别？
5. 如何加强固定资产日常管理？
6. 如何加强无形资产投资前的管理？

计算题

1. 某企业投资一项固定资产，投资额为 150 万元，年初投资，建设期为 0 年，预计固定资产使用寿命为 6 年，残值为 0，年经营收入为 100 万元，经营成本为 60 万元，所得税税率为 25%，银行贷款利率为 12%，按直线法计提折旧。

要求：① 计算每年现金净流量；② 计算非贴现的投资回收期；③ 计算净现值；④ 计算内含报酬率。

2. 某企业投资一项固定资产，项目建设期净现金流量为：$NCF_0=-600$ 万元，$NCF_1=-600$ 万元，$NCF_2=0$；第 3～12 年的经营净现金流量 $NCF_{3\sim12}=260$ 万元，第 12 年末的回收额为 120 万元，投资者期望的投资报酬率为 10%。

计算该项目的下列指标：① 原始投资额；② 终结点净现金流量；③ 静态投资回收期；④ 净现值；⑤ 内含报酬率。

第九章　对外投资管理

对外投资包括对外直接投资、有价证券投资以及基金投资。对外直接投资主要包括中外合资企业投资、合作企业投资和企业合并投资等。对外投资项目的技术经济评价一般是指为对外直接投资进行的可行性研究。合资企业投资在财务管理的组织、投入资本的管理、资产的管理和在收益分配的管理方面都有一定的特点。企业合并投资可以提高资金流动性、增加资金收益性和降低资金风险性。对外证券投资应选择正确的方法进行投资。证券基金投资是一种投资工具,应熟悉分析证券基金投资价值的财务指标。

第一节　对外投资的含义与评价

一、对外投资的含义

企业除了进行内部扩展生产经营性投资以外,还可以对外投资扩张,以企业现金、实物资产和无形资产对其他企业进行直接投资,或以购买有价证券的方式进行间接投资。对外投资的目的是多样的,但最终目的是实现企业价值最大化。

对外短期投资的目的是为了保持资金的灵活度,正确地处理资产流动性和盈利性的关系。

对外长期投资的目的是:其一,控制其他企业的经营业务,使其为企业经营服务,如为了保证企业原材料的供应,就可以采用取得控制股权的方式控制对方;其二,以较少的资金实现企业扩张,增加产品销量,迅速扩大市场份额,以联合互补的方式吸取资金与技术,提高企业的资产营运能力;其三,积累整笔资金,以供特定用途的需要,如为清偿长期债务而专门投资所形成的偿债基金。

二、对外投资项目的技术经济评价

对外投资项目的技术经济评价一般是指为对外直接投资进行的可行性研究。通过对影响投资回报的各种因素进行详细、周密、全面的调查研究,从企业和国民经济的角度,研究项目建设的必要性、技术可行性和经济合理性，从而作出正确决策。

对外直接投资的形式主要包括中外合资、合作、合并投资。对外直接投资项目的技术经济评价主要有以下几个方面。

（一）投资项目概括评价

企业评价的主要内容包括：① 被投资企业的性质、组织形式、归属行业及其发展过程、厂址、占地面积与自然环境；② 企业过去和现有的生产规模，供、产、销状况，主要经营范围与经营管理水平；③ 企业领导班子素质及其对联营项目的重视程度。

（二）投资项目的技术条件评价

评价的主要内容包括：① 生产的产品特性、技术与国内外先进水平的对比评价；② 实施的动力供应、交通运输、设备性能和劳动者技术水平的评价；③ 原材料、燃料消耗定额的评价；④ 设备技术寿命、产品经济寿命周期以及产品市场占有状况的评价；⑤ 工艺方案比较与选择、环境保护与"三废"治理落实措施的有关评价。

（三）投资项目的经济评价

投资项目的经济评价包括：① 投资规模和资金来源状况、现金流量以及投资效果的指标评价。② 投资项目投产与达到生产能力时的产品成本、销售收入和利税水平。对出口创汇的产品，要结合国际市场的供销变化、汇率、利率的变动趋势，测算销售收入、换汇成本和创汇能力。③ 项目投资过程中和形成生产能力后，对企业资产负债存量和营运资金流量的影响评价。

第二节　对外直接投资

对外直接投资的方式主要有中外合资企业投资、合作企业投资和企业合并投资等。

一、中外合资和合作投资

（一）中外合资和合作投资的含义

中外合资投资是指中外投资者共同投资、共同经营、共负盈亏和共担风险的投资。所形成的企业形式称中外合资企业。中外合资企业有如下特征：① 一个独立组成的公司实体；② 来自两个或更多国家和地区的投资者；③ 投资者提供资本资产；④ 投资者在一定水平上分担一定程度的经营管理责任；⑤ 投资者共同分担企业的全部风险；⑥ 除通过分享收益外，合资者均不得再从合资企业中取得其他收益。

中外合作投资是指中外投资者通过协商签订的合同、协议，确定双方的权利、义务所进行的投资。所形成的企业形式称为中外合作企业。

（二）中外合资和合作投资在财务管理上的主要特点

1. 在财务管理的组织方面

中外合资投资和合作投资的财务工作由财政部门统一管理。对于投资管理，应接受财政、审计等部门的监督。

在合资企业内部，合资各方共同组建董事会，一般一方担任董事长，另一方担任副董事长。

合作投资各方可以只设立董事会，或设立联合管理机构，或委托他人进行经营管理，经营管理方式比较灵活。

2. 在投入资本的管理方面

在合资企业，合资双方出资的形式可以为现金、实物资产和无形资产。出资的资产必须全部折算为注册资本，从而确认各自的投资比例。根据有关规定，外方投资比例不得低于25%。注册资本是合资双方认缴资本的总和，是法定资本。

在合作企业，合作双方出资的形式也可以为现金、实物资产和无形资产，不需要按注册的币种作价和折成具体的资本金，完全根据合同或协议约定双方各自的权利和义务。中方通常不投资现金，注册资本大多以外方提供的资本为限。

3. 在资产的管理方面

在合资和合作企业中，应共同对企业的资产进行管理，保证资产的保值和不断增值，合资的一方不得随意转让、投出和转移资产。

在合资企业中，合资期满后，合资经营企业应经过资产清算后，按双方的投资比例分配剩余资产。

在合作企业中，合营期满后，鉴于在收益分配时已考虑外方的投入资本、资金成本和应得利润，所以期满后，外方投入的固定资产通常留归中方投资者所有。

4. 在收益分配的管理方面

在合资企业，按双方的投资比例分配收益，在整个合资期限内一般不得改变投资比例。因此，一般投资收益的分配比例不得随意改变。

在合作企业，根据合同或协议的分成比例分配净收益，总的分配原则是平等互利。在拟订合同或协议中，对外方还应考虑保本（保证外方不亏本）、存息（尽管在合同或协议的条款中，一般不考虑外方投入的本金应得的利息，但在利息分配时，还应酌情考虑这一因素）、附利（在利润分配中，不仅考虑外方应得利息，还需考虑应得利润）。

二、企业合并投资

企业合并投资是指将两个或两个以上企业的经济资源和经营活动，因资金纽带关系而置于一个管理机构或企业集团控制之下的企业组合投资。

（一）企业合并投资的分类

1. 按法律形式划分

可分为吸收合并投资、新设合并投资和控股合并投资。

吸收合并投资也称兼并投资，它是法人地位将继续保留的一方向法人地位将要丧失的一方的投资。经过吸收合并，参与合并的企业一般只保留一个法人地位，其余的丧失法人地位，不复存在。新设合并投资也称改组合并投资，是指由两个或两个以上的企业同时投资，合并成一个新企业。经过新设合并，参与合并的企业均失去原有法人地位，重新设立为新的法人。控股合并投资是指由一个企业买入或取得另一个或多个企业的投票表决权的股份，且已达到能控制后者经营和财务方针的合并投资。

2. 按所涉及的行业划分

可分为横向合并投资、纵向合并投资和混合合并投资。

横向合并投资是指在同行业中，经营同类产品的两个制造商或两个销售商的合并投资。通过横向合并投资，可以取得规模经济效果，以提高市场占有率。由于横向合并投资会造成垄断，削弱企业之间的正常竞争，所以在一些国家受到反托拉斯法限制。如美国银行业或铁路运输业的横向合并投资是受限制的。

纵向合并投资是指具有供、产、销紧密联系的企业之间的合并投资。如某制造商可与原材料供应商或批发商进行合并投资，以保证供、产、销紧密衔接，加速资金周转。

混合合并投资是指在不同行业间，两个以上企业之间的合并投资。混合合并投资增加了企业经营的多元化，可一定程度地分散经营风险。

（二）企业合并投资的作用

1. 提高资金流动性

如果某一企业的资产流动性较好，保持较多的流动资产和速动资产，通过合并这一企业，可以增加合并企业资产的流动性，提高偿债能力，降低财务风险。

［**例 9-1**］ A 公司流动资产为 7 600 万元，流动负债为 6 200 万元；B 公司流动资产为 3 500 万元，流动负债为 1 700 万元。

$$A\text{ 公司流动比率}=\frac{7\,600}{6\,200}=1.23$$

$$B\text{ 公司流动比率}=\frac{3\,500}{1\,700}=2.06$$

$$A\text{ 公司兼并 }B\text{ 公司后的流动比率}=\frac{7\,600+3\,500}{6\,200+1\,700}=1.41$$

从上面的计算结果可以看出，A 公司兼并 B 公司后，其流动比率增加了 0.18。

2. 增加资金收益性

通过合并投资，可以取得规模经济效果；可以降低固定费用，如避免重复的研究开发费用，相对减少总费用；可以合理避税。依据有关税法规定，企业以前年度的亏损，可以在以后连续五年中，从税前利润中扣除。因此，某一企业的亏损额可以从合并后的企业收益中扣除，再确定纳税所得额。以上说明，合并可以增加净收益的绝对量。从相对量看，就股份公司的每股收益来说，有选择地合并投资，可以增加每股收益水平。

［**例 9-2**］ 假定 A 公司通过收购 B 公司的股票来实施兼并，两家公司的股票总收益和市场总价值不变，有关资料见表 9-1。

表 9-1 兼并前后的 *A* 公司、兼并前 *B* 公司有关指标

指　　标	A 公司(兼并前)	B 公司	A 公司(兼并后)
流通股数(股)	600 000	600 000	900 000
股票总收益(元)	1 020 000	1 020 000	2 040 000
每股价格(元)	24	12	24
每股收益(元)	1.70	1.70	2.27
市盈率	14	7	11

从表 9-1 可知，兼并前的 A 公司与 B 公司的每股收益相同，但 A 公司的股票价格却大于 B 公司。因此，A 公司的市盈率也大于 B 公司，这表明 A 公司的前景比 B 公司好。由于 A 公司的股票价格比 B 公司高一倍，在两个公司流通股数相同的情况下，A 公司只需扩股发行

占 B 公司流通股数 50%的股票，就可以收购兼并 B 公司（假设不考虑 B 公司的商誉）。

3. 降低资金风险性

企业筹集和运用资金的风险可以分为财务风险和经营风险。前面已讲到，合并投资可增加资产的流动性，降低偿债的财务风险。除此以外，还可降低经营风险。

通过横向合并投资，可以减少在激烈竞争中倒闭的风险。通过纵向和混合合并投资，降低生产经营成本，增加经营产品的多样性，可减少经营单一产品、单一业务的经营风险。

第三节　对外证券投资

对外证券投资是指把资金用于购买其他发行主体发行的股票、债券等金融资产。

一、对外证券投资的步骤

企业初次进行证券投资，其投资过程通常按下列步骤进行。

（一）名册登记

当企业需要通过证券商购买证券时，应亲自向证券商办理法人名册登记。法人通过证券商买卖证券，必须经过法人名册登记。进行名册登记时，应提供法人证明并说明法定代表人，以及出示证券交易执行人的书面授权书。

（二）开立专户

为了保证交易的正常交割清算，确保交易信用，证券商通常要求证券购买委托人在证券商处开立证券专户和资金专户。根据上海证券交易所的《交易市场业务试行规则》规定，委托人在证券商处应开立证券专户和资金专户。其中资金专户的资金由证券商代为转存银行，利息自动转入该户。当专户具有足够资金时，委托购买证券时就不需要向证券商交付保证金。

（三）申办委托

1. 选择经纪商

企业入市投资，往往对场内交易规则和场外交易的规定不熟悉，对各种证券的价格波动难以把握。通常可以全权委托一个经纪商帮助购买证券。选择经纪商的标准是：① 具有良好的品德，对所委托的事宜热心负责，在行业中享有较高的声誉；② 精通业务，经验丰富；③ 能够分析各种因素对价格波动的影响程度。

当然，投资人也可以不通过经纪商而直接申办购买有价证券。

2. 委托内容

投资人通过经纪商，或直接办理委托购买时，必须说明委托的内容。其委托的主要内容如下：① 购买证券的名称。购买者应考虑各种证券的盈利性、流动性和风险性，正确地选择投资对象。如果是有针对性地对某一公司参股所进行的长期投资，其选股的论证就简单多了。② 买进的数量及价格。买进的价格通常按限价委托。③ 委托的有效期。

（四）清算交割

投资者委托购买证券成交后，必须按委托的数量和价格如期履行交割手续。证券商届时从投资者开设的资金专户划转价款、佣金和有关税金等。

（五）证券过户

证券过户是投资者购买证券的最后一环。我国正式上市的股票是记名股票，这些股票所有者已在公司股东名册开户，载明所拥有的股数及日期。公司据此给予股东权益。股票经过交易后，新股东重新在公司股东名册上入户，即过户。对于不记名债券，不存在过户问题。对于记名债券，其背面有背书栏目，在交易完成时进行背书转让，即算完成过户。

二、证券投资态势分析方法

不同投资者投资证券的预期收益存在差异，投资研究的侧重点不同，选用证券投资态势的分析方法也有所不同。尽管分析方法各种各样，但归纳起来，主要有基本因素分析法和技术分析法。

（一）基本因素分析法

基本因素分析法是通过对影响证券价格变动的基本因素，特别是证券的内在价值的分析来预测价格的变化态势，从而择优选择证券的方法。由于证券的价格受政治、宏观经济环境、公司业绩和投资者心理等因素的影响，价格总是不断变动。长期来看，价格总是围绕证券的实际价值波动，这一点是确立运用这种方法的理论依据。这种方法根据对上述各种影响因素的分析来确定证券的实际价值及价格的变化，通过建立并分析系列的指标状况来研究证券价格的变化态势。这种方法适用于长期投资的分析，它对预计证券市场的远景具有重要的作用。

（二）技术分析法

技术分析法是根据证券市场过去的统计资料，以一定的数据指标，特别是图表资料来分析预测证券价格的变化态势，从而择优选择证券的方法。

在证券市场上，已在过去出现过的价格变动模式往往会重复出现，即“历史往往会重演”，股价的变化具有周期波动性，这一点是确立该方法的理论依据。专门从事证券投资的实际工作者多运用这种方法进行投资。使用这种方法时，多采用计算机进行定量分析，因此，这种方法受众多投资者的青睐。采用基本因素分析法的投资者试图回答这样的问题：“投资什么？”而采用技术分析法的投资者试图回答：“什么时候投资？”技术分析法又常被认为是由供给与需求关系决定价格的分析方法。在短期证券投资中，多运用此方法进行投资。

当然，无论在长期或短期的证券投资中，以上两种方法都应略有侧重，适当地结合运用。

证券的内在价值是证券固有的真实价值，也称理论价值。长期来看，证券的市场价格应趋向于其内在价值，投资价值的大小是由所投资证券的内在价值决定的。某项证券值不值得投资，是通过市场价格与内在价值的比较来判定的。投资者总是希望以较低的价格购买较高价值的证券。这样，才可以保证较高的股利或利息和资本利得。有关证券的估价在第十四章将述及。

第四节　证券基金投资

基金投资包括证券基金投资、创业基金或风险基金投资和产业基金投资等。本节主要阐述证券基金投资。

一、证券投资基金含义、分类

证券基金，即证券投资基金是一种利益共享、风险共担的集合证券投资方式，即通过发行基金单位，集中投资者的资金，由基金托管人托管，由基金管理人管理和运用资金，从事股票、债券、外汇、货币等金融工具投资，以获得投资收益和资本增值。通俗地讲，证券投资基金就是集中众多投资者的资金，统一交给专家投资于股票和债券等证券，为众多投资者谋利的一种投资工具。

我国证券投资基金开始于1998年，在较短的时间内就成功地实现了从封闭式基金到开放式基金、从资本市场到货币市场、从内资基金管理公司到合资基金管理公司、从境内投资到境外理财的几大历史性的跨越，走过了发达国家几十年乃至上百年的历程。我国证券投资基金已经具有了相当规模，成为我国证券市场的最重要机构投资力量和广大投资者的最重要投资工具之一。

二、证券基金分类

（一）按基金单位是否可以增减或赎回分类

按基金单位是否可以增减或赎回，基金可分为开放式基金和封闭式基金。

开放式基金是指基金规模不固定，投资者可以依据基金单位净值申购与赎回，基金单位的规模因投资者的申购与赎回而相应增加或减少的基金，开放式基金不上市交易。开放式基金的基金份额的申购、赎回和登记，由基金管理人负责办理；基金管理人可以委托经国务院证券监督管理机构认定的其他机构代为办理。基金管理人应当在每个工作日办理基金份额的申购、赎回业务；基金合同另有约定的，按照其约定执行。基金管理人应当按时支付赎回款项，但是下列情形除外：因不可抗力导致基金管理人不能支付赎回款项；证券交易场所依法决定临时停市，导致基金管理人无法计算当日基金资产净值；基金合同约定的其他特殊情形。

封闭式基金是指有固定的存续期，规模固定的基金，除非发生扩募等特殊情况，基金单位总数保持不变。投资者一旦认购，不可以向基金管理公司赎回，而只能在证券市场按市场价格转让。封闭式基金的份额，经基金管理人申请，国务院证券监督管理机构核准，可以在证券交易所上市交易。国务院证券监督管理机构可以授权证券交易所依照法定条件和程序核准基金份额上市交易。基金份额上市交易，应当符合下列条件：基金的募集符合有关法律规定；基金合同期限为五年以上；基金募集金额不低于2亿元人民币；基金份额持有人不少于1 000人；基金份额上市交易规则规定的其他条件。

（二）按投资对象的不同分类

按投资对象的不同，基金可分为股票基金、债券基金、货币市场基金等。

股票基金是将绝大部分资金投资股票市场上的基金。

债券基金是将绝大部分资金投资债券市场上的基金。混合型基金就是根据情况将部分资金投在股票上，而另一部分资金投在债券上的基金。

货币市场基金就是将全部资产只投在货币市场上的各类短期证券的基金。该基金资产主要是短期货币工具，如国库券、商业票据、银行定期存单、政府短期债券、企业债券等短期有价证券。

这些基金的投资风险由高到低的顺序大致是：股票基金、混合基金、债券基金、货币市场基金。

（三）按组织形式不同分类

根据组织形式的不同，可分为公司型基金和契约型基金。

通过发行基金股份成立投资基金公司的形式设立的基金，通常称为公司型基金。

契约型投资基金也称信托型投资基金，由基金管理人、基金托管人和投资人三方通过基金契约设立，通常称为契约型基金。目前我国的证券投资基金均为契约型基金。

（四）按投资风险与收益不同分类

按投资风险与收益的不同可分为成长型投资基金、收入型投资基金和平衡型投资基金。

成长型投资基金是指把追求资本的长期成长作为其投资目的的投资基金。

收入型基金是指以能为投资者带来高水平的当期收入为目的的投资基金。

平衡型投资基金是指以支付当期收入和追求资本的长期成长为目的的投资基金。

三、反映基金投资价值的财务指标及其分析

目前，投资者面对众多的证券投资基金，急需了解选择哪些财务指标分析基金的投资价值。分析所用的财务指标可以根据基金公司的定期财务报告获取。基金公司的定期财务报告包括季报、中报和年报。年报反映的财务问题比较全面，包括报告期末及其前一个年度末的比较式资产负债表、两年度的比较式经营业绩表及收益分配表、两年度的比较式基金净值变动表。同时采用数据列表方式，提供最近三个会计年度的主要会计数据和财务指标。投资者除了根据已公布的主要财务指标，还应根据报表中的有关数据和已摘录的主要会计数据计算有关财务指标，并从基金资产状况、盈利状况和成长状况三个方面分析基金的投资价值。①

（一）资产状况指标及其分析

1. 基金资产总值与总净值及其分析

基金资产总值是包括基金购买的各类证券价值、银行存款本息以及其他投资所形成的价值总和。基金资产总净值是指基金资产总值减去按照国家有关规定可以在基金资产中扣除的费用后的价值。基金资产总值反映了基金总的资产规模，基金资产规模的变化受基金投资业绩变化和非投资业绩变化的影响。投资业绩变化影响主要体现在基金已实现的收益及其分配的增减变化和投资的资产价值的增减变化对资产总值的影响；非投资业绩变化的影响主要是指开放式基金份额申购与赎回对资产总值增减的影响，这一增减变化是由客观原因引起的，与投资活动无关。

横向分析比较不同基金资产总值与总净值，投资者应选择申购基金资产总值与总净值较大的基金，这样的基金更有利于基金公司的组合投资，更有利于规避流动性风险。对于封闭式基金，采用时间序列纵向对比分析法分析基金资产总值与总净值的增长情况，可以了解投资业绩总体变化情况。

基金资产总净值除了受基金投资业绩变化和非投资业绩变化的影响，还受费用的影响。在同类型基金中，如封闭型与开放型、偏股型与偏债型基金中，对不同基金对比分析时，应选择基金总净值占总值比例大的，一般来说，该基金的费用相对较低。

2. 单位基金资产净值及其分析

单位基金资产净值是指计算日基金资产净值除以计算日基金单位总数后的价值。单

① 王为为，王玉春："反映证券基金投资价值指标及其分析"，《财务与会计（理财版）》，2007年第11期。

位基金净值是基金交易价格的依据(对于开放式的基金来说,每个交易日都要披露这一指标),它是申购与赎回每份基金的价格基础。对于封闭式基金,单位基金资产净值是投资者在二级市场交易的影子价格。封闭式单位基金资产净值通常大于实际交易价格,两者之差与单位基金资产净值所形成的比率称折价率,随着基金封闭期逐渐到期,其折价率也逐渐减小。封闭式基金到期时,是清盘、封转开,还是延期等,其价格的结算和继续交易仍依赖到期时的单位基金资产净值。封闭式基金折价率越高,越接近到期日,套利的空间越大,其潜在的价值越大。

有人说,“买基金要买价格便宜的”,或者说“牛市买老基金,熊市买新基金”。这些说法都有欠妥之处,价格便宜的通常就是单位基金净值低的,而单位基金净值低的(剔除分红的因素)往往是新基金或业绩欠佳的基金,新基金由于没有过往的业绩资料和基金经理报告资料,无法研究把握基金的操作风格,因此,还是选择熟悉的老基金好。对于良好的基金公司来说,牛市、熊市都能找到较好的投资机会,况且在牛市、熊市下,投资者欲购买的基金价格也随大市涨跌。

3. 基金累计净值及其分析

基金累计净值是基金资产净值与基金成立以来累计分红的总和。单位基金累计净值是指计算日基金资产累计净值除以计算日基金单位总数后的价值。分别比较分析基金累计净值与基金资产总净值、单位基金累计净值与单位基金资产净值的差异,可以透视基金业绩和分配政策。

即使不同基金发行时间基本相同,但各自分红的频度和力度不同,不同基金业绩水平难以通过比较基金总值、净值分析。累计净值指标考虑了基金分红对净值的影响,更客观地反映基金业绩的总体水平。但由于不同基金的发行时间、认购份额、申购和赎回(开放式基金)的份额不同,比较基金累计净值来分析基金业绩仍存在一定的不可比问题,而单位基金累计净值指标可以解决这一问题。因此,单位基金累计净值是衡量基金业绩的重要指标,这个指标剔除了许多不可比的因素。

从单位基金累计净值与单位基金资产净值的差异分析基金的分配政策,两者的差异越大,基金公司越偏好实施积极的分红政策。对于开放式基金来说,采取积极的分红政策,更有助于降低开放式基金的赎回频度和额度,促使新的投资者积极申购和老的投资者长期持有;对于封闭式基金来说,有利于基金持有者长期投资,降低换手率,减少交易成本。基金若采取长期的不分红政策,即使在证券市场火爆的行情中,投资者也会选择赎回或转让的方式落袋为安,当然,有关制度对分红的底线也有强制性的规定。

4. 货币资产比例及其分析

货币资产比例是指报告期末货币资产,主要是指银行存款占基金资产总值的比例。这一比例反映了基金资产流动性与盈利性的关系,货币资产比例越高,流动性和支付能力越强,但盈利能力越弱。在不同的条件下,对该指标的比例要求也不同。就不同基金的运作方式分析:封闭式基金货币资产比例要尽可能低一些;开放式基金要适当高一些,通常在7%左右,以应对赎回支付问题。就不同的市场行情分析:牛市行情中,货币资产比例要低一些;熊市行情中,货币资产比例要高一些,高比例一方面有利于应付基金的赎回,同时阻止了基金资产的继续减值,另一方面有利于基金寻找机会,逢低吸纳股票。就不同的时期分析:即将进入分红期,货币资产比例要高一些;分红期已过,货币资产比例要低一些。

（二）盈利状况指标及其分析

1. 本期收入及其分析

本期收入是指基金在本期内取得的各种收入，包括股票差价收入、债券差价收入、权证差价收入、买入返售证券收入、债券利息收入、存款利息收入和股利收入等。基金本期收入的内涵与其他企业收入，如工商企业收入的内涵有很大的不同。基金本期收入主要是证券买卖的差价收入，不包含购入成本。工商企业收入是销量与售价的乘积，包含产品或商品的销售成本或进货成本。

分析计算本期各种收入占总收入的比重并与上期或其他企业进行比较，并结合基金持仓品种的变化、资产配置效果等方面分析：基金投资是偏重股票、债券，还是其他金融资产或衍生金融资产；基金挑选股票是偏重中小快速成长公司的，还是大盘蓝筹绩优公司的；基金持有债券的种类是国债还是公司债等。以此，对基金经理的投资风格作出全面评价，判断基金经理投资风格与你的投资思路的契合度。

一般来说，在规定的界限内，基金投资股票与权证差价收入占收入比重越高，基金获取收益的能力可能越高，当然基金投资风险也越高。

2. 本期净收益及其分析

本期净收益（或基金净亏损）是本期收入扣除基金费用后的余额，本期净收益反映基金的盈利水平。扣除的基金费用包括基金管理费、基金托管费、卖出回购证券支出、利息支出和其他费用。本期净收益除以计算日基金单位总数即为单位净收益。

净收益与基金净值的区别是：基金净收益主要是从配比方面确认收入与支出的问题，证券买卖价差收入是在实现成交的当日确认，其目的是反映当期的投资业绩；基金资产净值主要是从资产定价的角度确定基金资产如何进行估值的问题，其目的是要客观、准确地反映基金资产是否保值增值。

将本期净收益与本期收入比较，计算本期净收益率并与其他基金净收益率水平比较，可以分析基金经营费用水平，经营费用水平是通过经营费用率衡量的，经营费用率是经营费用与收入的比率。经营费用率与净收益率是此长彼消的关系。因此，投资者应选择净收益率高或综合费用率低的基金。分析经营费用水平时，要考虑变动费用与固定费用因素对费用水平的影响，变动费用通常根据基金会计制度和基金招股说明书承诺的比例提取，在基金费用中占较大比重。如基金管理费按前一日的基金资产净值的每日费率（年费率 1.2%）计算；基金托管费，按前一日的基金资产净值的每日费率（年费率 0.2%）计算。投资者还应留意基金经营业绩表中费用项目下的基金经理报酬支出，了解与业绩挂钩的激励制度，好的激励制度能留住好的基金经理。基金的固定费用尽可能要低，这一部分费用主要是利息支出和其他费用支出等。

（三）成长状况指标及其分析

1. 单位基金净值增长率及其分析

单位基金净值增长率是不同时期单位基金净值的差额与基期单位净值的比率。单位基金净值增长率是反映基金投资策略实施和基金投资水平的指标。

基金在当期只分红一次，本期单位基金净值增长率为：

$$\frac{\text{期末单位基金资产净值}}{\text{期初单位基金资产净值}}-1$$

基金在当期分红一次以上，本期单位基金净值增长率为：

$$\frac{本期第一次分红前单位基金资产净值}{期初单位基金资产净值}\times\frac{本期第二次分红前单位基金资产净值}{本期第一次分红后单位基金资产净值}\times\cdots\times\frac{期末单位基金资产净值}{本期最后一次分红后单位基金资产净值}-1$$

由上面公式可知，本期单位基金净值增长率受本期分红的次数影响，在不同基金本期分红次数不同的情况下，运用此指标分析评价不同基金净值增长水平具有一定的不可比因素。在基金类型相同、本期分红频度和力度基本相同的情况下，将本期选购的基金与其他基金比较，分析比较不同基金的投资水平，对于偏股型的基金，尤其是股市大盘处在横盘时期，单位基金净值增长率状况更能反映基金的投资水平。所选基金的单位基金净值增长率还可以与基准增长率和上证综指或深圳成指比较，分析所选的基金能否跑赢大盘。

2. 单位基金累计净值增长率及其分析

单位基金累计净值增长率是不同时期单位基金累计净值的差额与基期单位基金累计净值的比率。单位基金累计净值增长率反映了基金投资、分配策略实施和基金整体投资水平。本期单位基金累计净值增长率是期末与期初单位基金累计净值的差额与期初单位基金累计净值的比率。分析长期单位基金累计净值增长率能客观评价基金业绩的增长水平。如果只以基金短期的增长水平评头论足，则质地优良的基金会因为短期表现不佳而被否定。为了长期考核基金的增长水平，应根据基金本年年报和以前年报资料，计算近三年单位基金累计净值增长率。

$$\begin{aligned}近三年单位基金累计净值增长率=&(第一年度单位基金资产净值增长率+1)\times\\&(第二年度单位基金资产净值增长率+1)\times\\&(第三年度单位基金资产净值增长率+1)-1\end{aligned}$$

近三年单位基金累计净值增长率不仅与其他同类型基金的增长率相比，还应与基准单位基金累计净值增长率，即同类型基金平均增长率水平相比，分析选购的基金业绩水平在行业中的地位。要明确新基金自基金合同生效日起 3 个月内为建仓期，在比较分析该指标时，要考虑基金建仓期不列入比较期内。

投资者应更多关注分析基金的长期成长性，每只基金都有可能在一段时期内业绩斐然。实践表明，历史业绩显著优于市场指数收益的基金会向市场均值回归，有时甚至低于市场均值，也就是说，一只基金不可能长期占据排行榜的前列。因此，长期业绩居前的基金都可以纳入投资者的基金筛选池中。

基金投资者在运用上述指标分析选择基金，尤其是选择股票型基金时，还要分析基金的市场风险、基金管理人投资与管理风险、信用风险、流动性风险等。

本章小结

对外直接投资的形式主要包括中外合资、合作和合并等。对外直接投资项目的技术经济评价主要有投资项目概括评价、投资项目的技术条件评价、投资项目的经济评价。

中外合资投资是指中外投资者共同投资、共同经营、共负盈亏和共担风险的投资。

中外合资和合作投资在财务管理的组织方面、投入资本的管理方面、资产的管理方面和收益分配的管理方面都有其特点。

证券投资态势分析方法主要有基本因素分析法和技术分析法。

从基金资产状况、盈利状况和成长状况三个方面分析基金的投资价值。

复习思考题 封底扫码查看参考答案

简答题

1. 如何开展对外投资项目的技术经济评价?
2. 中外合资和合作投资在财务管理上有何特点?
3. 企业合并投资的主要作用是什么?
4. 证券投资基本因素分析法和技术分析法各有何特点?它们之间有何关系?
5. 反映基金投资价值的财务指标有哪些?如何分析?

计算题

假设甲企业拟以发行股票的方式收购乙企业,并购时双方的有关资料如表 9-2 所示。

表 9-2 甲、乙企业相关资料

项　　目	甲企业	乙企业
净利润	600 万元	150 万元
普通股股数	300 万股	120 万股
每股收益	2 元	1.25 元
每股市价	16 元	7.5 元
市盈率	8 倍	6 倍

要求就以下问题作出回答:

(1) 如果乙企业同意其股票每股转让价 8 元,甲企业需发行多少股票才能收购乙企业全部股份?

(2) 如果并购后的收益能力不变,存续的甲企业的盈余总额为原甲、乙企业盈余之和,那么并购后甲、乙企业股东的每股收益将发生何种变化?

(3) 如果保持甲、乙企业的每股收益不变,其股票交换比率为多少?

第十章　营运资金管理

企业营运资金管理是企业日常财务管理的重要内容，其管理的重点是流动资产。现金管理的重点是选择一定的模型确定现金最佳存量。商品经济的迅速发展使企业之间的商业信用广泛开展，企业商业信用数额增大，研究企业的商业信用政策、加强商业信用管理是流动资产管理的一项重要内容。信用政策一般由四个要素构成，即信用标准、信用期间、收款政策和现金折扣。企业对不同客户应规定不同的信用政策，并适时调整，对改变信用政策的备选方案进行评价。以财务管理部门为存货管理的综合部门，对整个企业存货进行集中统一管理，合理确定材料采购批量和生产批量。

第一节　营运资金管理概述

一、营运资金的概念及特点

（一）营运资金的概念

本章所讲的营运资金仅指运用在流动资产上的资金。

流动资产是指可以在一年或者超过一年的一个营业周期变现或者耗用的资产。它包括现金、各种银行存款、短期投资、应收及预付款项、存货等。

从价值形态角度研究流动资产的构成要素，可以综合地反映流动资产的原始用途。流动资产的货币表现是流动资金。从流动资金的构成要素看，它包括形成劳动对象、垫支工资和其他货币支出的资金。

劳动对象是企业生产经营的物质条件之一，它的实物形态为存货中的原材料、燃料和辅助材料等。劳动对象只在一个生产周期中发挥作用，参加生产过程后，就完全改变实物形态，构成产品的实体或有助于产品的形成。它们的价值一次全部转入产品中，构成生产成本的一部分。随着产品的销售，其耗费又从收回的产品价值中得到补偿。

流动资金除了用于垫支劳动对象外，还用于支付职工工资和生产经营过程中的其他费用。企业以货币支付给职工的工资，是劳动者新创造价值中属于自己的部分。直接工资支出一次全部地转入所生产的产品成本中，构成生产成本的一部分，并从产品销售收入中一次全部地得到补偿，再参加下一次生产周转。其他形成制造费用的间接支出，其周转形式也是一次垫支，一次从实现的价值中收回而得到补偿后，再用于下次生产周转。所以，从周转方式看，它们都属于流动资金。从构成要素考察流动资金，可以反映流动资金或流动资产的主要原始用途。

研究流动资产日常管理，还需要连带研究流动负债的管理，其理由有二：其一，适应型财务政策要求流动资产的资金需求应由流动负债解决；其二，从资产负债表的右方考察，减去流动负债即为企业的长期资本。长期资本的多少反映了企业承担财务风险能力的大小。

流动负债通常是指债务期限为一年以内的负债，主要为了解决流动资金短期的需求。它主要包括短期借款、交易性金融负债、应付账款、应付票据、预收账款、应付职工薪酬、其他应付款、预计负债等。

（二）营运资金的特点

1. 流动资产的特点

（1）流动性强

流动资产能在一年或者超过一年的一个营业周期内变现或被耗用。确认流动资产的最初目的在于向债权人显示关于他们债权的安全性。测试安全性是通过资产变现能力以及可用于偿付债务，特别是那些将于下一年度到期债务的偿付程度来反映的。债权人，尤其是短期债权人特别关注资产的变现能力和债务到期的偿还。流动资金变现期短，可在较短的时间内用于偿付流动负债以及计划外的现金流出。流动资产中的货币资产本身就是现金(西方国家所指的现金既包括库存现金，还包括银行存款等)，不需要变现，随时可用于支付。

（2）回收期短

流动资产与固定资产相比较，其循环周期较短，流动资产完成一次循环的时间与生产经营周期基本一致。由于流动资产变现能力强，投资回收期短，其投资风险较小，一旦遇到市场变化，投资转向快，适应变化的能力强。固定资产投资多，回收期长，投资转向慢，往往会因市场变化、产品的“转向”而形成大量闲置的机器设备。

（3）灵敏度高

流动资产占用量的变化、分布状况和内部结构比例关系能够迅速敏感地反映企业的生产经营管理水平以及理财状况。工业企业的供、产、销三个阶段分别存在着原材料、在产品、产成品，它们贯穿于企业生产经营的整个过程，其存量随供、产、销和经营管理水平的变化而变化，其占用量的结构比例也随之变化。因此，它们存在的状况可以及时、综合地反映各个经营环节的管理水平和理财状况。

2. 流动负债的特点

（1）资金成本低

由于短期债务比长期债务的期限短，债权人的期限风险较小，故短期的债务利率低于长期的债务利率。有些短期债务，如“应计费用”则没有利息费用，属于“自然融资”。

（2）财务风险高

流动负债的期限短，有些债务即将到期时，需要筹集足够的现金还本付息，还款的压力大。企业需要做好短期的现金收支安排，避免到期还不了债而导致企业破产清算。

（3）融资弹性强

发生长期举债，由于其限期长、数额大，债权人为了保证资产的安全性，往往以契约的形式增加对债务人的约束条款，使债务人丧失了一部分经营决策权。而短期举债期限短、数额小，债权人对债务人的限制条件较少，使短期筹资的使用较为灵活，富有弹性。

(4) 融资速度快

取得流动负债的手续简单,甚至不需要程序化的手续,如"应付工资"、"其他应付款"等。取得长期负债和所有者权益融资的程序复杂、时间较长。因此,流动负债的融资时间要短于长期负债和所有者权益的融资时间。

二、流动资产管理的要求

营运资金管理的重点是流动资产,应明确流动资产的管理要求。

为了满足企业生产经营活动的需要,应采用多种筹资方式从不同的筹资渠道积极筹集资金,增加流动资产数量,同时还要注意节约使用流动资产,并提高流动资产的利用效果。管好、用好流动资产应努力做到以下几点。

(一) 提高流动资产的盈利性

流动资产的循环周转速度远远超过固定资产的循环周转速度,从这个意义上讲,增加流动资产数量,在一定时期内可以增加企业的盈利。获利是资产使用的目的,这就要求资产的使用者加速流动资产中各项资产的转化,货币资产、储备资产、生产资产、成品资产、债权资产应紧密衔接,在空间上,依次由一种占用形态向另一种占用形态转化。在时间上,按照合理的比例关系保持其并存性,最大限度地增加盈利。

(二) 保持流动资产的流动性

在总资产中保持一定的流动资产数量,这不仅由企业的生产技术特点以及加速资金周转、提高资产盈利性的要求决定,也是为了保持资产的流动性,提高流动比率,以偿付企业的短期负债。企业应保持一定的流动资产,尤其是其中的货币资产,以应付日后的进货和偿债,避免捉襟见肘,以应对难于应付的理财风险。保持资产的流动性,可以为进一步举债筹资提供有利的条件。需要指出的是,货币资金属于间歇资金,在短期没有现金流出的情况下,其比重过大会造成资金闲置。存货的比重过大,可能由于企业盲目采购材料,生产周期长,产品积压,从而造成存货周转速度减慢。

(三) 保证流动资产的安全性

企业的流动资产是进行生产经营活动的物资基础。管好、用好企业的流动资产,杜绝浪费、流失,是加强企业流动资产管理的一个重要方面。流动资产,尤其是其中的货币资产具有数量多、不固定、易变现的特点,这就决定了它们易流失,易发生错误。因此,企业的财务部门和流动资产的使用部门应该相互配合,严格实行流动资产的归口分级管理制度。财务部门在从价值方面对全部流动资产进行管理的基础上,应重点加强对货币资产、债权资产和短期投资的管理。

第二节 现金的管理

一、现金的特点

这里讲的现金,主要包括企业库存现金和银行存款。现金是流动资产的重要组成部分,其价值形态既是企业资金循环的始点,也是企业资金循环的终点,其流动性最强。

市场上的商品交换以货币作为一般等价物，货币对社会产品的生产、交换、分配、消费起着媒介作用。企业的资金筹集、生产耗费、财务成果的取得、资金分配，都需要用价值尺度总括地计量、反映和监督，即借助于货币计量来反映和监督。企业的许多经营活动都是通过现金的收、付进行的。企业的财务部门是管理现金的职能部门。积极地组织现金的收支、合理地调度资金，对于正确处理企业的财务关系有着十分重要的意义。现金具有以下特点。

（一）资产的暂时闲置性

现金资产是处于两次资金循环中间环节的间歇资产，它既是下一次资金循环的初始状态，也是上一次资金循环的终结状态。因此，有的西方学者把现金资产称为“暂时的非营利资产”。它既要用于资金垫支，如购买材料、燃料和支付费用等，又要用于资金收回的分配，如上缴税金、分配净利润、偿还债务等。

（二）资产的任意转化性

企业购置固定资产不是为了出售，而是将其作为劳动手段加工产品。用于投入生产的固定资产不会任意转化为其他资产。工业企业购置的原材料只能转化为在产品资产，商业企业的商品资产只能转化为现金资产。一般来说，现金资产能任意转化为各种资产，可以用它购置固定资产、储备资产、商品资产等。

（三）资产的增减规律性

从现金收支动态规律上看，现金的支付在时间上具有周期性，其发生依一定的间隔期而有规律地重复进行。如税金、工资、水电费的支付周期通常是一个月。有的增减同相关因素有较强的依存性。如销售收入同销售量、销售价格有依存关系，工资总额与工人人数和平均工资有依存关系等。

正确地认识和掌握现金资产的特点，可以更好地加强现金管理、合理地调度现金使用。

二、现金的定量管理

现金的定性管理是指根据国家制定的经济政策、制度及财务管理者的经验对货币资产进行管理，使其收支具有合法性、合理性和有效性。下面着重阐述现金的定量管理。

现金的定量管理是指在定性管理的基础上，利用数学的方法合理确定现金持有数量，以取得现金存量最佳效益。

影响现金存量的主要因素有：预期的企业现金流量、预期现金流量的偏差、有价证券的利率以及现金同有价证券间的转换成本。确定现金最佳存量的模式通常有下列几种。

（一）周期模式

现金的周期模式是指根据企业现金的周转速度来确定现金存量的方法。使用这种方法是基于下面的假设：现金流出的时间发生在应付款支付的时间；一定时期的现金流入等于现金流出；企业的生产经营状况比较稳定，没有随机的不确定因素影响企业的现金存量。

运用周期模式确定企业最佳现金存量的公式如下：

$$MOC=\frac{TAO}{CT}$$

式中，MOC 为最佳现金存量；TAO 为一定时期（通常是一年）的现金总需求；CT 为现金周转率。这里的现金周转率是指一年中的现金周转次数，即：

$$CT=\frac{360}{\text{现金周转周期}}$$

工业企业的现金周期是指企业从购买原材料、支付现金开始至销售产品取得现金的天数，即购料付款时的现金流出至销售收回应收款的现金流入这段时间，用公式表示为：

$$CC=AAI+ACP-APP$$

式中，CC 为现金周期；AAI 为平均存货天数；ACP 为平均应收款天数；APP 为平均应付款天数。

它们之间的关系也可以用图 10－1 表示。

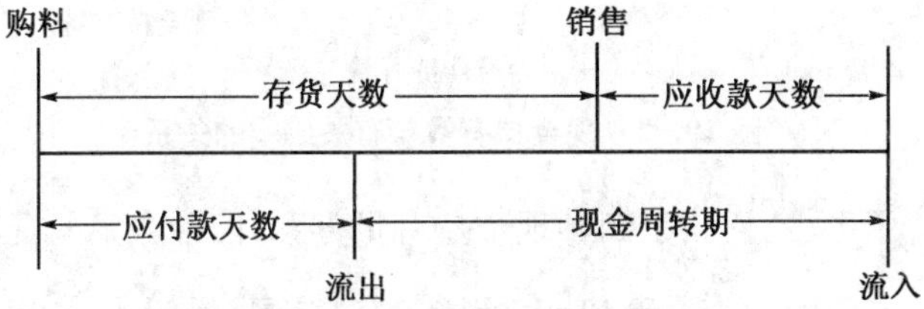

图 10－1　现金周期与存货天数、应收和应付天数关系

确定最佳现金的周期模式反映了现金持有量与其周转率呈反比例变动。在货币资金总需求已定的情况下，一定时期的现金周转速度愈快，货币持有量就愈少。下面举例说明周期模式的具体运用。

［**例 10－1**］　某企业购买材料和销售产品均采用赊购、赊销方式，平均应付款天数为 16 天，平均应收款天数为 26 天。企业从原材料购买至产品销售的平均期限为 110 天。企业每年的生产经营性现金总支出为 240 万元，确定最佳现金持有量。

$APP=16$(天)，$ACP=26$(天)，$AAI=110$(天)，$TAO=2\,400\,000$(元)。依公式得：

$$CC=110+26-16=120(\text{天}),CT=\frac{360}{120}=3(\text{次}),MOC=\frac{2\,400\,000}{3}=800\,000(\text{元})$$

例 10－1 表明，该企业平常若持有 800 000 元的现金，将能够应付日常现金的流出，不必另借入货币资金。

（二）成本分析模式

成本分析模式的步骤是，先分析持有现金资产的三种成本，即投资成本、管理成本和短缺成本，然后求最小总成本下的现金存量，以达到最佳持有量。

投资成本是指筹集使用现金资产付出的代价。公司的货币资产来源于债权人和股东的投资，投资成本等于投资者所要求的收益率。投资成本随现金资产持有量的增加而增加，企业每增加一元的现金资产，其投资总成本也随之增加，保持一定数量的现金是必要的，但过量地持有却是不合算的。

管理成本是指现金日常管理发生的费用，如现金资产管理人员工资，制造有关现金资产凭证的材料费、印刷费或购置费等。这些管理费用是相对固定的，不随现金数量的多少而增减。

短缺成本是指企业由于现金资产的短缺而遭受的损失。如企业没有备有规定的货币资产额，未能及时清偿而遭到的罚金。现金资产的短缺成本与现金持有量呈反比例变动，现金资产持有量增加，短缺成本下降；反之，短缺成本上升。

持有现金资产的总成本是指现金资产的投资成本、管理成本和短缺成本之和。现金资产的最佳持有量为现金资产总成本最小条件下的持有量，可以用图10－2表示。

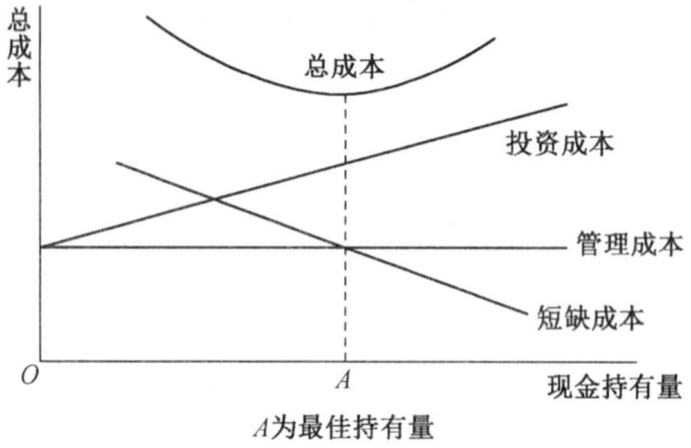

图10－2　现金持有量与有关成本的关系

假定某企业拟订了甲、乙、丙、丁四种现金持有量方案，四种方案的资料如表10－1所示。

表10－1　现金持有量方案　　单位：元

方　　案	甲	乙	丙	丁
现金资产数额	100 000	200 000	300 000	400 000
预计短缺成本	50 000	30 000	10 000	0
管理成本	60 000	60 000	60 000	60 000
资本成本	12%	12%	12%	12%

各方案持有现金资产的总成本如表10－2所示。

表10－2　持有现金成本　　单位：元

方　　案	短缺成本	管理成本	投资成本	总成本
甲	50 000	60 000	12 000	122 000
乙	30 000	60 000	24 000	114 000
丙	10 000	60 000	36 000	106 000
丁	0	60 000	48 000	108 000

从表10－2中可以看出，丙方案的总成本最低，现金资产的最佳持有量应为300 000元。

（三）存货模式

企业持有现金同持有存货一样，目的都是为了满足生产经营的需要。在确定条件下，可以采用存货管理最佳批量方法来计算现金的最佳持有量。

采用存货模式法基于下面的假定：企业以稳定而能够预测的速率收支现金，即现金支出均匀分布，支出的数额确切可知。在上述现金流量均匀发生的假设下，企业的现金收支如图10－3所示。

图10－3假定企业当初有C元现金，每天的现金是均衡地流出大于流入，现金的存量逐渐减少，第10天现金没有余额，企业应立即出售相当于C元的有价证券，使其达到当初持有的水平。随着使用逐渐减少，第20天又出售有价证券予以补充。如果企业最初持有的现金(C)

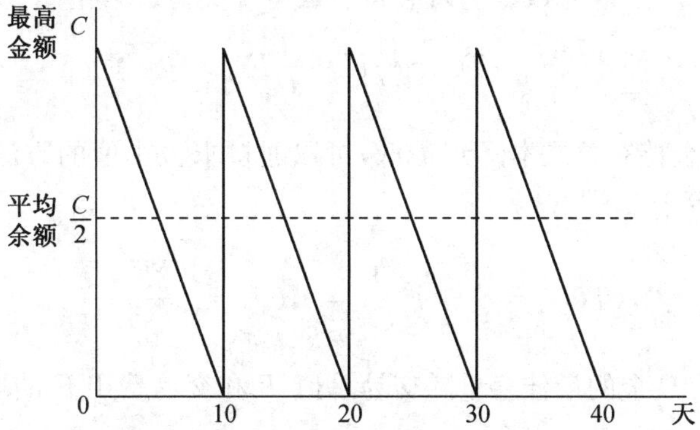

图 10－3　存货模式下的现金变化

较多，每天耗用现金的速率没有变化，则现金的供应就比较持久，而它出售有价证券或借入资金的频率也会减少，但企业现金的平均余额($C/2$)将会上升；反之，则现金的供应时间缩短，而它出售有价证券或借入资金的频率也会增加，企业现金的平均余额将下降。企业在出售有价证券或借入资金时，需要负担经纪成本或交易成本。因此，如果企业持有过多的现金，就会减少出售有价证券或举债来筹措现金的次数，从而减少经纪成本或交易成本。但过多的现金会使企业因丧失投资于有价证券而产生收益的机会成本增大。这里的机会成本是指现金投资到有价证券或其他资产所能获得的报酬。由此可见，确定现金存量应考虑两种成本：一是现金的持有成本，即现金投资于有价证券的利得；二是交易成本。持有现金的总成本是这两种成本之和，总成本最低条件下的现金量为最佳存量，它们之间的关系可用图 10－4 表示。

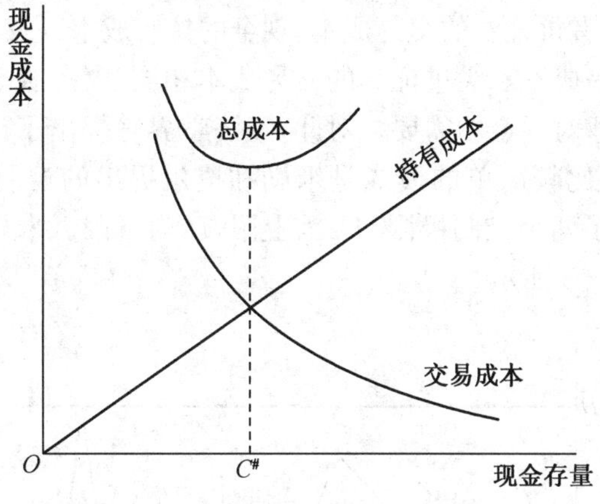

图 10－4　现金存量与有关成本的关系

从图 10－4 中可以看出，持有成本随现金存量的增加而增加，交易成本随现金存量的增加而减少，总成本为谷底的现金存量是最佳存量。

最佳存量可以通过公式计算。设 C 为出售有价证券或举债所能筹集的现金余额，现金的平均余额则为 $C/2$，K 为持有现金的机会成本，它等于有价证券的报酬率；$(C/2)K$ 为现金的持有成本；T 为一定时期的交易总值，由于现金存量(或每次证券变现的金额)为 C，则这一时期证券的变现次数为 T/C；F 为出售有价证券或举债时，企业负担的固定成本(交易费用不随存量或变现量而变化)，则总交易费用为$(T/C)F$；TC 为总成本：

$$总成本=现金持有成本+交易成本$$

$$TC=\frac{C}{2}K+\frac{T}{C}F$$

当 $C=C^{\#}$ 时，现金持有总成本降到最低，可以通过求极小值的方法，对公式中的 C 求一阶导数，使整个等式等于 0，即：

$$(TC)'=\frac{K}{2}-F\frac{T}{C^2}=0, C^{\#}=\sqrt{\frac{2F\cdot T}{K}}$$

从公式可以看出，现金的最佳存量随交易总值 T 和交易费用 F 的增加而增加，随机会成本的增加而减少。

假设某企业预计一个月中的现金付出总值为 800 000 元。其支付是均匀分布的，每次证券变现的交易费用为 120 元，有价证券月利率为 8‰，该企业最佳现金存量为：

$$C^{\#}=\sqrt{\frac{2F\cdot T}{K}}=\sqrt{\frac{2\times 120\times 800\,000}{8‰}}=154\,919(元)$$

出售有价证券，转换现金资产的交易次数则为：800 000/154 919＝5(次)

（四）随机模式

上面确定现金存量的方法都是基于现金收支比较均衡且数额可以预测的情况。如果企业的现金收支不能预测，是随机的，则企业可以确定一个控制现金资产存量的区域。当现金存量下降到控制区域的下限时，出售有价证券，增加现金存量；当现金存量上升到控制区域的上限时，购买有价证券，稀释现金存量。现金存量在控制区域内，企业无须买卖有价证券。上、下控制线的确定，主要应考虑有价证券的交易成本、现金的持有成本以及现金可能波动的程度。

假定出售证券的交易成本和买进证券的交易成本相同，财务管理者的目的是要求以尽可能低的总成本来满足企业对现金的需要。对此，经济学界曾提出了许多应用控制理论的模式来控制现金的存量，其中比较简单的模式是米勒和奥尔提出的控制极限模式（control limits model）。这个模式规定了两个控制极限：H 为上限，L 为下限。米勒和奥尔控制极限模式下的现金存量变化如图 10－5 所示。

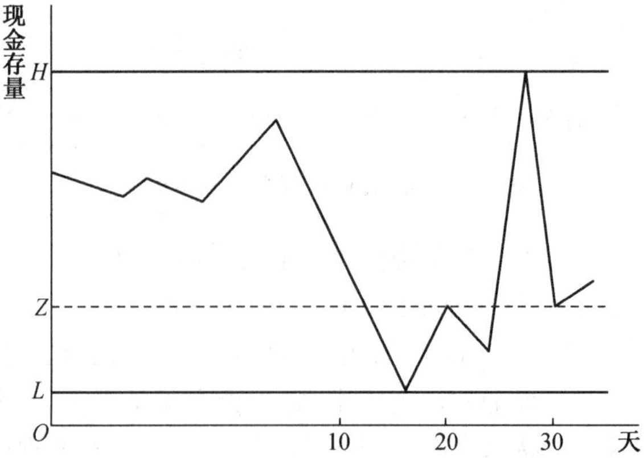

图 10－5　现金存量变化

图 10-5 反映了当现金存量达到上限(H)时,企业买进 $H-Z$ 数额的有价证券;当现金存量降至 L 时,企业卖出 $Z-L$ 数额的有价证券,尽可能使得现金数额保持在 Z 点上。Z 值可用下列公式计算:

$$Z=\sqrt[3]{\frac{3F\cdot G^2}{4K}}+L$$

式中,F 为购买有价证券的交易成本;G^2 为每日现金净流量的方差;K 为有价证券的利率(持有现金的机会成本);L 为现金允许的最低存量。

按照米勒和奥尔的理论,最高上限(H)为 $3Z-2L$,货币资产平均存量为$(H+Z)/3$。下面举例说明货币资产上限和平均存量的确定。

[**例 10-2**]　某企业每天现金净流量的标准差 G^2 为 4 000 元,有价证券的年利率为 10%,每次购买有价证券的交易成本为 300 元,现金允许的最低存量为 16 000 元。依公式得:

$$Z=\sqrt[3]{\frac{3\times 300\times 4\,000^2}{4\times 0.1/360}}+16\,000=39\,489.21(\text{元})$$

$$H=3\times 39\,489.21-2\times 16\,000=86\,467.63(\text{元})$$

$$\text{现金平均存量}=\frac{86\,467.63+39\,489.21}{3}=41\,985.61(\text{元})$$

第三节　应收账款的管理

在实际工作和理论工作中,应收账款管理一直是财务管理的一个薄弱环节。在实际工作中,由于企业之间相互拖欠货款,形成严重的三角债,使得一些产品畅销、经营状况较好的企业也不堪重负。这除了受银行的信贷政策、产业结构及产品结构不合理、企业经营机制不健全、资金周转不灵等因素影响外,还有一个很重要的因素——忽视债权管理。究其原因,企业主要受传统计划经济和旧的信用管理制度的影响。过去,企业间的商业信用受到严格限制,企业没有研究商业信用的必要性。随着社会主义市场经济的建立,企业作为完全独立的商品经济实体,企业之间的商业信用形式日益多样、信用数额增大,需要企业认真加以研究,加强债权管理。

一、信用管理政策

企业可以通过改变信用政策,改变应收账款数量和质量状况来控制应收账款的增减数量。企业的信用管理政策一般由四个要素构成,即信用标准、信用期间、收款政策和现金折扣。

(一) 信用标准

信用标准是指企业给予客户信用时,对客户所要求的起码条件,主要是指客户满足最低支付能力的财力状况。如果企业采用的信用标准很苛刻,只对信誉好的客户给予赊账销售,那么虽然企业遭受坏账损失的可能性很小,但必然丧失一部分信誉稍差的客户,使目前和未来销售收入减少。如果过严的信用标准造成利润的减少大于所避免的坏账损失,那么企业就应该放松信用标准。

企业在决定信用标准时，应着重考虑客户延迟付款或拒付款使得企业发生坏账损失的可能性。企业在确定客户信用标准前，首先必须评定客户的信用品质。在评定信用品质时，一般针对下列五个因素来调查客户的信用情况，这五个因素也称为五C系统(在英语中，五个因素以C字母开头)，即资本(capital)、品行(character)、能力(capacity)、担保品(collateral)、情况(conditions)。

1. 资本

资本的多少表明客户的财务实力，这里讲的资本仅指在资产负债表中的股东权益。资本与全部资产的比重大小能够反映企业承担风险和承担债务的能力。

2. 品行

品行是指客户的信誉或形象，因为企业每一笔信用交易都包含着客户对付款的承诺。企业的财务管理人员必须收集客户过去与本企业和其他企业的款项往来情况，也可以通过其开户银行了解这方面的情况，了解客户有无拖欠货款或无故拒付货款的事项。

3. 能力

能力是指客户流动资产的数量、质量以及流动负债的状况。客户的流动资产愈多，支付款项的能力愈强。同时还要注意流动资产的构成，积压或变质的存货会影响资产的变现能力，使短期的支付能力减弱。

4. 担保品

担保品是指客户为了获取交易信用，提供给企业作为担保用的资产。不是每笔信用交易都需要客户提供担保品，只有当客户信誉较差时，才要求他们提供担保品。要审查担保品的所有权是否属于客户，是否能够变现。代管资产、诉讼中的资产及过期质次资产都不能作为担保资产。

5. 情况

情况是指可能影响客户付款能力的经济环境和地理环境，如当经济不景气和遭受自然灾害时，客户的支付能力会下降。

对于上述问题的调查，应掌握：如果信用数额较大，财务部门需派专人到客户处直接了解，实地到企业观察和询问各个生产经营环节的管理水平和各种资产状况，掌握客户有关信用情况的第一手资料。还可以间接地通过客户的开户银行、当地的会计师事务所或与客户发生过信用关系的企业调查了解客户的信用情况。在国外，可以通过当地专门的资信调查机构，如信用协会等了解。对于所了解掌握的情况，财务人员需写出信用报告。信用报告主要包括下列内容：

(1) 客户的资产负债表、损益表和现金流量表的主要项目；

(2) 有关支付能力的财务比率及其对这些比率的分析；

(3) 来自客户开户银行和与其发生供销关系企业的信用资料，如过去是否延迟或迅速付款，过期的平均天数，最近是否有未能按时还款的事项，还包括客户在过去是否有过“破产”的诉讼，以及欺诈等记录；

(4) 针对客户的经营情况作出的文字说明；

(5) 评价客户的信用情况，决定是否采用信用方式，如果采用信用方式，还需要结合定量分析方法决定信用的数额和期限。

（二）信用期间

信用期间是指企业给予客户的付款期间。信用期间的长短不同，对企业经营成果的影响程度也不同。延长信用期间，可以扩大销售、增加销售利润，但应收账款所占用资金的机会成本也会增大，收账费用和坏账损失都可能增加；缩短信用期间，将减少销售数量和销售利润，减少了应收账款占有的资金，资金的机会成本减少，收账费用和坏账费用也随之减少。在确定信用期间时，除了考虑上述问题，还应考虑企业货币资产的存量、资金的周转速度以及客户正常存货的持有期间。如果企业货币资产存量减少，资产的流动性减弱，资金的周转速度缓慢，企业应该缩短信用期限。如果客户购买的商品是易变质、持有期间较短的商品，企业也可以缩短信用期限；反之，则延长信用期限。

（三）收款政策

收款政策是指企业催收已过期的应收账款所遵循的程序及有关策略。企业一般对逾期付款的客户规定一个允许拖欠的期限，一旦客户超过了这个期限，企业就应采取催收货款的行动。

当应收账款超过规定的拖欠期限，一般是先给客户发送一份货款拖欠通知单和一份原始发票的副件。如果客户仍不付款，可以发出措辞稍严的函件催要账款，也可以通过电话清楚地听取客户对拖欠账款作出的解释，这有助于企业决定再付出多少精力来收取账款。如果以上措施都没有效果，可派专人上门催要货款，直到诉诸法律解决。

企业在催收货款的过程中，会发生各种收账费用，如信函邮资费、电话费、差旅费，甚至诉讼费等。提高收款的效率，适当地增加收账费用的开支，可以减少坏账损失，但收账费用增加与坏账费用减少之间并非线性关系。收款政策还包括对因收取拖欠货款发生的费用所作的经济上的评价。当收账费用开支达到某一限度后，再增加其支出对减少坏账损失的作用并不大，这个限度称为收账费用饱和点。它可以作为决定是否继续催收货款的界线，当预计发生的收账费用高于这一费用点时，表明继续收款在经济上是不合算的，应该将这笔应收账款作为坏账损失加以注销。

收款政策的宽严程度不同，其所涉及的成本费用与收益也不一样。企业在决定收款政策时，必须就它所涉及的费用和收益作出权衡。

（四）现金折扣

在制定信用政策时，企业所要考虑的最后一个因素是现金折扣。企业通过给客户现金折扣，可以促使客户在购货后尽早付款。不同的现金折扣对企业的成本和收益的影响也不一样。在确定现金折扣的比例时，应将由此产生的收益和成本作一个比较，以便选择合适的比例。采用现金折扣或提高现金折扣的比例对企业有利的一面是，吸引顾客购买商品，尤其是新顾客，缩短平均收现期，减少应收账款的机会成本；不利的一面是，由于增加了现金折扣的比例，也可能减少销售收入，减少的销售收入可以看作由于现金折扣造成的损失。因此，现金折扣虽然可以给企业带来收益，但这些收益有可能部分或全部被折扣损失抵消，一个能使边际收益抵消边际成本的现金折扣就是最佳现金折扣。

二、改变应收账款政策的定量评价

企业对不同的客户规定了不同的信用政策，然而，这些信用政策并非一成不变。企业所处的经营环境的变化，迫使其不得不考虑对信用管理政策中的某些规定进行重新调整，并对改变信用政策的备选方案进行评价。例如，竞争对手出于竞争的目的，可能首先放宽了信用政策，企业因而也被迫放宽了信用政策；经济衰退迫使企业放宽信用政策；企业为了扩大销售量，争取更多的顾客而放宽信用政策。

放宽信用政策可以使销售数量增加，同时，与之相关的费用和成本也会增加。因此，企业在决定是否改变信用政策时，要考虑的关键问题是，销售额的增加是否足以弥补由此增加的损失和成本？给企业带来的利润是否比以前增加了？

（一）现金折扣政策的评价

采用不同的现金折扣，产生不同的费用和收益，企业应选择费用相对较低、收益较高的现金折扣政策。下面举例说明。

［**例 10－3**］ 假定某企业有 A、B 两种不同的信用政策。A 种信用政策下的信用标准、收款政策较严，现金折扣为[1/10，net 20]。B 种信用政策下的信用标准、收款政策较松，现金折扣为[2/10，net 20]。

在 A 种信用政策下。预计企业全年销售额为 8 000 000 元。根据过去的经验，在这种信用政策下，约 30%的客户会在购货后的第 10 天付款，以享受现金折扣，约 20%的客户会在购货后的折扣期外和信用期内付款，50%左右的客户不遵守信用，会在购货后的第 30 天至 50 天内付款。因此，该企业的平均信用期间为 27 天，即：

$$10 \times 30\% + 20 \times 20\% + 40 \times 50\% = 27(\text{天})$$①

应收账款的持有成本可通过下面的公式计算：

$$\text{应收账款持有成本} = \text{每日销售数额} \times \text{平均信用期间} \times \text{变动成本比重} \times \text{资金成本}$$

该企业变动成本占销售收入的比重为 75%，占用在应收账款上的资金成本为 10%。应收账款持有成本可以根据公式计算为：

$$\text{应收账款持有成本} = \frac{8\ 000\ 000}{360} \times 27 \times 75\% \times 10\% = 45\ 000(\text{元})$$

$$\begin{aligned}\text{折扣损失} &= \text{销售额} \times \text{折扣期内的客户比重} \times \text{现金折扣} \\ &= 8\ 000\ 000 \times 30\% \times 1\% = 24\ 000(\text{元})\end{aligned}$$

在计算应收账款持有成本的公式中，仅考虑实际占用在应收账款上的资金——垫付的资金。在垫付资金中，又仅仅考虑变动成本。固定成本不随信用政策的改变而改变，在选择最优信用政策时，应把它视为沉没成本，不予考虑。

在此种信用政策下，坏账损失约占销售额的 1.5%，催收账款费用约为 51 000 元，坏账损失则为：

$$8\ 000\ 000 \times 1.5\% = 120\ 000(\text{元})$$

在 B 种信用政策下，预计企业全年销售额为 10 600 000 元。在这样的信用政策下，预计约 40%的客户在购货后的第 10 天付款，以享受现金折扣，约 30%的客户在购货后的折扣期外和信用期内付款，约 30%的客户不遵守信用，在购货后的第 30 天至 60 天内付款。该企业的

① 假定每次购货量相等。

平均信用期间则为：

$$10\times 40\%+20\times 30\%+45\times 30\%=23.5(\text{天})$$

$$\text{应收账款持有成本}=\frac{10\ 600\ 000}{360}\times 23.5\times 75\%\times 10\%=51\ 896(\text{元})$$

$$\text{折扣损失}=10\ 600\ 000\times 40\%\times 2\%=84\ 800(\text{元})$$

在此种信用政策下，坏账损失约占销售额的 4.5%，催收账款费用约为 63 000 元，坏账损失则为：

$$10\ 600\ 000\times 4.5\%=477\ 000(\text{元})$$

根据以上的资料及有关指标的计算结果，将其汇总列表(见表 10 - 3)。以便清楚地反映不同信用政策下的企业盈利情况，通过定量比较分析，正确评价信用政策的优劣。

表 10 - 3　不同折扣政策下的税后边际贡献　　单位：元

指　　标	A 种信用政策	B 种信用政策
销售额	8 000 000	10 600 000
折扣损失	24 000	84 800
销售变动成本	6 000 000	7 950 000
信用成本		
应收账款持有成本	45 000	51 896
催收账款费用	51 000	63 000
坏账损失	120 000	477 000
税前边际贡献	1 760 000	1 973 304
所得税(25%)	440 000	493 326
税后边际贡献	1 320 000	1 479 978

通过表 10 - 3 可以看出，选择 B 种方案，销售收入比 A 种方案明显增加，折扣损失和信用成本也随之增加，但销售收入增长的幅度大于损失和成本增长的幅度，其结果，B 种方案税后边际贡献比 A 种方案增加 159 978 元(1 479 978－1 320 000)。因此应选择 B 种方案。需要指出的是，在有些情况下，现金折扣的比例增加，税后边际贡献未必增加，所以在选择信用政策时，仍需要采用上述方法比较决定。

（二）信用期限政策的评价

采用延长信用期限来刺激销售的方法与采用提高现金折扣的方法不同，它不但无助于货款的及时收回，而且还增加了应收账款的机会成本、收账费用以及坏账损失。但它也有比现金折扣优越的一面：扩大销售量，售价较高，以此弥补损失。

销售收入不随信用期限的延长而同比例地增加，在一定的信用期间，销售收入的增加足以补偿增加的信用成本。信用期间与销售收入呈同方向变动。一旦超过一定的信用期间，信用成本的增加将抵消销售收入的增加，两者呈反方向变动。在选择信用期间时，同样应选择信用成本较少、边际贡献较多的方案。

假定某企业有 A、B、C 三种信用期限，供销合同一经签订，双方都能严格履约。企业销货时没有采用现金折扣，有关资料及数据计算结果如表 10 - 4 所示。

表 10-4　不同信用期限下的税后边际贡献　　单位:元

指　　标	A	B	C
信用期限(天)	30	60	90
销售额	6 000 000	6 600 000	6 900 000
变动成本	4 500 000	4 950 000	5 175 000
信用成本			
应收账款持有成本(机会成本为10%)	37 500	82 500	129 375
催收账款费用	40 000	47 000	66 500
坏账损失	60 000	72 000	81 000
税前边际贡献	1 362 500	1 448 500	1 448 125
所得税(25%)	340 625	362 125	362 031
税后边际贡献	1 021 875	1 086 375	1 086 094

从表10-4可以看出,信用期限为60天的B方案的税后边际贡献最多,为最优方案。企业采用不同的现金折扣政策和信用期限政策时,除了采用上述方法比较不同的边际贡献额的大小来作出抉择外,还可以比较现金折扣成本率。现金折扣成本率用公式表示为:

$$R=\frac{CN}{1-CN}\cdot\frac{360}{CP-DP}$$

式中,R 为年现金折扣成本率;CN 为现金折扣率;CP 为信用期间;DP 为折扣期。

[例10-4]　某企业拟采用A、B两种现金折扣政策,A种现金折扣政策为[2/10,net 30],B种现金折扣政策为[3/10,net 60]。比较两种现金折扣政策下的现金折扣成本率。

A种方案:

$$R=\frac{2\%}{1-2\%}\times\frac{360}{20}=36.73\%$$

B种方案:

$$R=\frac{3\%}{1-3\%}\times\frac{360}{50}=22.27\%$$

显然,B种方案的现金折扣成本率小于A种方案的现金折扣成本率。如果仅仅从现金折扣成本率方面衡量两种信用政策,企业当然应该选择B种现金折扣政策。实际上,企业在选择现金折扣政策时,还要从绝对数方面综合考虑与现金折扣率相关因素变动对边际贡献额的影响,这些问题前面已经阐述,这里不再赘述。

换一个角度讲,从购货方看,企业应将现金折扣成本与其他短期融资成本进行比较,如果前者大于后者,企业不应放弃销货方提供的现金折扣优惠,可用其他短期融资取得的资金来支付应付款;反之,如果前者小于后者,企业应放弃折扣。

三、应收账款的监控

企业平时应对应收账款实行监控,其目的是为了及时收回货款和尽量减少坏账损失,全面了解账款的收回情况,以便根据客户偿付货款的不同情况,采取不同的对策。既要尽量维护和拓宽销售渠道,又要及时发现拖欠货款甚至无理拒付货款的客户,并予以处理,力求降低信用成本。

对于应收账款的监控，通常采用信用等级审查监控和账龄分组监控的方法。

（一）信用等级审查监控

应定期与不定期对客户的信用情况，尤其是信用限额进行审查。对定期审查的结果，还应编制审查报告。审查报告应着重反映企业的生产经营情况；揭示客户未付款的数额；对客户的信用等级变化进行评价。

企业财务部门可以根据客户的风险程度，利用统计方法将客户分为几个等级。例如某企业将客户分为四个等级（见表10－5）。

表10－5　风险等级及有关资料

风险等级	信用期满后，未收现金占销售额比重（%）	客户的比重（%）
1	0～0.5	65
2	0.6～5.0	20
3	6.0～10.0	10
4	10.0以上	5

如果客户属于第一个等级，则在他们的信用到期后，企业可以自动地将其交易信用展期，即每当他们付清上一次信用销售的货款，在下一次购货时就能够继续享受企业给予的交易信用。企业对这一等级客户的信用情况，每年只需重新审查一次。企业也可能对这一信用自动展期，赋予不超过某一特定信用额度的第二个等级的客户，但对这一等级的客户，每三个月就应对他们的财务状况进行一次分析。在分析中，若发现他们的财务状况不良，企业应把他们列为第三等级。如果客户被列为第三等级，他们只有在获得企业的特别核准后才能够享受交易信用。如果客户属于第四个等级，它们将无法得到任何信用，而只能按照现销的条件进行交易。

在定期和不定期的信用审查中，如果发现客户的信用等级提高了，且付款记录令人满意，企业可以提高信用限额，以鼓励客户多购商品。若发现客户的信用等级下降了，且付款记录不能令人满意，企业应采取措施，促使其遵守信用条件中的有关规定。

（二）账龄分级监控

财务人员应按照客户信用过期的长短进行分组，明确监控的重点对象，做到对信用的情况胸中有数。这种方法的监控程序是，首先计算应收账款周转率；然后对过期账款进行分类，以便对全部应收账款实施监控。

应收账款周转率是赊销收入净额与平均应收账款余额比较所形成的比率，它反映了企业应收账款的流动速度。其计算公式为：

$$应收账款周转率(次数)=\frac{赊销收入净额}{平均应收账款余额}$$

$$应收账款周转天数=\frac{平均应收账余额\times 360}{赊销收入净额}$$

上述公式中：

$$赊销收入净额=销售收入-现销收入-销售退回、折让、折扣额$$

$$平均应收账款余额=(期初应收账款额+期末应收账款额)/2$$

应收账款周转率也可以用来测算应收账款变现的速度和管理的效率。应收账款回收速度快，既可以节约占用的资金，又说明企业信用管理水平高。企业对应收账款实施监控时，可以先计算出应收账款平均收回天数，然后与合同确定的平均付款期进行比较，总体了解货款的回收情况。

［**例 10－5**］ 某企业年赊销收入净额为 300 万元，平均应收账款余额为 300 000 元，根据与每个客户签订的合同中所确定的购货数额和信用期限计算的平均偿付期是 30 天。根据公式计算如下：

$$应收账款周转天数=\frac{300\,000\times 360}{3\,000\,000}=36(天)$$

根据以上计算结果可以看出，应收账款周转天数为 36 天，比规定的平均偿付期(30 天)多出 6 天，这表明企业有一定数额的应收账款过期了，需要进一步加强信用监控，以便今后能如期收回货款。

在对客户的应收账款周转天数进行监控后，接着可以将客户的过期账款按过期账龄进行分组，并反映出各组应收账款数额占全部过期额的比重，以便对重点客户加强监控以及预测未来的损失情况。

［**例 10－6**］ 某企业按照过期账龄进行分组的情况如表 10－6 所示。

表 10－6　各过期款数及其比重

过期账龄(年)	0.5	1	2	3	合　计
应收账款数额(元)	216 000	72 000	43 200	28 800	360 000
各组占总额比重(%)	60	20	12	8	100

从表 10－6 可以看出，过期半年的应收账款占过期应收账款总额的 60%，其比重最大，对这一部分款项应积极不断地催收。过期一年和两年的应收账款占过期应收账款总额的 32%，对这一部分款项应采取比第一组更严厉的催账措施。对过期三年以上的货款，企业应查明原因，确定无法收回的货款，应作为坏账损失处理。

第四节　存货的管理

一、存货的管理责任制

企业的存货，以各种不同形态分布在生产经营过程的各个环节，由从事供应、生产、销售等活动的有关职能部门和生产者掌握使用，因为他们最熟悉供、产、销等业务活动，也最了解存货管理的薄弱环节以及加速资金周转的潜力所在。存货管理责任制也称为存货归口分级管理制度，它是将职能部门和广大职工结合，分部门、分层次的管理。实践证明，它是具有中国特色的且行之有效的资产管理制度。

存货管理责任制的基本内容是：以财务管理部门为存货管理的综合部门，对整个企业存货进行集中统一管理；存货的定额和控制指标由财务部门统一平衡后，按照用、管、算相结合的原则，归口由供应、生产、销售等部门负责管理；各归口管理部门将负责各种存货的定额，按照具体情况进行分解，逐级分配给所属单位或个人进行管理。这种管理形式的主要特点是，把经营管理中的权和责结合起来，将存货管理同生产技术管理、岗位责任制、业绩奖惩制度相结合，有利于正确处理财务部门和其他部门之间、专业管理与职工管理之间的关系，调动他们存货管理的积极性和主动性。

各归口管理部门应建立健全财产物资的收发领退和定期盘点制度；掌握所分管物资的动态，并加强存量的合理控制；做好库存物资保管工作，保护财产的安全完整。

二、存货的日常控制

存货包括材料等储存存货，在产品、半成品等生产存货、和产成品等销售存货。存货的日常控制主要从以下几方面入手。

（一）加强库存材料管理

财务部门应与材料保管部门相互协调、相互配合，从价值和实物两个方面切实做好库存材料的管理工作。企业材料类别多、品种繁、规格复杂，管理较为困难。为了抓住矛盾的主要方面，加强对重点材料的管理，以较少的人力、物力、财力达到最有成效的管理，可以用 ABC 分类法进行管理。

ABC 分类法亦称重点管理法。它是运用数量统计的方法，按照一定要求，将材料分品种并按其所占材料总额的比重以及在生产中的作用划分为 ABC 三类。一般的分类是：

A 类材料，其品种占材料全部品种的 15%左右，金额却占材料总金额的 70%左右。这类材料通常是构成产品实体的原料及主要材料。

B 类材料，其品种占材料全部品种的 35%左右，金额占材料总金额的 20%左右。这类材料通常属于一般材料。

C 类材料，其品种占材料全部品种的 50%左右，金额占材料总金额的 10%左右。这类材料通常属于辅助材料。

上述分类如图 10－6 所示。

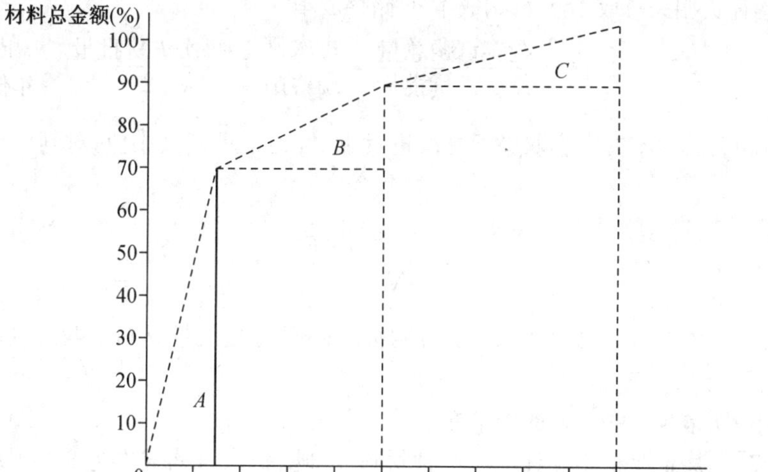

图 10－6　ABC 分类法

A 类材料品种少，占用金额大，这一部分材料管理得好坏，将对整个库存材料管理产生直接的影响，它是库存材料管理的重点。A 类库存材料的具体管理是：采购时，分品种严格实行采购限额，采用最佳订货方式和最佳采购批量购货；保管时，分库、分品种单独保管；领用时，实行限额领料。C 类库存材料的具体管理是：采购时，按大类实行采购额度，可根据需要随时采购；保管时，分大类保管；领用时，随用随领。C 类材料的管理较宽松，管理方法较简单。B 类材料管理的宽严程度介于 A 类和 C 类材料之间，它的管理比 A 类材料要宽，比 C 类材料要严。采用这种方法能使管理层次清楚，重点明确。ABC 分类法除了用于储备存货的管理，还可用于生产存货（在产品）、销售存货（产成品）的管理。

（二）合理确定材料采购和生产批量

1. 合理确定材料采购批量

材料采购既要保证生产经营的需要，又要节约资金占用，防止材料超储积压。因此，供应部门应在考虑采购限额的同时，考虑采购批量对存货总成本的影响。采购批量是指每次采购的数量，它既要满足生产需要，又要最大限度降低成本。储备存货总成本包括订购成本、储存成本和缺货成本。订购成本包括每次订购材料的运杂费、到货材料的检验费、采购人员的差旅费等。储存成本包括变动性仓储费、保险费、库存损耗和贷款利息费等。缺货成本包括停工损失、拖欠发货损失、丧失销售机会的损失、商誉损失。不同物品的缺货成本随用户或组织内部策略的不同而不同。在一定时期内，当材料采购总量和费用水平不变时，采购批量与订购成本和缺货成本呈反比，即采购批量越大，采购次数越少，订购成本越小，缺货成本也越小；采购批量与储存成本呈正比，采购批量越大，储存成本越大。按企业是否出现缺货情况，材料采购经济批量可以采用两种模型计算，即不出现缺货时的经济进货批量基本模型和可能出现缺货时的经济进货批量模型。

(1) 经济进货批量基本模型

经济进货批量基本模型是假定企业需要的材料市场货源充足，没有其他约束条件限制，企业不会出现缺货情况。因此，与采购存货有联系的成本只包括订购成本和储存成本，经济进货批量是采购存货相关总成本最低的批量。

$$\begin{aligned}\text{采购存货相关总成本} &= \text{订购成本} + \text{储存成本} \\ &= \frac{\text{全年订购总量}}{\text{每次进货批量}} \times \begin{matrix}\text{每次订}\\\text{购费用}\end{matrix} + \frac{\text{每次进货批量}}{2} \times \begin{matrix}\text{单位存货}\\\text{年储存成本}\end{matrix}\end{aligned}$$

采购存货相关总成本的大小取决于每次进货批量，为了求其极小值，对其求导计算，得出下面公式。

$$Q = \sqrt{\frac{2S \cdot P}{C}}$$

式中，Q 为最佳批量；P 为每次采购的订购费用；S 为一定时期材料采购总量；C 为一定时期单位存货的储存成本。

下面举例说明最佳采购批量的确定方法。

［**例 10－7**］ 某企业全年预计耗用甲种材料 36 吨，每次订购成本为 8 000 元，每吨材料的储存成本为 4 000 元，求最佳采购批量。

根据上述资料，甲种材料全年存货成本列表如表 10－7。

表 10－7 各批量下有关成本

采购次数	采购批量(吨)	平均储存量(吨)	储存成本(元)	订购成本(元)	成本总额(元)
(1)	(2)＝36/(1)	(3)＝(2)/2	(4)＝(3)×4 000	(5)＝(1)×8 000	(6)＝(4)＋(5)
1	36	18	72 000	8 000	80 000
2	18	9	36 000	16 000	52 000
3	12	6	24 000	24 000	48 000
4	9	4.5	18 000	32 000	50 000
5	7.2	3.6	14 400	40 000	54 400

从表 10－7 中可以看出，当全年采购次数为 3 次，每次采购批量为 12 吨时，全年储备存货成本最低。最佳采购批量也可以通过下面的公式计算。

将例 10－7 中的有关数值代入公式中，得：$Q=\sqrt{\frac{2\times 36\times 8\,000}{4\,000}}=12$(吨)。可见，运用公式计算的最佳批量与表 10－7 反映的最佳批量是一致的。

(2) 可能出现缺货经济进货批量模型

企业受资源条件等限制，在采购过程中，可能出现材料不能保证的情况。因此，经济进货批量的确定还要考虑缺货成本的影响。缺货成本是指由于材料不能保证供应造成的生产经营的损失额。经济进货批量是订购成本、储存成本和缺货成本最低的批量，最佳采购批量通过下面的公式计算。

$$Q=\sqrt{\frac{2S\cdot P}{C}\times\frac{C+R}{R}}$$

$$RP=\frac{Q\cdot C}{C+R}$$

式中，R 为单位缺货成本，RP 为平均缺货量，其他的含义与前文相同。

［**例 10－8**］ 续前例，该企业假定预计可能出现缺货，单位缺货成本为 7 000 元。求经济进货批量和平均缺货量。

$$Q=\sqrt{\frac{2\times 36\times 8\,000}{4\,000}\times\frac{4\,000+7\,000}{7\,000}}=15(\text{吨})$$

$$RP=\frac{15\times 4\,000}{4\,000+7\,000}=5.45(\text{吨})$$

2. 合理确定生产批量

产品投产一般是分批进行的，在规定产品投入量和产出量时，还要考虑每批投产的数量，即批量。与批量相关的费用有生产准备费用、产品的储存费用。在全年产量一定的情况下，投产批量越大，生产准备次数就越少，生产准备费用也就越少，但储存费用增加。相反，投产批量越小，生产准备次数就越多，生产准备费用也就越大，但储存费用减少。能使生产准备费用与储存费用之和，即总费用最低的批量为最佳批量。最佳生产批量计算公式如下：

$$Q=\sqrt{\frac{2N\cdot A}{S}}$$

式中,Q 为最佳生产批量;N 为年产量;A 为平均每次生产准备费用;S 为平均单位产品储存费用。

[**例 10-9**] 某企业全年某产品产量 80 000 件,平均每次生产准备费用为 2 000 元,平均单位产品储存费用为 20 元,最佳生产批量为:

$$Q=\sqrt{\frac{2\times 80\,000\times 2\,000}{20}}=4\,000(\text{件})$$

(三) 销售存货控制

销售存货是指企业完工的产品以及外购半成品。销售存货主要归口销售部门管理,销售部门应和财务部门相互配合,主要抓好以下两个方面的工作。

1. 加强对销售计划的管理

销售部门应根据产品销售的历史情况,结合研究市场上产品的容量和企业产品的市场占有率以及其他市场信息,预计计划期的产品销售品种、销售数量,广开销售渠道,采用多种方式销售产品。企业应根据每年产品销售量和市场容量来确定产品的生命周期,根据企业产品所处的生命周期调整产销策略。通过与购货方签订销售合同,进一步落实销售计划中的销售品种和销售数量,同时也能促进生产部门根据合同交货数量和期限,制定生产计划并监督产品及时完工。

2. 加强对产成品库的管理

产成品库管理应正确核算产品入库、出库、结存数量,对于入库的产成品进行严格的计量、检验,加强日常保管,防止发生残损、变质,实际的占用数应经常与计划占用数比较,了解库存占用量是否合理。产成品库按期向销售部门报送成品库存情况表,销售部门根据各产品库的库存情况表,汇总编制产成品使用情况表后报财务部门。财务部门据以掌握产成品的库存情况。销售部门发现成品积压或霉烂变质、毁损,应查明原因,明确责任并及时处理。

本章小结

流动资产具有流动性强、回收期短、灵敏度高的特点。流动资产管理的要求是提高流动资产的盈利性、保持流动资产的流动性和保证流动资产的安全性。

现金的定量管理是指在定性管理的基础上,运用数学的方法,合理确定现金持有数量,以取得现金存量最佳效益。确定现金最佳存量的模式通常有周期模式、成本分析模式、存货模式和随机模式。

商业信用政策一般由四个要素构成,即信用标准、信用期间、收款政策和现金折扣。在评定信用品质时,一般针对五 C 系统来调查客户的信用情况。

企业可以通过改变信用政策,改变应收账款数量和质量状况来控制应收账款的增减数量。

企业对于应收账款的监控,通常采用信用等级审查监控和账龄分组监控的方法。

存货管理的要点是,实行存货的管理责任制,加强存货的日常控制,运用 ABC 分类法加强库存材料管理,合理确定材料采购和生产批量,加强销售存货的控制。

复习思考题　封底扫码查看参考答案

简答题

1. 流动资产有何特点，在管理上有何要求？
2. 有几种现金定量管理模式，各种模式有何特点，如何正确选择运用？
3. 分析采用商业信用政策的利弊，如何规避商业信用政策的风险？
4. 从商业信用政策构成要素思考，如何设计优化的商业信用政策？
5. 如何加强应收账款的事前监管和事后监管？
6. 如何加强存货管理？
7. ABC分类管理的要点是什么？

计算题

1. 某公司预计年度赊销收入为4 000万元，变动成本率为75%，资金成本为11%，公司为了扩大销售，拟订了两个信用条件备选方案：

A. 信用条件为“$n/60$”，预计坏账损失率为3%，收账费用为75万元；

B. 信用条件为“2/10，1/20，$n/60$”，预计约有60%的客户（按赊销额计算）将利用2%现金折扣，15%的客户将利用1%的现金折扣，坏账损失率为2%，收账费用为60万元。

以上两方案均使销售收入增长10%。

要求：依上资料，将各数据填入表10－8中（只需列出方案B的计算过程）并作出最优决策。

表10－8　某公司应收账管理方案　　万元

项　目	A($n/60$)	B(2/10，1/20，$n/60$)
(1) 年赊销额		
(2) 现金折扣		
(3) 年赊销净额		
(4) 变动成本		
(5) 信用变动前收益		
(6) 平均收账期		
(7) 应收账款周转率		
(8) 应收账款平均余额		
(9) 赊销业务占用资金		
(10) 应收账款应计利息		
(11) 坏账损失		
(12) 收账费用		
(13) 信用成本		
(14) 信用变动后收益		

2. 某企业现金收支均衡，预计全年（按360天计算）现金需要量为260 000元，现金与有价

证券的转换成本为每次450元，有价证券年利率为9%。计算：

(1) 最佳现金持有量；

(2) 最低现金管理总成本、固定性转换成本、持有机会成本；

(3) 有价证券交易次数、有价证券交易间隔期。

3. 某企业预计年耗用甲材料80 000千克，单位采购成本为20元，单位储存成本为6元，平均每次进货费用为200元，假设该材料不存在缺货情况。试计算：

(1) 甲材料的经济进货批量；

(2) 甲材料经济进货批量下的总成本；

(3) 甲材料经济进货批量的平均占用资金；

(4) 全年最佳进货批次。

第十一章　收益分配管理

企业是各种生产要素构成的契约。在这里，生产要素包括企业所有者权益、债权人借款、政府代表国家对基础设施和政策环境的投资以及知识经济时代企业生产经营所不可或缺的人力资本等。从理论上讲，上述各生产要素带来的收益之和（剩余价值）应是企业收益分配的内容。基于上述认识，收益分配是指企业在一定时期内所创造的剩余价值总额在企业内外各利益主体之间进行分割的过程。

在实务中，企业收益分配的主要内容是净利润的分配。

第一节　收益分配程序、形式及制约因素

一、收益分配程序

广义的企业收益分配程序包括息税前利润分配、利润总额分配和税后利润分配等三个基本步骤。狭义的企业收益分配程序是指企业税后利润的分配程序，这也是通常站在投资者角度所讲的收益分配程序。

（一）息税前利润的分配

息税前利润的分配主要包括支付债务资本的利息和利润总额的计算两个部分。其中，支付债务资本的利息先于利润总额的计算。

（二）利润总额的分配

利润总额的分配主要包括用税前利润弥补亏损、企业所得税和税后利润的计算三个部分。其中，所得税的计算虽然与企业的利润总额有一定关系，但是，在企业存在永久性差异和暂时性差异的情况下，计算企业所得税的税基却不是利润总额，而是应税所得。

（三）税后利润的分配

税后利润的分配主要包括盈余公积金的提留和股利的分配两个部分。其中，公积金的提留既包括国家政策规定的法定公积金，也包括企业规定的任意公积等。有关股利政策理论与实务的内容将在本章第二、三两节详细阐述。

二、收益分配形式

（一）利息——债权人参与收益分配的形式

从经济学的角度来看，利息支出的本质是企业纯收入的分配，属于企业创造收益的一部分，只不过从会计核算的角度将其费用化的部分计入财务费用，以收入抵扣的形式于当期收回，将其资本化的部分计入固定资产价值，以折旧的形式逐期收回。

（二）激励性报酬——人力资本参与收益分配的形式

在知识经济时代，人力资本是企业生存和发展的基础。与实物资本相比，人力资本的作用越来越大，作为企业重要的资本来源，也逐步参与了企业的税后利润分配。人力资本参与收益分配的形式主要是企业人力资本所有者持有的虚拟股份、股票期权或税后利润分成等。

（三）股利或分红——投资者参与收益分配的形式

包括无形资产在内的企业总资产，从其融资渠道来讲包括权益性融资和债务性融资两大部分。前文已述及，提供债务性融资的债权人参与收益分配的形式是利息，而提供权益性融资的投资者参与收益分配的形式是股利或分红，由企业以税后利润支付。

三、收益分配的制约因素

利息和所得税均属于企业费用的范畴，税后利润（净利润）的分配则涉及企业相关各方的切身利益，受众多不确定性因素的影响。为减少企业收益分配过程中相关各方的利益冲突和矛盾，促进企业和谐、持续地发展，应充分了解收益分配当事各方的利益要求。

（一）企业员工和管理当局的利益要求

在企业所有权与经营权分离的情况下，员工和管理当局才是企业经营的直接参与者。他们对企业的利益要求相似，即通过劳动获取合理的工资报酬，并力争促进本企业的发展，以实现自我价值，满足自身需要。企业员工和管理当局愿意为企业的兴旺发达努力工作，他们是企业长远利益的典型代表，并通常倾向于企业支付较低的现金股利，增加留存盈余，因为这对企业的自身发展有以下好处。第一，可以使管理当局拥有更多的低风险资源，从而有利于企业的发展和保持较大的竞争优势；第二，可以增强企业资产的流动性，提高企业的债务偿还能力，并使企业易于取得短期借款；第三，可以使企业的权益资本在资本结构中保持较大的比例，从而降低财务风险，帮助企业从外界获得更多的长期借款。

（二）债权人的利益要求

债权人因为其与企业的债权债务关系而成为关心企业收益分配的特殊当事人。从根本上讲，债权人不是企业股利分配的受益方，但他们关心股利分配对企业财务状况的影响，因为这关系到企业能否按期足额地偿还债务，即债权人的利益能否得到保护。因此，债权人要求在贷款协议中增加制约股利分配的保护性条款，如附加“偿债前不得支付现金股利”等条件。

在现代股份制企业中，股东对企业债务清偿负有有限责任，其清偿金额仅以其投资额为限。如果企业可能提供的清偿达不到其负债金额，则债权人将蒙受损失。尽管有关法律赋予债权人优先的资产清偿权，但是，一旦被投资企业破产，清偿时债权人往往损失很大。因此，债权人从自身利益考虑，必须随时注意企业资产的变化。如果企业以现金支付股利，将会导致企业资产，尤其是流动性强的货币性资产的减少，必将降低债权人所能得到的保护程度，从而增大贷款的风险。

1. 短期债权人的利益要求

短期负债是指企业需要在一年或超过一年的一个营业周期内偿还的债务。所以，短期债权人关注的是企业资产的流动性及企业在短期内偿还到期债务的能力。如果企业制定的股利分配方案中现金股利的比例过大，必然导致企业资产的流动性减弱，企业偿还短期债务的能力下降，从而威胁债权人的利益。因此，短期债权人的利益要求是支付股利后企业还足以偿还其短期债务。

在市场经济条件下，几乎每一家企业为了营运顺畅都要向外界筹借短期借款。有些国家相关法律为保护债权人的利益，允许债权人贷款时在合同中对借款企业的最低现金额和资本运用水平做一些限制性规定，而且不少国家在法律上要求股份制企业在支付股利后不得造成无力偿还债务的财务局面，否则，其股利分配就是非法无效的。

2. 长期债权人的利益要求

长期债权人所提供资本的偿还期较长，因此他们比短期债权人更加关心企业的发展前景和长期赢利的稳定性。同时，长期债权人也关心企业可能面临的经营风险和财务风险。此外，由于企业如约偿还长期债务的能力主要取决于企业的基本赢利水平，长期债权人要求股利支付不能影响企业的发展后劲。在风险与收益并存的情况下，企业的财务风险及其所面临的宏观经济运行风险在很大程度上支配着长期债权人对企业股利分配的利益要求。由于市场竞争机制和市场调节的自发作用以及政府经济政策的变化，宏观经济的运行必将出现周期性波动。当经济形势处于低谷时，企业面临的营业风险将会增大，从而使长期债权人的利益受到影响。此时，为了保障贷款的安全性，他们会强烈要求企业降低现金股利的比例，甚至要求企业不分配现金股利。因此，企业在制定股利分配政策时应充分考虑到这一点。

（三）股东的利益要求

各类股东的投资目的不同，根据股东参与被投资企业经营决策的程度，可以将其分为控股股东、关联股东和中小股东。控股股东持有较多股份，投资目的是影响被投资企业的经营决策，避免其他股东干扰企业的经营决策；相对控股股东而言，关联股东持有较少股份，投资目的是稳定其与被投资企业的业务关系，并在一定程度上影响被投资企业的经营决策；中小股东的投资目的是获得投资收益，而非影响企业的经营决策，他们持有企业的股份相对更少。

1. 控股股东和关联股东的利益要求

控股股东和关联股东比较重视被投资企业的长远发展和其对被投资企业的影响。在正常情况下，控股股东和关联股东对被投资企业很忠诚，通常不会抛售所持有的股票，除非他们对企业的经营现状已经非常不满意。在控股股东和关联股东占优势的企业，股利分配政策的成败对这些股东的投资积极性影响很小。

2. 中小股东的利益要求

中小股东所持股份很少，往往不愿也不可能注重企业的长远发展。因此中小股东比控股股东更注重当期收益，当他们对企业的经营决策不满意时，一般是“用脚投票”，抛售企业股票脱离企业。中小股东占优势的企业，其股东资本的供给弹性较大，股利分配政策可能会对股东的投资积极性产生较大影响。当股市高涨时，企业股价上升的几率大于股价下降的几率，显然这时中小股东的收益将主要体现在资本利得而非现金股利。当股市低迷时，一些中小股东较为保守，尤其重视当期收益而非长期收益，即更多地注重现金股利，而非资本利得。

第二节 关于股利政策的理论观点

一、投资决定模式

投资决定模式是指股利政策制订的主体拥有有利可图的投资机会,并且利用这种投资机会可以使公司价值增值。股利无关论或股利不重要论的创始人莫顿·米勒(Miller, M.H.)和莫迪格利安尼(Modigliani, F.)是该模式的主要倡导者。他们认为,在理想化的市场条件下,公司价值取决于投资决策、盈利能力等,与股利政策无关;公司税后净利首先应该用于盈利性投资项目的资金需要,之后才将剩余部分作为现金股利支付给股东。由此可见,投资决定模式是一种被动性的股利政策,如果严格实施这种剩余股利政策,则将使股利支付数量随着投资机会和盈利水平的变化而波动。即使在投资机会不变的情况下,股利支付数量也将与盈利水平的高低呈同向变动。投资决定模式的股利政策如图 11-1 所示:

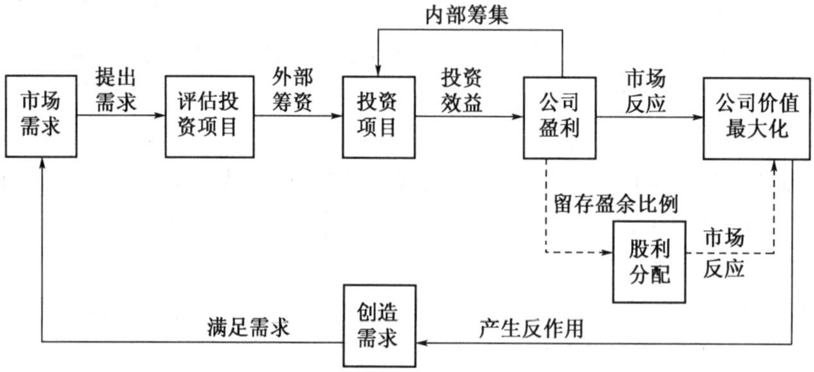

图 11-1 投资决定模式的股利政策

(一) 不考虑税收、债务、交易成本和信息不对称的股利政策

米勒(Miller, M.H.)和莫迪格利安尼(Modigliani, F.)1961 年提出了一种理想化条件下的股利政策理论(MM 股利无关论),即若不考虑税收、债务、交易成本和信息不对称问题,则股利政策对公司价值没有影响。MM 股利无关论的提出,是建立在以下五个假设的基础上:第一,完全资本市场假设。这是指在资本市场上任何投资者都无法大得足以通过其自身交易影响证券价格;投资者可以平等地免费获取影响股票价格的任何信息;证券的发行、买卖不存在发行成本、经纪人佣金及其他交易费用;资本利得和股利之间不存在税收差异。第二,理性行为假设。每个投资者都是个人财富最大化的追求者,增加的财富是以现金支付或表现为所持股票资本增值并不重要,即实质重于形式。第三,充分肯定假设。投资者对未来投资机会和利润完全有把握,对公司的未来发展充满信心。第四,公司的投资政策不受股利决策的影响,且保持不变。第五,公司可以自由进入资本市场筹集资金,股利支付导致的现金流量正好会被新融资带来的现金流入所抵消。在这样一组假设条件下,可以推导出股票定价的基本原理,即"在任一给定的资本市场间隔期内,每股报酬率(股利加资本利得)即 $\rho(t)$ 总是一致的"。因而,股票的必要投资报酬率 ρ 可表示成如下形式:

$$\rho=\frac{d_{(t+1)}+p_{(t+1)}-p_{(t)}}{p_{(t)}} \tag{11.1}$$

式中，$d(t+1)$ 为某公司在 $t+1$ 期间的每股股利；$p(t)$为公司在 $t+1$ 期期初的每股股票价格；$p(t+1)$为公司在 $t+1$ 期期末的每股股票价格。

由(11.1)式可推出在第 $t+1$ 期期初企业的股票价格为：

$$p_{(t)}=\frac{d_{(t+1)}+p_{(t+1)}}{1+\rho} \tag{11.2}$$

将式(11.2)乘以已发行在外股数 n，则公司市场价值为：

$$V_{(t)}=\frac{D_{(t+1)}}{1+\rho}+\frac{np_{(t+1)}}{1+\rho} \tag{11.3}$$

假如公司为无杠杆公司，在股利政策与投资政策和债务融资决策分离的前提下，当期利润 X 和发行新股是该公司仅有的两条资金来源渠道，股利支付 D 以及投资性支出 I 则是两条主要的支出渠道。为满足股利发放以及投资需要，公司在 $t+1$ 时期内除权后以价格 $p_{(t+1)}$ 出售数量为 m 的新股，如果 $t+1$ 期的留存收益可以满足部分投资资金需要，那么，新股发行的规模为：

$$\begin{aligned} m\times p_{(t+1)}&=I_{(t+1)}-[X_{(t+1)}-D_{(t+1)}] \\ D_{(t+1)}&=X_{(t+1)}-I_{(t+1)}+m\times p_{(t+1)} \end{aligned} \tag{11.4}$$

将式(11.4)代入式(11.3)得：

$$V_{(t)}=\frac{X_{(t+1)}-I_{(t+1)}}{1+\rho}+\frac{V_{(t+1)}}{1+\rho}$$

其中，$V_{(t)}$ 表示公司在 $t+1$ 期期初的公司价值，$X_{(t+1)}$ 表示在 $t+1$ 期的总利润，$I_{(t+1)}$ 表示在 $t+1$ 期的总投资，$V_{(t+1)}$ 表示公司在 $t+1$ 期期末的公司价值。令 $t=0$，则：

$$V_{(0)}=\frac{X_{(1)}-I_{(1)}}{1+\rho}+\frac{V_{(1)}}{1+\rho} \tag{11.5}$$

同理可得：

$$V_{(1)}=\frac{X_{(2)}-I_{(2)}}{1+\rho}+\frac{V_{(2)}}{1+\rho} \tag{11.6}$$

将式(11.6)代入式(11.5)得：

$$V_{(0)}=\frac{X_{(1)}-I_{(1)}}{1+\rho}+\frac{X_{(2)}-I_{(2)}}{(1+\rho)^2}+\frac{V_{(2)}}{(1+\rho)^2}$$

重复上述代入过程至第 n 期，且 n 趋于无穷大时，则，

$$\begin{aligned} V_{(0)}&=\sum_{n=1}^{\infty}\frac{X_{(n)}-I_{(n)}}{(1+\rho)^n}+\frac{V_{(n)}}{(1+\rho)^n} \\ &=\sum_{n=1}^{\infty}\frac{X_{(n)}-I_{(n)}}{(1+\rho)^n} \end{aligned} \tag{11.7}$$

从式(11.7)可以看出：在一个理性和完善资本市场的理想经济环境中，在永续经营假设下，公司的市场价值仅仅取决于公司的投资决策、盈利能力以及所处的风险等级，而与股利政策无关。

显然，MM 理论的假设与现实世界有一定的距离，后来的研究通过放松 MM 的严格假设推动了股利政策研究的进一步发展。其中最主要的是对“没有税负存在”和“市场参与者之间的信息分布是对称的”这两个假设的放松。前者在考虑税负因子的同时，考察现实世界中股利政策对企业价值的影响。后者在放松管理者与投资者之间的信息对称假设后，从代理理论和信号理论两个角度对管理者制定股利政策的动因进行深入的分析。

（二）税负对股利政策的影响

在放松税负假设时，关于税负对股东收益、公司价值以及股利政策和投资政策的影响，主要有以下几种理论观点。

1. 税差理论

1967 年，法勒和赛尔文提出了第一个税差模型，该模型放宽了 MM 理论的无税假设，即：

(1) 有税环境。即同时考虑公司所得税和个人所得税的影响。

(2) 公司将净利润作为股利发放给股东。

(3) 资本利得税税率低于股利所得税税。

模型如下：

如果公司将净利润全部以股利形式发放给股东，那第 i 个股东获取的税后利润总额为：

$$Y_i^d = [b(EBIT - rB_c)(1-\tau_C) - rB_{pi}](1-\tau_{pi})$$

$EBIT$ 为息税前利润，r 为借款利率，B_c 表示公司债务水平，τ_C 为公司所得税税率，b 为股东 i 股份占公司价值的比率，B_{pi} 为股东 i 相应的债务水平，τ_{pi} 为股东 i 的股利所得税税率，τ_{qi} 为资本利得税率。

如果公司不决定发放股利，全部资本利得可以通过投资者立即抛售股票实现，那么股东 i 获取的税后资本利得总额为：

$$\begin{aligned} Y_i^q &= b(EBIT - rB_c)(1-\tau_C)(1-\tau_{qi}) - rB_{pi}(1-\tau_{qi}) \\ &= [b(EBIT - rB_c)(1-\tau_C) - rB_{pi}](1-\tau_{qi}) + rB_{pi}(\tau_{pi} - \tau_{qi}) \end{aligned}$$

则，

$$\frac{Y_i^q}{Y_i^d} = \frac{[(EBIT - rB_c)(1-\tau_c) - rB_{pi}](1-\tau_{qi}) + rB_{pi}(\tau_{pi} - \tau_{qi})}{[(EBIT - rB_c)(1-\tau_c) - rB_{pi}](1-\tau_{pi})} \tag{11.8}$$

从式(11.8)中可以看出，$\tau_{pi} > \tau_{qi}$ 时，$\frac{Y_i^q}{Y_i^d} > 1$，即税后资本利得必大于股利所得。因此，公司为减轻股东所承担的税负，应采取低股利政策；同时，将留存利润用于投资 NPV 为正的项目或回购公司股票，才能使公司价值最大化。

2. 追随者效应

1961 年，MM 在分析市场不完善因子对股利政策相关性的影响时发现追随者效应。现实经济中不同投资者的税负责任存在差异。每个投资者所处的税收等级不同，有的适用于高边际税率，而有的适用于低边际税率。不同税级的投资者对股利政策所持的态度不一样，处于高税级的股东偏好低股利政策，处于低税级的股东偏好高股利政策没，公司实施某种特定的鼓励政策总能吸引一定比例的与其鼓励支付偏好相同的投资者。因此，从投资者税级来理解，股利政策是中性的，它跟企业价值没有关系，但与股利政策的供需有关。按照供求理论，执行高股利政策的公司其股价将上扬，越来越多的公司会将其股利政策改为高股利政策，这样市场就达到一个动态平衡，此时没有公司能够从改变股利政策中受益，也无法通过改变股利政策来影响其价值。

二、股利决定模式

股利决定模式是指股利政策制订的主体在非理想化的市场条件下，无法准确预测公司未来的发展前景和资本供给的变动情况，因此，与资本利得相比较，股利所得是一种更加可靠的收益形式。股利相关论和股利重要论的奠基人戈登（Gordon，M.）和林特勒（Lintner，J.）是该模式的主要倡导者。

戈登（Gordon，M.）在 1960 年发表的《公司累积投资与股价》以及 1963 年发表的《最佳投资与筹资方针》两篇文章中提出“双鸟在林，不如一鸟在手”的理论。该理论认为，股票投资收益包括股利收入与资本利得。大部分投资者是风险厌恶型，在股利收入与股票价格上涨产生的资本利得之间，投资者更倾向于前者。因为股利是现实的有把握的收益，而股票价格的上升与下跌具有较大的不确定性，与股利收入相比风险更大。这样，投资者更愿意购买能支付较高股利的公司股票，公司股利政策必然会对股票价格产生影响。考虑到股票价格的波动较大，投资者将以低于期望资本利得收益率的贴现率对未来的股利现金流量进行贴现；而且，风险较大的公司倾向于支付较低的现金股利，风险较小的公司更愿意支付较高的现金股利。此外，格雷厄姆（Graham，B.）和多德（Dodd，S.）还指出①，支付高股利而非低股利一直是股票市场不谋而合的行为。在购买股票时，投资者应该遵循这一原则来确定股票价格，以及按照股利支付率的大小来评价公司价值。显然，股利决定模式是一种主动性的股利支付模式。但是，如果完全执行这种股利政策，则可能导致投资者脱离实际地追求高股利支付率，从而可能会使已经面临财务危机的公司的生产经营陷于恶性循环之中，最终仍然将损害股东的利益；并且，公司采用高股利政策或低股利政策事实上还应当考虑不同国家的税收法规，既然公司以股东财富最大化为目标，那么，它们也必须以股东的税后股利所得作为衡量投资者实际收益的重要标准。股利决定模式下的股利政策如图 11－2 所示。

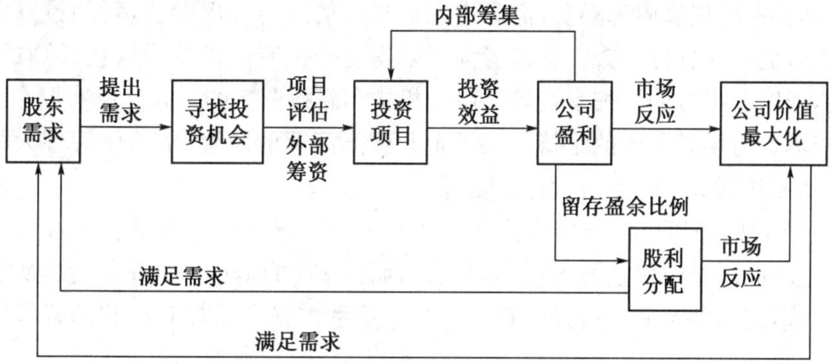

图 11－2　股利决定模式的股利政策

① Levy，H. *Capital Investment and Financial Decisions*. Sixth Edition. Prentice-Hall Publishing Inc.，1995：356-359.

（一）委托代理理论对股利政策的解释

1961年G.J.Stigler发表了《信息经济学》一文，这标志着经济学的一个新的分支——信息经济学的诞生。从本质上说，信息经济学是非对称信息博弈论在经济学上的应用。“在经济学上，委托代理关系泛指任何一种涉及非对称信息的交易关系。交易中有信息优势的一方为代理人，另一方为委托人”①。以往以MM为首的财务学者采用新古典经济学的分析方法。此种分析法假定企业是一个基本单位，管理者作为投资者的代理人完全为股东效用最大化服务。而根据信息经济学中关于“经济人效用最大化”假设，代理人并不总为委托人的最大效用服务，这就产生了代理问题。在企业中，与股利政策有关的委托代理关系主要有两种：债权人和股东间的委托代理关系，股东和企业管理者间的委托代理关系。

1. 债权人和股东间的委托代理关系的解释

企业将大量现金分配给股东将对企业的债权人产生双重影响。首先，股利的发放会减少企业的所有者权益，相应地增加企业资本结构中的债务比例，从而增加债权人的风险。其次，现金股利的支付减少了企业的现金总额，降低了企业的短期偿债能力。由于现金是无风险资产，这样做还会增加剩余资产的平均风险，并由此减少流通债务的现值。作为委托人的债权人为了防止股东通过改变企业风险而侵吞自己的财富，就在债务契约中针对股东的败德行为订立相应的两种措施：一是指定企业部分有形资产为担保品；二是在债券契约中对股利支付作出种种限制。

2. 股东和管理者之间的委托代理关系的解释

股利政策的制定还可有效地缓解股东与管理者之间的代理问题。管理者所投入的是人力资本，其风险不具有组合抵消性。根据“经济人效用最大化”假设，管理者为了降低自身的风险，会进行如下选择：一是选择那些期望报酬低但风险低的项目；二是截留企业的利润用于再投资，降低企业的债务-权益比率来减少企业的财务风险，从而减少自己因企业经营失败而失业的可能性。股东监督是解决管理者代理问题的有效方式，但分散的股权导致单个股东没有动机进行监督。因为单个股东监督经理要承担相应的全部成本，而获得收益仅是按其所持有的股份比例分配的份额，收益与成本的非对称性导致监督的失效。建立稳定的股利支付机制可以有效地解决股东的监督问题和管理者的风险回避问题。首先是股利的支付会增大资本结构中负债的比重，有助于维护企业的财务风险，从而防止财富从股东转移给债权人。其次，由于企业再融资时，不能仅靠内部融资，需要进入资本市场进行外部融资，新的投资者可以在投资之前对管理者的行为进行审查。管理者为了筹得资金也有动机减少这些代理成本，如接受中介机构对企业财务报告的详细审查等。中介机构和新投资者的介入比原有股东更易于降低企业的代理成本。再则是负债的维持增大了企业破产清算的风险，也迫使管理人员自觉约束其败德行为，从而达到股东财富最大化的目标。

詹森(Jensen，1986)提出了自由现金流量的假设②。詹森认为由于管理者通常只拥有少量股份，所以他不会以企业价值最大化为驱动力，而是追求自身效益的最大化。如管理者会尽力扩大企业规模，甚至使企业超过最优规模增长。这种扩张会增加其控制的资源和享有的权

---

① 张维迎：“所有制、治理结构与委托代理关系”，《经济研究》，1996年第9期。

② Jensen，M.J. Agency Costs of Free Cash Flow，Corporate Finance and Takeovers. *The American Economic Review*，1986，76：323-329.

利，并能抵制敌意兼并从而降低承担的风险。所以当企业拥有大额自由现金流量时，股东与管理者之间的代理问题就更突出。这时股东如果能减少企业控制的自由现金流量，管理层就难以进行过度投资。而如果拥有大量自由现金流量的企业能够提高“常规”的股利支付额，一般就意味着管理层向市场表明企业不会滥用资源进行过度投资。朗和利桑伯格（Lang & Litzenberger，1989）就对此自由现金流量假设进行检验①，其结果支持了詹森的自由现金流量假设。

（二）信号理论对股利政策的解释

用信息经济学理论模型研究股利政策要解决的问题是：当公司管理者与外部股东存在信息不对称的情况时，企业管理者如何通过股利支付向投资者提供有价值的信号。信号传递的好处可以平衡企业支付股利的成本。但是，股利究竟传递了什么信号？股利政策与其他同样具有信号显示功能的财务政策的关系怎样？市场对于股利信号的信息内涵的反应是什么？

提出“股利无关论”的MM认为现实中稳定股利政策并不与其所提出的理论相矛盾，因为股利政策变动传递的是股利的“信息内涵”。公司只有预期在未来相当长一段时间内企业的盈余发生实质性变动时，才会改变公司的股利政策。因而股利政策的变动，是将管理者关于企业未来盈余的看法传递给投资者。投资者接受此信息内涵后，对股票价值进行重新评估，并通过股价变动将这一信息内涵体现出来。MM由此认为，投资者实际上是对企业盈亏前景而不是对股利政策本身作出反应。

MM所认为的股利信息内涵将导致企业管理者的逆向选择行为，即劣等企业也可以通过改变股利政策提高自己的股价。但在现实中，这种情形极少发生，原因是信号成本的存在。在信息经济学中，代理人有向委托人发出虚假信号的动机，为了使信号可信，代理人必须承担一定的成本，以便同伪造者区分开来。只要传递信号的意愿导致了企业决策者采取不同于那些充分信息下的最优决策，信号成本就会发生。因此，信号传递成本是偏离理想状态下最优策略的成本，即机会成本。股利政策作为管理者传递信息的手段，也有其信号成本。由于模仿高股利的信号成本是昂贵的，所以股利政策作为信息的手段，具有可靠性，能够被投资者认可。

三、收益决定模式

收益决定模式是指股利政策制定的主体在非理想化的市场条件下，虽然不能完全把握公司未来现金流量的变化情况，但是考虑到市场需求和股东需求的双重作用，公司往往不得不按照这两种诱因制定最佳股利政策。事实上，在现实经济生活中，由于市场竞争的不完全性使公司经营管理面临更加严峻的挑战，所以股利政策制定的过程越来越复杂，并且涉及的因素也越来越多。因此，单纯靠市场需求或股东需求来推动股利政策的最佳制定已经相当困难，而按照收益决定模式指导股利政策制定更加合理。许多公司的股利支付都与税后净利润挂钩，而且这种挂钩主要表现为三种形式。

（一）稳定股利政策

这种股利政策是把股利分配额作为一个优先考虑的目标，而不是随着企业利润和资金需求的波动而快速变化。在实务中，公司确定一个特定数额的现金股利，当公司管理层认为未来

① Lang L. and R. Litzenberger. Dividend Announcements—Cash Flow Signaling vs. Free Cash Flow Hypothesis?. *Journal of Financial Economics*, 1989, 24:181-191.

收益将高到足以调高现有的现金股利水平时，将予以增加；而在公司未来收益前景不能维持当前现金股利水平时，则予以减少。显然，股利支付率稳定增长不仅需要公司盈利具有相对稳定性，而且也要求公司拥有良好的外部筹资环境。一般而言，稳定增长股利政策可以吸引投资者，当其他条件不发生变化时，公司采用稳定增长股利政策将会使其股票价格上升。

（二）固定股利支付率政策

这种股利政策是指公司从税后利润中按照固定股利支付率提取股利分配给股东的策略。从企业盈利与投资者收益的关系看，这是一种真正稳定的股利政策，因为它使企业股利支付与盈利状况保持稳定关系。但从绝对数额看，股利随经营状况的变化而波动。因此，当公司盈利的稳定性较强时，固定股利支付率能够保障股东的投资收益，同时也可以提高公司价值，从而吸引更多的投资者；当公司盈利的稳定性较弱时，固定股利支付率将增大股东的投资风险，降低公司价值，甚至会导致公司破产。

（三）正常股利加额外股利政策

这种股利政策介于上述稳定股利政策和固定股利支付率政策之间，即公司每年稳定地支付数额较低的正常股利，在利润较多的年份，又可以将盈余以额外股利的形式派发给公司股东。其优点是给利润浮动性较大的公司在股利分配时以较大的弹性：一方面较低的固定股利率可以保证公司有足够能力按期支付股利；另一方面当公司盈余增加一定数量时，又可以将部分盈余转移给股东，增加股东收入。

收益决定模式下的股利政策可图示如下(图 11 - 3)。

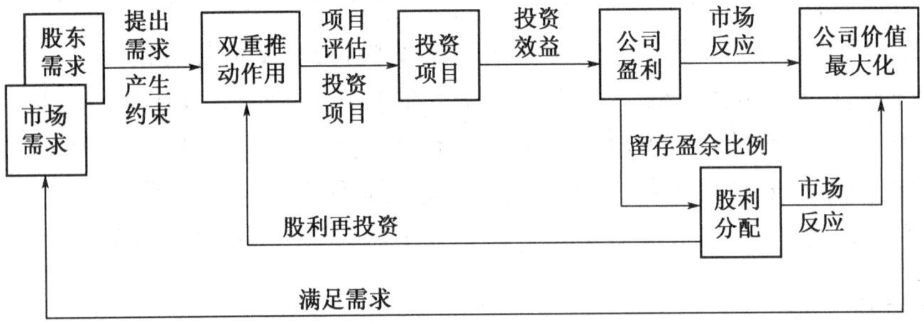

图 11 - 3　收益决定模式的股利政策

第三节　股利政策实务

一、利润分配的程序

息税前利润的分配主要包括支付债务资本的利息和利润总额的计算两个部分，这在前文已述及，其中，支付债务资本的利息应先于利润总额的计算。

公司对利润总额进行分配时，要按一定的顺序进行。按照我国《公司法》、《企业会计准则》等有关规定，企业对利润总额分配时应按下列顺序进行。

（一）税前利润弥补亏损

企业经营中发生的亏损应当弥补。按有关规定，企业年度亏损可以由下一年度的税前利润弥补，下一年度的税前利润不足以弥补的，可以由以后年度的税前利润继续弥补，但用税前利润弥补以前年度亏损的连续期限最长不得超过5年。这样做，一方面有利于企业的发展，并促使企业尽快扭亏；另一方面能防止国家税基被过多地侵蚀。

（二）缴纳所得税

所得税是根据应纳税所得额和所得税率计算的，计算公式为：

应纳所得税税额＝应纳税所得额×所得税税率

公式中的应纳税所得额是指应纳所得税的利润额，即所得税的计税依据，它是会计年度（或纳税期）内企业实现的会计利润，减去国家规定可以免交所得税的特定项目金额，加上不可在税前抵补的项目金额后计算出来的。

（三）支付各种罚没款项

缴纳所得税以后的利润（税后利润），首先应支付被没收的财物损失，违反税法规定支付的滞纳金和罚款。把这项支出作为税后利润分配的首要项目，是为了维护国家的法律权威，促使企业遵纪守法。

（四）税后利润弥补亏损

弥补亏损的资金一是盈余公积金，二是企业的利润。如果企业的亏损额较大，用税前利润在5年内不足以弥补的亏损，先用公司的盈余公积金弥补，公司的盈余公积金不足以弥补的，应当用当年税后利润弥补亏损。

（五）提取盈余公积金

公司分配当年税后利润时，应当先提取10％的法定盈余公积金。公司盈余公积金累计额为公司注册资本的50％时，可以不再提取。公司从税后利润中提取法定盈余公积金后，经股东会或者股东大会决议，还可以从税后利润中提取任意盈余公积金。

（六）向投资者分配

对于公司弥补亏损和提取盈余公积金后所余税后利润，有限责任公司股东按照实缴的出资比例获取红利，但是，全体股东约定不按照出资比例分取红利的除外；股份有限公司按照股东持有的股份比例分配，但股份有限公司章程规定不按持股比例分配的除外。

股东会、股东大会或者董事会违反前款规定，在公司弥补亏损和提取法定盈余公积金之前向股东分配利润的，股东必须将违反规定分配的利润退还公司。

经过上述分配后，为未分配利润（或未弥补亏损）。未分配利润可留待以后年度进行分配。

特别要指出的是，近年来国家有关部门出台了不少有关对企业管理层及员工进行股权激励的政策规范，如财政部、科学技术部《关于实施〈关于国有高新技术企业开展股权激励试点工作的指导意见〉有关问题的通知》（财企[2002]508号），对国有高科技技术企业的股权激励试点进行了规范；2005年8月23日中国证券监督管理委员会、国务院国有资产监督管理委员会、财政部、中国人民银行、商务部联合发布《关于上市公司股权分置改革的指导意见》，指出完成股权分置改革的上市公司可以实施管理层股权激励，上市公司管理层股权激励的具体实施和考核办法，以及配套的监督制度由证券监管部门会同有关部门另行制定；2005年10月19日国务院转发中国证监会《关于提高上市公司质量意见的通知》（国发[2005]34号）中明确指出，上市公司要探索并规范激励机制，通过股权激励等多种方式，充分调动上市公司高级管理人员及员工的积极性，要强化上市公司高级管理人员、公司股东之间的共同利益基础，提高上市公司经营业绩；2005年11月中国证监会《关于就〈上市公司股权激励规范意见〉（试行）公开征求意见的通知》

对上市公司实施股权激励进行了明确的规范。股权激励在我国正在成为一种重要的激励机制和经济业务。不少企业在国家有关政策的引导下都推出了股权激励等激励机制，若企业与管理层及员工签订提取奖金或股权激励等协议，应按协议向管理层及员工分配。

《公司法》第一百四十三条第三款规定："公司依照第一款①第（三）项规定收购的本公司股份，不得超过本公司已发行股份总额的百分之五；用于收购的资金应当从公司的税后利润中支出；所收购的股份应当在一年内转让给职工。"

二、影响股利政策制定的相关因素

（一）法律因素

为了保护债权人和股东的利益，许多国家对股利的支付都有一定的限制规定，我国也有类似规定，如《公司法》、《上市公司证券发行管理办法》等对企业的股利分配有一定的限制规定。主要包括：

资本保全与积累限制。股利的支付不能减少资本，如果一个公司的资本已经减少或因支付股利而引起资本减少，则不能支付股利。不允许让投入资本以股利的形式发还给股东，以免损害债权人的利益。我国《公司法》第一百六十七条第一款规定，企业必须从税后利润中提取10%的法定公积金（此处指盈余公积金），只有当企业提取的法定公积金达到50%时才可以不再提取。

无力偿付的限制。如果一个公司已经无力偿付或因支付股利将使它失去偿债能力，则不准支付股利。

利润约束。即企业弥补亏损后的累积税后利润为正数时，企业才可以发放股利。

保留盈余限制。有些国家法规规定，禁止公司过度保留盈余。如果一个公司盈余的保留超过目前及未来所需投资数额较多，则可被认为是过度保留，要受到法律的限制，这主要是为了避免逃税。盈余增加，每股收益就会增加，市盈率就会变小，估值相对较低，股价就会上涨。因为资本利得与股利收入的税率并不一致，如果公司通过保留盈余来增加其股票价格，则可使股东避税。

（二）合同限制因素

在公司债券与贷款合同上，通常有限制公司支付股利的条款，其目的是为了保证公司有偿债能力，以保护债权人的利益。这种限制条款常见的有：净营运资金低于某一特定金额时不得发放股利，把利润的一部分以偿债基金准备的形式保留下来，利息保障倍数低于一定水平时不得支付股利，规定股利的支付不能超过累积盈余的一定百分比等。当存在这种限制时，公司的股利政策当然要受其影响。另外在发行优先股票的章程中，通常也规定在未支付优先股利之前，不得支付普通股股利。

（三）股东因素

公司的股利政策最终由董事会来决定，而董事会是股东的代表，制定股利政策，股东方面的因素不能忽视。

为保证控股权而限制股利支付。有的公司被少数控股股东控制，如果公司支付大额股利，然后再发行新股以融通资金，原股东的控制权就可能旁落。因此，这些公司的股东往往限制股利支付，而愿意较多地保留盈余。

---

① 即"将股份奖励给本公司职工"。

为避税目的而限制股利支付。股利所得的税率比资本利得的税率(我国暂未开征)要高，因而有些股东为了获取更多的资本利得，要求限制股利支付，较多保留盈余。

为取得固定收入或逃避风险而要求支付股利。有些股东往往靠定期的股利维持生活，要求公司维持固定股利，不希望保留全部盈余。另外，有的股东认为所得股利是确定的，通过保留盈余引起股价上涨而获得的资本利得是有风险的，因而比较喜欢现在较多的股利，不喜欢未来较多的资本利得，即要求较多地支付股利。

(四) 公司自身因素

就公司自身而言，也有一些重要因素影响股利政策的制定。

资金的变现力。公司资金的变现力是影响股利政策的一个重要因素。公司的现金充足，变现力较强，支付股利的能力也较强。如果公司因扩张或偿还债务已耗尽现金，那么，大量支付现金股利并不一定是明智之举。扩充中的公司应保证一定的变现力，以应付意外情况的发生，不应该支付大额的股利而危及公司的清偿能力。

盈余的稳定性。为了保持股价的稳定和降低公司的财务风险，盈余稳定的公司支付的股利可能比盈余不稳定的公司高。

投资机会。股利政策在很大程度上受投资机会左右。如果公司有较多有利可图的投资机会，往往采取低股利、高保留盈余的政策；反之，如果它的投资机会较少，就可能采用高股利政策，发放较多的现金股利。因此，处于成长期的企业往往采取低股利分配政策，而处于经营收缩期的企业往往采取高股利分配政策。

筹资能力。公司如果有较强的筹资能力，能随时筹措所需资金，那么也具有较强的支付股利的能力。这种借款能力可以用银行借款、发行债券、发行票据的能力表示。一个公司如能随时筹集所需资金，那么在股利支付上就能有较大弹性。

资本成本。与发行新股或筹措债务相比，留用利润不需花费筹资费用，资本成本较低，是一种比较经济的筹资渠道。因此，从资本成本的角度考虑，当公司的资金需求量扩大时，应当采取低股利分配政策。

三、股利政策的主要类型

支付给股东的盈余与留在企业的保留盈余，存在此消彼长的关系。所以，股利分配既决定给股东分配多少红利，也决定有多少净利留在企业。减少股利分配，会增加保留盈余，减少外部筹资需求，因此股利决策也是内部筹资决策。在股利分配的实务中，公司采用的股利政策有以下几种。

(一) 剩余股利政策

1. 分配方案的确定

剩余股利政策就是在公司有着良好的投资机会时，根据目标资本结构(最佳资本结构)，测算出投资所需的权益资本额，先从盈余中留用，然后将剩余的盈余作为股利来分配。

采用剩余股利政策时，要遵循以下四个步骤：① 设定目标资本结构，即确定权益资本与债务资本的比率，在此资本结构下，加权平均资本成本将达到最佳水平；② 确定目标资本结构下投资所需的股东权益数额；③ 最大限度地使用保留盈余来满足投资方案所需的权益资本数额；④ 投资方案所需的权益资本已满足后若有剩余盈余，再将其作为股利发放给股东。

［**例 11-1**］　假定某公司某年提取了盈余公积金后的税后净利润为 5 000 万元(假定这也

是公司该年度的可供投资者分配的利润)，第二年的投资计划需资金 6 000 万元，公司的目标资本结构为权益资本占 70%、债务资本占 30%。

按照目标资本结构的要求，公司投资方案所需的权益资本数额为：6 000 × 70% = 4 200(万元)。

公司当年全部可用于分配股利的盈余为 5 000 万元，可以满足上述投资方案所需的权益资本数额并有剩余，剩余部分再作为股利发放。当年发放的股利额即为：5 000 − 4 200 = 800(万元)。

假定该公司当年流通在外的只有普通股 1 000 万股，则每股股利即为：800/1 000 = 0.8(元)。

2. 采用本政策的理由

奉行剩余股利政策，意味着公司只将剩余的盈余用于发放股利。这样做的根本理由是为了保持理想的资本结构，使加权平均资本成本最低。如上例，如果公司不按剩余股利政策发放股利，将可向股东分配的 5 000 万元全部用于投资(这样当年将不发放股利)，或全部作为股利发放给股东(这样当年每股股利将达到 5 元)，然后再去筹措债务等，这种做法可能会破坏目标资本结构，导致加权平均资本成本的提高，不利于提高公司的价值(股票价格)。

(二) 固定股利支付率政策

1. 分配方案的确定

所谓固定股利支付率政策，是指公司确定一个股利占盈余的比率，长期按此比率支付股利的政策。在这一股利政策下，各年股利额随公司经营的好坏而上下波动，盈余较多的年份股利额高，盈余少的年份股利额低。

2. 采用本政策的理由

主张实行固定股利支付率的人认为，这样做能使股利与公司盈余紧密地配合，以体现多盈多分、少盈少分、无利不分的原则，才算真正公平地对待了每一位股东。

在固定股利支付率政策下，如果各年的股利变动较大，极易造成公司不稳定的感觉，对于稳定股票价格不利，实务中采用不多。

(三) 固定或持续增长的股利政策

1. 分配方案的确定

这一股利政策是将每年发放的股利固定在某一固定的水平上并在较长时期内不变，只有当公司认为未来盈余会显著地、稳定地增长时，才可能提高年度的股利发放额。

2. 采用本政策的理由

采用这种股利政策的理由在于：① 稳定的股利额有利于投资者安排股利收入和支出，特别是那些对股利有很高依赖性的股东。而股利忽高忽低的股票，则不会受这些股东的欢迎，股票价格会因此而下降。② 稳定的股利向市场传递着公司正常发展的信息，有利于树立公司良好形象，增强投资者对公司的信心，稳定股票的价格。③ 稳定的股利政策可能会不符合剩余股利理论，但考虑到股票市场会受到多种因素的影响，其中包括股东的心理状态和其他要求，因此为了使股利维持在稳定的水平上，即使推迟某些投资方案或者暂时偏离目标资本结构，也可能比降低股利或降低股利增长率更为有利。

固定或持续增长的股利政策的主要目的是避免出现由于经营不善而削减股利的情况。该股利政策的缺点在于股利的支付与盈余相脱节。当盈余较低时仍要支付固定的股利，这可能导致资金短缺，财务状况恶化，同时不能像剩余股利政策那样保持较低的资本成本。

（四）低正常股利加额外股利政策

1. 分配方案的确定

低正常股利加额外股利政策，是指公司一般情况下每年只支付固定的、数额较低的股利，在盈余多的年份，再根据实际情况向股东发放额外股利。但额外股利并不固定化，不意味着公司永久地提高了规定的股利率。

2. 采用本政策的理由

① 这种股利政策可使那些依靠股利度日的股东每年至少可以得到虽然较低但比较稳定的股利收入，从而吸引住这部分股东。② 这种股利政策使公司具有较大的灵活性。当公司盈余较少或投资需用较多资金时，可维持设定较低但正常的股利，股东不会有股利跌落感；而当盈余有较大幅度增加时，则可适度增发股利，把经济繁荣的部分利益分配给股东，使他们增强对公司的信心，这有利于稳定股票的价格。

以上各种股利政策各有所长，公司在分配股利时，应结合公司的实际情况，借鉴上述各种股利分配政策，制定适宜的股利分配政策。在公司实务中，通常倾向于采用稳定股利政策或低正常股利加额外股利政策，这有助于保持公司股票价格的稳定。

四、股利支付程序与方式

（一）股利支付程序

股份有限公司向股东支付股利的程序为：股利宣告日、股权登记日、除权除息日和股利支付日。

股利宣告日，即公司董事会将股利支付情况予以公告的日期。公告中将宣布每股应支付的股利、股权登记期限、除息的日期和股利支付日期。

股权登记日，即有权领取股利的股东资格的登记日期。在股权登记日收盘时持有该公司股票的投资者是可以享有此次分发股利的股东。这部分股东名册由证券登记结算公司统计在案，届时将所分发的股利划到这部分股东的账上。

除权除息日，股权登记日后的第一个交易日就是除权除息日。这一天购入该公司股票的股东不同于可以享有本次分发股利的股东，不再享有公司此次分发的股利。

股利发放日，即向股东发放股利的日期。

下面举例说明股利支付程序：

南京银行股东大会决议公告：南京银行股份有限公司利润分配预案已经过 2015 年 8 月 13 日召开的公司 2015 年第二次临时股东大会审议通过，利润分配方案如下。

(1) 发放年度。2014 年度。

(2) 发放范围。截至 2015 年 9 月 22 日下午上海证券交易所交易结束，在中国证券登记结算有限责任公司上海分公司登记在册的本公司全体股东。

(3) 本次分配以 2015 年 9 月 22 日总股本 3 365 955 526 股为基数，向全体股东每 10 股派发现金红利 5.00 元（含税），共计派发现金股利 1 682 977 763 元。

(4) 具体实施日期。

股权登记日，2015 年 9 月 22 日（星期二）；

除权除息日，2015 年 9 月 23 日（星期三）；

现金红利发放日，2015 年 9 月 23 日（星期三）。

（二）股利支付方式

股利支付方式有以下几种。

1. 现金股利

现金股利是以现金支付的股利，它是股利支付的主要方式。公司支付现金股利除了要有累计盈余（特殊情况下可用弥补亏损后的盈余公积金支付）外，还要有足够的现金，因此公司在支付现金股利前需筹备充足的现金。

2. 财产股利

财产股利是以现金以外的资产支付的股利，主要是以公司所拥有的其他企业的有价证券，如债券、股票，作为股利支付给股东。

3. 负债股利

负债股利是公司以负债支付的股利，通常以公司的应付票据支付给股东，不得已情况下也有发行公司债券抵付股利的。

财产股利和负债股利实际上是现金股利的替代。这两种股利方式目前在我国公司实务中很少使用，但并非法律禁止。

4. 股票股利

股票股利是公司以转增或送股的方式向股东支付股利。股票股利并不直接增加股东的财富，不导致公司资产的流出或负债的增加，因而不是公司资金的使用，同时也并不因此而增加公司的财产，但会引起所有者权益各项目的结构发生变化。

我国上市公司通常采用的股利支付方式是现金股利和股票股利，对现金股利有特别要求。根据中国证监会有关规定，上市公司最近三年以现金方式累计分配的利润不少于最近三年实现的年均可分配利润的 30%。

发放股票股利虽不直接增加股东的财富，也不增加公司的账面价值，但对股东和公司都有特殊意义。① 发放股票股利可使股东分享公司的盈余而无须分配现金，这使公司留存了大量现金，便于进行再投资，有利于公司长期发展。② 发放股票股利往往会向社会传递公司继续发展的信息，从而提高投资者对公司的信心。但在某些情况下，发放股票股利也会被认为是公司现金不足的征兆。③ 在净资产不变的情况下，发放股票股利除权后降低了每股价格，从而可能吸引更多的中小投资者。

股票股利对股东的意义在于：发放股票股利后，若股票价格并不成比例地下降，可以使股东得到股票价值相对上升的好处。

五、股票回购

股票回购（share repurchase）是指上市公司利用债务或留存收益融资，并以一定的价格购回公司已发行在外的普通股的行为。公司在股票回购完成后，或将所回购的股票注销，或将其作为“库藏股”（treasury stock）保留，仍属于发行在外的股份，但不参与每股收益的计算和收益分配，是公司股本缩减的主要方式。

（一）股票回购的动机

股票回购产生于公司规避政府对现金红利的限制。1973 年至 1974 年，美国政府对公司支付红利施加了限制条款，许多公司转而采用股票回购方式向股东分利。因此股票回购是现金股利的一种替代方式，即企业通过购回股东所持股票的方式将现金分配给股东。当公司的现金数量较大，并且缺乏良好的投资机会时，公司可能会采取购回自己发行的股票的方式，而不是采取发放现金股利的方式来处理多余的现金。这样，市场上流通的股票将减少，如果回购不会对公司的收益产生不良影响，市场上流通股票的每股收益将有所增加，从而导致股价上涨。这意味着股利将被资本收益所取代。

股票回购作为公司的理财行为，除了作为现金股利的一种替代方式外，企业还可能出于其他考虑而进行股票回购。第一，传递公司信息。在信息不对称的情况下，股票回购可能产生一种有利于公司的信号传递作用。当经理认为本公司普通股价值被低估时，他们往往会采用股票回购方式来向市场表达股票价值被低估的信息。一些实证研究也发现了支持股票回购的正面信号传递作用的证据。第二，改善资本结构。公司通过股票回购，减少公司资本，从而使得公司的资本得到充分利用，每股收益和净资产收益率可能因此而提高。此外，股票回购还有降低融资成本的作用。第三，反收购措施。股票回购在国外经常被作为一种重要的反收购措施。股票回购将提高本公司股价，减少流通在外的股份，增加收购成本，从而造成更大的收购难度。而且在反收购战中，目标公司通常实行"焦土战术"，公司财务状况恶化，导致目标公司对于进攻企业来说吸引力大减。第四，激励管理层或员工，公司为调动管理层或员工的积极性而实行股权激励措施，以使其利益和公司利益一致，可以通过回购股票用于股权激励。

（二）股票回购的类型

股票回购按其实现的方式可分为四种类型：一是交换要约回购。作为使用现金回购股票方案的替代方案，公司可以向股东发出债券或优先股的交换要约。二是现金要约回购。现金要约回购可以分为固定价格要约回购和荷兰式拍卖回购。固定价格要约回购指公司在特定时间发出的以某一高出公司股票当前市场价格的价格回购既定数量公司股票的要约。为了在短时间内回购数量相对较多的股票，公司可以宣布固定价格回购要约。荷兰式拍卖回购在回购价格确定方面给了公司更大的灵活性。首先由公司指定回购价格的范围（通常比较宽）和计划回购的股票数量（可以用上下限的形式来表示）；然后由股东投标，说明其愿意以某一特定价格（股东可以在公司指定的回购价格范围内任选）出售股票的数量；最后由公司汇总所有股东提交的价格和数量后，确定此次股票回购的"价格-数量曲线"，并根据实际回购数量确定最终的回购价格。三是公开市场收购，即公司在股票市场以等同于任何潜在投资者的地位，按照公司股票的当前市场价格回购。四是私下协议批量购买。私下协议批量购买通常作为公开市场收购方式的补充而非替代方式。批量购买的价格通常低于当前的市场价格，尤其是在卖方首先提出的情况下。

（三）我国关于公司股票回购的规定

我国股票回购的最早尝试可以追溯到1992年小豫园并入大豫园事件。大豫园采用协议回购方式把小豫园的所有股票购回并注销，被认为是我国股市为了合并而实施股票回购的第一例成功案例。

我国《公司法》第一百四十二条规定：公司不得收购本公司股份。但是，有下列情形之一的除外：① 减少公司注册资本；② 与持有本公司股份的其他公司合并；③ 将股份奖励给本公司职工；④ 股东因对股东大会作出的公司合并、分立决议持异议，要求公司收购其股份。

公司因该款第①项至第③项的原因收购本公司股份的，应当经股东大会决议。公司依照相关规定收购本公司股份后，属于第①项情形的，应当自收购之日起十日内注销；属于第②项、第④项情形的，应当在六个月内转让或者注销。公司依照规定收购的本公司股份用于股权激励的,不得超过本公司已发行股份总额的5%;用于收购的资金应当从公司的税后利润中支出;所收购的股份应当在一年内转让给职工。

由此可见,我国法律对股票回购的规定比较严格,原则上不允许股票回购。

本章小结

企业收益分配的程序包括息税前利润分配、利润总额分配和税后利润分配三个基本步骤。但通常讲的收益分配是指税后利润分配。

为减少企业收益分配过程中相关各方的利益冲突和矛盾,促进企业和谐、持续地发展,应充分了解收益分配当事各方,包括企业员工、管理当局、债权人和股东的利益要求。

关于股利政策的理论观点有投资决定模式、股利决定模式和收益决定模式。

按照我国《公司法》、《企业会计准则》等有关规定,企业对利润总额分配时应按以下顺序进行:税前利润弥补亏损、缴纳所得税、支付各种罚没款项、税后利润弥补亏损、提取公积金、支付股利。若企业与管理层及员工签订有提取奖金或股权激励等协议,应按协议向管理层及员工分配。

影响股利政策制定的相关因素有法律因素、合同限制因素、股东因素和公司自身因素。

在股利分配的实务中,公司经常采用的股利政策有剩余股利政策、固定股利支付率政策、固定或持续增长的股利政策、低正常股利加额外股利政策。以上各种股利政策各有所长,公司应结合实际情况,借鉴上述各种股利分配政策的思想,制定适宜的股利分配政策。

股份有限公司向股东支付股利的程序主要经历股利宣告日、股权登记日、除权除息日和股利支付日。

股利支付方式有多种,常见的有现金股利和股票股利。

股票回购是指上市公司利用债务或留存收益融资,并以一定的价格购回公司已发行在外的普通股的行为。作为公司的理财行为,股票回购除了作为现金股利的一种替代方式外,企业还可能出于其他考虑(如传递公司信息、改善资本结构、作为反收购措施和激励员工等)而进行股票回购。股票回购按其实现的方式分类,有四种类型:交换要约回购、现金要约回购、公开市场收购和私下协议批量购买。目前我国《公司法》等法律对股票回购的规定比较严格,除特殊情况外,原则上不允许股票回购。

复习思考题 封底扫码查看参考答案

简答题

1. 企业收益分配的程序包括哪几个基本步骤?股份有限公司向股东支付股利的程序主

要经历哪些步骤？

2. 投资决定模式、股利决定模式和收益决定模式下的股利政策分别是如何制定的？

3. 影响股利政策制定的相关因素有哪些？

4. 在股利分配的实务中，公司经常采用的股利政策有哪些，公司应如何结合实际加以运用？

5. 常见的股利方式有哪些？

6. 什么是股票回购，股票回购有哪些类型，公司进行股票回购的动机有哪些？

计算题

1. 某股份有限公司发行在外的普通股为 300 000 股，该公司 2020 年的税后利润为 3 000 000 元，2021 年的税后利润为 6 000 000 元。该公司准备在 2022 年再投资 2 500 000 元，该企业目前的资金结构为最佳资金结构，资金总额为 100 000 000 元，其中，自有资金为 60 000 000 元，负债资金为 40 000 000 元。另已知该企业 2020 年的股利为每股 4.8 元。

要求：(1) 如果该公司采用剩余股利支付政策，则其在 2021 年的每股股利为多少？

(2) 如果该公司采用固定股利支付政策，则其在 2021 年的每股股利为多少？

(3) 如果该公司采用固定股利支付率政策，则其在 2021 年的每股股利为多少？

2. 某股份有限公司 2020 年在提取了盈余公积金和公益金后的税后利润为 500 万元，发放的股利为 200 万元。该公司的经济效益较好，过去的三年里股利一直以 15%的比例增长。该公司 2021 年在提取了盈余公积金和公益金后的税后利润为 600 万元，股本总额一直没有发生变动，发行在外的普通股股数为 100 万股。试计算在下列各种情况下，2021 年该公司应发放的股利：

(1) 2021 年公司按照固定股利或持续增长的股利政策发放股利；

(2) 2021 年公司拟改用低正常股利加额外股利政策，正常股利为每股 2 元，当税后净利润超过 500 万元时发放额外股利，额外股利的发放数额为税后净利超过 500 万元以上部分的 40%。

第十二章 财务预算

古人云:“凡事预则立,不预则废”。这里的“预”,对企业来说,就是指预算。作为企业决策的实施性规划和组织控制的量化依据,财务预算在现代企业的动态管理过程中发挥着承前启后的重要作用。通过财务预算,可以科学筹划企业的采购、生产和销售活动,合理安排资金的筹集和运用,有利于优化企业资源配置,有利于企业经营目标的实现。掌握预算编制的工作内容、程序和方法,充分发挥财务预算的作用,对于提高管理者的管理水平有着十分重要的意义。

第一节 财务预算与 ERP 系统

企业的生产经营活动是一个非常复杂的过程。企业要在日趋激烈的市场竞争中生存和发展,不断提高市场占有率,提高企业的经济效益,既要受到宏观经济环境的影响,又要受到企业内部销售、生产、采购环节的协调和各个职能部门相互配合程度的制约。通过预算管理,能够做到全面地综合、协调、规划企业内部各部门、各层次的经济关系与职能,使之统一服从于企业总目标的要求。因此,《企业财务通则》第十一条规定:企业应当建立财务预算管理制度,以现金流为核心,按照实现企业价值最大化等财务管理目标的要求,对资金筹集、资产营运、成本控制、收益分配、重组清算等财务活动,实施全面预算管理。

一、全面预算的组成内容

(一)全面预算的含义

全面预算是根据企业目标所编制的经营、资本、财务等年度收支总体计划。全面预算涉及企业经营活动的各个方面,以实现企业的经营目标为目的,通过对市场需求的研究和预测,以销售预算为起点,据以延伸到生产、成本、费用和资金收支等方面,最后编制出预计财务报表的预算体系。在预算编制过程中,必须使每一项预算、每一个指标都紧紧围绕企业的目标利润来制定,同时对整个企业的营销活动、设备投资、技术管理和人员培训等环节都必须编制预算,实现预算控制。企业各级管理人员乃至广大职工,都要参与预算工作,使全面预算具有全过程性和全员性的特点,从而保证各部门和整个企业的预算管理工作顺利进行。

（二）全面预算的组成内容及其相互关系

全面预算包括日常业务预算、专门决策预算和财务预算三个方面。

日常业务预算又称经营预算，是企业全面预算的基础。日常业务预算是为供应、生产、销售及管理活动所编制的预算，包括销售预算、生产预算、直接材料采购预算、直接人工预算、制造费用预算、单位产品成本和期末存货预算、销售和管理费用预算等。这些预算主要反映企业日常经营活动的收入和费用的构成情况，通常与企业利润表的计算有关，它们前后衔接，相互勾稽，既有价值量指标，又有实物量和时间量指标。

专门决策预算亦称特种决策预算，是针对企业在销售期内不经常发生的、一次性经济活动所编制的预算，包括根据长期投资决策所编制的资本支出预算和一次性专门业务预算等。

财务预算是反映企业在预算期内有关现金收支、经营成果和财务状况的预算，包括现金收支预算、预计利润表、预计资产负债表等。

财务预算作为全面预算体系中的最后环节，可以从价值方面总括地反映经营期决策预算与业务预算的结果，亦称为综合预算或总预算，其余预算则相应称为辅助预算或分预算。显然，财务预算在全面预算体系中有举足轻重的地位。

财务预算在全面预算体系中的地位如图 12－1 所示。

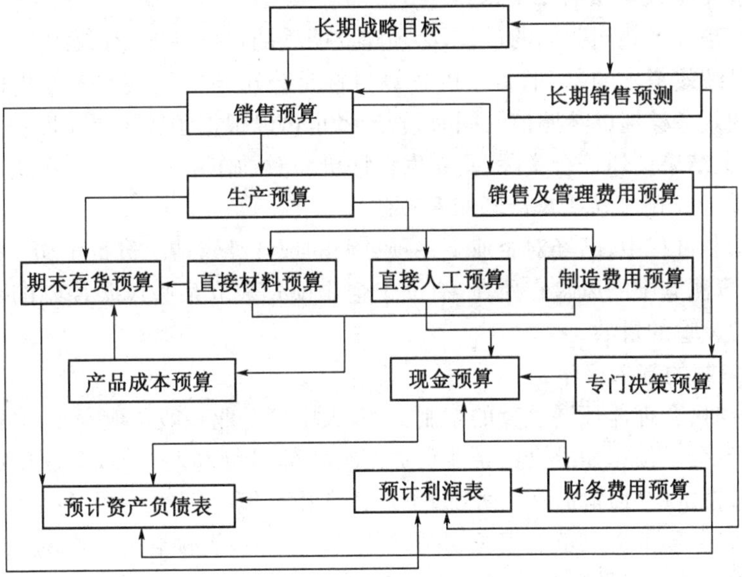

图 12－1　财务预算在全面预算体系中的地位示意图

二、财务预算的作用和编制程序

（一）财务预算的作用

在现代企业中，企业的战略、预算和绩效三者必须成为一个高效互动的有机整体，才能实现既定的战略目标。财务预算在企业的战略、预算和绩效三者之间起着承前启后的重要作用。通过编制财务预算，企业既可以最有效地分配公司有限的经济资源、组织收入、控制开支，又可以预测公司现金流量、利润、资产、权益的变化情况和面临的风险，监控战略目标的实施进度并及时纠正偏差,考核经营业绩,发挥评价与激励的作用。

财务预算的主要作用具体概括如下。

1. 财务预算是企业提高战略管理水平的重要手段

财务预算的编制,将企业既定战略通过预算的形式加以固化和量化,企业的战略目标落实为各期间的总目标,企业的总目标又可以通过预算分解为各部门的具体目标。这样,通过各级各部门的努力执行预算实现各个具体目标时,就能保障企业总目标和战略目标的实现。企业把制定、执行预算和公司战略相结合,有助于调整公司的策略,提高公司战略管理水平。

2. 财务预算是企业内部各部门协调的工具

企业要实现总体目标,各个职能部门必须通力协作,共同努力。通过编制预算来协调各职能部门的工作安排,使企业内部各职能部门的各项工作、供产销各个环节的经济活动都统一于企业的总体目标之下,使企业内部协调一致,达到平衡。

3. 财务预算是实施控制的标准

所谓控制,就是要使经济活动按计划进行。预算是具体化、数量化的计划,预算中制定的数量目标就是公司实施控制的标准。在预算执行过程中,往往由于种种原因,导致预算的执行情况与预算计划产生一定的差异。为此必须即时分析、查明产生差异的原因,并采用必要的措施,尽量使企业的实际经济活动符合预算的要求,以保证预算目标的顺利实现。

4. 财务预算是绩效考核的主要依据

现代化生产是许多共同劳动的过程,必须建立明确的责任制度,有效的责任制度离不开绩效考核。预算是绩效考核的基础,科学的预算目标是公司与部门绩效考核指标的比较标准。预算管理在为绩效考核提供参照值的同时,管理者也可以根据预算结果不断修正、优化绩效考核体系,确保考核结果更加符合实际,真正发挥评价与激励作用。

5. 财务预算的编制有助于风险预测和防范

在预算的编制过程中,已经对企业下一预算期的预计经营情况进行了初步揭示,根据所反映的预算结果,预测其中的风险点所在,有助于企业预先采取某些风险控制的防范措施,从而达到规避与化解风险的目的。

(二) 预算编制的基本程序

为了便于及时、合理地开展预算的编制工作,大中型企业一般要成立专门的预算编制指导机构,即预算委员会。预算委员会由企业负责人与各部门负责人参加,企业负责人领导,具体由预算委员会常设机构(通常放在财务部)负责日常预算编制等的协调,各部门再负责组织编制相应的预算,财务部负责人负责组织编制财务预算。不设置预算委员会的小型企业,通常由企业负责人或委托有关人员主管预算的编制工作。

预算编制程序主要有自上而下、自下而上和折中型三种类型。

自上而下的编制程序是指预算编制委员会根据企业的经营目标,编制出企业的总体预算,再对总体预算进行分解,据以编制部门预算,并由下级各部门具体落实执行。

自下而上的编制程序是指先由企业的各个部门编制部门预算,企业的预算编制委员会在对部门预算根据需要做适当调整的基础上编制总体预算,并据以落实执行。

折中型(又叫自我参与预算)的编制程序是指企业预算编制委员会首先提出预算编制要求,各部门根据预算编制要求编制出部门预算,企业预算编制委员会对各部门上报的自编预算进行综合平衡,并提出指导性意见,然后下转到各职能部门责令其进行修订,再根据修订后的部门预算，编制企业的总体预算。

折中型预算既可以避免上级管理机构的主观武断，又有利于发挥各职能部门的主观能动作用，受到广大职工的理解和支持，从而有利于企业预算所确定的各项目标、任务的顺利实现。所以一般企业大多采用自我参与预算编制程序。

严格地讲，企业预算编制的具体程序，应当考虑企业的行业性质、经营规模等因素。但应该依照“上下结合、分级编制、逐级汇总”的基本程序进行，具体包括以下步骤。

1. 下达目标

预算期（预算覆盖时间）前，企业决策机构应根据企业经营预测有关资料，提出预算期收入、成本、利润等项目的总体经营目标，作为企业预算编制的依据。

2. 编制上报

在预算期前一定时间（一般为一个月），由企业各基层部门主管人员根据总体经营目标和群众意见，确定出部门经营目标，据以编制出部门预算草案，并上报预算编制委员会。

3. 审查审批

企业预算编制委员会对各部门预算进行详细审查，经过反复协调和平衡后，编制出企业总体预算，并报企业最高管理层和决策层审批。

4. 下达执行

审批后的总体预算分别下达到各部门贯彻执行。企业预算下达以后，有关各部门必须严格执行，并及时对预算执行情况进行检查和控制。各部门要在明确预算责任的基础上，各负其责、通力协作，以保证企业总体预算的顺利实现。

三、财务预算与 ERP 系统的关系

（一）ERP 与 ERP 管理思想

ERP（enterprise resource planning，企业资源计划系统）是由美国 Gartner Group 公司于 20 世纪 90 年代初提出来的，它以制造资源计划（manufacturing resource planning，MRPⅡ）为基础，将企业的生产、原材料、质量、销售、财务会计、人力资源等方面的信息集合起来，并且吸收了全面质量管理、准时生产、实验管理、项目管理、供应链管理和客户关系管理等内容，实现了物流、信息流、资金流、价值流和业务流的有机集成。它以计划和控制为主线，以网络和信息技术为平台，集客户、市场、销售、采购、计划、生产、财务、质量、服务、信息集成和业务流程重组等功能为一体，面向供应链管理，强调人、财、物、产、供、销的全面结合与全面控制，追求效益最佳、成本最低的现代企业管理思想和方法。

概括地说，ERP 系统是指建立在信息技术基础上的，以系统化的管理思想为企业管理层及员工提供决策、运行手段的管理平台。ERP 系统的核心是实现对整个供应链的有效管理，其管理理念具体表现在以下三个方面。

1. 充分重视对整个供应链资源进行整合

现代企业的竞争不仅仅是单个企业之间的竞争，也是一个企业供应链与另一个企业供应链之间的竞争。为此，在企业的生产经营管理过程中，管理层应重视在企业经营中形成的群体效应。在整合企业自身经营资源，进行优化配置的同时，还必须把企业有关各方如供应商、制造工厂、分销网络、客户等，视为与企业利益息息相关的供应链，并充分利用各相关单位的营销资源，以实现企业在市场竞争中的比较优势。

2. 充分体现精益生产、同步工程和敏捷制造的思想

ERP系统力求实施混合型生产管理。具体而言，就是把企业的客户、销售代理商、供应商、协作单位纳入企业的生产运营体系，同他们建立起利益共享的合作伙伴关系，共同构建有利于企业营销的供应链，实施“精益生产”。当市场上出现新的产品销售机会，而企业基本合作伙伴不能满足新产品的开发与生产要求时，企业可选择新的供应商和销售渠道组成短期或一次性供应链，把新的供应和协作单位也视为供应链的一部分，运用“同步工程”组织生产，用最短的时间将新产品打入市场，以保证产品生产的高质量、多样化和灵活性，实施“敏捷制造”。

3. 力求做到事先计划和事中控制相结合

ERP系统中的计划体系包括：主生产计划、物流需求计划、能力计划、采购计划、销售执行计划、利润计划、财务预算和人力资源计划等，并将这些计划功能和价值控制功能完全集成到整个供应链系统中。ERP系统可以将生产经营活动输入的信息自动计入财务模块生成会计记录，以保证资金流和物流的同步记录和数据的一致性；根据财务资金现状，可以追溯资金的来龙去脉，并进一步追溯所发生的相关业务活动。企业管理层在充分掌握生产经营相关信息的基础上，编制企业总的生产经营计划，再经过层层分解后，下达到各部门去执行（如采购部门可以据此采购，生产部门可以据此组织生产加工），使得企业原本分散的生产流程自动连接。因此，ERP系统既有利于降低库存，提高资源利用效率，又不会出现产销脱节，影响产品的生产与销售。

（二）财务预算与ERP系统的关系

企业财务预算是对整个企业运作的综合计划，准确地分析各职能之间的互动关系，抽丝剥茧，将企业运作的全貌展现在管理者面前。因此，财务预算被称为“使企业的资源获得最佳生产效率和获利率的一种方法”。可见，ERP系统与财务预算既相互联系又存在很大差异。两者的联系具体表现在：两者的工作目的都是为了优化企业的资源配置，以提高企业的经济效益；财务预算是ERP系统的一个重要组成部分，ERP系统强大的信息集成功能和数据处理技术又为财务预算的编制提供了高效的工具；财务预算指标是ERP系统实施控制的依据，并据以对企业的生产经营状况进行考核、评价，而ERP系统通过实施会计处理和过程控制，是财务预算圆满实现的重要手段。两者的区别主要表现在：财务预算仅仅是企业财务管理的一个工作环节，是在企业进行决策后的工作筹划，其内容局限于企业自身的工作安排，而ERP系统不仅是企业资源企划的一个完整的系统，并且将管理的视野拓展到与企业相关联的所有单位，将整个供应链纳入企业的运筹范围，以实现企业营销的群体效应；预算管理长期以来一直是企业管理的一个重要手段，既可以通过传统的手工编制方法来实现，又可以采用先进的信息技术来提高效率和强化功能，而ERP系统的庞大功能必须依靠现代信息技术才能发挥出来。

第二节　财务预算编制方法

企业编制财务预算的传统方法主要有固定预算、增量预算和定期预算，这些方法思路简单、操作方便，所以被广泛采用。但随着企业经济活动的日益复杂化，传统方法的局限性也日趋明显。现代企业为了克服固定预算的缺点，推行了弹性预算方法；为了消除增量预算的缺点，设计了零基预算方法；为了弥补定期预算的不足，采用了滚动预算方法。

一、固定预算与弹性预算

企业预算以其是否按业务量进行调整，分为固定预算和弹性预算。

（一）固定预算

1. 固定预算的含义

固定预算又称静态预算，它是在预算期预计业务量水平的基础上，确定各项目预算的预计数量和金额，不管实际生产经营活动如何脱离计划，均不进行相应的指标调整。

2. 固定预算的缺点

在企业的实际生产经营过程中，企业完成的业务量大小，要受到各方面因素的影响和制约。当企业实际完成的业务量与编制预算所依据的业务量出现差异时，各费用项目的实际数额与预算数额就失去了相互比较的基础，使得固定预算在控制费用支出和考核经营成果方面的作用大为削弱。因此，固定预算只适用于业务量受外界影响较小的企业。

对于那些未来业务量不稳定、其水平经常发生波动的企业来说，如果采用固定预算方法，可能会对企业的业绩考核和评价产生扭曲甚至误导。这种现象在采用完全成本法的企业中表现得尤为突出。

［**例 12－1**］　福达公司采用完全成本法，其计划期生产的 A 产品的预计产量为 200 件，按固定预算方法编制的 A 产品成本预算如表 12－1 所示。

表 12－1　福达公司 A 产品成本预算（按固定预算方法编制，预计产量 200 件）　单位：万元

成本项目	总 成 本	单位成本
直接材料	1 000	5
直接人工	200	1
制造费用	400	2
合　　计	1 600	8

假设 A 产品在计划年度的实际产量为 300 件，实际发生总成本为 2 310 万元，其中直接材料1 500万元，直接人工 300 万元，制造费用 510 万元，单位成本为 7.7 万元。

该公司根据实际成本资料和固定预算成本资料编制的成本业绩报告如表 12－2 所示。

表 12－2　福达公司成本业绩报告　单位：万元

成本项目	实际成本	预算成本		差　异	
		未按产量调整	按产量调整	未按产量调整	按产量调整
直接材料	1 500	1 000	1 500	＋500	0
直接人工	300	200	300	＋100	0
制造费用	510	400	600	＋110	－90
合　　计	2 310	1 600	2 400	＋710	－90

从表 12－2 可以看出，实际成本与未按产量调整的预算成本相比，三个成本项目都超支了；但实际成本与按产量调整后的预算成本相比，直接材料和直接人工都维持不变，制造费用节约了 90 万元。可见，在产量发生较大幅度变动的情况下，仍以固定预算作为业绩考核的依

据，将扭曲企业的成本管理水平。

（二）弹性预算

1. 弹性预算的含义和特点

弹性预算又称变动预算，它是在将成本按其习性分类的基础上，以业务量、成本和利润之间的依存关系为依据，按照预算期内可能发生的各种业务量水平编制的预算。这里的业务量可以是产量、销售量、直接人工工时等。

弹性预算能较全面地反映企业在不同业务量水平上的成本和利润情况，有利于控制成本和费用的发生，有利于划清经济责任和进行业绩考核。

弹性预算可以用于编制成本预算和利润预算。弹性成本预算包括制造费用预算和销售及管理费用预算。制造费用、销售及管理费用按成本习性可以分为变动费用和固定费用两部分。变动费用随业务量的变化而变化；固定费用在一定业务量范围内数额则相对稳定，不随业务量成正比例变动。企业业务量（x）、费用总额（y）、单位变动费用（b）和固定费用总额（a）四者之间的关系可以用 $y=a+bx$ 这一直线方程来表示，并以此为基础编制出在不同业务量前提下的制造费用和销售及管理费用弹性预算。至于直接材料费用和直接人工费用，由于它们是与业务量成正比例变动的，运用标准成本进行控制更为方便，不必为其编制弹性预算。

2. 弹性预算编制的步骤

编制弹性预算必须选择适当的业务量计量标准，确定合理的业务量范围，然后根据费用与业务之间的数量关系，计算出各项费用预算数额并以一定的方式表达出来。具体步骤如下：

（1）选择适当的业务量计量标准

业务量标准的选择适当与否，对掌握成本的变动性和实行预算控制关系极大。因此，在预算编制过程中，所选用的业务量计量单位必须与成本或利润的变化存在直接的依存关系。一般来讲，以手工操作为主的单位应选用人工工时为标准，机械化程度较高的单位应选用机器工时为标准，生产单一产品的单位应选用产品产量为标准，生产多种产品的单位应选用人工工时或机器工时为标准。值得注意的是，选用的计量标准必须是容易搜集、容易理解的业务量，比如人工工时比机器工时容易搜集，人工工时比人工成本更易理解。

（2）确定合理的业务量范围

固定费用总额和单位产品变动费用只有在一定的业务量范围内才能保持相对不变，合理的业务量范围必须根据企业业务量变动的具体情况来确定。一般情况下，可将业务量定在正常生产能力的70%～120%之间，也可以将过去的最低业务量和最高业务量作为业务量范围的上限和下限，并将其划分为不同的业务量水平来编制预算。

（3）按成本习性将费用分为变动费用和固定费用

任何一个单位所发生的费用，都可以按其成本习性分为变动费用和固定费用。各项费用的性质不同，则其与业务量的关系也不同。弹性预算就是建立在 $y=a+bx$ 这一费用与业务量的函数关系式的基础之上。在编制弹性预算时，对混合成本可采用高低点法、散布图法或回归分析法进行分解。

3. 弹性成本预算的编制

弹性成本预算是依据各成本项目随业务量变化而变化的规律编制的预算。作为进行成本计划、控制和考核的一种重要手段，弹性预算已成为现代成本管理的一项基本内容。

弹性成本预算的编制方法有列表法、公式法和图示法，实际工作中多采用列表法。下面以列表法为例说明。

［例 12－2］ 福达公司拟编制下一年度的制造费用弹性预算，其确定的业务量单位和范围是 9 000 人工工时到 12 000 人工工时，间隔 1 000 人工工时。各项制造费用资料如表 12－3 所示。

表 12－3 各项制造费用资料

费用项目	变动制造费用(元/小时)	固定制造费用(元)
间接材料	0.40	
间接人工	0.60	
电　　费	0.20	
水　　费	0.10	
维 修 费	0.08	4 000
其　　他	0.20	2 000
折 旧 费		4 000
管 理 费		2 500
保 险 费		1 500
合　　计	1.58	14 000

根据以上资料，运用列表法编制该公司制造费用弹性预算如表 12－4 所示。

表 12－4 制造费用弹性预算

费用项目(元)	变动制造费用率	业务量(人工工时)			
		9 000	10 000	11 000	12 000
变动费用					
间接材料	0.40	3 600	4 000	4 400	4 800
间接人工	0.60	5 400	6 000	6 600	7 200
电　费	0.20	1 800	2 000	2 200	2 400
水　费	0.10	900	1 000	1 100	1 200
维护费	0.08	720	800	880	960
其　他	0.20	1 800	2 000	2 200	2 400
小　计	1.58	14 220	15 800	17 380	18 960
固定费用					
维护费	4 000	4 000	4 000	4 000	4 000
折旧费	4 000	4 000	4 000	4 000	4 000
管理费	2 500	2 500	2 500	2 500	2 500
保险费	1 500	1 500	1 500	1 500	1 500
其　他	2 000	2 000	2 000	2 000	2 000
小　计	14 000	14 000	14 000	14 000	14 000
合　计		28 220	29 800	31 380	32 960
直接人工小时成本率		3.14	2.98	2.85	2.75

根据不同业务量水平编制的成本预算,可以直接从表中查出计划业务量相对应的费用数额。由于企业费用项目种类繁多、情形各异,在成本预算中不可能包括所有业务量的预算。编制成本预算时,若预计业务量间距较小,能在成本预算中找出与实际业务量较为接近的业务量及相应的预算指标,从而便于对企业的实际成本开支进行控制和考核,但预算编制的工作量较大;反之,间距过大,虽然可以减少预算编制的工作量,但实际完成的业务量很可能与预算中预计的业务量相差甚远,从而削弱了预算控制的应有作用。因此,编制预算的预计业务量的合理间距应以10%左右为宜。

4. 弹性利润预算的编制

在一定销售量范围内,企业的固定成本基本不变,利润虽然随销售量的变动而变动,但其增长的幅度往往大于销售量的增长幅度。按销售量的变动正比例地规划企业目标利润和考核利润计划完成情况的方法,显然是不适当的。因此,有必要编制弹性利润预算。

弹性利润预算是依据利润随业务量的变化规律编制的一种变动预算。它以预算期预计可能实现的多种销售收入水平为依据,按照成本习性减扣相应的成本,据以分别确定基于不同销售量可能实现的利润。可见弹性利润预算的编制是以弹性成本预算为基础的。

弹性利润预算的编制方法有公式法和百分比法。所谓公式法就是利用利润计算的基本关系式来确定预计利润,这是一种较为常用的方法。下面以公式法为例说明。

[例 12-3] 福达公司只产销A产品一种产品,其单位售价为150元,预算期销售量为700、800、900、1 000件时的弹性销售及管理费用资料如表12-5所示,且销售量与例12-2的业务量9 000、10 000、11 000、12 000人工工时顺序一一对应。假定福达公司单位A产品的直接材料费为45元/件,直接人工费为20元/件。

根据相关资料编制该公司弹性利润预算如表12-6所示。

表 12-5 福达公司弹性销售及管理费用资料 单位:元

销售收入	105 000	120 000	135 000	150 000
销售人员工资(7%)	7 350	8 400	9 450	10 500
销售佣金(3%)	3 150	3 600	4 050	4 500
交货运输费(0.4%)	420	480	540	600
其 他(0.9%)	945	1 080	1 215	1 350
变动销售及管理费用小计	11 865	13 560	15 255	16 950
管理人员工资	2 500	2 500	2 500	2 500
办公费	4 000	4 000	4 000	4 000
折旧费	5 500	5 500	5 500	5 500
其 他	2 500	2 500	2 500	2 500
固定销售及管理费用小计	14 500	14 500	14 500	14 500
合 计	26 365	28 060	29 755	31 450

表 12-6　福达公司弹性利润预算　　单位:元

销售收入	105 000	120 000	135 000	150 000
变动成本				
直接材料	31 500	36 000	40 500	45 000
直接人工	14 000	16 000	18 000	20 000
变动制造费用	14 220	15 800	17 380	18 960
变动销售及管理费用	11 865	13 560	15 255	16 950
小　计	71 585	81 360	91 135	100 910
边际利润	33 415	38 640	43 865	49 090
固定成本				
固定制造费用	14 000	14 000	14 000	14 000
固定销售及管理费用	14 500	14 500	14 500	14 500
小　计	28 500	28 500	28 500	28 500
税前利润	4 915	10 140	15 365	20 590

二、增量预算和零基预算

企业编制成本预算的方法按其出发点的特征不同,分为增量预算法和零基预算法两大类。

(一) 增量预算

1. 增量预算的含义

增量预算是在基期预算及其执行情况的基础上,结合预算期各方面情况的变动,确定出各预算项目应增加或减少的数额来编制的。

2. 增量预算的假定

采用增量预算方法基于如下一系列假定:① 现有的业务活动是企业所必需的。只有保留企业现有的每项业务活动,才能使企业的经营过程正常运转。② 原有的各项开支都是合理的。既然现有的业务活动是必需的,那么原有的各项费用开支就一定合理,必须予以保留。③ 增加费用预算是值得的,未来预算期的费用变动是在现有费用的基础上调整的结果。

3. 增量预算的缺点

传统的预算编制基本上采用的是增量预算方法,即以基期预算为基础,对预算值进行增减调整。这种方法思路简单、操作方便。但是,增量预算以基期指标基本合理为基础,因此预算的编制往往受到基期指标的影响和制约,不能充分考虑预算期各费用项目发生的必要性和指标数额的合理性,可能造成如下问题:① 受原有费用项目的限制,可能导致保护落后。由于按这种方法编制预算,往往不加分析地保留或接受原有的成本项目,可能使原来不合理的费用开支继续存在,形成不必要开支的合理化,造成预算上的浪费。② 滋长预算中的"平均主义"和"简单化"。采用此法,容易鼓励预算编制人员凭主观臆断按成本项目平均削减预算或只增不减,不利于调动各部门降低费用的积极性。③ 不利于企业未来的发展。按照这种方法编制的费用预算,只对目前已存在的费用项目编制预算;而那些对企业未来发展有利,确实需要开支的费用项目却未予以考虑,必将对企业一些有价值的改革思想的运用产生不利影响,阻碍企业的长远发展。

（二）零基预算

1. 零基预算的含义

零基预算是以零为基数编制的预算，亦称零底预算。它的基本原理是不考虑企业以往期间发生的费用项目和费用数额，一切以零为起点来研究和分析每个费用项目是否有支出的必要和支出数额的大小。零基预算是为了克服增量预算的不足而设计的，与增量预算相比，零基预算的编制具有以下特点。

（1）以零为起点编制预算

增量预算是在基期预算的基础上，根据基期预算的执行结果和经营条件的变化进行调整编制；而零基预算则是以零为起点，以科学预测和实际需要作为预算编制的依据。

（2）进行成本效益分析

增量预算编制时只要求对新的、未开展过的业务活动进行成本效益分析，对已进行的业务活动不再作成本效益分析；而零基预算编制时，要求对预算期可能发生的一切业务活动都进行成本效益分析。

（3）通过对业务项目的评价来确定预算金额

增量预算在预算期业务量变化较小时，按基期预算执行，业务量变化较大时，则按业务量的增减比例调整预算金额。零基预算要求对每个业务项目逐个进行估算分析，评价其经济效果，并在此基础上，按项目的轻重缓急来分配预算资金。

2. 零基预算的编制程序

零基预算的编制程序，大体上可分为以下三个步骤：

（1）提出费用开支方案

企业在编制零基预算前，应动员各部门的职工，根据本企业的特点和预算期间的经营目标，对照本部门的具体任务，讨论本部门在预算期间可能发生的费用项目以及每一项费用开支的目的、数额等，编出一套费用开支方案。

（2）进行成本效益分析

各预算编制的基层单位，应当根据企业所提出的总的任务和要求，合理安排自身业务活动。为了保证预算编制的科学性和合理性，必须把每项业务开展的所得收益和它所需的全部费用开支相比较，据以对各个费用开支方案进行分析评价，然后在权衡轻重缓急的基础上，把各费用开支方案分成若干层次，排出先后顺序。

（3）分配资金、落实预算

按照上一步骤所确定的层次顺序，结合预算期可以动用的资金来源分配资金。分配资金时，应首先满足那些必须开支的费用项目，然后再将剩余资金在可以增减发生额的费用项目之间，按照成本效益率进行分配。

3. 零基预算编制实例

[例 12－4] 福达公司采用零基预算法编制下一年度销售与管理费用预算。首先，由作为基层预算单位的销售及管理部门全体职工，根据下年度企业的总体目标和本部门的具体任务，经过反复讨论，提出计划年度主要费用开支方案如下：

（1）房屋租金　　600 万元

（2）差旅费　　700 万元

（3）办公费　　900 万元

(4) 交货运输费　　500 万元
(5) 广告费　　600 万元
(6) 保险费　　250 万元
(7) 销售及管理人员工资　　350 万元
(8) 培训费　　420 万元

其次，将以上广告和培训费，根据各期资料进行成本效益分析，其结果如表 12－7 所示。

表 12－7　广告和培训费成本效益分析

费用项目	成本(万元)	收益(万元)	成本效益率(%)
广告费	1	30	3 000%
培训费	1	40	4 000%

通过讨论研究，大家一致认为房屋租金、办公费、交货运输费、差旅费、保险费、销售及管理人员工资是不可避免的费用开支，应全额得到保证，故列为第一层次；培训费和广告费属酌量性固定成本，可根据企业预算期间的具体财力情况酌情增减，但培训费的成本收益率高于广告费的成本收益率，故将培训费列为第二层次；广告费列为第三层次。

最后，假定福达公司在预算期间可用于销售及管理费用的资金为 4 000 万元。根据以上排列层次顺序，分配资金，确定预算如下：

(1) 房屋租金　　600 万元
(2) 办公费　　900 万元
(3) 差旅费　　700 万元
(4) 交货运输费　　500 万元
(5) 销售及管理人员工资　　350 万元
(6) 保险费　　250 万元

以上六项必须全额得到保证的费用额共计为 3 300 万元，剩余 700 万元资金应按成本收益率的比例，在培训费和广告费之间进行分配。

$$培训费可分配的资金=700\times\frac{40}{40+30}=400(万元)$$

$$广告费可分配的资金=700\times\frac{30}{40+30}=300(万元)$$

4. 零基预算的优缺点

从上述例子可以看出，零基预算的优点是：① 未来的费用预算不受现有费用项目和开支水平的影响和制约。因此，采用这种方法可以促使企业合理地进行资源分配，将有限的资金用在刀刃上。② 可以督促企业内部各部门节约资金，提高成本效益率。采用这种方法，没有“老本”可依，预算只保证合理的、正常的开支，并向成本效益率高的部门倾斜。这样，可以促进各部门精打细算、量力而行，提高资金的利用效果。③ 有助于企业未来发展。由于这种方法以零为出发点，对一切费用一视同仁地进行权衡，有利于创新项目获得资金，有助于企业未来发展。

零基预算的缺点在于这种方法一切从零出发，需要对企业现状和市场进行大量的调查研究，对各项资金使用效果进行定量分析。这势必耗费大量的人力、物力，带来浩繁的预算工作量。同时，编制零基预算必须得到企业各部门的通力配合，因为编制零基预算的工作量大，且各费用项目的成本效益率的计算缺乏客观依据。所以，企业可以每隔若干年编制一次零基预算，以后几年内只作适当调整，以简化预算编制的工作量。

三、定期预算与滚动预算

编制预算的方法按预算期的时间特征不同，可以分为定期预算和滚动预算两大类。

（一）定期预算

1. 定期预算的含义

定期预算是指以不变的会计期间（如日历年度）作为预算期的一种预算编制方法。

定期预算是一种广泛采用的传统预算方法，本节前面所介绍的预算都是以年度为固定的预算期间，并且与企业的会计年度相一致，均属于定期预算。

2. 定期预算的优缺点

定期预算方法的最大优点是能够使预算期和会计期间相配合，便于将实际数与预算数进行对比，有利于考核、评价预算的执行结果。但这样编制的一次性预算，在具体执行过程中往往暴露出以下问题。

远期指导性差。预算编制通常是在预算期开始的前两三个月进行，但企业生产经营的外部环境复杂多变，人们往往难以对长达一年，特别是预算期的后两个季度的各项业务活动作出准确的预计，导致所编制的一次性预算在实际执行过程中与客观实际脱节，且数据笼统含糊，缺乏远期指导性，给预算的执行带来许多困难，影响了预算作用的正常发挥。

灵活性差。由于定期预算不能随企业实际情况的变化及时调整，当预算中所规划的各种经营活动在预算期内发生重大变化时，就会造成预算滞后过时，失去了预算的意义。

连续性差。以一年为期的固定预算，会随着预算的执行，剩余的预算执行时间不断缩短，不能适应连续不断的经营过程，预算规划、控制预算期生产经营活动的作用也随着时间的流逝而不断减弱。在企业前期预算执行情况不佳时，往往使企业管理人员只注意剩下来的几个月的经济活动，无暇顾及预算期以后的经营规划，导致企业管理层只顾眼前利益，不顾长远利益。

（二）滚动预算

1. 滚动预算的含义

为了克服一次性预算的上述不足，西方企业正在广泛推行一种滚动预算。滚动预算又称连续预算或永续预算，其基本原理是预算编制过程连续不断，随着预算的执行不断延伸补充预算，逐期向后滚动，使预算期永远保持为一个固定期间（通常为 1 年）。

2. 滚动预算的滚动方式

(1) 逐月滚动方式

逐月滚动方式是指在预算编制过程中，以月份为预算的编制和滚动单位，每个月调整一次预算的方法。如在 2021 年 1 月至 12 月的预算执行过程中，需要在 1 月末根据当月预算的执行情况，修订 2 月至 12 月的预算，并补充 2022 年 1 月份的预算；到 2021 年 2 月末又根据当月预算的执行情况，修订 3 月份至 2022 年 1 月份的预算，并补充 2022 年 2 月份预算……以此类推。逐月滚动预算方式示意图如图 12 - 2 所示。

按照逐月滚动方式编制的预算比较精确，但编制工作量大。

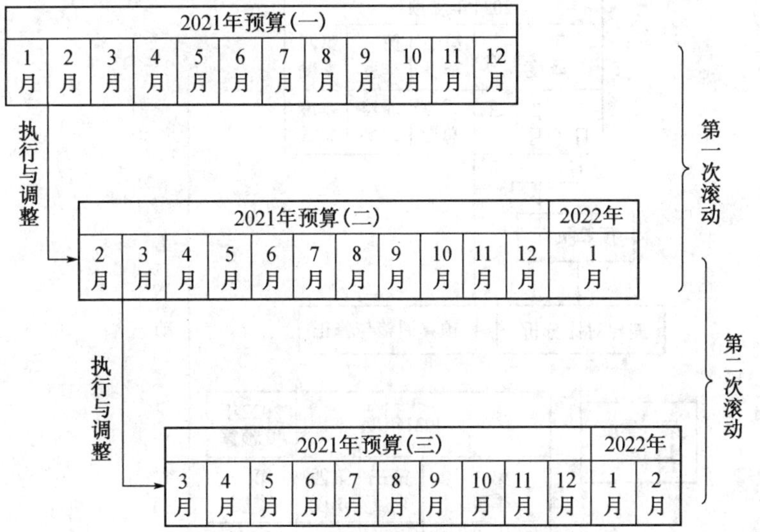

图 12－2　逐月滚动预算示意图

(2) 逐季滚动方式

逐季滚动方式是指在预算编制过程中,以季度为预算的编制和滚动单位,每个季度调整一次预算的方法。如在 2021 年第一季度至第四季度的预算执行过程中,需要在第一季度末根据当季预算的执行情况,修订第二季度至第四季度的预算,并补充 2022 年第一季度的预算;到 2021 年第二季度末又根据当季预算的执行情况,修订第三季度至 2022 年第一季度的预算,并补充 2022 年第二季度预算……以此类推。

逐季滚动编制的预算比逐月滚动的工作量小,但预算精确度较差。

(3) 混合滚动方式

混合滚动方式是指在预算编制过程中,同时采用月份和季度作为预算的编制和滚动单位的方法。它是一种变通的滚动预算方法。这种预算方法的理论依据是:人们对未来的把握程度不同,对近期的预计把握较大,对远期的预计把握较小。所以,在预算编制过程中,要做到长计划、短安排,远略近详。在这种方式下,通常是仅对前 1 个季度的预算按月进行编制,尽量使其详细具体,以便监督和控制预算的执行;对后 3 个季度的预算按季进行编制,可以粗略笼统些,以避免由于预计不准确造成无效劳动,从而简化了预算的编制工作。如在 2021 年第一季度至第四季度的预算中,对第一季度按月编制详细预算,其余 3 季度按季编制粗略预算;3 月末根据本季度的预算执行情况,对第二季度按月编制详细预算,并修订第三至第四季度的季度预算,同时补充 2022 年第一季度的预算;以此类推。

混合滚动预算示意图如图 12－3 所示。

3. *滚动预算方法的优缺点*

与定期预算相比较,滚动预算具有以下优点:① 连续性。由于滚动预算在时间上不再受日历年度的限制,能够连续不断地规划未来的经营活动,并能使企业的近期预算和远期预算结合起来,保证各期预算相互衔接。② 及时性。由于滚动预算能够根据前期预算的执行情况及时地进行调整与修订,使预算指标更接近实际情况,有利于发挥预算的指导和控制作用。③ 科学性。可以促使企业不断进行市场调研和预测,使管理人员能够不断地从动态的角度把握

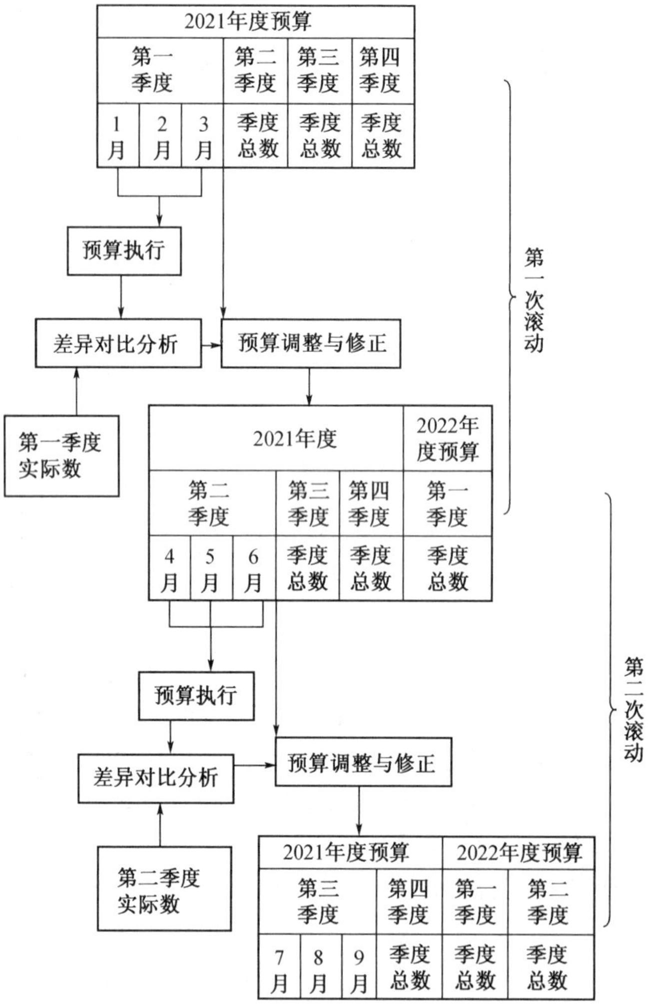

图 12-3　混合滚动预算示意图

企业近期的具体目标和远期的战略规划，从而有利于提高企业经营管理的科学性和可预见性。

采用滚动预算方法的主要缺点是预算工作量较大。

第三节　财务预算编制案例

财务预算从价值方面总括地反映经营期决策预算与业务预算的结果，其主要数据来源于各个业务预算及专门决策预算。可见，财务预算的编制以其他预算为基础，是全面预算体系中的最后环节。财务预算的编制过程，就是企业全面预算的编制过程。

一、业务预算的编制

（一）销售预算

销售预算是预算期内企业各种产品可能实现的销售量和销售收入的预算。它是在对市场需求进行研究和预测的基础上制定的。在市场经济体制下,企业生产的产品品种、规格和数量,完全取决于产品的销售状况,但产品的销售规模又受企业生产能力、产品质量、原材料供应和劳动力素质等因素的制约和影响。为了保证企业经营目标的顺利实现,企业必须首先制定出销售预算,再根据销售预算确定的有关指标来编制生产预算、成本预算和现金收支预算。因此,销售预算是编制全面预算的起点,也是编制其他各项预算的基础,正确地编制销售预算是保证全面预算质量的关键。

编制销售预算的主要依据是预算期内的市场动态、国内外政治经济形势以及本企业历期的产品销售量等资料。产品销售数量的预测是否准确,对企业全面预算的编制质量与执行结果影响极大。因此,在编制销售预算前,必须选择适当的产品销售量预测方法。

销售预算是按不同产品的品种、数量、单价、金额等项目分别填制的。在实际工作中,销售预算通常还包括"预计现金收入计算表",以反映前期应收账款的收回以及本期的销售收入情况。预计现金收入既可以反映企业预算期内可以收回的现金总量,也为以后将要编制的现金预算准备了必要的资料。

[**例 12-5**]　福达公司只生产甲产品一种产品,经预测,2022 年甲产品每个季度的销售量依次为 2 000 件、2 500 件、3 000 件、3 500 件,甲产品的销售单价为 200 元。根据以往的经验,每季度销售收入的 50%可于当季收到,其余的 50%于下一季度收到。假定 2021 年底应收账款的金额为 30 000 元。

根据以上资料,编制销售预算如表 12-8 所示。

表 12-8　福达公司 2022 年销售预算　　单位:元

摘　要		第一季度	第二季度	第三季度	第四季度	全　年
	预计销售量(件)	2 000	2 500	3 000	3 500	11 000
	预计销售单价	200	200	200	200	200
	预计销售收入	400 000	500 000	600 000	700 000	2 200 000
预计现金收入计算表	年初应收账款余额	30 000				30 000
	第一季度销售收入	200 000	200 000			400 000
	第二季度销售收入		250 000	250 000		500 000
	第三季度销售收入			300 000	300 000	600 000
	第四季度销售收入				350 000	350 000
	现金收入合计	230 000	450 000	550 000	650 000	1 880 000

(二)生产预算

生产预算是从事工业生产的企业在预算期内所要达到的生产规模及其产品结构的预算。销售预算编制以后,就可以根据销售预算所确定的每季度的销售量,按产品名称、数量分别编制生产预算。生产预算主要是具体规划企业在预算期内的产品生产活动,以确定企业预算期各种产品的实际生产数量。每种产品的生产数量是根据预算期内的产品销售量、预算期期初和期末的存货量等因素共同决定。其计算公式如下:

$$预算期产品生产量 = 预算期预计销售量 + 预算期末存货量 - 预算期初存货量$$

[**例 12-6**]　福达公司各季末产成品的存货量按下季度销售量的 10%计算,各季度期初

存货量与上季度期末存货量相等。2022 年初的产品存货为 200 件，2023 年第一季度的预计销售量为 4 000 件。

根据例 12－5 和例 12－6 的资料，编制生产预算如表 12－9 所示。

表 12－9 福达公司 2022 年生产预算 单位：件

摘　要	第一季度	第二季度	第三季度	第四季度	全　年
预计销售需要量	2 000	2 500	3 000	3 500	11 000
加：预计期末存货量	250	300	350	400	1 300
预计需要量合计	2 250	2 800	3 350	3 900	12 300
减：期初存货量	200	250	300	350	1 100
预计生产量	2 050	2 550	3 050	3 550	11 200

必须注意的是，预算期末存货量应按下期预计销售需要量的比例折合留存，其目的是保证满足下期初销售量扩大的需要。若下期预计销售量降低，则上期末只需保留较低水平的期末存货量。因此，在编制生产预算时，必须使生产量、销售量和库存量之间保持一定的比例关系，以避免储备不足、产销脱节或超储积压现象的发生。

（三）直接材料预算

直接材料预算包括直接材料数量和直接材料金额两个方面。企业材料的耗用量与采购量的多少，取决于生产量的大小。生产预算编制完成以后，就可以具体安排生产进度并据以编制直接材料采购预算，以确定预算期的材料采购量和材料采购金额。直接材料采购预算的编制依据主要包括：① 生产预算的每季预算生产量；② 单位产品的材料消耗定额；③ 预算期期初、期末材料库存量；④ 材料的计划单位成本；⑤ 材料采购的付款条件等。

预算期生产用量与单位产品材料消耗定额的乘积等于直接材料的生产用量。由于企业必须保持一定数量的材料库存，以备临时生产量变化之需，从而导致直接材料的生产用量与采购量往往不一致。直接材料的生产用量与期末存货量之和构成直接材料需要量，但企业预算期初往往存在一定数量的材料库存，可以满足产品生产的材料需要。因此，预算期的直接材料采购量是材料需要量与期初材料库存量之间的差额。

预算期每种材料采购的数量，可按下述公式进行计算：

$$\begin{matrix}\text{预算期材}\\\text{料采购量}\end{matrix}=\begin{matrix}\text{预算期}\\\text{生产用量}\end{matrix}\times\begin{matrix}\text{单位产品材}\\\text{料消耗定额}\end{matrix}+\begin{matrix}\text{预算期末预}\\\text{计材料库存}\end{matrix}-\begin{matrix}\text{预算期初预}\\\text{计材料库存}\end{matrix}$$

材料的单位成本乘以材料采购量，等于材料采购金额。材料的单位成本包括单位材料应摊的买价和应计入材料成本的运费、装卸费、包装整理费和储存费等。在材料采购预算中，为了便于现金预算的编制，通常还附有预算期的“预计现金支出计算表”，以反映前期应付购料款的偿还和本期购料款的支付，从而确定出各期用于材料采购的现金支出。

［**例 12－7**］ 福达公司生产甲产品只需耗用 A 材料，假定单位产品耗用 A 材料 8 千克，材料的单位成本为 10 元，根据以往经验，季末材料存货量相当于下季生产用量的 10%，每季度材料采购款的 50%于当季支付，其余的 50%于下季支付，预算期年初、年末材料库存量分别为 2 000 千克和 3 200 千克，预算期内各季期初材料库存量与上季末材料库存量相同，2022 年初应付材料账款为 55 000 元。

根据[例 12－6]与[例 12－7]资料，编制直接材料预算如表 12－10 所示。

表 12－10　福达公司 2022 年直接材料预算　　单位：千克

摘　要		第一季度	第二季度	第三季度	第四季度	全　年
预计生产量(件)		2 050	2 550	3 050	3 550	11 200
材料单耗		8	8	8	8	8
生产用量		16 400	20 400	24 400	28 400	89 600
加：预计期末库存量		2 040	2 440	2 840	3 200	10 520
材料需要量		18 440	22 840	27 240	31 600	100 120
减：预计期初库存量		2 000	2 040	2 440	2 840	9 320
材料采购量		16 440	20 800	24 800	28 760	90 800
材料单位成本		10	10	10	10	10
预计材料采购金额(元)		164 400	208 000	248 000	287 600	908 000
预计现金支出计算表	应付账款年初金额	55 000				55 000
	第一季度采购款	82 200	82 200			164 400
	第二季度采购款		104 000	104 000		208 000
	第三季度采购款			124 000	124 000	248 000
	第四季度采购款				143 800	143 800
	现金支出合计	137 200	186 200	228 000	267 800	819 200

（四）直接人工预算

直接人工预算是为直接生产工人的人工费用编制的预算，包括直接人工工时预算和直接人工成本两部分。直接人工预算的编制依据主要包括：① 生产预算中的每季预计生产量；② 单位产品的工时定额；③ 单位工时的工资率(包括基本工资、各种津贴及社会保险费等)。

由于企业中的职工工种、工资级别不同，小时工资率也不一样。所以，预算期的直接人工成本应按不同的小时工资率分类计算并予以加总。其计算公式如下：

$$预算期直接人工成本=小时工资率\times单位产品工时定额\times预计生产量$$

[例 12－8]　福达公司生产甲产品，假定只有一个工种，单位产品的工时定额为 5 小时，单位工时的工资率为 8 元。根据以上资料，编制直接人工预算如表 12－11 所示。

表 12－11　福达公司 2022 年直接人工预算

摘　要	第一季度	第二季度	第三季度	第四季度	全　年
预计生产量(件)	2 050	2 550	3 050	3 550	11 200
单位产品工时定额(工时/件)	5	5	5	5	5
需用直接人工小时	10 250	12 750	15 250	17 750	56 000
小时工资率(元/小时)	8	8	8	8	8
预计直接人工成本总额(元)	82 000	102 000	122 000	142 000	448 000

（五）制造费用预算

制造费用预算是从事生产的企业在预算期内为完成生产预算所需各种间接费用的预算，又称工厂间接费用预算，它包括生产成本中除直接材料和直接人工以外的一切费用明细项目。编制制造费用预算应将制造费用按成本习性分为变动制造费用和固定制造费用两大类，并分别编制。变动制造费用通常以预算期的某种预计业务量(如产量、工时等)来计算分配率,据以将预算期的变动制造费用总额在各种产品和各个季度之间进行分配。固定制造费用与企业的业务量无关,但与企业的生产能力有关,企业应根据预算期生产能力的变动情况,对诸如管理人员工资等项目,可以根据基期的实际开支水平、结合上级下达的成本降低指标进行计算。若以人工工时为分配标准,制造费用预算基本计算公式为:

预计制造费用=预计固定性制造费用+预计变动性制造费用

预计变动性制造费用=预计直接人工小时×各种变动性费用每小时分配金额

为了便于现金预算的编制,在制造费用预算中,一般还附有"预计现金支出计算表"。必须注意的是,虽然绝大部分制造费用需在当期用现金支付,但也存在已由以前年度支付而应在预算期摊销的固定资产折旧和待摊费用,以及应由当期负担而在以后期间支付的预提费用等,对这些项目必须在"预计现金支出计算表"中予以调整。

[**例 12-9**] 福达公司按变动成本法编制制造费用预算,其中变动制造费用根据预算期的产量、产品单位工时定额和每小时费用标准计算,折旧以外的各项制造费用均于当季付现。预算编制的有关定额资料如表 12-12 所示。

表 12-12 预算编制的有关定额资料

项 目	标准耗用量	标准金额
变动制造费用:		
间接人工	5 小时/件	0.10 元/小时
间接材料	5 小时/件	0.15 元/小时
维修费	5 小时/件	0.06 元/小时
水电费	5 小时/件	0.12 元/小时
固定制造费用:		
管理人员工资		5 000 元
保险费		1 000 元
维修费		1 000 元
折旧费		96 000 元

注:数据根据上年实际开支数,结合上级下达成本降低率计算确定。

根据上述资料,编制制造费用预算如表 12-13 所示,2022 年预计现金支出计算如表 12-14 所示。

表 12-13 福达公司 2022 年制造费用预算 单位:元

变动制造费用		固定制造费用	
项 目	金 额	项 目	金 额
间接人工	5 600	管理人员工资	5 000
间接材料	8 400	保险费	1 000
维修费	3 360	折 旧	96 000
水电费	6 720	维修费	1 000
合 计	24 080		
全年生产量(件)	11 200	合 计	103 000
分配率(元/件)	2.15	其中:付现费用	7 000

表 12－14 2022 年预计现金支出计算表

单位：元

	第一季度	第二季度	第三季度	第四季度	全 年
预计生产量(件)	2 050	2 550	3 050	3 550	11 200
变动制造费用现金支出	4 407.5	5 482.5	6 557.5	7 632.5	24 080
固定制造费用现金支出	1 750	1 750	1 750	1 750	7 000
预计制造费用现金支出总额	6 157.5	7 232.5	8 307.5	9 382.5	31 080

(六) 单位产品成本预算

单位产品成本预算又称单位产成品成本预算，它是在以上五种业务预算的基础上进行编制的。编制单位产品预算的目的是为了确定产品销售成本和期末产成品存货成本，以便为编制预计利润表和预计资产负债表做准备。

编制单位产品成本预算的依据，主要是生产预算中的期末产品存货数量和直接材料、直接人工、变动制造费用等项目的消耗定额(用量标准)和价格标准。

［**例 12－10**］ 福达公司按变动成本法计算财务成果，单位产品成本只包括直接材料、直接人工和变动制造费用，固定制造费用作为期间费用计入当期损益。根据以上各个预算资料，编制单位产品成本预算如表 12－15 所示。

表 12－15 福达公司 2022 年单位产品成本预算

成本项目	价格标准	用量标准	项目成本
直接材料	10 元/公斤	8 公斤/件	80 元/件
直接人工	8 元/工时	5 工时/件	40 元/件
变动制造费用			2.15 元/件
单位产品成本			122.15 元/件
期末存货数量			400 件
单位产品成本			122.15 元/件
期末产品存货成本			48 860 元

(七) 销售及管理费用预算

销售及管理费用预算包括为销售产品和开展一般行政管理工作所发生的各种费用。与编制制造费用预算相似，编制销售及管理费用预算时，也应将销售及管理费用划分为变动销售及管理费用、固定销售及管理费用两大类，并分别编制预算。变动销售及管理费用通常以预算期的某种预计业务量(如销售量、销售额等)为标准来计算分配率，进行分配计算。

为了便于现金预算的编制，在销售及管理费用预算后面，一般也附“预计现金支出计算表”。

［**例 12－11**］ 福达公司有关销售及管理费用的定额资料如表 12－16 所示，根据定额资料，编制销售及管理费用预算如表 12－17 所示，2022 年预计现金支出计算如表 12－18 所示。

表 12－16 福达公司 2022 年销售及管理费用定额

项　　目	标准价格(或金额)
变动销售及管理费用:	
销售佣金	0.8 元/件
交货运输费	0.5 元/件
销售人员工资	0.2 元/件
其　他	0.1 元/件
固定销售及管理费用①:	
行政管理人员工资	10 000 元
广告费	20 000 元
保险费	4 000 元
其　他	5 000 元

① 根据上年实际开支数结合预算期主客观情况的变动计算确定。

表 12－17 福达公司 2022 年销售及管理费用预算　　单位:元

变动销售及管理费用		固定销售及管理费用	
项　目	金　额	项　目	金　额
销售佣金	8 800	行政管理人员工资	10 000
交货运输费	5 500	广告费	20 000
销售人员工资	2 200	保险费	4 000
其　他	1 100	其　他	5 000
合　计	17 600	合　计	39 000
分配率(元/件)	1.6		

表 12－18 2022 年预计现金支出计算表　　单位:元

摘　要	第一季度	第二季度	第三季度	第四季度	全　年
预计销售量	2 000	2 500	3 000	3 500	11 000
变动销售及管理费用现金支出	3 200	4 000	4 800	5 600	17 600
固定销售及管理费用现金支出	9 750	9 750	9 750	9 750	39 000
预计销售及管理费用现金支出总额	12 950	13 750	14 550	15 350	56 600

二、专门决策预算的编制

专门决策预算内容繁多,一般包括专项投资预算和专项筹资预算。专项投资预算包括资本支出预算(固定资产投资预算)和股权投资预算等;专项筹资预算包括借款筹资预算、股权筹资预算、股利支付预算等。这些预算的格式和内容，可以根据企业的不同情况，灵活掌握，自行设计。这里仅以资本支出预算为例说明。

资本支出预算是根据经过审核批准的各个长期投资决策项目所编制的预算，并需详细列出该项目在寿命周期内各个年度的现金流出量与现金流入量的明细资料，以控制不合理或超预算的现金流量，考核企业的投资效果。资本支出预算编制的主要依据是企业进行长期投资决策的有关资料。

［**例 12－12**］　福达公司为提高产品的产量和质量，经决策分析，决定于 2022 年第一季度购置可使用 5 年的车床一台，计 40 000 元，期满残值 2 000 元；第三季度购置可使用 10 年的磨床 5 台，计 100 000 元，每台期满残值 1 000 元；第四季度购置使用年限 10 年的铣床 2 台，计 120 000 元，每台期满残值 3 000 元。

根据上述资料，编制资本支出预算如表 12－19 所示。

表 12－19　福达公司 2022 年资本支出预算

资本支出项目	购置期	原投资额	估计使用年限	期满残值
车床(1 台)	第一季度	40 000 元	5 年	2 000 元
磨床(5 台)	第三季度	100 000 元	10 年	5 000 元
铣床(2 台)	第四季度	120 000 元	10 年	6 000 元

三、财务预算的编制

财务预算是反映企业在预期内有关现金收支、经营成果和财务状况的预算，是以货币量度集中反映企业经营业务、专门决策和整体计划的总预算。财务预算主要包括现金预算、预计利润表、预计资产负债表等。

（一）现金预算

现金是指企业的库存现金、银行存款等货币资金。现金预算是用来反映预算期内的现金收支余缺和现金筹集、运用的预算。现金预算一般由现金收入、现金支出、现金多余或不足以及资金的筹集与运用等四个部分构成。通过编制现金预算，可以加强对预算期内现金的有效控制，合理调度资金，保证企业各个时期的资金需要。

编制现金预算的依据主要包括各项业务预算、资本支出预算、预算期的资金筹集和运用计划等。

现金预算应按年分季或分月进行编制，以便对现金收支进行有效的控制。由于预算期内借入资金的时间不易确定，所以借入资金通常视为发生在季初或月初，归还借款本息的时间视为季末或月末，以便利息的计算。同时，企业还应确定出合理的现金限额，以备生产经营活动的临时性资金需要。现金限额应根据企业的历史资料和管理人员的经验来确定，不能过大或过小，否则会影响资金的使用效率或不能满足企业正常运转的资金需要。

［**例 12－13**］　福达公司按年分季编制现金预算，假设 2022 年年初现金余额为 30 000 元，最低现金限额为 15 000 元。另外，假设每季度预交所得税 50 000 元、预付股利 16 000 元。

根据以上资料，编制现金预算如表 12－20 所示。

表 12－20 福达公司 2022 年现金预算 单位:元

摘要	资料来源	第一季度	第二季度	第三季度	第四季度	全年
期初现金余额		30 000	15 692.5	17 010	28 152.5	30 000
加:现金收入						
销货现金收入	表 12－8	230 000	450 000	550 000	650 000	1 880 000
可动用现金合计		260 000	465 692.5	567 010	678 152.5	1 910 000
减:现金支出						
直接材料	表 12－10	137 200	186 200	228 000	267 800	819 200
直接人工	表 12－11	82 000	102 000	122 000	142 000	448 000
制造费用	表 12－14	6 157.5	7 232.5	8 307.5	9 382.5	31 080
销售及管理费用	表 12－18	12 950	13 750	14 550	15 350	56 600
资本支出	表 12－19	40 000		100 000	120 000	260 000
支付所得税		50 000	50 000	50 000	50 000	200 000
支付股利		16 000	16 000	16 000	16 000	64 000
现金支出合计		344 307.5	375 182.5	538 857.5	620 532.5	1 878 880
现金多余(或不足)		(84 307.5)	90 510	28 152.5	57 620	31 120
向银行借款(年利10%)		100 000				100 000
归还借款			70 000		30 000	100 000
支付借款利息			3 500		3 000	6 500
期末现金余额		15 692.5	17 010	28 152.5	24 620	24 620

(二)预计利润表

预计利润表是按照企业利润表的内容和格式编制的,反映企业在预算期内利润目标的预算报表。编制预计利润表是企业整个预算过程的一个重要环节,它可以揭示企业预期的盈利情况,从而有助于经理人员及时调整经营策略。预计利润表可以按照全部成本法和变动成本法编制。按照变动成本法编制的预计利润表更适合企业内部管理的需要。在此以变动成本法为例编制预计利润表。

编制预计利润表的主要依据是业务预算和专门决策预算等有关数据。

[**例 12－14**] 福达公司根据以上各预算资料编制 2022 年度预计利润表如表 12－21 所示。

表 12－21 福达公司 2022 年预计利润表 单位:元

摘要	资料来源	第一季度	第二季度	第三季度	第四季度	全年
预计销售收入	表 12－8	400 000	500 000	600 000	700 000	2 200 000
减:变动成本						
变动生产成本	表 12－15	244 300	305 375	366 450	427 525	1 343 650
变动销售及管理费用	表 12－17	3 200	4 000	4 800	5 600	17 600
边际利润总额		152 500	190 625	228 750	266 875	838 750

（续表）

摘　　要	资料来源	第一季度	第二季度	第三季度	第四季度	全　　年
减：期间成本						
固定制造费用	表 12－13	25 750	25 750	25 750	25 750	103 000
固定销售及管理费用	表 12－17	9 750	9 750	9 750	9 750	39 000
利　息	表 12－20		3 500		3 000	6 500
税前利润		117 000	151 625	193 250	228 375	690 250
减：所得税	表 12－20	50 000	50 000	50 000	50 000	200 000
税后利润		67 000	101 625	143 250	178 375	490 250

（三）预计资产负债表

预计资产负债表是按照企业资产负债表的内容和格式编制的综合反映企业期末财务状况的预算报表。编制时，应以期初的资产负债表为基础，结合现金预算、预计利润表等有关资料，分析计算资产、负债、所有者权益各项目的期末数额。

［**例 12－15**］ 福达公司预算期初（2022 年度）的资产负债表如表 12－22 所示。

表 12－22　福达公司 2022 年初预计资产负债表　　　单位：元

资　　产		负债及所有者权益	
项　　目	金　　额	项　　目	金　　额
流动资产		流动负债	
1. 现金	30 000	8. 应付账款	55 000
2. 应收账款	30 000		
3. 材料存货	20 000		
4. 产成品存货	24 430		
合　　计	104 430	合　　计	55 000
固定资产		股东权益	
5. 土地	250 000	9. 普通股股本	400 000
6. 房屋及设备	550 000	10. 留存收益	249 430
7. 累计折旧	（200 000）		
合　　计	600 000	合　　计	649 430
资产总计	704 430	权益总计	704 430

根据期初资产负债表及预算期间各项预算中的有关资料分析计算，编制出预算期期末的资产负债表如表 12－23 所示。

表 12－23　福达公司 2022 年末预计资产负债表　单位：元

资产			负债及所有者权益		
项　目	资料来源	金　额	项　目	资料来源	金　额
流动资产			流动负债		
1. 现金	表 12－20	24 620	8. 应付账款	表 12－10	143 800
2. 应收账款	表 12－8	350 000			
3. 材料存货	表 12－10	32 000			
4. 产成品存货	表 12－15	48 860			
固定资产			股东权益		
5. 土地		250 000	9. 普通股股本		400 000
6. 房屋及设备	表 12－19	810 000	10. 留存收益	表12－21、表12－22	675 680
7. 累计折旧	表 12－13	(296 000)			
资产总计		1 219 480	权益合计		1 219 480

本章小结

财务预算工作是将企业各项经济活动的决策目标及其资源配置规划量化，以便对企业的生产活动实施控制的管理活动。编制财务预算不仅可以为企业决策提供信息支持，也是系统控制的必要手段，在现代企业的动态管理过程中起着承前启后的作用。财务预算与 ERP 系统既有联系，又有很大差别。

全面预算包括业务预算、专门决策预算和财务预算，其工作程序是先编制业务预算和专门决策预算，再编制财务预算，前两种预算是编制财务预算的基础，整个预算体系以预计的财务报表作为终结。

财务预算的编制可以采用自上而下、自下而上或折中型的编制程序，可以采用固定预算或弹性预算、增量预算或零基预算、定期预算或滚动预算的编制方法。不同的编制程序和方法各具特色、各有利弊。

财务预算主要数据来源于各个业务预算及专门决策预算，可见，财务预算的编制以其他预算为基础。财务预算的编制过程，就是企业全面预算的编制过程。企业年度财务预算的实际编制，以销售预算为起点，依次编制生产预算、采购预算、直接材料预算、直接人工预算、制造费用预算、产品成本预算、销售和管理费用预算等业务预算，再据此编制现金预算，最后编制有关预计财务报表。

复习思考题　封底扫码查看参考答案

简答题

1. 什么是全面预算和财务预算？主要包括哪些内容？

2. 简述预算编制的程序。

3. 简述预算编制的特点和作用。

4. 如何认识预算与 ERP 的关系？

5. 什么是弹性预算？简述弹性预算的适用范围及其作用。

6. 什么是零基预算？简述零基预算的特点、作用及其编制程序。

7. 什么是滚动预算？滚动预算具有哪些优点？

8. 如何认识财务预算在现代企业管理中的作用？

计算题

1. 某公司预计预算期 A 产品各季度的销售量为：第一季度 800 件、第二季度 900 件、第三季度 1 000 件、第四季度 1 100 件，其销售单价均为 80 元。根据过去的经验，销售货款当季能收回 70%，余下 30%下季度才能收回，假定该公司预算期初应收账款为 50 000 元。根据以上资料，编制该公司预算期销售预算及现金收入计算表。

2. 某公司根据销售预测，对 B 产品 7～10 月的预期销售量如表 12－24 所示：

表 12－24　B 产品 7～10 月销售预期

月　份	7 月份	8 月份	9 月份	10 月份
预计销售量(件)	4 000	4 500	5 000	4 750

根据该公司以往的经验，每个月的期末存货量为下个月预计销售量的 20%，同时该公司六月份的期末存货量为 800 件。根据资料，编制该公司预算期三季度分月的生产预算。

3. 某公司预计 2022 年一至四季度 C 产品的产量顺序分别为 6 000 台、6 500 台、7 000 台和 6 800 台，2023 年第一季度产量为 7 500 台。该产品只需一种材料，单位产品的材料消耗定额为 8 千克，材料的计划单价为 5 元。根据以往的经验，每季度末的材料库存量为下季度生产需要量的 30%较为适宜。2021 年年末的材料库存量为 14 500 公斤，应付购料款当季支付 60%，其余 40%在下季度支付，2021 年末无应付账款。根据以上资料，编制该公司预算年度分季的直接材料采购预算。

4. 某公司预算年度制造费用明细项目资料如表 12－25 所示：

表 12－25　某公司预算年度制造费用明细项目资料

成本项目	具　体　情　况
1. 间接人工	基本工资 4 500 元，另加每小时津贴 0.20 元
2. 物料费	每小时负担 0.20 元
3. 折旧费	7 500 元
4. 维修费	当生产量在 6 000～9 000 工时的相关范围内，基数为 4 000 元，另加每小时应负担 0.15 元
5. 水电费	基数为 1 500 元，另加每小时应负担 0.17 元

根据以上资料，编制该公司业务量在 6 000～9 000 工时的相关范围内、间隔 1 000 工时的制造费用弹性预算。

5. 某公司准备推行零基预算，用以控制销售及管理费用。预算年度用于该费用项目的可动用资金为240 000元，其中必须开支的项目有：财产税50 000元，租金45 000元，办公费35 000元。可酌量增减的项目是：广告费95 000元，培训费75 000元，根据历史资料分析，其成本效益率如表12－26所示：

表12－26　某公司成本效益

费用项目	成本(元)	收益(元)	成本效益率(%)
广告费	1	20	2 000%
培训费	1	30	3 000%

请用零基预算法计算分析各费用项目的预算并分配资金。

6. 某公司生产甲产品，2022预计价格为120元。2021年12月31日该公司的简式资产负债表如表12－27所示：

表12－27　资产负债表　　单位：元

资　　产	期末数	负债与所有者权益	期末数
货币资金	40 000	应付账款	20 000
应收账款	80 000	实收资本	240 000
存货：材料	8 000	未分配利润	50 000
产成品	18 000		
固定资产原值	200 000		
减：累计折旧	36 000		
固定资产净值	164 000		
合　　计	310 000	合　　计	310 000

该公司2022年有关预测资料如下。

(1) 各季度甲产品预计销售量分别为2 000件、3 000件、4 000件和3 000件；现销比例为60%，其余40%货款于下季度收回。

(2) 甲产品2021年年末存货为200件，单位变动成本为90元。2022年每季末存货量为下季度预计销售量的10%，年末存货量假设为300件，存货按加权平均法计价。

(3) 直接材料和直接人工的消耗定额及单价如表12－28所示：

表12－28　直接材料和直接人工相关资料

项　　目	直接材料(A材料)	直接人工
单位产品消耗定额	2千克/件	5小时/件
材料单价	10元/千克	
小时工资率		10元/小时

(4) 预计材料存货量及采购付款方式如下：2021年末A材料存货量为800千克，预计2022年中每季末库存量均为下季度生产耗用量的20%，年末库存量为1 000千克。每季度采购材料当季支付50%现金，余款在下季度支付。

(5) 工资均在当期支付。

(6) 制造费用分为两个部分:2022 年全年变动性制造费用分配率为 4 元/工时;每季度固定制造费用为 20 000 元,其中固定资产折旧为 12 000 元,其余均为各季度均衡发生的付现成本。

(7) 销售及管理费用全年为 80 000 元,均为付现费用,各季度均衡发生。

(8) 其他现金支出预计如下:2022 年每季预交所得税 10 000 元,预分股利 4 000 元;第四季度购置设备一台,价值 100 000 元。

(9) 该企业最低现金持有量假设为 40 000 元。各季现金余缺可通过短期借款的取得和归还来调剂,借款额假设为 10 000 元的倍数,借款年利率 12%,按“期初借入、期末还款”计算利息。

(10) 公司适用所得税率 25%,假设不需进行纳税调整。

试为该公司编制 2022 年的下列预算:

(1) 销售预算、生产预算、直接材料预算、直接人工预算、制造费用预算、产品生产成本预算、销售及管理费用预算;

(2) 现金预算、预计利润表、2022 年 12 月 31 日的预计资产负债表。

第十三章　财务控制

财务控制是指财务人员(部门)通过财务法规、财务制度、财务定额、财务计划目标等,对资金运动(或日常财务活动、现金流转)进行指导、组织监督和约束,确保财务计划(目标)实现的管理活动。财务控制与财务预测、财务决策、财务分析与评价一起成为财务管理的重要环节和基本职能①。

第一节　财务控制的内涵

理解财务控制必须在委托代理理论的指导下,立足于"产权清晰、权责明确、政企分开、管理科学"的现代企业制度和公司治理结构的要求。具体包括以下方面。

一、财务控制的主体

企业内部的财务控制的主体首先是以社会化、专业化为基本特征的公司董事会及其管理层。具体由董事会所设的审计委员会、风险管理委员会(通常金融企业设置)、审计部、财务部负责,董事会是企业财务控制的最高层。监事会在财务控制中也发挥一定作用,但监事会监管的范围与时空更广。

董事会是公司治理结构的关键。它连接所有者和经营者两方利益,同时防止所有者的干预,监控着经营者的行为。董事会管理的关键是董事会人员构成。从现代企业制度发展的经验看,只有社会化、专业化的董事会才能起到它应起的作用。社会化的标志是独立董事的介入,专业化的象征是专业委员会的形成与运作。董事会是公司的最高决策机构,只有最根本性的问题,如经营范围、产品方向、生产规模、投资安排、资金筹集、计划目标、重要职员任免等,方提交董事会及其所属的委员会讨论。董事会可下设若干专业委员会,一般包括战略委员会、提名委员会、薪酬委员会和审计委员会等。

根据代理理论,代理关系存在于一切组织、一切合作性活动中,存在于企业内部的每一个管理层次上。代理关系产生的经济基础是公司股东向经

① 韩东平:《财务控制契约理论及应用》,中国财政经济出版社,2003年版,第78页。

营者授予经营管理权可降低公司的经营成本，因为由众多的股东直接参与公司决策管理的成本是惊人的。但是代理关系的确立又必然招致代理成本。这种成本的存在不仅会影响公司经营效率，甚至可能威胁公司的生存。在现代企业制度下，公司治理结构中一个重要的特点是董事会对经营者财务控制的强化。根据我国《公司法》有关规定，董事由创立大会或股东大会选举产生，公司治理结构以董事会为中心构建。董事会对外代表公司进行各种主要活动，对内管理公司的财务和经营。董事会要从战略高度负责财务决策与控制。

强调董事会在现代企业财务控制中的主体地位，绝不是否认 CEO（首席执行官）与 CFO（首席财务官）在财务控制体系中的地位。实际上由于企业多层代理关系的产生和运行，财务控制的主体也是分层次的和多层次的（在内部人控制问题严重的企业，总经理实际上在财务控制中占据“首席”）。同时董事会在现代企业财务决策和控制中的主体地位也不是否定 CEO 在企业价值创造中的地位。在企业战略决策和战术执行这两个领域里，既需要有务虚的战略决策者，更需要执行的专家，即 CEO。

从机制的角度分析，财务控制要以致力于规范经营、消除隐患、防范风险、提高效率为宗旨和标志。财务控制首先绝不只是财务部门的事情，也不只是企业经营者的职责，而是出资人对企业财务进行的综合的、全面的管理。一个健全的企业财务控制体系，实际上是完善的公司治理结构的体现。反过来，财务控制的创新和深化也将促进现代企业制度的建立和公司治理结构的完善。

二、财务控制的客体

财务控制的客体首先是人（管理者、员工）以及由此形成的内外部财务关系，其次才应该是各种不同的企业财务资源或现金流转。

三、财务控制的目标

财务控制的目标是企业价值最大化，是代理成本与财务收益的均衡，而不仅仅是传统控制财务活动现实的合规性、有效性。财务控制的首要目标是降低代理成本；其次是促进企业战略目标的实现。财务控制过程必须是围绕着企业战略的制定、实施、控制而采取一系列措施的全过程；最后，财务控制致力于将企业资源加以整合优化，使资源消耗最小、资源利用效率最高、企业价值最大。

第二节　责任中心及其评价

现代企业一般是由一些分部组成的。根据分配给企业的一个分部决策权的不同，可将该部门划分为一个成本中心、收入中心、利润中心和投资中心等。分类的不同，意味着决策权分配不同，以及相应的业绩评价指标体系不同。但在每种情况下，决策权都是与执行这些权力所必需的专门知识联系在一起的。相应的分权经营业绩评价体系就是为了对那些掌握了某些决策权的代理人的经营业绩进行衡量而设计的。

一、成本中心

当企业的一个责任中心被授权生产某种产品或提供劳务，同时该部门实现该目标的效率将被予以考核并据此进行奖惩时，该中心即为成本中心。成本中心的职责是用一定的成本去完成规定的具体任务。成本中心的经理被授予了选择用来进行生产的投入资源组合（人力、原材料等）的权力。对成本中心的经理的业绩评价是建立在其运用投入资源生产产品或提供劳务的效率的基础上的。

成本中心有两种类型，即标准成本中心和费用中心。标准成本中心是所生产的产品稳定而明确，并且已经知道单位产品所需要的投入量的责任中心，其典型代表是制造业工厂、车间等。标准成本中心的业绩考核指标，是要在既定产品质量和数量条件下使总成本最小化。标准成本中心必须按照规定的质量、时间标准和计划产量来进行生产。不符合这个要求，将会给公司带来损失，标准成本中心要受到批评甚至惩罚。标准成本中心的工作若要达到效率最大化，必须做到：第一，企业的最高经理层对于成本的属性具有充分的认识，能对有关数量进行衡量并能够选定令利润最大化的产量水平，从而制定适当的奖惩办法；第二，企业的最高经理层能对标准成本中心产出的质量进行监控；第三，标准成本中心的经理掌握关于最优投入组合的专门知识。

费用中心适用于产出不能用财务指标来衡量，或者投入与产出之间没有密切联系的单位，如人事、会计等一般行政管理部门和研究开发部门等。确定费用中心的考核指标是一件困难的工作，通常使用费用预算来评价费用中心的成本控制业绩。在考核预算完成情况时，要利用有经验的专业人员对该费用中心的工作质量和服务水平作出有根据的判断，才能对费用中心的成本控制业绩作出客观评价。

二、收入中心

收入中心是用来组织营销活动的。典型的收入中心是从生产部门得到产成品，并负责销售和分配。如果收入中心有制定价格的权力，那么它就要对获得的毛收益负责；如果价格政策的制定是在收入中心以外作出的（如企业上层机构），那么该中心的经理人员就要对实际销售量和销售结构负责。

在为一个收入中心选择业绩考核指标时，应该在使用销售收入指标外，还要考虑到某件产品的边际成本，以便使该中心所追求的边际贡献达到最大，而不仅仅是销售收入达到最大。因为如果仅仅考核销售收入，经理人员就会降低产品价格（如果他有价格决策权的话）以增加总的销售量，在广告、宣传上耗费巨资或推销微利产品。显然，这些行为可能增加总的销售收入，但却降低了整个企业的获利能力。

三、利润中心

利润中心通常是由几个成本中心构成的。利润中心的管理人员往往拥有给定金额的资本预算，对投入组合、产品组合以及产品售价（或产出数量）具有决定权。当某一部门拥有选择投入资源组合、确定产品数量、为产品定价和质量决策必需的专门知识，并且这些专门知识难以转化为其他部门或个人所接受的知识时，该部门即应建成为利润中心。

对利润中心进行考核的指标主要是利润。对利润中心创造的利润进行衡量看起来十分简单，但实践中有两个问题难以处理。一是如何对在企业内部的部门之间转移的产品和服务定价（转移定价）；二是何种制造费用（如果存在）应在企业的各部门中加以分摊。对于转移定价问题将在本章下一节中专门讨论；对于第二个问题，一个可能的解决办法是只考核该利润中心的可控边际贡献。这样部门经理可集中精力增加收入并降低可控制成本，减少企业内部的非生产性争论。

当一个企业的各个部门之间存在着互相依赖的关系时，每个利润中心都达到利润最大化，但并不能保证同时使该企业的利润达到最大化。单个的利润中心仅仅关注其自身的利润，往往会忽略其行为对于其他部门的销售和成本状况的影响；某一部门可能搭另一部门的产品质量声誉的便车，从而在他人支出费用的基础上获取短期的收益。为了帮助管理人员将其行为对于其他利润中心的管理人员的正面或负面的影响加以内化，企业往往并非仅仅根据某一管理人员创造的利润数值来计算应付给他的报酬，而是根据一组相关的利润中心的利润或是全公司的利润来计算其报酬。比如规定，除非就整个企业而言，能达到一定的利润目标，否则没有任何一个利润中心的经理能够获得奖金。

四、投资中心

投资中心与利润中心极为相似，但是它除了拥有利润中心所有的决策权外，还拥有利润中心所没有的资本性支出的决策权。当某部门的经理掌握了关于投资机会以及制定该部门经营决策的相关信息时，将该部门建成为投资中心就是很合适的。

投资中心的经理不仅能控制成本和收入，而且能控制占用的资产。因此，对投资中心的考核，不仅要衡量其利润，而且要衡量其资产并把利润与其所占用的资产联系起来。常用来对投资中心的业绩进行评价的指标有以下两个：投资报酬率和剩余收益。

投资报酬率是最常用的考核投资中心业绩的指标。这里的投资报酬率是该投资中心的税前利润与该部门所拥有的净资产金额之比。用投资报酬率来评价投资中心的业绩有许多优点：它是根据现有的会计资料计算的，比较客观，可用于部门之间、不同行业之间的比较。投资者非常关心这个指标，公司总经理也十分关心这个指标，用它来评价部门的业绩，促使其提高本部门的投资报酬率，有助于提高整个企业的投资报酬率。投资报酬率可以分解为多个构成指标，从而可以对影响投资报酬率的内在因素进行深入分析，使管理者能够据此确定造成投资报酬率指标变动的基本动因。投资报酬率指标的不足也是十分明显的。部门经理会放弃高于资金成本而低于目前部门投资报酬率的机会，或者减少现有的投资报酬率较低但高于资金成本的某些资产，使部门的业绩获得较好评价，但却损害了企业整体的利益。当使用投资报酬率作为业绩评价标准时，部门经理可以通过加大公式分子或减少公式分母来提高这个比率。实际上，减少分母更容易实现，比如通过资产租赁。从引导部门经理采取与企业总体利益一致的决策来看，投资报酬率并不是一个很好的指标。

为了克服由于使用投资报酬率来衡量投资中心业绩带来的次优化问题，许多企业采用绝对数指标来建立利润与投资之间的联系，这就是剩余收益指标。

剩余收益＝部门利润－部门净资产应计报酬＝部门利润－部门净资产×资金成本率

这样，剩余收益指标通过引导部门经理采纳高于资金成本的决策，使对部门经理的业绩评价与企业的目标协调一致起来。尽管有优点，剩余收益指标也具有自身的一些问题。第一，剩余收益是一个绝对数指标，规模较大的部门容易获得较大的剩余收益，而他们的投资报酬率并不一定很高。这个问题使得难以在规模不同的投资中心之间进行业绩比较。第二，为运用剩余收益指标，高层管理人员还需对不同部门的资本成本进行估测。从现代财务理论来看，不同的投资有不同的风险，从而要求按风险程度调整其资金成本。因此，不同行业部门的资金成本不同，甚至同一部门的资产也属于不同的风险类型。例如，现金、短期应收款和长期资本投资的风险有很大区别，要求有不同的资金成本。这样，一方面，在使用剩余收益指标时，可以对不同部门或者不同资产规定不同的资金成本，使剩余收益这个指标更加灵活。而投资报酬率评价方法并不区别不同资产，无法分别处理风险不同的资产。然而，另一方面，由于部门经理们都试图要降低其资本成本，这种风险调整行为将可能造成潜在的很大的影响成本。这就是决策管理与决策控制（评价业绩）之间的矛盾。因此，许多企业在使用这一方法时，事先建立与投资中心资产结构相适应的剩余收益预算，然后通过实际与预算的对比来评价部门业绩。

投资报酬率和剩余收益指标都是一年的业绩指标，它们往往不能衡量当前的行为对公司未来的影响。比如，减少维护支出会增加当期剩余收益和投资报酬率数值，但将会减少公司未来的现金流入并降低公司价值。因此，投资中心的经理人员往往会受到某些旨在避免类似这种短视行为的限制。此外，他们经常受到的限制是其部门能够销售的产品的质量和能够进入的市场位置。这种限制使得投资中心的经理人员不至于损害到公司的声誉（也即公司的品牌资本）。

五、责任中心业绩评价的可控原则

业绩评价要求每一个责任中心都确定一个目标，然后再找出能够反映这些目标实现状态的业绩指标对管理者进行评价。

可控原则是指使管理人员仅对他们具有权威性影响的决策负责。如果在业绩评价中，严格地执行可控原则，只根据管理者能够控制的项目对管理者的经营业绩进行评价，而不考虑其不能影响的成本，将会带来以下两个主要缺陷。第一，如果使管理人员仅对能直接控制的变量负责，就不能促使其采用那些能对他们不可控的事件的结果产生影响的行为。例如，码头的经理人员不必对由于暴风雨造成的损失负责，则这些经理人员就不会拥有加强码头抵御强暴风雨能力的激励。尽管这些经理人员不能对暴风雨发生的可能性产生影响，但他们的确能够对在发生暴风雨袭击时发生的成本产生影响。第二，可控原则忽略了通常情况下十分有用的相关业绩评价。而运用相关业绩评价，在对本部门业绩进行评价中引入其他可比部门的经营业绩指标，有助于对考核对象及其可比部门都会产生影响的随机事件进行控制，从而降低部门管理人员承担的经营风险。

运用可控原则，还可能会引发某些不计后果的行为。各种责任中心的所有业绩衡量指标都很容易引发以会计操纵形式出现的经营管理机会主义行为，而且实践中运用的所有的会计指标都是短期性的业绩评价指标。比如经理人员可以选择能减低当期费用、提高当期收益的折旧方法来操纵利润指标。因此，企业的高层经理人员需要对每一个指标都进行认真的监督，从企业所有者利益出发来消除下属的那些影响企业所有者利益的机会主义行为。

因此，在对责任中心经理人员的业绩评价中遵循可控原则时，必须特别记住以下两点：第一，业绩评价指标（包括会计方法），不能机械地运用，要与其他指标相结合，否则就有可能引发不负责任的行为，造成误导性的结果。第二，没有一个业绩评价和奖惩系统的运行能达到完美无缺，总会存在一些会通过损害股东的利益来提高经理人员效用的管理性决策。关键是该系统在考虑了所有的成本和收益后，应能达到次优的状态。平衡计分卡就是一种较好的用来协调分权经营与企业整体战略的工具。①

① 对平衡计分卡相关知识感兴趣的读者，可以阅读［美］罗伯特·S.卡普兰、安东尼·A.阿特金森合著，吕长江主译：《高级管理会计》，东北财经大学出版社，1999 年版。

第三节 责任中心之间的转移价格

一、转移价格概述

随着企业从高度集中经营发展到分散经营，依据内部各部门的责任区域划分不同类型的责任中心成为必然，当企业中分权经营的责任中心（利润中心或投资中心等）之间相互提供产品或劳务时，通常需要运用相关的会计数据制定企业的内部转移价格。所以，责任中心内部转移价格是企业根据其总体战略，以转移价格调整其内部交易双方的利益，实现企业总体目标的一种管理制度。在 20 世纪 60～70 年代，由于授权经营理论和利润中心理论在一些国家兴起并在实务中被广泛应用，公司部门一级管理层获得了更多的自主权，建立与这种公司内部运作模式相适应的、优化公司内部资源配置，并能有效地计量部门利润的转移定价制度应运而生。20 世纪 80～90 年代，建立完善的公司转移定价制度愈发迫切，对转移定价制度的研究，已经向国际化方向发展，并具有经营战略和税务计划的特征。许多立法的修改和实施对集团公司的纳税计划和转移定价制度的管理产生了重大影响。

制定企业内部转移价格主要有以下两个原因①：为了对利润中心或投资中心的经营业绩进行考评的需要和国际税收问题。转移价格对于提供产品或劳务的生产部门来说表示收入，对于使用这些产品或劳务的购买部门来说则表示成本。因此，转移价格会影响到这两个部门的获利水平，这使得部门经理非常关心转移价格的制定，并经常引起争论。当产品或服务在不同国家（地区）之间进行转移时，如果这两个国家的所得税率不相等，则转移价格还会影响这两个国家的税收收入和公司的整体税负水平。

关于转移定价的原则在理论上非常简单，即理想的产品（服务）的转移价格就是该转移产品（服务）的机会成本。然而，这个简单的原则在实践中却是很难实施的，确认机会成本的过程要花费高昂的成本。部分原因是计算该成本数据所需的信息被企业的各责任中心经理所掌握，而他们有对之加以歪曲的倾向。为了解决这一问题，企业可以聘请外部的专家来对公司的成本结构进行专门的研究。然而，这种研究不仅成本高昂，而且一旦企业的经营状况发生了变化，其结论也就过时了；而如果公司的高层管理人员运用决策权制定了各责任中心之间的转移价格，则这一价格不是偏低就是偏高，内部转移的产品数量会偏少，公司就达不到其可能达到的最大利润。

决策制定（决策管理）和业绩评价（决策控制）间的抵触是转移价格的核心问题。实践中很难找到理想的转移价格来兼顾业绩评价和制定决策，而只能根据企业的具体情况选择比较满意的解决办法。内部转移价格将同时起到两个作用：一是防止成本转移带来的部门间责任转嫁，使每个责任中心都能作为单独的组织单位进行业绩评价；二是作为一种价格，指导各部门制定决策。生产部门据此确定提供产品的数量，购入部门据此决定购买多少产品。但是，这两

① 关于内部转移价格的策略或动因，有多种不同的表述。有的从内部激励或内部控制的角度分析；有的从避税和减轻纳税负担的角度分析；而有的则从资金调拨和利润操纵角度分析；还有的从获得竞争优势和争夺市场、减少或避免各种风险的角度分析等。总之，内部转移价格，既是利益分配问题，又是经营和财务策略问题，更是纳税问题。

者之间往往有矛盾，能够满足评价部门业绩的转移价格，可能引导部门经理采取并非对企业最理想的决策；而能够正确引导部门经理采取对企业最理想的决策的转移价格，可能使某个部门获利水平很高而另一个部门亏损。不同转移定价方式不仅能够改变对责任中心经营业绩的评价，而且使整个公司的产出水平随之变化，同时公司的获利能力也会随之变化。对于转移定价方法的选择并非只是将公司的总利润在各部门之间进行重新分配的过程，公司的总利润本身也是部分取决于转移定价方法（转移定价方法会对公司总利润产生影响）。

现实中，由于确认机会成本往往代价高昂，所以高层经理人员转而寻找各种更具成本效益性的近似数加以代替。一般至少可以用以下方法得到公司内部转移的产品的近似机会成本：市场价格、以市场为基础的协商价格、变动生产成本、作业成本以及完全成本。这几种方法都有其优点和局限性，经理人员可以根据企业的特定情况，选择一种最优的转移定价方法。应该指出，能够最准确地反映在公司内部转移一件产品的机会成本的转移价格，有可能并非是能够激励公司的分部经理人员追求企业利润最大化的转移价格。原因在于如果能制定出与转移产品的机会成本最为相近的转移定价方法，要求企业的分部经理公开那些其个人掌握的、难以验证的关于其部门成本的信息。这时分部经理对于这一转移价格的制定就具有决定性的影响作用了。如果这一价格对于该经理的业绩评价及其奖惩也十分重要的话，则他就完全有可能为了自身利益而对有关信息故意加以歪曲。因此，即使某种转移定价方法对机会成本的衡量并不十分准确，但却较少受到被考核对象的影响。在这样的转移价格下可能会创造出比在更接近于机会成本金额的转移价格下看起来更高的公司价值。

二、转移价格的制定方法

（一）以市场价格为基础的转移定价

假定中间产品存在外部竞争市场的情况下，市场价格减去对外的销售费用，就是很合适的转移价格。如果生产部门在采用这种转移价格的情况下不能长期获利，企业最好是停止生产此产品而到外部去采购。同样，如果购买部门以此价格进货而不能长期获利，则应停止购买并进一步加工此产品，同时应尽量直接向外部市场销售这种产品。这样做，对企业整体是有利的。产品内在经济价值计量的最好方法是把它们投入市场，在市场竞争中判断社会所承认的产品价格。简而言之，运用以市场价格为基础的转移价格，通常被认为有助于制定正确的生产采购决策。

以市场价格为基础的定价方法又可分为完全市场价格法和市场价格扣减法两种。完全市场价格法所确定的价格和出售给公司外部的购买者所采用的市场价格一样，是完全的市场价格。市场价格扣减法是在市价的基础上减去一定百分比的扣减额后作为转移价格的定价方法。之所以扣减一定的百分比，是因为企业为把中间产品销售出去，还需追加各种销售费用，如包装、发运、广告、结算等。因此，市场价格减去某些调整项目才是目前未销售的中间产品的价格。从机会成本的观点来看，中间产品用于内部而失去的外销收益，是它们被内部购买部门使用的应计成本。这里失去的外销收益并非市场价格，而需要扣除必要的追加销售费用。由于以市场价格为基础的转移价格，通常会低于市场价格，这个折扣反映与外销有关的销售费，以及交货、保修等成本，因此可以鼓励中间产品的内部转移。如果不考虑其他更复杂的因素，购买部门的经理应当选择从内部取得产品，而不是从外部采购。

值得注意的是外部供应商为了能做买卖可能先报一个较低的价格，同时期望日后抬高价格。因此，在确认外部价格时要采用可以长期保持的价格。另外，即使在市场上真的存在完全一样的“更为便宜”的外部产品可以替代企业内部生产的中间产品，继续在企业内部生产还是可能由于能提供更强的质量控制、更及时的供货、更容易根据企业需要加以改进或对专有信息的更有力的保护而更受欢迎。如果将上述因素纳入考虑的话，外部市场的价格可能就不再“便宜”了。因此，在经济分析无明显差别时，一般不应该依靠外部供应商，而应该鼓励利用自己内部的供应能力。

但是，必须强调指出的是，现在交易是在公司内部发生的，因为签订不断重复的内部契约比市场要便宜，在公司内部交易有很多优点，即交易成本较低，正是因此才有了公司对市场的替代。例如，当在某些产品之间存在着极强的相互依赖、相互协同的关系时，则在同一个公司中就会出现生产多种产品的倾向，并且，在这些产品之间存在的相互协同的关系越有价值，公司越有可能会继续在公司内进行生产。然而与此同时，这也正是造成制定内部转移价格非常困难的原因之一，因为这时的外部市场价格就不太能准确地反映公司内部生产的机会成本了。

以市场价格为基础的转移定价方法，有以下优点：第一，有利于发挥责任中心的积极性。使用这种方法时，责任中心被视为独立经营的企业，这能促使责任中心有效地利用其有限的资源，降低成本，获得最大的收益；能正确评估责任中心的经营业绩，确定责任中心的经营成败，与采用分权经营的责任中心的目标方向是一致的。第二，比较客观。市场价格一般被认为是正常交易价格，是在同样或类似条件下，对相同或类似商品应该支付给毫无关系的卖方的价格。所以这种方法易被政府接受，特别是在国际转移定价中，在东道国政府对跨国公司依照反不当竞争方针人为制定的转移价格十分敏感的情况下，较适宜采用这种方法。

以市场价格为基础的转移定价方法也存在着以下缺点：第一，着眼于以市场价格作为制定转移价格的唯一标准，会忽视或根本不顾及收集重要的成本数据。第二，有时在事实上根本不存在一个中间市场，没有可供制定转移价格依据的市场价格；即使有中间市场，也很少有完全竞争的中间市场，缺乏可比性；另外同一种产品可能会出现多种市场价格，由于市场瞬息万变，所处时间、地点不同，市场价格就不同，所以较难建立一个稳定的转移价格定价系统。

（二）以成本为基础的转移定价

以成本为基础的转移定价方法，是以供应方企业的实际成本、标准成本为基础的。通常是在这个成本的基础上加上一个固定的百分比的毛利来作为转移价格。此种方法包括变动成本法、作业成本法、全部成本法和成本加成法四种。

1. 以变动成本为基础制定转移价格

如果某项中间产品并不具有外部市场，或是在企业的各经营部门之间存在的强烈的相互协同关系使得市场价格不能准确地对机会成本进行衡量时，以市场价格为基础的转移价格就不合适了，这时可以以变动成本为基础制定转移价格，产品或服务的变动成本包括直接材料、直接人工和变动制造费用。然而，与其他的转移定价方法一样，用变动成本来衡量机会成本时同样存在着一些问题。

当价格等于边际成本时，生产水平最优，从而中间产品的转移水平也最优。然而遗憾的是，经济理论中关于边际成本的定义是含糊的。古典经济学理论做了这样一个在现实中永远不能实现的假设：生产能力可以不断调整且不需调整成本。在古典经济学理论中，这不仅意味着公司永远处于使平均成本最小的生产能力水平上，同时也意味着成本的任何增加都要求生产能力进行调整，从而使与生产能力有关的成本发生变化。因而在古典微观经济学理论中，边际成本包含与生产能力有关的成本。

人们在实践中试图使用的是这一经济学理论的推论:最优转移价格应是使供给和需求相等的价格。运用这一原理意味着转移价格将等于提供中间产品的短期变动成本加上一个增量以反映现有生产能力。如果生产能力尚未对产量构成限制,这个方法就意味着转移价格应等于边际成本。在这里他们把边际成本解释为短期变动成本。

一般在运用以变动成本为基础的转移定价方法时,要做的一个调整是,以变动成本对于所有用于转移的产品进行计价,同时还要向分销部门收取一定金额的服务费用,用来弥补生产部门支出的固定成本。因为如果生产部门生产的所有产品都用于内部转移,变动成本当然低于总平均成本,此时生产部门的固定成本未得到弥补,从而生产部门就表现为发生了亏损。分销部门以变动成本为单价购入产品,并根据使企业价值最大化的准则确定购入的数量。与直接的变动成本定价不一样,调整后,生产部门不仅能够弥补其固定成本,还可能获得一定的利润。生产部门收取一定金额的服务费用代表着分销部门以变动成本购入产品的权力,这一金额是生产部门根据固定成本加上一定的权益收益后制定出来的。

以变动成本为基础的转移定价方法使得生产部门会有意地虚报变动成本的金额,如将固定成本计入变动成本等。举例来讲,在电费中,有多少属于固定成本,又有多少属于变动成本,是十分难以区分的。由于从某种程度上讲这种成本分类具有很大的主观性,因此生产部门的经理与分销部门的经理就往往会对各种成本的属性及其应用产生争论。此时,企业的高层管理人员不得不花时间来解决这一争端,这就造成了影响成本的发生。

进一步讲,在以变动成本为基础的转移定价下,生产部门甚至会将 1 元的固定成本转化为不止 1 元的变动成本。例如,通过采用从外部高价采购的零配件,而不选用价格较低的内部生产的零配件。这样做可以降低生产部门发生的固定成本,但变动成本金额却大幅上升了。很显然,这一做法会损害公司利益。对于生产部门而言,运用外购的零件能使本部门不必承担任何固定成本,而分销部门及整个公司就必须承担由于这一决策而带来的额外成本。

2. 以作业成本法为基础制定转移价格

与产品有关的决策是长期决策,必须考虑长期价格。以变动成本为基础的转移定价法因为种种局限而在实践中应用很少。经济学家认为应该用长期边际成本制定转移价格,而以往的成本计算方法并不适应这一要求,现在可以用作业成本法(ABC)解决这个矛盾。在这种方法下,购入部门承担转移给它的产品的与单位有关和与批有关的成本,同时还承担一个年固定费用,这个固定费用是根据与产品有关的成本和设备维持成本来计算的。这样,购入部门可以发现内部转移的长期边际成本,并据此选择生产水平,通过长期边际成本和边际价格相等来达到利润最大化;同时产出部门可以补偿所有成本,包括与生产能力有关的成本。对产品和设备维持成本的分配反映了购入部门以短期边际成本(单位成本和批成本)获得中间产品的保留价格。

以年固定费用的形式分配产品和设备维持成本,带来了相应的激励和控制问题。假设分配到各部门的固定费用是以部门对产品或设备的计划用量(或长期平均用量)为基础的。例如,如果一个部门使用 20%的固定设备成本,预定的生产能力应为购买这些生产能力的部门保留。这个方法有两个优点:第一,短期内,内部转移成本就是短期边际成本(单位成本加批成本),这与经济学理论一致。第二,人们在生产能力购置阶段更加诚实。如果他们为了保证能充分使用生产能力而夸大了对生产能力的需求,他们就必须负担较高的固定费用。如果他们想避免固定费用而少报了对生产能力的需求，他们在经营过程中可能就会遇到生产能力不足的制约。

如果各部门没有完全按照预期使用生产能力，公司最好对生产能力进行重新分配。因为如果预期没有实现，则以预期为基础对生产能力进行的分配可能不是公司目前最有利可图的办法。这个问题可以通过允许各部门相互之间转包生产能力来解决，这时有更好的机会的部门可以租用为其他部门所保留的生产能力。

这个灵活的转移价格制定办法，同时考虑了边际成本和与生产能力有关的成本。例如，假设一个汽车销售公司经过与新车部门和旧车部门协商，确定了服务部门生产能力水平。协商结果是新车部门预定 20％的生产能力，旧车部门预定 30％的生产能力，服务部门自身消耗 50％的生产能力(为外部顾客)。假设旧车部门业务大幅下降，但它仍必须支付服务部门生产能力成本中它所占的份额。这样做是合理的，在生产能力购置决策中已经考虑了旧车部门所要消耗的生产能力。如果这些生产能力成本不分配到旧车部门，它们将被分配到其他两个部门——事实上，这将使它们承担由于旧车部门未能使用自己预定的生产能力而造成的成本，这显然是不合适的。

在比较特殊的极端情况下，固定费用加短期变动成本所产生的或者是纯成本加成价格，或者是纯市场价格。例如，假设服务部门不对外服务，这时它不对生产能力成本负责，成为纯成本中心，工作按标准成本定价，包括了所用生产能力成本，服务部门的唯一目标就是按时以低于标准成本的成本提供高质量服务。相对地，假设服务部门不为内部服务，这时它是一个纯利润中心，所有转移价格都按市场价格制定。因而，这种方法模糊了纯成本中心和利润中心的界限。同时，这种方法也为把产出和购入两种活动都集中在一个公司内提供了理由，因为如果各部门不处于集权控制状态下的话，这种内部转移价格方法很难实施。

以预算固定费用补偿生产能力成本并带来一定的利润，再加上短期变动成本以制定转移价格。这种方法在部门间进行了更有效率的资源分配，同时使购入部门能够知道其他部门所控制的产品或服务的全部成本。

目前，这种理论上比较合理的转移定价方法在实践中的应用还不普遍，原因可能是这种方法对于某些公司来说其成本效益性并不占优。支撑这种转移定价方法的 ABC 系统的成本由两部分构成。一部分是为每一作业成本进行归集与报告的成本，成本动因的个数越多，此成本越大；另一部分是由对分部经理人员的监督弱化而造成的控制损失，这是因为分部经理人员在选择成本动因的决策上有更多的自主权，这种自主权在实践中可能为经理操纵业绩衡量指标提供了便利。因此，公司往往并不是一味追求较准确的产品成本。更为准确的产品成本计算需要增加成本动因的个数，这会导致决策控制的弱化和成本增加，使本来为了改善决策控制的措施可能会导致相反的效果。这样，公司可能采取的做法就是减少计算成本的成本动因的个数，用一种大大简化了的 ABC 法——完全成本法——为基础来制定转移价格。事实上，大多数公司就是这么做的。而且严格地说，作业成本法并不是对完全成本法的取代。该方法与完全成本法一样，也要在所有的成本项目之间分配制造费用。两者的区别在于成本分配的复杂程度与成本分配基础的选择。

3. 以完全成本为基础制定转移价格

实践中最广泛使用的制定转移价格的方法是完全成本法，而且在计算制造成本时使用的是传统的标准成本系统，而不是作业成本系统。其最大的优点就是比较简单、实用。完全成本包括直接材料、直接人工和制造费用。

当会计人员用传统方法,使用传统的标准成本系统主观地分配与生产能力有关的成本时,会产生一些问题。比如一个比较普遍的方法是以生产能力成本除以产量,得出每单位产品生产能力成本,这个成本分配率被用来把生产能力成本分配到产品中。用这个方法制定转移价格有三个缺点:首先,它使转移价格不断变化,因为随着生产能力使用的不断变化,单位成本也发生变化;其次,因为混淆了成本的短期成分和长期成分,它使决策制定者无法知道成本结构,从而也不能知道更有效地运用生产能力将节省多少成本;最后,在实际使用完全成本法时,往往是在变动成本基础上加上一个主观的加成以弥补生产能力成本和目标利润。换句话说,很多完全成本法并不是成本计算系统,而是成本补偿系统,并不反映真实的成本性态。

建立在传统的标准成本系统基础上的完全成本转移价格存在很多问题,这是由于传统的标准成本系统的成本计算方法不太合理。当存在市场价格时不应使用以成本为基础的转移定价方法;当不存在市场价格时,如果成本计算方法较为合理,完全成本可以近似视为生产该产品的长期边际成本。现代的作业成本法通过确认与生产能力有关的成本动因,是完全可以做到这一点的。短期成本不能用于转移价格制定,产品决策反映长期义务,应建立在长期成本基础之上(包括生产能力成本),而不是短期成本。产品决策有保证产品的持续性和产品系列完整的义务,这也为前述的建立在现代的作业成本法基础上的制定转移价格的完全成本法提供了理由。

4. 以成本加成法制定转移价格

这种方法是按供应方的产品或服务的成本另加一定百分比的必要毛利而确定的转移价格。这里的成本既可以是全部生产成本,也可以是变动生产成本。以这种方法制订的转移价格近似于市场价格,而且在成本基础上加上一定的毛利,比较有利于业绩评价目标的实现。但成本加成法中的加成比率是人为规定的,带有主观色彩,难以保证符合客观的最优决策。

以成本为基础的转移定价方法的优点是,使用简单,数据易得,有现有成本资料作为基础,有据可依,能克服以市场价格为基础制定转移价格的各种限制,容易形成日常惯例,可以避免在定价上的随意性造成的各部门之间的不融洽。

但是,以成本为基础的转移定价方法也存在着以下缺陷:第一,以成本为基础制定转移价格,可能会导致公司难以实现整体利益最大化的目标。成本基础法中的成本可以是实际成本也可以是标准成本。但是用实际成本作为基础,会使供应方公司确信其全部生产成本或变动成本会通过转移价格转移到购买方公司中,那么供应方就会失去改善经营、降低成本的动力。而且,当供应方提供的产品的全部生产成本高于市场价格时,购买方就不愿购买供应方的产品,而去购买外部市场的产品,这样也会损害公司的整体利益。因此,有些公司制定合理的标准成本,以标准成本为基础制定转移价格,以避免上述情况的出现。第二,成本的各种概念并不统一,成本的分配方法多种多样,即使同样的产品,其成本也缺乏可比性。

(三)双重定价法

双重定价法是指对同一种中间产品或服务采用两种不同的计价方法,对供应方采取以市场价格为基础的定价方法,而对购买方则采取以成本为基础的定价方法。

采用成本基础定价法,可能会使供应方不能通过内部交易获得利润,甚至会导致数额为固定成本的亏损,从而会影响到对供应方的业绩评价。而采用市场基础定价法,则存在购买方不愿内购而转向外部市场的可能。双重定价法对供应方和购买方采用不同的定价方法,正好克服了以上两种方法的上述缺陷。

但是双重定价法也存在着内在的弱点，即利润的重复计算。在这种方法下，公司的整体利润小于各责任中心的利润之和，甚至当整个公司表现为亏损时，各责任中心却显示出盈利。由于这种利润的虚增，各个责任中心就不容易看清它们的经营与整个公司整体利益之间的真实联系，从而会放松严格的成本管理，造成公司长远利益的损失。由于这种缺点，此种方法在实务中很少得到运用。

［**例 13－1**］ 某企业下设一个销售利润中心和一个购买利润中心。销售利润中心的产品单位成本为 10 元/件，一个时期内间接费用为 800 万元；其 200 万件产量的一半用于外销，市价为 15 元/件，另一半则用于内销。购买利润中心对购进的 100 万件产品进行加工，追加成本为 20 元/件，其间接费用为 800 万元。购买利润中心加工后的产品售价为 40 元/件。

如果以完全成本为基础制定内部转移价格，则销售利润中心、购买利润中心以及企业整体的合并收益计算详见表 13－1。

表 13－1 以完全成本为基础制定内部转移价格的有关收益计算 单位：万元

项目 \ 责任中心	销售利润中心	购买利润中心	企业整体
销售收入	外销 15×100＝1 500 内销 10×100＝1 000	40×100＝4 000	5 500
直接成本	10×200＝2 000	内购 10×100＝1 000 追加 20×100＝2 000	4 000
间接费用	800	800	1 600
收益	－300	200	－100

由表 13－1 可见，以完全成本为基础制定内部转移价格，则交易后销售利润中心的最终收益表现为亏损 300 万元，购买利润中心的最终收益为盈利 200 万元，合并收益为亏损 100 万元。

如果以市场价格为基础制定内部转移价格，则销售利润中心、购买利润中心以及企业整体的合并收益计算详见表 13－2。

表 13－2 以市场价格为基础制定内部转移价格的有关收益计算 单位：万元

项目 \ 责任中心	销售利润中心	购买利润中心	企业整体
销售收入	外销 15×100＝1 500 内销 15×100＝1 500	40×100＝4 000	5 500
直接成本	10×200＝2 000	内购 15×100＝1 500 追加 20×100＝2 000	4 000
间接费用	800	800	1 600
收益	200	－300	－100

由表 13－2 可见，以市场价格为基础制定内部转移价格，则交易后销售利润中心的最终收益表现为盈利 200 万元，购买利润中心却亏损 300 万元，合并收益为亏损 100 万元。

如果采用双重定价法制定内部转移价格，则销售利润中心、购买利润中心以及企业整体的合并收益计算详见表 13－3。

表 13 - 3　以双重定价法制定内部转移价格的有关收益计算　　单位:万元

项目＼责任中心	销售利润中心	购买利润中心	企业整体
销售收入	外销 15×100=1 500 内销 15×100=1 500	40×100=4 000	5 500
直接成本	10×200=2 000	内购 10×100=1 000 追加 20×100=2 000	4 000
间接费用	800	800	1 600
收　益	200	200	−100

由表 13 - 3 可见,按双重定价法制定内部转移价格,则交易后销售利润中心和购买利润中心的最终收益均表现为盈利 200 万元,而合并收益却为亏损 100 万元。采用这种定价方法,企业整体的收益小于各利润中心的收益之和,甚至当企业整体表现为亏损时,各利润中心却显示出盈利。当企业有许多内部交易时,当中间产品的成本与市价的差异很大时,当购买利润中心的毛利润率很低时,该问题更为严重。不仅如此,它还会导致有关责任无人承担或责任不明的问题。如在上述例子中,哪个利润中心应对企业整体蒙受 100 元的亏损负责?如果按成本定价,则说明应由销售利润中心对此负责;如果按市价定价,却说明应由购买利润中心对此负责。而双重定价法则模糊了责任,也不能对转移定价所产生的问题提供一种有效解决的办法,并且它只能在一段有限的时期内加以使用,在实务中运用很少。

(四)协商定价法

协商定价法是指由公司内的供应方和购买方进行相互协商,确定转移价格的方法。由于按照上述方法制定的转移价格,可能不会为双方所接受,所以可以通过协商的方法制定双方都能接受的转移价格。从理论上说,协商定价法可以得出任何一种水准的价格,只要这种价格能为双方所接受。但实际上协商总是要有一定的基础,而且要公平合理。经常作为协商基础的还是成本或市场价格。

成功的协商转移定价有赖于下列条件:首先,要有一个某种形式的外部市场,两个部门经理有可能选择或是拒绝某一价格。如果根本没有可能从外部取得或销售中间产品,就会使一方或双方处于垄断状态,这样谈判结果不是协商价格而是垄断价格。在垄断的情况下,最终价格的确定受谈判人员的实力和技巧影响。其次,在谈判者之间共同分享所有的信息资源。这个条件能使协商价格接近一方的机会成本,如双方都接近机会成本则更为理想。再有,最高管理层的必要干预。虽然尽可能让谈判双方自己来解决大多数问题,以发挥分权决策的优点,但是对于双方谈判时可能导致的企业非最优决策,最高管理层要进行干预,对于双方不能自行解决的争论有必要进行调解。当然,这种干预必须是有限的、得体的,不能使整个谈判变成上级领导裁决一切问题。

协商定价法可以保持各责任中心的独立性,使它们能为自己作出正确的决策,因此这种方法能够激励各责任中心经营人员控制其成本,提高其经营业绩。但是,如果过分强调协商,则会造成各方只关注本公司的利益,而忽视公司的整体利益,给公司的计划管理带来不良影响。协商价格往往花费经理们很多时间和精力,可能会导致部门之间的矛盾。部门获利能力大小与谈判人员的谈判技巧有很大关系,过分强调协商也会使善于谈判的责任中心占便宜,而另一方吃亏。所以有时需要公司最高层管理人员的仲裁，而且如果协商价格高于提供转移产品的机会成本，则会导致公司次优的产量水平。另外，采用这种方法，两个责任中心可能联合起来，作出对它们两家有利但却损害公司整体利益的转移价格政策。尽管有上述不足之处，协商转移价格仍被广泛采用，它的好处是有一定弹性，可以照顾双方利益并得到双方认可。少量的外购或外卖是有益的，它可以保证得到合理的外部价格信息，为协商双方提供一个可供参考的基准。

（五）转移定价的实践总结

转移价格是企业用来协调组织单位活动的工具。使用转移价格的目的是使各部门为了自己的利益对局部信号（如它们自身的成本、价格、市场机会）作出反应，并作出最有利于公司的决策。

因为转移价格常常是在困难的环境中实施的，所以可能相当复杂。如罗纳德·科斯所发现的，规模经济、相互协调、节约交易成本使得公司更愿意在公司内部进行交易，而不是与外部供应商和顾客进行市场交易。如果成功的话，这样的纵向结合会因交易在相互关联的部门间进行而降低成本，但公司不能指望纯转移价格方案能够把购买和售出部门按独立个体对待。

没有一个转移价格系统能在所有公司都适用。某一公司所选择的转移价格制定办法必须反映该公司的要求和特性，而且最终必须看它是否促进了决策的制定从而增加企业价值。根据上述对转移价格的讨论，可以把有关公司转移定价的实践归纳如下：

(1) 当存在中间产品的完全竞争市场时，市场价格减去销售费用，就是合适的转移价格。

(2) 当存在中间产品的外部市场，但并不是完全竞争的，而且只有较少数量的产品被转移时，协商价格可能更合适，这时市场价格可作为机会成本。如果协商双方都想在协商过程中让对方信服，同时获得可靠的外部报价，偶尔与外部供应商和客户进行交易是必需的。

(3) 当不存在中间产品的外部市场时，如果可能的话，应以作业成本法计算的长期边际成本制定转移价格。这个成本提供了制订长期规划所需要的稳定性，同时揭示了成本结构以便于进行短期调整和改进，从而有助于购买部门制订决策。在计算边际成本时，按为购买部门保留的生产能力计算一个期间固定费用。这个固定费用应是以作业成本法中的产品和设备维持成本为基础计算出来的，它按各用户对设备的计划用量分配生产能力成本。固定费用使购买部门认识到了生产中间产品的全部成本，并使生产部门协调选择合适的生产能力水平。

(4) 以完全成本（用非作业成本法计算出的）或完全成本加成制定转移价格没有明显的优点。尽管以传统方法计算出的完全成本转移价格缺乏经济上的合理性，但由于它简便易行，实践中被广泛应用。

总之，要从上述几种转移定价的方法中进行选优并非易事。从现实情况推断，企业多以某一种定价方法为主，并辅之以其他的定价方法。否则，很难满足企业日益复杂多样化的经营需要。

（六）重组：当转移定价带来巨大成本之时的选择

在有些情况下，由于转移定价问题而在利润（投资）中心之间造成的冲突可能相当大，从而使得公司承担巨大的成本，包括影响成本和机会成本。通常，当在两个部门之间进行转移交易的相对数量大时，往往会出现这种成本高昂的关于转移价格的争论。在这样的情况下，即使转移价格的极小变化都会给部门的利润带来很大的影响，从而部门经理选择机会主义型的转移价格的可能性及其破坏效果也将变大。

如果转移定价的过程变得会产生副作用的话，其解决方法就是要对公司进行重组。比如说，公司的最高管理层可以将存在较大数量的内部产品（服务）转移的两个部门合并为一个部门,或者可以将生产部门改组为一个成本中心而非一个利润中心,并根据其生产效率对其管理人员实施奖惩,甚至可以将这两个部门都改组为成本中心,而将制定有关价格和数量的决策权保留在企业的最高管理层。

三、国际转移价格

国际转移价格的制定是跨国公司常遇到的问题。所谓国际转移价格(transfer price),是指跨国公司内部母公司与责任中心之间、责任中心与责任中心之间进行商品和劳务交换时所执行的内部贸易价格。这种价格不受市场一般供求关系的影响,不是独立各方在公开市场上按“独立核算”的原则确定的价格,而是以跨国公司全球战略和谋求最大限度的利润为目标,由跨国公司总部最高管理人员在综合分析评估交易双方所在国的外汇政策、税收政策、利率水平、经济环境及政治气候等因素以及所属责任中心盈利能力等之后确定的价格。

(一)国际转移定价的目标

1. 降低总体税负

跨国公司制定转移价格的一个重要目标是使该公司在全球纳税最低。国际税收问题为转移价格的制定带来了复杂性。[①] 如果两个国家的所得税税率不相等,则在税务机关有关规定许可的范围内,跨国公司会制定将尽可能多的利润转移到税率较低的国家的转移价格,使公司的总税负最小。例如一个公司在 A 国生产产品,并在 B 国销售这些产品。A 国边际税率为 20%,B 国边际税率为 30%。很明显,这个公司希望把大部分利润留在税率较低的 A 国。因而,它将尽量为这种产品制定最高的转移价格。对于很多跨国公司,在制定转移价格时,出于纳税角度的考虑往往超过了出于行为角度的考虑。

减轻税负主要包括减轻所得税、关税。

跨国公司的子公司遍及世界各国,各子公司经营活动取得的利润都须向所在国缴纳所得税。由于各国所得税税率不同、税收法规也有差异,所以,在其他因素不变的情况下,跨国公司可以利用转移价格调整母公司和子公司的利润。如制定较低的转移价格,将高税率国家的子公司的产品低价销售到低税率国家的子公司,使得高税率国家子公司的利润较低,而低税率国家子公司的利润较高,跨国公司整体所得税较低。或相反,制定较高的转移价格,将低税率国家子公司的产品高价销售到高税率国家子公司,将利润转移到低税率国家子公司中。

影响跨国公司转移价格制定的税负因素,除所得税外,另一主要的因素是对进口货物征收的进口关税。关税可分为从量关税和从价关税,对国际转移价格产生影响的主要是从价关税。由于从价关税的征收依据的是进口货物的价格,所以跨国公司在确定国际转移价格时要充分考虑到各国关税税率以及关税政策之间的差异,力争减少公司整体支付的关税。一般来讲,当跨国公司的一家子公司向位于高关税国家的子公司出口商品时,往往采用较低的转移价格,以减轻关税税负;而向设在低关税国家的子公司出口商品时,往往调高转移价格,以很少的关税增加代价换取出口国公司收益的增加。

---

① 自20世纪60年代以来,经济合作与发展组织、联合国等国际组织先后提出一些跨国公司制定转移价格的指导原则,以规范和指导国际转移价格的制定、维护跨国公司的国际收入和费用的合理分配、解决各国政府间有关跨国公司税收及其他经济争端。目前盛行的制定转移价格的主要原则是独立核算原则(也称正常交易原则、市场竞争原则、公平独立核算原则等)。该原则要求把关联企业当做各自不控制对方或不受对方控制的独立企业,完全按照无关联企业之间业务往来的方式和条件来从事它们之间的内部交易。

跨国公司要将进口方的关税和进出口双方所得税进行综合考虑。并不是所有国家都具有较高的关税和较低的所得税税率或相反具有较低的关税和较高的所得税税率。如果跨国公司的一个子公司所在国家是一个高关税和高所得税率的国家，那么制定低的转移价格可以少缴关税，但同时也使子公司的进口商品的成本降低，导致了较高的所得税计征基础。如果制定较高的转移价格，可以减少所得税，但同时要多缴关税。所以，跨国公司在决策时要权衡两者的利弊得失，决定取舍。

从降低税负的角度出发，国际转移价格不仅适用于跨国公司内部的商品购销，而且适用于内部贷款、租赁融资以及管理费用的分摊等事项。

当然，税务机关了解公司的这种心理，而且已经采取措施规范公司的行为。各国税务机关都仔细检查在该国经营的公司的国际转移价格政策，以确保这些公司不使用主观的转移价格来避免在该国纳税。如美国的内部收益法规的第 482 条授权内部收益服务机构对企业收益和成本的分摊进行管理，以防止国家税收的流失。1992 年，欧盟通过了一项《关于转移定价的决议草案》。与国际转移价格有关的最重要的文件是经济合作与发展组织（Organization for Economic Cooperation and Development，OECD）1995 年的意见书。这个文件之所以重要是因为它为各国制定自己的规范转移价格的法规提供了基础。

2. 强化管理控制

随着企业规模扩大、企业组织形式变化和产业一体化的发展，国际企业往往采用分权式管理的手段。在海外设立的子公司和分公司成为责任中心，实行目标管理和预算控制制度。其核心内容就是把公司战略目标经由预算制度分配给各责任中心，而后对其目标完成情况进行评价、考核和奖惩。这样，国际企业需在内部进行产品和劳务等的转让，从而需要制定内部转移价格，以作为内部结算和控制评价的依据。从这种意义上说，国际转移价格作为分权管理控制的主要手段，是企业经营分权化和内部经济一体化的必然产物，也反映了企业内部分工与合作的要求。

3. 调节利润水平

跨国公司出于降低风险及利用一些国家鼓励发展合资企业优惠政策的考虑，与当地企业合资经营。相对于独资企业而言，跨国公司在合资企业中运用转移价格的动力更大，这是因为合资企业的利润必须根据合资各方出资比例分配，为了压低合资伙伴应得的利润，跨国公司就利用转移价格，尽量在分配前将大部分利润转移到母公司或其他子公司。而且当合资企业的经营效益很好时，产生的高额利润就可能诱发职员要求增加工资及福利待遇，也可能引起新的竞争者加入这个行业，所以跨国公司总部往往采用转让定价策略，减少该公司过高的利润额。

跨国公司为了扶植在国外创建的子公司，使之具有一定的竞争力，可以以非常低的转移价格向子公司提供各种资源、劳务和技术。把对子公司的投入的各项转移价格定低，把子公司产品的各项转移价格定高，必然使子公司的利润增大，增强了其同国外竞争对手的竞争能力。跨国公司不仅可以依靠转移价格的制定来人为调整子公司的利润、控制子公司的财务状况，还可以利用制定转移价格的策略控制原材料的供应和保持市场的需要。应当注意的是，出于这些目的的转让定价策略，可能会引起子公司所在国政府采取反托拉斯行为，或者引起当地竞争对手的强烈不满和报复。而且，类似补贴性质的转移价格策略会使子公司的管理人员缺少主动积极的工作精神，造成原来只是临时性的补贴由此成为永久性的支援，使子公司管理人员错误地认为这是必不可少的管理上的支持，最终与跨国公司的初衷背道而驰。因此这种类似补贴性质的定价政策，应随子公司在国外具有一定竞争能力后而逐步提高，乃至恢复到正常的转移价格。

4. 规避风险与管制

第一是规避政治风险。跨国公司对东道国的政治局势非常敏感。东道国党派之间的争斗、经济改革、国有化的要求、工人罢工及破坏生产的行为，以及反动力量的增长，都可能导致跨国公司及其下属公司的合法权益受到危害，甚至财产被没收、行动受到限制。因此，为了减少政治风险可能带来的损失，跨国公司常采用对子公司出口的高转移价格，将现金转移到更安全的地方，并降低从子公司进口的转移价格，把子公司的实物转移出来。

第二是规避通货膨胀风险。由于世界上不少国家都不时受到严重的通货膨胀的困扰，跨国公司遍布世界各地的子公司也就不可避免地受到影响。在通货膨胀情况下，东道国的货币严重贬值，子公司的货币性资产不断受到蚕食。为了减少损失，必须使跨国公司设在高通货膨胀率国家的子公司的货币性资产保持最低限度。可以通过调整转移价格，将提供给子公司的商品或劳务费价格提高，或将这些子公司输出的商品或劳务价格降低，从而将该公司的现金转移出去，避免购买力损失。

第三是规避外汇风险和避免东道国政府的管制。一方面，为了避免或减少汇率风险，跨国公司往往通过转移价格来保护自己。预计子公司所在东道国货币将要发生贬值、汇率将要下跌时，可以调高向其出口的转移价格，迅速撤回资金，而且还可以利用内部公司之间款项支付时间上的灵活性，由存在汇率风险的子公司提前支付各种应付款项（如资金使用利息、特许权使用费、贷款）；同时其他公司拖延支付对该公司的应付款项，等待时机，选择合适的汇率付款，从而避免外汇风险。另一方面，跨国公司母公司及其子公司所在国的政府，出于对本国利益的考虑，往往对跨国公司在本国经营行为作出种种限制，最主要体现在外汇管制方面。跨国公司在国外投资所取得的收益，要通过其子公司以股利分配的方式支付给母公司。但东道国政府为了保持其外汇收支平衡，往往对外国公司收益的汇出在时间上和数量上实行种种限制，并课以收益汇出税，这在一些长期外贸逆差、外汇短缺、国际收支不平衡的发展中国家尤为严重。在这种情况下，为了对付东道国政府的外汇管制，跨国公司往往通过转移价格的调整，如调高向子公司提供的产品或劳务的转移价格，或采用高息贷款的方式，避开东道国对收益汇出国境的限制，达到调出收益的目的。

（二）国际转移价格的表现形式

国际转移价格的表现形式有以下几种。

1. 实物价格

所谓实物，包括了生产过程中的原材料、零部件、中间产品、制成品和机器设备等。在跨国公司的转移价格中，实物价格占很大的比重，公司通过使实物的转移价格高于或低于正常交易原则下的市场价格，可以实现利润的转移和资金的流动。

2. 特许权使用费

由于特许权一般不具有可比性，很难掌握其真实的价格，所以跨国公司可以在这方面大做文章，灵活性较大。

3. 劳务费用

在跨国公司体系中，母公司与子公司之间以及子公司与子公司之间提供服务，收取高额或低额的服务费用，也是国际转移价格的一种形式。

4. 租赁费

租赁费也是转移价格的一种形式，如利用较低的租赁费在跨国公司内部将一个公司的资产转移给另一个公司。

5. 贷款利息

在母公司对子公司进行投资的过程中，贷款相对于参股具有更大的灵活性。因为子公司用股息形式偿还母公司的投资，在纳税时不能作为费用扣除，但支付利息则可作为费用扣除。所以，母公司可以根据整个公司的情况制定利息率的高低。

（三）国际转移价格的制定程序

国际转移价格的制定程序，一般包括以下几个步骤。

1. 确定目标

前文已述，跨国公司制定转移价格的目的主要有：减轻税负、调节利润、避免风险、对付管制等。跨国公司首先要确定自己所要达到的目的，根据目的和环境才能制定符合跨国公司全球战略目标的转移价格。

2. 提出方案

统一、完整的国际转移价格的方案，能够使各子公司了解母公司的宏观意图和全球战略，有利于缓解子公司之间的矛盾，更好地实现国际转移价格的目的。转移价格方案的内容主要包括：转移价格制定的目标、公司经营产品的种类、有关市场价格的资料和信息、制定转移价格依据的标准、转移价格方案的实施和检查的时间和方式、各子公司不同意见的协调等。

3. 协调和解决利益冲突

国际转移价格的制定是为了使跨国公司达到全球的战略目标，但有时会和子公司的利益有所冲突。所以，应对国际转移价格引起的利益冲突和矛盾进行协调和解决。

4. 检查和修订

转移价格应适时而变，随外部经济环境的变化而不断调整。变动因素包括国际市场竞争情况的变化，有关国家税法的调整与改变，有关货币之间汇率的大幅度变动，有关国家政局的变化等，这些都要求跨国公司对转移价格的实施进行定期检查，发现问题及时修订。

（四）国际转移价格制定的制约因素

由于国际转移价格制定的理论还不是很成熟，也没有定型的指导原则，所以究竟哪种方法最好，没有定论。无论在理论上，还是在世界各国及世界经济组织的要求上，国际转移价格的制定并没有真正统一的标准，因而在现行实务中，跨国公司转移价格的制定也不可能遵循单一的方法。

发达国家和发展中国家都普遍认为，根据税务管理的要求，国际转移价格最好采用“正常交易原则”。关于国际的转移价格问题，经济合作与发展组织（OECD）的意见书与现有关于国内转移价格的讨论非常相似。OECD 意见书明确地认为，只要有可能，转移价格应反映经济环境。OECD 意见书把转移价格的制定方法分为两类，属于正常交易价格的主要方法有以下几种：① 可比的非控制方法（comparable uncontrolled pricing method，CUP），即参照外部市场上独立无关的公司之间或跨国公司子公司与不相连的公司之间的可比交易价制定转移价格；② 转售价格法（resale pricing method，RPM），即以购买方将产品再转售给其他非相关企业时的价格扣减转售成本和一定比例的利润后得到的价格为国际转移价格；③ 成本加成法（cost-plus pricing method），即在供应方的成本的基础上加上适当的加成额作为国际转移价格的方法。另一类转移价格的制定方法包括：① 可比利润法（comparable profits method，

CPM)，这种方法认为相同状况的纳税人在合理的时间内应有相同的回报，但如果有不相同的因素，应该作出相应的调整，如不同的销售条件、不同的资本成本或外汇风险和会计处理等。② 可比非控制交易法(comparable uncontrolled transactions method，CUT)，这种方法主要适用于无形资产的转让。③ 利润分割法(profit split methods)，采用这种方法，将关联交易产生的利润在联属公司间分配。OECD意见书认为，只要有可能应使用CUP，或者运用市价和有市价性质的其他价格，如果没有市价，最好使用成本加成法。

对实际情况的调查发现，以成本为基础的方法是跨国公司制定国内转移价格时最广泛使用的方法，而市价法则是制定国际转移价格时使用最广泛的方法。显然，如果让公司自由选择，使用市价制定国际转移价格的公司将转向以成本为基础的方法，也就是说，有些公司是在税务部门的要求下才由以成本为基础的转移价格转向以市价为基础的转移价格的。另一方面，这一调查结果也可能意味着，公司以市价为基础制定转移价格，从而满足税务机关的要求，是因为这些价格对它们有利。但公司并不真正相信这些市价提供的利润信号是有意义的，所以在制定内部决策时，更愿意使用以成本为基础的方法。除了这个现象以外，税务机关对以成本为基础的转移价格中的成本因素的解释，对我们也有一定启发意义。大多数税务机关都允许公司使用任何成本计算系统，只要独立审计证明它符合公认会计原则。由于公认会计原则是为外部报告目的而设计的，没有考虑如何制定经营决策，所以它允许在成本计算方法上有多种选择。这个灵活性使纳税人在确定以成本为基础的转移价格时，有机会选择使纳税最小的成本计算方法。

跨国公司到底选择何种转移价格制定方法，受到企业内外部各种因素的制约。

1. 企业内部的制约因素

企业内部方面的限制，包括跨国公司的组织形式、业绩评价体系、各国文化背景以及公司规模等方面。

(1) 组织形式的影响

在高度集权经营的跨国公司中，以成本为基础便于跨国公司总部统一制定转移价格，实现其整体目标。相反，在高度分权经营的跨国公司中，各子公司在制定转移价格方面享有高度的自主权，相互间的依赖程度相对较弱，所以往往选择以市价为基础的定价方法。

(2) 业绩评价体系的影响

在分权经营的跨国公司内部，各子公司都有着各自的切身经济利益，因此必须对其经营业绩作出单独和客观的评价。然而，跨国公司根据整个公司的利益，通过转移价格调整子公司的利润，就使各子公司的利润大小不能真实反映其经营成果，增加了公司内部子公司之间的矛盾。长期不公平的评价必然导致两方面的结果：一是业绩被低估的子公司管理当局受到打击，士气低落，影响其经营积极性；二是业绩得到高估的子公司管理当局会产生依赖思想，不思进取，长久下去，势必丧失竞争意识。因此，跨国公司在制定转移价格的过程中，应考虑到对各子公司业绩的评价不至于造成过大的歪曲，这在一定程度上制约了转移价格的制定。

(3) 文化背景的影响

转移价格的制定政策都是掌握在母公司的管理人员手中的，这些人员来自不同的国家，所受的教育不同，决定了他们在制定转移价格时，对各种影响因素的考虑侧重点不同。如加拿大、意大利和斯堪的纳维亚国家的跨国公司管理部门更喜欢以市价为基础的定价方法；美国、法国、英国和日本的管理部门偏爱以成本为基础的定价方法；德国、比利时、瑞士和荷兰对这两种方法无特殊的倾向性。

(4) 公司规模的影响

由于大的跨国公司必须在世界市场销售产品、提供劳务,必须考虑复杂多变的环境因素,而且在更多的国家税务当局的监控下开展经营活动,所以这些公司更倾向于采用以市价为基础的方法。

2. 企业外部的制约因素

对国际转移价格的企业外部的制约主要来自各国政府的管制。跨国公司的转移价格对跨国公司的整体利益最大化起着重要的作用,但是这样做的同时却给有关国家带来了损失。跨国公司使用转移价格的主要目的之一是减轻税负。如果本国税率高于其他国家,跨国公司通过转移价格把利润转移到国外,就会使本国政府蒙受税收损失;在相反的情况下,会使子公司所在国政府蒙受税收损失。另外,跨国公司在国外进行经营,还会影响到一国的外汇、东道国公司的竞争能力等。所以许多国家对国际转移价格都有一些管制措施。当然,有些国家对公司间的转移价格的影响关心较少,如法国、日本、意大利等国,而美国、加拿大和大多数发展中国家则最为关心。但是无论怎样,当公司间的不合理转移价格危及国家的经济利益时,政府就会采取行动。

各国政府对国际转移价格的管制和监督措施主要有以下方面。

(1) 采用"比较定价"原则和局外价格进行检查监督

"比较定价"原则,就是将同一行业中某项产品一系列的交易价格和利润率进行比较,如果发现某一跨国公司子公司的进口价格过高或出口价过低,不能达到该行业的平均利润率时,税务当局就可以要求按"正常价格"进行补税。至于"正常价格"的确定,东道国一般以"正常交易价格或卖给无关的顾客同样的商品价格"为准。

美国《国内税收法》第 482 节规定,财政部国内税收署有权监督检查每个单位是否都能得到合理的利润,规定母公司和子公司以及联属公司之间的交易必须表明所使用的价格是公平、合理的市价,或是独立竞争的价格。如果公司无法证实这一点,则应采用按成本加合理利润的价格进行计算。国内税收署根据这种局外价格进行监督,如果按局外价格计算,发现由转移定价而发生不合理的利润转移,则应进行调整。调整的方法是,通过调整毛利收入来调整税基,并且按调整后的所得额纳税。如通过局外价格检查,发现母公司利用国际转移价格将利润转让到低税国子公司时,就按局外价格计算增加母公司的应纳税所得额以此提高其应纳所得税。其他国家和国际机构,也有仿效这种方法,把它作为管制转移价格的一种有效的做法,如法国。

(2) 要求跨国公司部分公开其经营活动

由于国际转移价格涉及国内外供应、生产、销售各方面的因素十分复杂,对跨国公司的转移价格很难达到全面管制。对发展中国家而言更是困难,所以发展中国家更加要求跨国公司公布有关制定转移价格方面的信息,跨国公司必须对在一个国家所付出的税款进行宣布,以便税收当局能够审查监督其转移价格的情况。有些国家已逐步建立起工商业经济情报体系,收集掌握情况。如巴西工业部门对世界 100 多家最大企业的产品成本、销售活动进行了解,掌握动向;墨西哥对各类产品主要销货单位、产品性能、价格以及产品技术的发展程度多方收集、比较研究,提高与跨国公司谈判的能力。这些措施对跨国公司任意使用转移价格都有一定的抑制作用。

值得指出的是,虽然转移价格的政府管制非常严厉,但并不预示着操纵转移价格无利可图。一般来说,东道国在对转移价格进行管制的问题上,通常采用与跨国公司协商的态度,仅对转移价格予以适当的管制,且管制的范围和程度,往往与跨国公司对东道国所作的贡献大小有着很大的关系。转移价格问题,仍是跨国公司管理当局所要考虑的重要问题。事实上,转移价格涉及一些极其复杂的客观因素，如究竟什么样的价格才算是正常的交易价格，到底是以市价为基准还是以成本为基准等。加上转移价格已被广泛运用于跨国公司内部的各种交易，而且电子商务也在迅速发展，要做到对转移价格实行严密的控制和监督是不可能的。各国政府也面临着一个困难的选择，即从管制转移价格所获得的好处与为之花费的成本相比是否值得。在一些情况下，政府税务当局对转移价格进行管制所增加的税收收益与跨国公司为东道国所提供的就业、技术转让、出口创汇、税收等好处相比，根本微不足道，这时政府就可能会放弃对跨国公司转移价格的调整。这就意味着，跨国公司在管制的范围内，仍能够在转移价格上大做文章，使企业能够增加国际竞争能力，减少税收负担，应付复杂的环境风险。

第四节　财务风险控制（预警）系统

在经济体系中，风险是普遍存在的。在奈特1921年的名著《风险、不确定性和利润》中，利润的存在被归结为是对承担风险支付报酬的必要性。正是在这一点上，风险与以最大化盈利为目的的企业的成功、失败、生存或是死亡紧密地联系在一起。所以，在企业存在与发展的环境中如何正确地评估风险并对其进行恰当的控制是企业经营必须面对的一个非常重要的问题。

在市场经济条件下，企业面临的经济环境日趋复杂多变，各种各样的风险与危机随时发生或出现，不是所有的企业都会非常幸运地总是成为成功者，“风险或失败管理”成为现代企业普遍关心的课题。

企业风险不仅仅局限于财务方面，但是企业的所有风险都最终表现在财务方面。每个企业在其经营过程中，随时都必须首先考虑预警财务风险和失败，以求在企业一旦出现财务困难或财务失败①时能够从容应对，因此，对财务风险进行控制，建立财务预警系统成为现代企业财务控制的重要内容。

所谓财务预警，就是通过对企业财务报表及相关经营资料的分析，利用及时的财务数据和相应数据化管理方式，将企业已面临的危险情况预先告知企业经营者和其他利益关系人，并分析企业发生财务失败的原因和企业财务运营体系隐藏的问题，以提早采取防范措施的财务分析报警系统。

企业产生财务失败的原因是多方面的。既可能是企业经营者决策失误，也可能是管理失控，还可能是外部环境恶化等，但结果都是一致的——财务上陷入困境，直至导致企业宣告破产。而任何财务失败都有一个逐步显现、不断恶化的过程，因此，应该对企业的财务运营过程

---

① 关于财务失败（又称财务危机）的定义，有不同的观点。Carmichael（1972）认为财务危机是企业履行义务时受阻，具体表现为流动性不足、权益不足、债务拖欠及资金不足四种形式。Ross等人（1999，2000）则认为可从四个方面定义企业的财务危机：第一，企业失败，即企业清算后仍无力支付债权人的债务；第二，法定破产，即企业和债权人向法院申请企业破产；第三，技术破产，即企业无法按期履行债务合约付息还本；第四，会计破产，即企业的账面净资产出现负数，资不抵债。从防范企业财务危机的角度看，财务危机是指一个企业处于经营性现金流量不足以抵偿现有到期债务，即技术破产。Beaver（1966）把破产、拖欠优先股股利、拖欠债务界定为财务危机。Altman（1968）定义的财务危机是“进入法定破产的企业”。Deakin（1972）则认为财务危机公司“仅包括已经经历破产、无力偿债或为债权人利益而已经进行清算的公司”。我国大陆的研究者针对我国上市公司财务危机的研究一般以ST公司作为研究对象（对样本做适当选择）。由此可以看出，不同的研究者看法并不一致。另请参阅吴世农和卢贤义的《我国上市公司财务困境的预测模型研究》（载《经济研究》2001年第6期第46页）。

进行跟踪、监控，及早地发现财务失败信号，预测企业的财务失败。对企业的财务失败进行预测，无论从哪个立场分析都是十分必要的。经理人员能够在财务失败出现的萌芽阶段采取有效措施改善企业经营管理，避免失败真的出现；投资者在发现企业的财务失败萌芽后及时处理现有投资，避免更大损失；银行等金融机构可以利用这种预测，帮助作出贷款决策并进行风险控制；相关企业可以在这种信号的帮助下作出信用决策并对应收账款进行有效管理；注册会计师则可以利用这种预测信息帮助确定审计程序，控制审计风险。①

一、财务预警系统的机制构成

企业的财务预警系统要发挥预期的作用，形成良性的动态循环，必须从机制上进行系统设计，实现监测、诊断、治疗等功能。系统由基础机制和过程机制构成，高效的组织机制、会计系统和这两者的结合产生的财务信息的收集、传递机制构成三大基础机制。同时，从财务风险分析机制到财务风险处理机制再转到财务风险责任机制，通过这三大过程机制，企业信息流的流转过程成为预警系统。三大过程机制紧紧围绕“风险”，结合基础机制，将企业风险牢牢控制在一定水平上。

（一）预警分析的组织机制

为使预警分析的功能得到正常、充分发挥，企业应建立健全的预警组织机构。预警组织机构有两种设置模式：一种是预警组织机构相对独立于企业组织整体控制。预警组织机构的成员是兼职的，由企业经营者，企业内熟悉管理业务、具有现代经营管理知识和技术的管理人员组成，同时要聘请一定数量的企业外部管理咨询专家。预警机构独立开展工作，但不直接干涉企业的经营过程，它只对企业最高管理者（管理层）负责。二是预警组织机构的日常工作可由现有的某些职能部门（如财务部、企管办、审计部）分别承担，但是必须安排一个具体部门集中处理和安排有关事宜。预警组织机制的实施使预警分析工作经常化、持续化，并且具体到人，使系统的运转有基本的“人”的基础。

（二）建立财务风险预警的会计系统

预警系统要在实践工作中实现理论上的功能，需要建立起计算机会计信息系统。计算机系统可以处理大量的数据，进行大范围的分析比较，包括同企业、同集团甚至同行业。由于计算机的自动性，它还可以为企业财务预警管理提供“标杆”的作用，一旦实际值超过警戒值，辅助系统（计算机）就会自动向主管人员或者经营者发出警报，促使经营者及时解决企业出现的问题，防范不必要的风险。

（三）财务信息收集、传递机制

良好的风险预警分析系统，要能够有效预知企业可能发生的财务失败，预先防范财务失败的发生。这必须建立在对大量资料系统分析的基础上，抓住每一个相关的财务失败征兆。主要资料包括内部数据和相关外部市场、行业等数据。风险预警机制的重要前提是建立灵活高效的信息系统，在这个信息系统中最重要的是要形成信息收集、传递的完整、快捷的渠道。这个系统应是开放性的，不仅有财会人员提供的财会信息，更有其他渠道的信息。这里的会计信息系统不仅是指一般意义上的企业会计核算报告系统，还包括对会计资料的认真阅读、分析和评价，以及寻找企业潜在财务失败并及时进行消除财务失败的工作。

企业预警分析的具体步骤为：① 根据所要考察的内容和侧重点，明确信息收集目标，具备

---

① 杨有红：《企业内部控制框架——构建与运行》，浙江人民出版社，2001 年版，第 67～97 页。

信息收集的敏感度；② 通过多种渠道收集多方面资料，包括企业外部的报刊、统计数据、经济分析报告等宏观市场资料和同业发放的公告、规划等各种资料；③ 进行资料的整理、汇编、计算研究工作，寻找资料中所隐含的经济发展趋势、重要启示以及隐含的危机与契机；④ 将相关信息的分析结果汇集总结，判断企业的危险程度，寻找对应的原因；⑤ 进行决策，并采取相应的措施；⑥ 在风险征兆消除之后，将采取的措施以及形成的经验转化为企业的管理活动规范，提高企业的抗风险能力。可见，预警分析是以财务信息的收集、整理、分析、决策为依托，实现整个系统的运转。

（四）风险分析机制

高效的风险分析机制是关键，通过分析可以迅速排除对财务影响小的风险，从而将主要精力放在有可能造成重大影响的风险上。经重点研究，分析出风险的成因，评估其可能造成的损失。当风险的成因分析清楚后，也就不难制定相应的措施了。为了保证分析结果的真实，并不带任何偏见，从事该项工作的部门或个人应保持高度的独立性。

预警分析系统一般有两个要素：先行指标和扳机点。先行指标是用于早期评测运营不佳状况的变动指标。扳机点是指控制先行指标的临界点，也就是预先所准备的应急计划必须开始起动之点。一旦评测指标超过预定的界限点，则应急计划便随之而动。

（五）风险处理机制

在风险分析清楚后，就应立即制定相应的预防、转化措施，尽可能减少风险带来的损失。企业财务预警制度若要能够有效运作，就必须要有正确、及时且符合企业需要的各种管理资讯系统，提供及时完整的经营结果数据，使经营者及各部门负责人能以实际经营状况数据体系，来与财务指标数据相比较。当有超出或低于指标数据的情形发生时，就表示企业财务状况将有不健全的症状产生，经营者应早日依数据所代表的经营内涵作进一步深入研判，找出蛛丝马迹，对症下药，以防财务恶化。例如，应收账款周转率过于缓慢，表示企业财务部门可能不尽心收取顾客账款。如此，一来资金运转将吃紧，二来企业将承受更多的交易风险。此时，部门主管应深入探究缘由，并提出对策。

（六）风险责任机制

风险责任机制是风险预警机制能否正常连续运转的重要条件。必须要明确企业的经营者全盘负责本单位的风险管理。并且要将风险的责任落实到具体每个人，一旦发生问题，能够及时寻找负责对象，并结合有效的奖惩制度，促使负责人提高警惕，在未来的经营期间，不再重蹈覆辙。如对新增的投资，要建立以审批人为责任主体的投资管理责任制；发生每一笔费用开支时都要分清审批人、经手人、管理人的责任等。

二、财务预警分析方法——财务失败预警模型

财务失败（破产）预测的定量研究有两种类型，第一类研究分析个别财务比率与财务危机的关系（单变量模型），单变量模型每次只运用一个财务比率来进行预测；第二类研究则运用多个财务比率来预测财务危机（多变量模型），由于不同比率可能反映企业财务状况的不同侧面，因此，运用一组比率的适当综合，而不是单个比率一般会获得更好的预测效果。基于这个原因，多变量模型很快就取代了单变量模型，获得了更大的发展。

（一）单变量模型

单变量模型是指运用单个财务比率来预测财务危机的模型，即利用单一的财务比率来预

测企业的财务失败。资料表明，单变量模型最早是由比弗(Beaver，1966)提出的。他对财务危机(failure)，不仅仅狭义地界定为破产，还包括“债券拖欠不履行，银行超支，不能支付优先股股利等”。根据比弗的研究，下列财务比率对预测财务失败是最有效的：① 现金流量/债务总额；② 净利润/资产总额(资产收益率)；③ 债务总额/资产总额(资产负债率)。

(二) 多变量模型

影响最大的预测财务危机的多变量模型可能要数美国的奥特曼(E.I. Altman)的“Z记分模型”(z-score model)了。“Z记分模型”的构造是首先选定一定数量特定时期发生财务危机的公司和未发生财务危机的健康公司为样本；其次是对每类公司收集一套财务比率数据；接着再从这些比率中选出预测破产最有用(最能区分这两类公司)的财务比率作为自变量，运用多元判别分析技术建立判别函数。最初的“Z记分模型”是奥特曼于1968年创造的用5个财务比率来预测公开上市交易的制造业公司破产的模型：

$$Z = 1.2X_1 + 1.4X_2 + 3.3X_3 + 0.6X_4 + 1.0X_5$$

式中，X_1 = 净营运资本 / 资产总额；X_2 = 累积留存收益 / 资产总额；X_3 = 息税前收益 / 资产总额；X_4 = 股票市场价值 / 债务账面价值；X_5 = 销售收入 / 资产总额。

按照这一模型，Z 值越低，企业就越有可能破产。在前一年，如果 $Z \leqslant 1.81$，破产指日可待；如果 $Z \geqslant 2.99$，则不会破产；Z 值在 1.81～2.99 之间为灰色区域，也就是说难以简单地得出是否肯定破产的结论。

奥特曼最初的模型要求公司有上市交易的股票，且必须是一家制造业公司。为了使模型能够用于私人企业和非制造业公司，他对模型进行了修正，修正后的模型为：

$$Z = 6.56X_1 + 3.26X_2 + 1.0X_3 + 6.72X_4$$

式中，X_1 = 净营运资本 / 资产总额；X_2 = 累积留存收益 / 资产总额；X_3 = 息税前收益 / 资产总额；X_4 = 股票账面价值 / 总负债。

此模型的判别规则是：如果 $Z < 1.23$，则破产指日可待；如果 $Z > 2.90$，显示不会破产；$1.23 \leqslant Z \leqslant 2.90$ 表示企业处于灰色区域。

以后，奥特曼从“Z记分模型”的运用实践中发现，随着时间的间隔越长，企业发生变化的可能性越大，“Z记分模型”的预测效果也因时间的长短而不一样，这样应用“Z记分模型”测定企业风险时就必须注意时间性，对于企业短期风险的判断可以直接使用“Z记分模型”的 Z 值大小，但对于企业长期风险的判断则必须计算企业在各年份的 Z 值，按照这些分值的变化趋势来断定企业长期风险的大小。

1977年，奥特曼等人又提出了一种能更准确预测企业财务失败的新模型“ZETA”模型。该模型由经营收益/总资产比率、收益稳定性、利息保障倍数、留存收益/总资产比率、资产流动率、普通股权益/总资本比率和普通股权益/总资产比率组成。奥特曼等人根据过去5年的财务资料计算“ZETA”值，然后据此判断企业出现财务失败的可能性。由于向企业提供这项服务是有偿的，他们并没有详细介绍这一模型的具体操作方法。

三、财务预警系统的构建模式

按照企业所应用的不同分析方法、财务风险预警系统构成的差异，可以形成两种不同的预警模式，即总体风险预警模式和分部门风险预警模式。

（一）总体模式

总体预警体系可以掌握企业的整体运作是否出现潜在的危机，指出企业目前经营运作中可能存在的盲点，让企业经营者能够预先了解企业危机。总体模式通常应当采取多种风险控制与评估方法进行设计，此外还有企业自身预警体系的要求。具体说来包括以下几个方面。

1. 建立多元函数公式

运用多变量模型的思路，建立企业的多元函数预警公式，主要是通过对影响企业的各风险变量的内容或其加权的系数加以修正调整后，建成符合企业要求和特色的总体预警模型。

2. 考察企业有无健全的内部稽核制度

一个企业的会计制度和审计制度制定与实施若无法产生内部控制功能，或内部稽核制度不能切实贯彻实施，企业内部有关人员很轻易就能挪用公款、越权交易。尤其在普遍实行电脑操作的今天，电脑审计的设计不够正确严谨、权限分配不合理等隐患，都会使企业的预警系统形同虚设，财务预警也因此而变得毫无意义。所以除了必要的财务预警指标设计分析外，还必须要考察企业内部稽核制度的健全程度。一般说来，良好的内部控制制度应该包括诚实敬业的员工、组织建设权责分明、交易处理程序适当、审计客观独立等内容。必须要以消除隐患、堵塞漏洞、防范风险、审慎经营为宗旨，构建全方位内部控制体系、多元的监控措施并设立顺序递进的多道安全防线。所谓全方位的控制是指内部控制必须渗透到企业的各个业务过程、各个经营环节，覆盖企业所有的部门和岗位，不能留有任何"盲区"、"盲点"和"盲人"。所谓多元的监控措施是指既有事后的监控措施，更有事前、事中的监控手段、策略；既有约束手段，也有激励的安排；既有财务上资金流量、存量预算指标的设定，会计报告反馈信息的跟踪，也有人事委派、生产经营一体化等策略。所谓顺序递进的多道安全防线，包括对企业采购、生产、营销、融资、投资、成本费用的办理与管理必须由两个人、两个系统或两个职能部门共同执掌，单人单岗处理业务更需要相应的后续监控手续，这种对一线岗位双人、双职、双责的制度可以成为第一道防线。在上述制度的基础上建立相关的票据、合同等业务文件在相关部门和相关岗位之间传递的制度，以及明确这些文件的签字授权制度，能够成为企业安全第二道防线。此外，内部审计部门能够独立对各岗位、各部门、各项业务活动全面实施监督、检查，同时又及时将监测结果反馈给最高管理层的内审制度，可以成为企业第三道防线。

3. 重视非定量因素

非定量因素比财务指标有时对企业风险状况的显示更可靠、灵敏和有效。预警分析中定量预测的确十分必要，但是不能过分强调定量模型的重要性。这是因为预警本质上是谨慎的。实际上，企业的财务状况和经营状况，只能在财务报表中间接地表现出来，而没有哪一个或哪一组财务比率能全面反映每一个企业独特的财务状况的复杂性。也就是说，任何风险预警模型也只是提供给分析人员一个关于企业财务失败发生可能性的线索，而并不能确切地告知是否会发生风险。

在这方面，可以通过对企业情况的了解与某些外在特征的分析，预测企业的状况发生某种危机的可能性：第一，过度依赖贷款。在缺乏严密的财务预算与管理的情况下，较大幅度增加贷款会增加企业的债务风险。企业要经常关注债务利息开支额度和资产负债率等指标，如果利息额和资产负债率不断攀升，企业必须采取有效措施，避免破产风险。第二，过度大规模扩张。收购其他企业是企业快速扩张的方式，多元化经营策略是企业分散财务风险的重要原则。但是，如果一家企业同时在许多地方大举收购其他企业，同时涉足许多不同领域，可能使企业负担过重、支付能力下降。第三，财务预测在较长时间内不准确。企业预测偶尔发生误差，也是正常的事情，但是如果预测结果与实际状况长时间具有很大差距，财务指标又令人担忧，这说明企业可能发生财务失败。第四，财务报表不能及时公开。财务报表不能及时报送公开也可能是财务状况不佳的征兆。但这只是提供给分析人员一个关于企业财务失败发生可能性的线索，而并不能确切地告知是否会发生财务失败。第五，过度依赖某家关联公司。比如子公司对母公司过度依赖，一旦母公司根据战略的需要或者从整体投资回报率考虑，认为某个子公司不再有原有的利用价值，会立即停止对子公司的扶持。而子公司如果在销售、供应甚至管理、技术各个方面都完全依赖于母公司的帮助，那么没有了支持，很可能会倒闭。第六，企业高层管理人员的辞职。一个企业的高层管理者的辞职，尤其是引起轩然大波的集体辞职通常是该企业存在隐患的标志。当然，并非每一项辞职都意味着财务失败的发生。

（二）分部门模式

分部门模式是按照企业的主要经营活动，如采购、生产、营销、财务等，分别设置预警系统，查出企业财务失衡的地方，进行必要的改进。它一方面能够辅助总体风险预警系统深入寻求财务问题产生的根源，以便对症下药，另一方面还能让各部门之间跨部门沟通协调解决问题，从而促成企业综合效益的提高。

1. 单一部门负责方式

这种方式是由一个部门(财务部)或经理负责，对各个部门分别设置关键指标并设立相应的预警线，在期末对各个部门的情况进行综合检查，统一评价，检讨企业财务营运失衡的地方，并进行必要的改进。

2. 多部门负责方式

单一部门负责方式比较适合中小企业。而对于部门较多，难以及时沟通的大型企业应该采取多部门负责方式，即以各个部门为独立单位，以各部门的可控因素为关键点，分别设置有针对性的部门预警系统。

(1) 财务部门

财务部门可以从资产管理、资本及负债管理、现金流量管理、利润分配管理四个方面设置相应的指标来构建预警子系统。

(2) 销售部门

销售部门表面上没有直接管理企业的资金流动，但作为企业的主营业务部门，销售效率的好坏直接影响企业的现金流量，关系到企业的短期偿债能力与长期发展。所以，销售部门的预警系统应以销售效率的变化为核心，构建预警子系统，如毛利率、销货折让比率、坏账损失率、营业费比率、广告费比率等。

(3) 生产部门

生产部门的管理混乱很容易引发企业的危机，可以生产效率为基点，从在产品存货管理、生产节拍管理、成本管理、品质管理四个方面设置相应的指标来对生产部门设置预警线，一旦指标发生异常变动，就应积极采取措施，将危害程度减至最低。

(4) 供应部门

供应部门的关键控制点在于经济订货批量的决策、采购费用的变动、是否存在缺货成本与损坏成本等。可以设置几个相应的关键指标，如预定的经济采购量与实际采购量的对比、预定的最高与最低标准库存量和实际库存量的对比、采购费用比率(采购费用/购货金额)等。在进行分部门财务预警分析时，应掌握以下几点：① 切实了解影响企业的核心问题。不同性质和不同规模的企业的财务特点不同，因而影响其财务运营情况的核心因素也不同，在作出预警判断时，应该着重考察几个关键系统的运行状况，才能做到分析准确，事半功倍。② 为各部门设定相关财务指标的警戒值。建立各部门关键因素之警戒值应具有挑战性，切不可降低标准，否则容易导致自我满足。企业运用历史数据统计分析结果和对企业计划的分解，以及相关行业、市场资料，为各分部门设定的适当的财务指标，其完成情况应该成为财务预警分析的最具体、直观的资料，分部门财务指标完成情况的恶化，通常会为企业的财务失败埋下隐患。③ 财务预警资料的传递处理情况。财务预警资料及时产生，并送交相关部门，采取有效对策进行处理，才能够避免财务状况的继续恶化。如果企业中没有负责财务预警追踪资料的专门人员，财务预警系统就不能有效发挥作用。对于分析人员来说，要格外重视企业对财务失败的及时化解能力。

本章小结

现代企业一般是由一些分部组成的。根据分配给企业的一个分部门决策权的不同，可将该部门划分为一个成本中心、收入中心、利润中心或是投资中心等。

成本中心有两种类型，即标准成本中心和费用中心。标准成本中心的业绩考核指标，是要在既定产品质量和数量条件下使总成本最小化；通常是使用费用预算来评价费用中心的成本控制业绩。收入中心的业绩考核指标是应在使用销售收入指标评价的同时，使该中心所追求的边际贡献达到最大。对利润中心进行考核的指标主要是利润。投资报酬率是最常用的考核投资中心业绩的指标，另一个常用的考核投资中心业绩的指标是剩余收益。

转移价格的制定方法有以市场价格为基础的转移定价（具体包括完全市场价格法和市场价格扣减法两种）、以成本为基础的转移定价（具体包括变动成本法、作业成本法、全部成本法和成本加成法四种）、双重定价法和协商定价法。

国际转移价格的制定是跨国公司常遇到的问题。国际税收问题为转移价格的制定带来了复杂性，跨国公司制定转移价格的一个重要目标是使该公司在全球纳税最低，除此之外，还有强化管理控制、调节利润水平和规避风险与管制等。

国际转移价格的表现形式主要有实物价格、特许权使用费、劳务费用、租赁费和贷款利息。

“企业风险或失败管理”是现代企业普遍关心的课题。企业风险不仅仅局限于财务方面，但是企业的所有风险都最终表现在财务方面。因此，对财务风险进行控制，建立财务预警系统成为现代企业财务控制的重要内容。

企业的财务预警系统由基础机制和过程机制构成，高效的组织机制、会计系统和这两者的结合产生的财务信息的收集、传递机制构成三大基础机制，同时，从财务风险分析机制到财务风险处理机制再转到财务风险责任机制，通过这三大过程机制，企业信息流的流转过程成为预警系统。

财务失败预警模型有单变量模型和多变量模型两种类型。影响较大的预测财务危机的多变量模型是美国的奥特曼（E.I.Altman）的“Z记分模型”。

复习思考题　封底扫码查看参考答案

简答题

1. 何为财务控制，其内涵是什么？

2. 责任中心主要有哪几种，它们的业绩考核指标分别是什么？

3. 企业制定内部转移价格的核心问题是什么？

4. 转移价格的制定方法有哪些，各有什么优缺点，企业如何选用？

5. 跨国公司制定转移价格的目标有哪些？跨国公司选择转移价格制定方法时受到哪些企业内外部因素的制约？

6. 国际转移价格的表现形式主要有哪些？国际转移价格的制定程序包括哪几个步骤？

7. 财务失败模型有哪些类型？

8. 企业的财务预警系统的基础机制和过程机制分别包括哪些内容？企业财务风险预警系统如何构建？

计算题

某企业下设一个销售利润中心和一个购买利润中心。销售利润中心的产品单位成本为100元/件，一个时期内间接费用为8 000万元；其200万件产量的一半用于外销。市价为150元/件，另一半则用于内销。购买利润中心对购进的100万件产品进行加工，追加成本为200元/件，其间接费用为8 000万元。购买利润中心加工后的产品售价为400元/件。试问：

(1) 如果以完全成本为基础制定内部转移价格，则销售利润中心、购买利润中心以及企业整体的合并收益分别是多少？

(2) 如果以市场价格为基础制定内部转移价格，则销售利润中心、购买利润中心以及企业整体的合并收益分别是多少？

(3) 如果采用双重定价法制定内部转移价格，则销售利润中心、购买利润中心以及企业整体的合并收益分别是多少？

第十四章　资产估价

资产估价是财务理论体系的重要部分。资产估价技术的应用遍及证券投资管理、企业收购与兼并分析、理财决策等诸多领域。就金融资产(证券)估价而言,对公司来说意味着是否能以合理的价位从证券市场顺利融资。同时,证券的估价向投资者提供了对某一证券投资吸引力的评价,投资者通过将证券的评估价值和市场价格进行对比,可以据此作出投资决策。如果评估价值与市场价格相近,投资者可以继续持有该种证券;如果市场价格低于评估价值,说明该种证券被市场低估,投资者可以加仓买进;如果市场价格高于评估价值,说明市场高估了该种证券,投资者就可以决定卖出或者卖空。所谓企业整体估价是对企业全部资产的持续经营能力和价值进行估算。从经营者角度来说,通过估价,有利于制定企业价值最大化目标实现的方针和政策;从投资者角度来说,通过估价,有利于判断企业的效率、评估投资的价值并由此决定投资的流向。以上这些都是资产估价理论中所要解决的重要问题。在本章,我们将分别介绍债券和股票的各种价值形式、影响价值的因素、估价的技术方法及其投资决策方法,以及企业整体估价的各种方法及其应用。

第一节　债 券 估 价

一、债券价值的形式

债券是经济主体为筹集资金而发行的,用以记载和反映债权债务关系的有价证券。由企业发行的债券称为企业债券或公司债券。公司债券可以在证券市场上自由流通和转让,因而具有多种价值形式。

(一) 债券的票面价值

债券的票面价值是指公司所设定的本金面额,它表明了公司在到期日对债券持有人应支付的本金额,是计算债券利息的依据。债券的票面价值包括单位面值和面值总额,单位面值是每一债券票面所载的金额,其大小直接影响债券的发行成本及发行数量,从而决定了融资的效果。一般来说,单位面值较小,便于债券发行,但发行费用较大。面值总额是单位面值和发行数量的乘积,它是企业到期偿还本金的最高限额,我国《证券法》规定公司发行的累计债券余额不超过公司净资产的40%。

（二）债券的内在价值

内在价值又称投资价值、公正价值、资本化价值和理论价格，债券的内在价值是指投资者投资债券所能带来的利息收入与收回的面值按照其要求的报酬率进行折现后的现值。这一价值实际上表达了投资者为取得未来的利息和本金收入，目前所能投入资金的最高限额，若债券的内在价值大于或等于购入价格，则表明投资于该债券是可行的，超过或达到了投资者要求的报酬率；反之，若债券的购入价格大于其内在价值，也即为债券投入的资金将超出投资者所能接受的最高限额，则投资者将不会去投资该债券，因为此时投资所获取的预期报酬不能达到其要求的报酬。

债券内在价值主要由两个因子决定：一是债券预期的利息与本金收入，这一收入取决于债券的面值、票面利率、期限、还本付息方式等因素；二是投资者要求的必要投资报酬率，即计算内在价值所使用的折现率，这一折现率一般可以比照具有可比风险的其他金融工具的报酬率来确定。投资者要求的必要投资报酬率往往与息票利率（票面利率）并不相同，这将导致债券的内在价值与票面价值存在差异；若投资者要求的必要投资报酬率高于息票利率，则债券的内在价值低于其票面价值；若投资者要求的必要投资报酬率低于息票利率，则债券的内在价值高于其票面价值。

（三）债券的发行价格

发行价格是指发行企业或其承销机构发售债券所使用的价格，是发行企业发行每一张债券所能筹集到的资金数额。发行时的市场平均利率是发行企业和投资者通过债券达成资金交易的公平标准。发行企业只有以被投资者所认可和接受的市场平均利率确定发行价格，才能吸引投资者，以便顺利发售债券融资。这里的市场平均利率是指债券市场上风险与期限类似债券的平均利率，以此作为折现率对未来的债券利息和本金支出进行贴现，计算债券发行价格。

发行时的市场平均利率与已定的息票利率两者的差异导致债券的发行价格高于或低于票面价值。一般来说，若发行时的市场平均利率低于息票利率，则发行价格高于票面价值，即债券溢价发行；若发行时的市场平均利率高于息票利率，则发行价格低于票面价值，即债券折价发行；如果发行时的市场平均利率等于息票利率，则发行价格与票面价值一致，即债券平价或面值发行。

（四）债券的市场价格

市场价格是指债券在债券二级市场上买进或卖出时的价格，市场价格除取决于债券剩余期限及其现金流量外，更多地受到市场利率变动的影响。由时间价值的原理可知，现值与折现率是反向变动关系，因而市场价格与市场利率也具有高度的负相关关系，并且债券剩余期限越长的债券，其市场价格对市场利率的敏感程度越强。市场利率的变化会引发债券的利率风险，导致债券价值与价格的波动，主要有以下两点变动规律：

(1) 市场利率上升导致债券市场价格下降，市场利率下降导致债券市场价格上升。

(2) 长期债券的市场价格对市场利率的敏感性会大于短期债券。在市场利率由低向高变动时，长期债券价格的下降幅度远高于短期债券；反之，在市场利率由高向低变动时，长期债券价格的上升也远大于短期债券。也就是说，债券期限越长，对利率变动的反应越灵敏，承担的利率风险越大，这就是长期债券利率高于短期债券的原因。

二、债券价值的估算

不管是发行企业发行债券融资，还是投资者进行债券投资，首先遇到的问题就是债券价值是多少，是否能够顺利融资，是否值得投资。因此应采用合理的方法对债券的价值进行估算。根据时间价值原理，当前债券的价值是按照一定的折现率对未来的利息收入（或支出）及收回（或付出）的本金进行折现的现值。由现值计量模型可知，债券价值的高低主要取决于债券的预期货币收入和折现率等因素。债券价值与折现率这一最为“活跃”的因素呈反向变动关系，选定的折现率越大，债券价值越小；在计算债券价值时，不同的债券价值形式适用的折现率不同。如前所述，投资者评估债券价值以其要求的必要投资收益率作为折现率；发行企业采用发行时的市场利率来确定发行价格；债券在二级市场上的交易价格依据交易当时的市场利率来确定。债券价值还与债券的预期货币收入（或支出）高度正相关，债券的预期货币收入主要包括债券存续期间内支付的利息和收回的票面金额。在债券其他条件相同时，不同的还本付息方式也会导致债券预期收入（或支出）具有不同的时间分布，从而形成不同的债券价值及其估价模型。以下分别根据债券的还本付息方式和不同的价值形式对债券的估价作一介绍。

（一）债券估价基本模型

一般来说，多数债券采用分期支付利息，到期支付面值的做法，并且对债券的估价多以债券的内在价值为代表。因此，债券估价的基本模型应体现在对债券每期支付的利息和到期支付的一笔面值求得现值，这一现值即为债券的内在价值。我们可以推导出债券内在价值的基本公式为：

$$V_b=\sum_{t=1}^{n}\frac{I_t}{(1+R)^t}+\frac{M}{(1+R)^n} \tag{14.1}$$

式中 V_b 为债券内在价值；I_t 为各期利息；M 为面值；R 为折现率（表现为投资者要求的必要投资报酬率）；n 为债券的期限。

在实际经济生活中，债券除了采用分期付息，到期还本的方式外，还可以有其他的还本付息方式和计息方式，下面择其主要的方式予以介绍。

（二）不同还本付息条件下的债券估价模型

1. 一次还本付息、不计复利的债券估价模型

$$V_b=\frac{M+M\cdot i\cdot n}{(1+R)^n} \tag{14.2}$$

式中，i 为票面利率；n 为付息期数。

［**例 14－1**］　某企业拟购买一种利随本清的企业债券，面值 800 元，期限 6 年，票面利率 8%，不计复利，该企业要求的必要投资报酬率为 10%。该债券投资价值为多少？若该债券的市场价格为 700 元，能否进行投资？

$$\text{债券投资价值：}V_b=\frac{800+800\times 8\%\times 6}{(1+10\%)^6}=667.78(\text{元})$$

因债券价格 700 元高于投资价值 667.78 元，企业不应该购买。若购买该债券，则预期报酬率将低于必要报酬率 10%。

2. 每期付息一次、复利计息，本金到期收回的债券估价模型

$$V_b = I \cdot (P/A, R, n) + M \cdot (P/F, R, n) \tag{14.3}$$

式中，I 为每期的利息；$(P/A, i, n)$ 为年金现值系数；$(P/F, i, n)$ 为复利现值系数。

［**例 14－2**］　某企业拟发行债券，其面值为 1 000 元，期限 20 年，债券每年付息一次，到期一次还本，已定的票面利率为 $i=10\%$。据预测，正式发行时债券市场的平均利率有三种可能情况，分别是 8%、10%、12%。问：针对这三种情况，该企业拟定的发行价格为多少，才能被投资者所接受。

根据已知条件：$I=1\,000\times10\%=100$(元)。

(1) 当 $R=8\%$ 时，发行价格应定为：$V_b=100\times(P/A, 8\%, 20)+1\,000\times(P/F, 8\%, 20)=1\,196.80$(元)。债券的发行价格高于面值，即溢价发行。这是因为市场利率低于票面利率，投资者以高于面值的价格购买也能保证预期投资报酬率达到市场平均利率水平，投资者支付的溢价用以抵补发行企业以高于市场利率计算的利息支出。

(2) 当 $R=10\%$ 时，发行价格应定为：$V_b=100\times(P/A, 10\%, 20)+1\,000\times(P/F, 10\%, 20)=1\,000$(元)。债券的发行价格等于面值，即平价发行；这是因为市场利率等于票面利率，投资者按面值购买债券的预期报酬率与市场平均利率水平持平。

(3) 当 $R=12\%$ 时，发行价格应定为：$V_b=100\times(P/A, 12\%, 20)+1\,000\times(P/F, 12\%, 20)=850.90$(元)。债券的发行价格低于面值，即折价发行；这是因为市场利率高于票面利率，投资者只有以低于面值的价格购买债券，其预期投资报酬率才能达到市场平均利率水平，投资者少支付的价款(折价)为发行企业弥补给投资者以低于市场利率计算的利息收入的损失。

根据例 14－2，债券发行价格与市场利率和票面利率的关系可用图 14－1 予以描述。

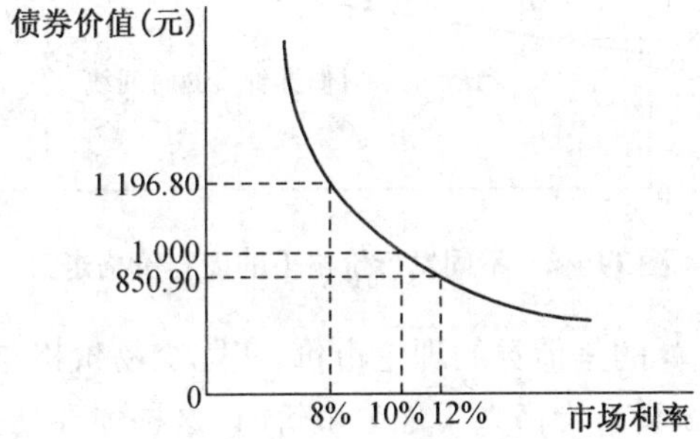

图 14－1　市场利率与债券价值的关系

在例 14－2 的计算中，我们假定不同时期的债券现金流量所用的折现率均等同于发行时的市场平均利率。事实上，根据利率的期限结构理论，现金流量发生得越迟，不确定性程度越高，所用的折现率也应越大。债券在一级市场发行后，将进入二级市场上市流通，在债券上市后债券的存续期间里，市场利率可能保持与发行时的市场利率相同，也可能发生变化。对于当初折价、溢价或平价发行的债券，若上市后，市场利率仍保持在发行时的市场利率水平，则折价发行的债券价格将随到期日的临近而逐步上升，但不会超过面值，只是在到期日才等于面值；而溢价发行的债券价格将随到期日的临近而逐步下降，但不会低于面值，也只是在到期日才下降到正好等于面值；平价发行的债券在债券存续期间内，仍保持面值的价格不变(参见图 14－2)。事实上，在较长的债券存续期间里，市场利率会发生一定的变化，市场利率比债券发

行时下降，可能会使当初折价发行的债券价格上升，超出面值；市场利率比债券发行时上升，也会使当初溢价发行的债券价格下降至面值以下；当初平价发行的债券的价格也将不再维持在面值水平上。必须注意，无论实际生活中债券的价格如何随市场利率的变化而起伏不定，债券的价格都会随着到期日的日渐来临而逐渐趋近于面值，除非发债公司在债券尚未到期时就已破产，从而使债券价格大大低于面值甚至降为零。

［**例 14－3**］ 沿用例 14－2 的资料，① 假定债券上市后的市场利率仍与发行时的市场利率相同，以折价发行的债券为例，该债券上市两年后仍为 12％的市场利率，债券的存续期还有 18 年，则 2 年后的债券市价为：$V_b=100\times(P/A,12\%,18)+1\,000\times(P/F,12\%,18)=855$（元），债券价格比之发行时上升近 5 元。同理可算得，溢价发行的债券价格在上市后比发行时下降，而平价发行的债券价格在上市后仍为面值。在债券存续期内市场利率不变，并与发行时保持一致的情形下，债券价格的变化情况可用图 14－2 来表示。② 假定债券上市后的市场利率发生变化，与发行时的市场利率不等，以溢价发行的债券为例，该债券上市 3 年后市场利率上升至 13％，债券的存续期还有 17 年，则 3 年后的债券市价为：$V_b=100\times(P/A,13\%,17)+1\,000\times(P/F,13\%,17)=798$（元），债券价格比之发行时下降近 400 元，跌至面值以下；同理可算得，当初折价或平价发行的债券价格在上市 3 年后也将降至 798 元，只是价格的下降幅度低于溢价发行的债券。

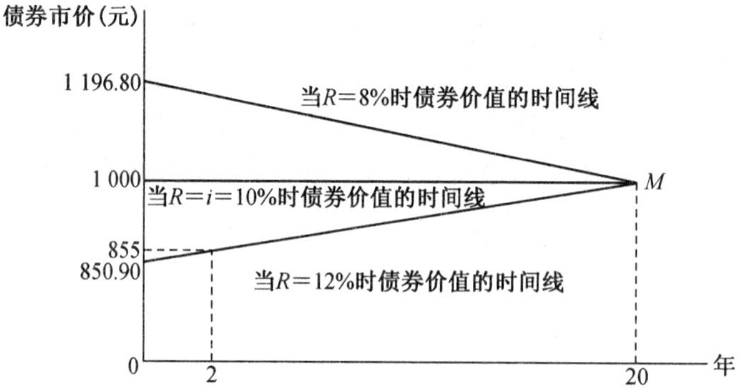

图 14－2 不同发行价格下的债券价格走势

需要说明的是，以上计算的是债券的理论市价，实际交易价格与该理论市价的差异决定了投资者的买卖行为。当实际交易价格大于理论市价时，这种债券则被高估，投资者可考虑将持有的债券出售，以赚取价差收益；反之，实际交易价格小于理论市价时，应购入被市场低估的债券，以便获得高于市场利率的预期收益。

3. 贴现发行的债券估价模型

贴现发行的债券也称零息票债券，该债券没有票面利率，债券存续期内不计利息，到期按面值偿还，其价值为到期面值的贴现值。债券持有人获取的收益总额为面值与面值的贴现值之间的差额。这种债券的估价模型为：

$$V_b=M\cdot(P/F,i,n) \tag{14.4}$$

［**例 14－4**］ 某债券面值为 1 000 元，期限为 6 年，以贴现方式发行，期内不计利息，到期按面值偿还，发行当时市场利率为 6％。该债券的发行价格至多为多少，才能保证发行成功？

由(14.4)式得：$V_b=1\,000\times(P/F,6\%,6)=1\,000\times0.705=705$（元）。如果债券发行价格

不高于 705 元,投资者就会积极认购,这样才能基本保证债券发售成功。

以上我们以三种还本付息方式为例,介绍了债券的内在价值、发行价格和市场价格的估算,当然债券的还本付息方式远不止以上三种,不同的还本付息方式,债券的估价模型也不尽相同,但计算原理和方法是一致的,即运用货币时间价值的原理和现值计算的方法,按照一定的折现率对债券存续期内的本金和利息贴现,所得现值即为债券的价值。

从投资者角度来说,对债券价值的评估旨在获得投资决策的相关信息,决定是继续持有,还是出售债券,抑或准备购入债券。债券投资决策的基本方法有两种:一是净现值(*NPV*)法。净现值的公式表示为:

$$NPV = V_b - C \tag{14.5}$$

式中,V_b 为债券的内在价值,其计算同前文所述;C 为债券的投资成本(主要表现为债券的市场价格);NPV 为债券的净现值,是债券的内在价值和投资成本之间的差额。

该方法的决策标准为:$NPV \geqslant 0$,投资该债券是可行的;反之,$NPV < 0$,则不应投资。

［**例 14－5**］　沿用例 14－4 的贴现债券举例,假定某一投资者要求的必要报酬率与发行当时市场利率(6%)一致,则投资者对该债券的评估值(V_b)同理可算得为 705 元,再假定该新发债券的售价为 710 元,该投资者能否进行投资?

$NPV = V_b - C = 705 - 710 = -5$(元),因为 $NPV < 0$,则该投资者不应投资。若投资,投资者在债券上的预期所得的现值(705 元)不够补偿当初购买债券的支付(710 元),尚欠 5 元。

假定该债券已上市流通,投资者也已持有,当评估值为 705 元,二级市场的售价为 710 元时,说明该债券价值高估,投资者可选择出售该债券,以赚取资本利得。

另一种方法是内含报酬率(*IRR*)法。把债券投资的内含报酬率和投资者基于当时市场情况和债券特性分析得出的认为合适的必要投资报酬率相比较,通过比较作出投资选择。

首先要计算投资者投资某一债券的内含报酬率,如果我们知道债券的市场价格,每年支付的利息、债券面值,以及债券到期的年数,则我们可以求出债券的内含报酬率,其计算公式为:

$$P = I \cdot (P/A, {\scriptstyle IRR}, n) + M \cdot (P/F, {\scriptstyle IRR}, n) \tag{14.6}$$

式中,P 为债券的市场价格;IRR 为投资债券的内含报酬率(也称预期报酬率)。

计算内含报酬率 IRR 就是根据(14.6)式求解贴现率,其计算过程颇为复杂。在实践中,通常采用一种简化的程序来估算,这就是所谓的内插法,或称插值法。其主要计算过程为:首先任意选择一个折现率来计算债券收入流量的现值,并将其与 P 比较。如果得出的现值大于 P,则提高假定折现率的水平并重新计算;若得出的现值小于 P,则降低假定折现率的水平并重新计算。这样,经过几次计算,每次得出的现值必然向 P 逼近,最后得出的最接近 P 的两个现值,然后运用内插法求得折现率,就是该债券的内含报酬率。

［**例 14－6**］　某企业拟发行债券,其面值为 1 000 元,期限 20 年,债券每年付息一次,到期一次还本,已定的票面利率为 $i = 10\%$。 正式发行时债券市场的平均利率为 8%,发行价格定为 1 100 元。问:① 如果按此价格发行该债券,债券的内含报酬率为多少? ② 若投资者的必要投资报酬率为 10%,是否能进行该项投资?

求内含报酬率:

$$1\,100=1\,000\times10\%\times(P/A,_{IRR},20)+1\,000\times(P/F,_{IRR},20)$$

折现率以 8%代入上式等式右边得出：1 196.80 元，大于 1 100 元，说明折现率取值过小；再以折现率为 9%代入上式等式右边得出：1 090.90 元，小于 1 100 元，1 090.90<1 100<1 196.80，说明 8%<*IRR*<9%。运用内插法可求出：

$$(1\,196.80-1\,100)/(1\,196.80-1\,090.90)=(8\%-IRR)/(8\%-9\%)$$

IRR =8.914%，该债券的内含报酬率为 8.914%。

内插法比较复杂，可用下面的简便算法求得近似值

$$IRR=\frac{I+(M-P)/n}{(M+P)/2} \tag{14.7}$$

式中，分母代表平均的资金占用；分子为每年的平均报酬。

例 14－6 数据代入(14.7)式得：

$$IRR=\frac{100+(1\,000-1\,100)/20}{(1\,000+1\,100)/2}=9.047\%$$

利用内含报酬率与必要报酬率的对比关系进行决策时，应当根据如下标准来选择：如果债券的内含报酬率高于必要报酬率，这种债券则被低估，适合于投资者购买；相反，如果内含报酬率低于必要报酬率，这种债券则被高估，不适宜进行投资，而适合于投资者出售。本例中，因为 *IRR* 小于 *R*，也即投资者的内含报酬率(8.914%)没能达到其必要报酬率的要求(10%)，所以该债券不宜投资。

值得注意的是，用来进行债券投资决策的这两种方法具有内在的一致性：当用第一种方法计算出的净现值大于零时，用第二种方法计算出的内含报酬率必然大于必要报酬率，这种债券则被低估，适合于投资者购买；相反，当用第一种方法计算出的净现值小于零时，用第二种方法计算出的内含报酬率必然小于必要报酬率，这种债券则被高估，适合于投资者出售。

第二节　股 票 估 价

一、股票价值的形式

股票是股份公司为筹措股权资本而发行的有价证券，是持股人拥有公司股份的凭证。股票的种类很多，可按不同的标准分类。最基本的分类是按股东的权利和义务将股票分为普通股与优先股。

普通股是公司发行的代表着股东享有平等的权利、义务，不加特别限制，股利不固定的股票；优先股是公司发行的优先于普通股股东分取股利和公司剩余财产的股票。

与债券投资一样，不论投资普通股，还是投资优先股，投资者均需要对股票的投资价值进行估算。尽管股票价值受多种因素的影响，但股票价值与公司的盈利能力、股利水平和风险及其公司成长性等因素存在一定的函数关系。与债券估价相同，股票投资价值也是基于一系列未来现金流量的现值。这一系列未来现金流量包括股票持有期间的股利现金流量和将来出售

股票的价款收入。相比于优先股,由于投资普通股股利收入不稳定,普通股价格波动大,剩余索取权后于优先股,因而普通股的投资风险要高于优先股,投资者对普通股比优先股将要求更高的必要投资报酬率。而优先股先于普通股取得股利,尽管股利水平较低,但相对稳定。普通股与优先股的这些差异,将影响股票价值模型中各项因子的估计,在对普通股和优先股估价时,必须加以区分,并引起特别注意。

普通股与优先股(以下统称股票)的价值形式主要有以下几种。

(一)股票的票面价值

股票的票面价值又称为面额或面值,是指公司发行股票的票面上载明的每股金额。面值可用总股本金额除以总股数求得。其作用在于表示每股原始投资额,作为计算优先股股利的依据,形成保护债权人的股本基础。

(二)股票的内在价值

与债券相同,股票的内在价值又称为投资价值、公正价值、资本化价值和理论价格。投资者购入股票可在预期的未来获得现金流入,该现金流入包括两部分:每期的预期股利和出售股票时的价格收入。因此投资者评估股票的价值是按照其要求的必要投资报酬率对预期未来的现金流入计算现值,据此,股票内在价值的基本模型为:

$$V=\sum_{t=1}^{n}\frac{D_t}{(1+K_S)^t}+\frac{P_n}{(1+K_S)^n}$$

式中,V 为股票内在价值;D_t 为股东在年末预期收到的股利;P_n 为在 n 年末的预计股票价格;n 为股票预计持有期数;K_S 为折现率。

该模型在实际应用时关键是要预计未来每年的股利和选定折现率。每年股利的多少取决于每股净利和股利支付率两个因素,股票价值的基本模型要求对未来各年的股利(D_t)进行预计,实际中很难做到。对此应用模型简化,假定每年股利固定($D_t=D$)或按固定的年增长率(g)增长股利等,并假定投资者永久地持有股票(也即令 $n\to\infty$)。投资者评估股票的投资价值所采用的折现率应当是其要求的最低必要报酬率,这一报酬率可用四种方法来确定:一是根据历史上股票的长期平均报酬率来确定;二是在债券的报酬率的基础上,加上股票风险高于债券的那部分额外风险报酬率来确定;三是直接使用股票的市场平均利率,因为市场利率是投资者投资股票的机会成本,其要求的报酬率一般不低于市场利率;四是运用资本资产定价模型,已知市场利率、无风险报酬率和某种股票 β 系数等条件,就可求得该种股票的必要投资报酬率。

股票内在价值与股票市价不同,股票内在价值决定了股票市价的高低,除内在价值外,股票市价还受到其他众多因素的影响,价格与价值有较大程度的背离。而债券价格围绕其价值上下波动的幅度远远小于股票。

(三)股票的账面价值

股票的账面价值一般是指普通股的账面价值,它是按账面计算的每一普通股份的资产,是普通股股东实际拥有的资产权益,账面价值也称为普通股每股权益,可用下列公式计算:

普通股每股账面价值=(公司资产净值 — 优先股本)/ 流通在外的普通股股数

=(普通股本 + 资本公积 + 留存收益)/ 流通在外的普通股股数

由上式可以看出,普通股每股账面价值与票面价值相差较大,且账面价值一般也不等于市场价格,相比于账面价值,市场价格的影响因素更多,波动更为频繁。

（四）股票的发行价格

股票发行价格是指股份公司在募集股本或增发股票时，公开向特定或非特定投资者出售股票所采用的价格。股票发行价格通常根据公司每股收益、行业市盈率、每股净资产、股市行情和竞价等因素综合决定。

股票发行价格包括首发价格、配股价格、增发价格和转换价格等。目前，我国上市公司股票发行价格的确定逐步采用市场决定机制，通过向机构投资者询价的方式以及由全体投资者竞价的方式确定股票发行价格。我国有关法律规定，股票发行价格不得低于票面价值（折价）。

（五）股票的市场价格

股票市场价格是指股票上市进入二级市场转让时的交易价格。股票进入市场时间越长，股票市场价格就越会有较大波动，有时与股票的内在价值相差几倍乃至几十倍。股票市场上的价格分为开盘价、收盘价、最高价和最低价等，投资者在进行股票评价时主要使用收盘价。

除了股票预期的未来现金流量与折现率以外，股票的市场价格还受到公司内部因素和外部因素的影响。公司的内部因素主要包括公司的发展前景、市场占有率、财务状况和财务结构、股利政策、公司信誉、预期的盈利状况等，这些因素只会影响特定公司的股价，而不会影响整个股票市场；但公司外部因素的变动则会影响整个股票市场，引起股票的系统风险。公司外部因素主要包括：政治因素、经济因素、市场因素和投资者心理因素等。

（六）股票的清算价格

在公司解散清算时，优先股股东的求偿权先于普通股股东。优先股的清算价值是指当公司停止经营时，在处置各项财产，清偿各种债务后，支付给优先股股东求偿权的现金数额。

普通股的清算价值则是指支付完优先股股东的求偿权之后，分配给普通股股东每一股份的剩余财产价值。理论上，清算价值应等于账面价值，但由于清算费用及处置财产的价格与账面价值存在差异，导致清算价值与账面价值往往难以保持一致，通常每股清算价值都小于其账面价值，这也是普通股投资风险的表现。

二、股票价值的估算

（一）短期持有股票，未来准备出售的股票估价模型

实际中大部分投资者并不准备永久持有某种股票，而是在一段时期后将股票出售转让，以获取价差收益。于是，投资者的未来现金流量就包括股利和股票转让的价款收入。股票的价值为投资者股票持有期间内各期股利的现值与出售价款收入的现值之和。投资者短期持有股票的估价可以直接运用上述股票估价的基本模型。

[例 14－7] A 公司拟购买 J 公司的股票，预计 4 年后出售时每股可获得 25 元，该股票在 4 年中每年每股可得股利 1.5 元，A 公司的必要投资报酬率为 16%，则 A 公司对 J 公司股票的价值计算如下：

$$V = 1.5 \times (P/A, 16\%, 4) + 25 \times (P/F, 16\%, 4) = 18(\text{元})$$

（二）长期持有股票、股利稳定不变的股票估价模型

该估价模型是假定投资者永久地持有某种股票，并假定发行公司发放给股东的股利是一系列等额的股利流量直到永远。也就是假设股利为零增长，各期股利相等，股票预计持有期数 n 趋于无穷大。如果已知去年某只股票支付的股利为 D，那么今年以及未来所有年份将要收

到的股利也都等于 D，即：

$$D_1 = D_2 = \cdots = D_t \equiv D$$

很显然，此状态下的股票为投资者提供的未来现金流量等于一笔终身年金。此时各年的股利 D_t 均为一固定常数 D，对于长期持有某种股票的股东而言，股票的价值就是永续股利年金的现值。因此，将 $D_t \equiv D, n \to \infty$ 代入上面的股票价值基本模型，可得到以下公式：

$$V = \sum_{t=1}^{\infty} \frac{D}{(1+K_S)^t} + \frac{P_n}{(1+K_S)^{\infty}}$$

因为：$\frac{P_n}{(1+K_S)^{\infty}} \to 0$，所以：

$$V = D/K_S$$

［**例 14－8**］　某公司每年均发给股东每股股利 8 元，股东投资该种股票并准备长期持有，股东的最低必要报酬率为 10%，问：① 该种股票的每股价值为多少？② 若该股票的市价为 83 元，则该股票是否适合投资者投资？

(1) $V = D/K_S = 8/10\% = 80$(元)

(2) 与项目投资决策和债券投资决策相似，可以用净现值法和内含报酬率法来进行股票投资的决策。

股票价值 V 和 $t=0$ 时的股价 P 之间的差额，就是净现值 NPV，用公式表示为：

$$NPV = V - P = D/K_S - P$$

当 $NPV > 0$ 时，表示股票的价值被低估，此种股票值得投资；当 $NPV < 0$ 时，表示股票的价值被高估，此种股票不值得投资。本例中：$NPV = 80 - 83 = -3$(元)，表明该公司股票不值得投资。

内含报酬率就是令投资的净现值为零时的折现率，令 $NPV = 0$，并将计算 V 的折现率 (K_S) 换成需计算的内含报酬率 K^*，用公式表示为：

$$0 = D/K^* - P$$

将公式变形即为：

$$K^* = D/P$$

将内含报酬率 K^* 和股票的最低必要报酬率 K_S 相比较：当 $K^* > K_S$ 时，表明股票的预期报酬率将高于最低必要报酬率，股票的价值被低估，该种股票值得投资；当 $K^* < K_S$ 时，表明股票的预期报酬率不能达到最低必要报酬率的要求，股票的价值被高估，该种股票不值得投资。本例中，$K^* = 8/83 = 9.64\%$，说明该种股票的预期报酬率(9.64%)不能达到最低必要报酬率(10%)的要求，不适合投资者购买。

现实中普通股各期的股利难以保持一致，对于普通股来说，无限期支付固定量股利的假设过于苛刻，这一假设与实际情况有较大的偏差。因此，长期持有股票、股利稳定不变的股票估价模型运用于普通股的估价受到很大的限制。但对于优先股价值的确定而言，这种模型是适用的，因为大部分优先股是非参加优先股且股息率是固定的，这意味着不论公司盈利高低，优先股的每股股息都固定不变，而且只要公司不破产，这样的股息可能永远支付下去。

（三）长期持有股票、股利固定增长的股票估价模型

对于长期持有股票的投资者来说，他期望发行公司支付的股利能够逐期不断地增长。我们假设发行公司预期未来经营状况看好，其支付的股利随公司未来盈利的增长而呈逐期增长的趋势，假定股利每期按一个不变的增长率 g 增长，最近一期支付的股利为 D_0，第 1 期支付的股利为 D_1，则在 t 年末时，其股利会增至 $D_t = D_0(1+g)^t$，并令 $n \rightarrow \infty$。将上述条件代入股价的基本模型中，得出以下公式：

$$V = \sum_{t=1}^{\infty} \frac{D_0(1+g)^t}{(1+K_S)^t} + \frac{P_n}{(1+K_S)^{\infty}}$$

可推出：

$$V = D_0(1+g)/(K_S - g) = D_1/(K_S - g)$$

按上述计算内含报酬率的方法，令：$NPV=0$，即 $V-P=D_1/(K^*-g)-P=0$，可得内含报酬率（预期报酬率）：

$$K^* = D_1/P + g \tag{14.8}$$

［**例 14－9**］ A 公司拟购买 H 公司的股票，该股票去年每股股利 4.57 元，预计以后每年以 5%的增长率增长，A 公司要求的必要报酬率为 10%，则：

$$V = 4.57 \times (1+5\%)/(10\% - 5\%) = 96(\text{元})$$

如果当时 H 公司股票的每股市价为 90 元，则该股票的每股净现值为：$NPV = 96 - 90 = 6(\text{元}) > 0$，$H$ 公司股票的价值被低估，适合 A 公司购买。即 H 公司股票的市场价格低于 96 元时，A 公司才会购买。

根据(14.8)式求解投资的内含报酬率：$K^* = 4.57 \times (1+5\%)/90 + 5\% = 10.33\%$。投资者预期的报酬率（10.33%）大于最低必要报酬率（10%），同样说明 H 公司股票被低估，适合 A 公司购买。

在应用该模型时，有三点必须说明：

(1) 公司未来支付股利的每期增长率 g，可以通过该公司过去股利平均增长率的历史数据来推断。基于公司股利支付政策的“惯性”假设，只要没有充分的证据来判断未来的股利政策会发生什么变化，投资者就可以获取历史数据的平均值来预计公司未来股利的变化趋势。

(2) 长期持有、股利固定增长的股票估价模型有一个重要的应用假设就是 $K_S > g$。固定增长条件下要求 $K_S > g$，实际上是认为当股利处于固定增长状态时，增长率小于贴现率。就行业整体水平而言，这一假设在一个相当长的时期内（比如 10 年或 30 年中），是符合现实情况的。但单就某个特定公司在特定时段上并不一定严格遵守这一假设，短期内可能出现 $g \geqslant K_S$。显然，当 $K_S \leqslant g$ 时，将会出现 $V \rightarrow \infty$ 或 $V < 0$，这是不符合现实的。对此类公司估值时必须进一步放宽假设条件。

(3) 长期持有、股利稳定不变的股票估价模型可以看成是长期持有、股利固定增长的股票估价模型的一个特例。具体地说，当 $g=0$ 时，将 $g=0$ 代入股利增长条件下的估价模型：$V=D_1/(K_S-g)$，即可得到股利稳定不变条件下的估价模型：$V=D_1/K_S$。

（四）长期持有股票、股利非固定增长的股票估价模型

上面我们假定股利固定不变或固定增长，这都是非常理想的情形。在现实生活中，相当多的公司的股利不固定或并非按固定的增长率增长，几乎每一个公司都会随着其生命周期的起伏而经历各种不同的成长阶段：公司在生命周期的某个阶段，其发展速度较快，形成超速增长的情形，相应的股利发放也呈超速增长的态势；公司超速发展一段时间后，进入正常发展阶段，其股利支付也将放慢速度，转为正常增长。这就使得公司在其生命周期的不同阶段具有不同的股利增长率，也即每股股利的增长率处于变动之中，这种股票我们称之为股利非固定增长股票。

我们假定投资者永久地持有股利非固定增长的股票，一直到发行公司解散清算为止。同时假设公司股利增长分两个阶段：一是从现在时点至 N 时点，每期股利以 g_1 的增长率超速增长，超速增长的期限为 N；二是从若干年后（$N+1$ 时点）开始至无穷的未来，每期股利以 g_2 的增长率正常增长。根据这些条件，我们可以得出以下估价模型：

$$V=\sum_{t=1}^{N}\frac{D_0(1+g_1)^t}{(1+K_S)^t}+\sum_{t=N+1}^{\infty}\frac{D_N(1+g_2)^{t-N}}{(1+K_S)^{t-N}} \tag{14.9}$$

(14.9)式把非固定增长条件下股票的现金流量分成两部分，分别算出它们的现值，然后把它们的现值相加。第一部分是超速增长时期收到的股利现值，包括从时点零直至 N 时点（包含 N）的预期股利现值，把这一现值定义为 V_1：

$$V_1=\sum_{t=1}^{N}\frac{D_0(1+g_1)^t}{(1+K_S)^t} \tag{14.10}$$

而第二部分是正常增长时期的预期股利的现值。它相当于 N 时点股价的现值，设为 V_2。V_2 可以用固定增长条件下的股票估价模型确定：

$$V_2=\sum_{t=N+1}^{\infty}\frac{D_N(1+g_2)^{t-N}}{(1+K_S)^{t-N}} \tag{14.11}$$

根据(14.11)式可推出简化公式：

$$V_2=D_N(1+g_2)/(K_S-g_2)\cdot(P/F,K_S,N) \tag{14.12}$$

在确定了在时点 N 前后的全部股利现值后，把这两部分相加就可以得到非固定增长条件下的股票的估价模型：

$$V=V_1+V_2$$

［例 14-10］　某公司去年每股股利为 1 元，从现在开始三年内预期以 20%的年增长率发放每股股利，从第四年开始其增长率降到正常水平 5%，如果该种股票的必要报酬率（K_S）为 15%，问该股票的价值为多少。

由已知条件：$D_0=1, g_1=20\%, g_2=5\%, N=3, K_S=15\%$。

(1) 计算超速增长时期收到的股利现值：

$$V_1=1\times(1+20\%)\times(1+15\%)^{-1}+1\times(1+20\%)^2\times(1+15\%)^{-2}+1\times(1+20\%)^3\times(1+15\%)^{-3}=3.27(\text{元})$$

(2) 计算正常增长时期的预期股利的现值：

$$V_2 = 1 \times (1+20\%)^3 \times (1+5\%)/(15\%-5\%) \times (P/F, 15\%, 3)$$
$$= 11.94(\text{元})$$

(3) 计算股票的价值:

$$V = V_1 + V_2$$
$$= 3.27 + 11.94$$
$$= 15.21(\text{元})$$

(五) 市盈率法

虽然以上股利现值模型评估股票的价值更为合理,但许多证券分析家却喜欢用另一种更为简便的基于市盈率的方法测算股票的投资价值或市场价格。市盈率,又称价格收益比,用 P/E 表示,计算公式为:市盈率=股票市价/每股收益。市盈率反映投资者愿意为公司的盈利能力付出多大的代价。市盈率可以大致反映股价的高低,是市场对该股票的评估。市盈率也是投资者将所购公司股票的价值与同类公司股票进行比较时最常用的一个指标。通常意义上,一个高的市盈率说明市场认为股票的收益很可能迅速增长,投资者对股票的前景抱乐观态度,愿意支付更多投资成本(代价);一个低的市盈率说明股票未来的预期收益是不景气的,投资者怀悲观失望的心理,不愿意支付较多的投资成本。一般来说,一个具有增长前景的公司,其股票的市盈率较高;反之,一个预期增长有限的成熟公司,其股票的市盈率相对较低。但现实中,投资者可能追涨杀跌,其判断与股价走势背道而驰。举例如下:

[**例 14-11**] 某投资者于某一期末预计:所购买的 *TG* 公司股票在下一期每股收益为 2 元,当前 *TG* 公司的市盈率为 12,预计下期市场对 *TG* 公司股票的评价与当前相比无重大的变化,因此,仍以当前的市盈率来测算下期的股价。根据市盈率的计算公式:股票市价=市盈率×每股收益。*TG* 公司预期股价=12×2=24(元)。

假设与 *TG* 公司同类公司的平均市盈率为 20,且 *TG* 公司的盈利与同类公司平均水平相当,据此可以认为市场对 *TG* 公司的评价不高,或许是 *TG* 公司股票的价值被市场低估。在此情形下,投资者可考虑买进 *TG* 公司的股票,以图未来该股票价值的增值。若未来 *TG* 公司股票的市盈率能够达到同类公司的平均水平,则股价将可能由 24 元上升到 40 元,这一价差收益对投资者来说是相当可观的。反之,如果 *TG* 公司的市盈率高于同类公司平均水平,可能表明市场高估了 *TG* 公司的股票,存在较大的股价下降风险。如果投资者现已持有该种股票可考虑减仓,拟购入一定要小心行事。因此,投资者应重视市盈率这一指标的作用,通过运用市盈率评价股票价值和价格,并将个股与行业板块平均水平进行对比和分析,以充分发掘“价值股”并进行投资,从而达到优化投资组合,增加投资收益,减少投资风险的目的。

第三节 企业整体估价

在经济金融化以后,企业价值已不可能体现为某一单纯的财务指标,仅仅通过报表,也很难判断企业效率的高低。比如,微软的账面净资产仅为通用的 3%,但其市价竟相当于通用的 4 倍。因此,在经济金融化和知识经济条件下,如何评估企业价值,并进而决定经济资源的流向,成为困扰人们的一个新问题。企业价值概念内涵的丰富性和企业价值评估的目的,决定了企业估价方法的多样性。对企业价值的评估应选择适当的评估方法(模型),以便正确反映企业投资价值,合理确定企业产权转让的价格,保证企业产权交易的公平和公正,促使经济资源配置效率的提升。目前实务上常见的对企业价值评估的基本途径有三条:收益途径、资产途径、市场途径。与之对应的基本方法有七种:收益途径主要有现金流量贴现法、股利资本化法和市盈率乘数法;资产途径采用资产基准法;市场途径包括股票市价法、市场比较法及业务分拆法。其中,股利资本化法和市盈率乘数法及股票市价法在股票估价中已经介绍过,本节主要介绍的是企业整体估价的其他几种基本方法。

一、现金流量贴现法

现金流量贴现法是企业价值评估的最为常用的方法。它是根据企业持续经营各年的预计现金净流量,按照一定的折现率所折算的现值作为企业价值(不包括非营运资产的价值)的一种评估方法。其计算公式是:

$$PV=\sum_{t=1}^{n}\frac{F_t}{(1+i)^t}+\frac{V_n}{(1+i)^n}$$

式中,PV 为企业的评估价值;F_t 为第 t 年预期现金净流量;n 为预测期限;i 为折现率;t 为年份;V_n 为预测期期末第 n 年的终值(残值)。

采用现金流量贴现法确定企业的评估价值,关键是正确选择和估算公式中的四个因子,即预测期限 n 的确定;企业各年现金净流量 F_t 的测算;预测期末终值 V_n 的测算;折现率 i 的确定。

1. 预测期限 n 的确定

在通常情况下,评估目标企业价值的预测期限可结合企业的行业性质、经营特点来确定。预测期越长,预测的准确性也就越差。确定预测期限时应考虑的因素有:① 对企业未来各年财务状况、经营成果和现金流量情况所作预测的不确定性程度。一般来说,当逐期预测到某一时期,因现金流量的不确定性程度加大而难以做更进一步的预测时,这一时期就定为预测期限的最后一期。② 在预测期限内,重大的现金流入和流出能合理预测。

2. 各年的现金净流量 F_t 的测算

企业各年的现金净流量是属于所有收益索取权持有人所拥有的累计的现金流量,属于企业的现金流量最一般的形式为"属于企业的自由现金流量"(FCFF,以下简化为 F_t),意指企业经营活动所创造的、可供管理当局自主支配运用的那一部分现金流量,也就是所得税后、自决策资本支出之前的现金流量。

F_t =属于债券持有者的现金流量+属于优先股股东的现金流量+
属于普通股股东的现金流量($FCFE$)

式中:

属于债券持有者的现金流量=利息费用(1-税率)+偿还本金-发行新债

属于优先股股东的现金流量=优先股股利

属于普通股股东的现金流量=净收益+折旧-资本支出-营运资本变动额-
偿还本金+发行新债-优先股股利

以上三式是从企业角度来反映归属于股东和债权人的现金流量。企业给予债券持有者的现金流量是偿还的本金及其实际承担的税后利息支出，但应扣除发行新债所获取的融资额；企业应向优先股股东支付优先股股利这部分现金流量；属于普通股股东的现金流量应是企业经营活动和筹资活动所带来的现金流量（分别是净收益与折旧之和、发行的新债）在满足了债权人和优先股股东的要求权（分别是偿还本金和优先股股利）以及企业的投资支出（资本支出和营运资本变动额）后的那一部分现金流量。

将以上三式代入 F_t 等式右边，得到以下公式：

F_t ＝息税前利润（1－所得税税率）＋折旧－资本支出－营运资本变动额

＝来自经营活动的现金流量－资本支出－营运资本变动额＋利息费用（1－税率）

3. 预测期期末终值 V_n 的测算

企业的终值（残值）是指在持续经营的预期年限终止时，其整体所具有的价值。企业残值的估算方法一般可假定预期年限终止时，企业进入成熟期，其每年现金流量将有一个较稳定的净流入。

（1）如果假定企业自预测期末（第 n 年）开始每年的现金净流量保持不变，并设为 F_n，可采用永续年金进行估算，则终值估算公式为：

$$V_n=\frac{F_n}{i}$$

（2）如果假定企业从预测期末开始每年现金净流量以一个固定比率 g 增长，且一直延续下去，则终值 V_n 估算公式为：

$$V_n=\frac{F_n(1+g)}{i-g}$$

4. 折现率 i 的确定

折现率的确定通常应当以估价资产的市场利率为依据。如果是对公司股票（债券）价值进行估算，折现率可以选择股票（债券）的市场利率。当估价资产所采用的折现率无法从市场上获取，可以使用加权平均资本成本等替代利率估计折现率。

企业整体估价针对的是企业全部资产，且全部资产创造的未来现金流量属于所有收益索取权持有人，则折现率的确定也必须包括所有的融资来源，即按加权平均资本成本来确定。加权平均资本成本是指将企业股权资本成本和债务资本成本按照其在总资本中的比重进行加权平均所得的资本成本。加权平均资本成本的高低取决于所有收益索取权持有人对企业收益及其风险的度量和权衡。其中股权资本成本反映了投资者的预期投资报酬率，该投资报酬率不仅包括无风险投资的报酬率，而且还包括投资者承担投资风险应获得的额外报酬。债务资本成本通常是指长期债务的税后资本成本。在企业公开发行股票和债券的情形下，股权资本成本和债务资本成本的确定应以相应的市场利率为依据。

完成了以上四个关键因素的估算，就可以利用现金流量贴现法计算公式评估企业价值。按照现金流量贴现法，影响企业价值的因素有：未来各期的预计现金流量、折现率（加权平均资本成本）、企业存续期间以及预测期期末终值。因此，从理财的角度而言，通过对这四个因素进行良好的预测与控制，即可达到企业价值最大化的理财目标。

［**例 14－12**］ 2021 年底，海星公司正在考虑收购中强公司，海星公司计划收购完成后，把

中强公司的债务比率从收购前的40%提高到50%。债务资本成本为10%，且不随资本结构变化而变化，收购后的股权资本成本为20%。

下面分步计算海星公司对中强公司价值的估算。

(1) 估计中强公司被并购后预期能给海星公司带来的相关现金净流量(见表14-1)。

表14-1　预计收购中强公司后增加的现金净流量　　单位:万元

项　　目	2022年	2023年	2024年	2025年	2026年
1. 产品销售净收入	49 600	53 600	60 600	67 000	73 100
2. 产品销售成本	35 400	38 500	44 400	50 000	55 100
3. 期间费用(不含折旧)	2 800	3 000	3 200	3 600	3 800
4. 折旧	3 900	4 000	4 100	4 200	4 300
5. 息税前利润(EBIT)	7 500	8 100	8 900	9 300	9 900
6. 利息	1 300	1 300	1 300	1 300	1 300
7. 税前利润	6 200	6 800	7 600	8 000	8 600
8. 所得税(25%)	1 550	1 700	1 900	2 000	2 150
9. 税后利润	4 650	5 100	5 700	6 000	6 450
10. 营业现金净流量①	8 550	9 100	9 800	10 200	10 750
11. 减:追加投资②	2 400	2 500	2 600	2 700	2 800
12. 加:利息(1-税率)	975	975	975	975	975
13. 现金净流量	7 125	7 575	8 175	8 475	8 925③

注:① 营业现金净流量=税后利润+折旧。

② 追加投资是指为增加企业的盈利能力而需要追加的投资，包括年资本性支出和年追加的流动资产投资。

③ 预计2026年以后的现金净流入量将保持为8 925万元。

(2) 估计与上述并购活动的预期现金净流量相对应的折现率。

可利用加权平均资本成本作为风险调整后的折现率(即作为并购方要求的最低投资报酬率)。

$$\text{加权平均资本成本}(i)=50\%\times10\%+50\%\times20\%=15\%$$

(3) 估算中强公司当前的价值，以便确定收购出价策略。

由以上计算公式得出：$V_n=8\,925/15\%=59\,500$

$$\begin{aligned}PV&=7\,125\times(1+15\%)^{-1}+7\,575\times(1+15\%)^{-2}+8\,175\times(1+15\%)^{-3}+\\&\quad 8\,475\times(1+15\%)^{-4}+(8\,925+59\,500)\times(1+15\%)^{-5}\\&=56\,156.53(\text{万元})\end{aligned}$$

由上述分析计算可见，中强公司当前资产的价值经估算为56 156.53万元。如果海星公司的出价不高于56 156.53万元，其收购中强公司的投资净现值将大于零，该项投资将是可行的。

二、资产基准法

资产基准法是通过对企业的资产、负债和商誉进行逐项评估的方式来评估企业价值的一种方法。采用该法时，首先需要对各项资产、负债进行评估，并计算出净资产的公允价值；其次，对企业商誉价值进行评估；最后求出企业的评估价值。计算公式为：

$$企业评估价值=(资产公允价值-负债公允价值)+商誉价值$$
$$=净资产公允价值+商誉价值$$

需要说明两点,一是上式实质上是对企业净资产的评估,如果要对企业全部资产进行估价,上式中的负债公允价值则不应扣除。二是在企业收购活动中,当购买方实际取得对被购买方控制权时,才能对商誉进行确认和计量,也就是说,对商誉价值的评估是企业开展收购业务所必需的。

(一)资产评估标准

采用资产基准法评估企业价值的关键是要选择合适的资产估价标准。目前国际上通行的资产估价标准主要有以下五种。

1. 账面价值

账面价值是指在会计核算中账面所记载的资产价值。这种估价方法不考虑现时市场价格的波动,也不考虑资产的收益状况,因而是一种静态的估价标准。这种估价标准主要适用于该资产的市场价格变动不大或不考虑其市场价格变动的情况。资产的账面价值是按资产的历史成本计算的,该方法具有客观性强、计算简单、资料易获取等优点。但账面上的净值是一种沉没成本,它与企业未来的盈利能力之间的相关性很小或根本不相关,它既不能反映企业的获利能力,也不能真实地反映企业资产的市场价值,因而该方法通常需要与其他评估方法同时使用,并作为比较不同方法评估结果的基础。

2. 市场价值

市场价值是指把该资产作为一种商品在市场上公平竞争,在供求关系平衡状态下确定的价值。从理论上说,该评估标准既可用于评估全部资产,也可用于评估某类或某单项资产,但无论哪种方式,都必须先对企业的每项资产按市场价值进行单项评估。由于单项资产的评估价值之和有时与企业盈利能力以及持续经营的价值之间的相关性程度并不高,使得企业价值往往被低估。因而在评估实务中,该评估标准也通常要与其他评估标准结合使用。

3. 清算价值

清算价值是指在公司出现财务危机而破产或歇业清算时,把公司中的实物资产逐个分离而单独出售时的资产价值。清算价值是在公司作为一个整体已丧失增值能力情况下的一种资产估价方法。当公司的预期收益令人不满意,其清算价值可能超过了以收益资本化为基础的价值,公司的市场价值已不依赖于它的盈利能力,这时以清算价值为基础来评估公司的价值可能更有意义。清算价值一般通过市场调查,搜集与被评估资产相同或类似资产的拍卖清算资料,并依此来评估资产的清算价值。如果不能在市场上找到相关的资产拍卖清算资料,那么就只能依据历史成本相关资料来确定资产的评估值。

4. 续营价值

续营价值与清算价值相反,是指公司资产作为一个整体仍然有增值能力,在保持其继续经营的条件下,以未来的收益能力为基础来评估公司资产的价值。由于收益能力是在众多资产组合运用的情况下才可能产生,因此续营价值标准更适用于公司整体资产的评估。

5. 公平价值

公平价值是在企业未来持续经营的情况下,以其所有资产所产生的预期收益的贴现值作为评估企业价值的一种评估标准。它同时反映了续营价值和市场价值两种评估标准的基本要求。公平价值把市场环境和企业未来的经营状况同企业资产的当前价值联系起来,因而非常适用于并购时对企业价值的评估。

以上五种资产评估标准各有不同的侧重点，因而也就各有其适用范围。就公司收购而言，如果收购目标公司的目的在于其未来收益的潜能很大，那么公平价值就是一个重要的标准；如果收购企业的目的在于获得某项特殊的资产，那么以清算价值或市场价值为标准可能是一个恰当的选择。

（二）企业资产、负债公允价值的确定和评估

首先要确认资产和负债。资产和负债的确认主要是通过财产清查来完成，要检查企业账面记录是否完整和正确，并要核实实物资产是否账实相符和债权债务的实际数额。

其次进行资产评估，确定其公允价值。评估主体可以委托独立的专业资产评估机构对被评估企业的资产、负债进行评估。评估后的企业价值应得到有关各方的同意和确认。评估后的资产公允价值减去负债的公允价值，就是可辨认净资产公允价值。

（三）企业商誉的确认和评估

在公司并购活动中，对被收购企业价值的评估，不能忽视其业已形成的企业商誉。超过公司净资产价值的续营价值被视为一种无形资产，称为商誉。商誉一般可理解为由令人崇拜的公司形象、良好的顾客关系、较高的雇员道德水准和其他能转化成增加企业高于正常盈利能力的各种因素而形成的无形资产。但这种无形资产没有独立的市场或清算价值，很少在会计中反映出来。一般只有在企业收购时才出现。这时，收购方除了要对被收购方的可辨认净资产支付价款外，还应对被收购方的商誉付出一定的代价，这一代价是分享商誉的预期超额利润所必需的。

正是由于商誉具有上述特点，应运用专门方法来确认和评估它的价值。确定商誉价值的一种比较合理的方法是折现超额收益法。折现超额收益法是将未来若干年内从企业所获得的超额收益折现为现值，来作为商誉的价值。商誉价值也可以采用"倒扣"的方法进行确定，即用购买方支付的合并成本减去合并中取得的被收购方可辨认净资产公允价值份额，将这一正值差额确认为商誉。

三、市场比较法

市场比较法是指存在证券市场的条件下，以参照可比企业的股价或有关财务数据计算出某一财务比率作为乘数，来估算企业价值的一种评估方法。如对某一企业的价值估算，可将这家企业的有关比率如市盈率、价格/账面价值比率等与可比较企业的相应比率进行比较，基本上可判断企业的价值在市场上是被低估还是高估了。该法主要适用于评估非上市公司或交易不活跃的上市公司价值。市场比较法以可比公司的股价或市场价值等作为企业价值评估的参照标准，评估方法简便。在证券市场上，当可比较企业的数量足够多时以及市场可对企业进行正确定价时，运用各种乘数或比率可很快地对企业价值作出估价。但这种方法可能被误用，一是选择"可比较企业"有一定的主观性，二是市场对"可比较企业"的定价或高或低，会影响到估价结果的科学性。

下面以公开交易公司股价为比较标准，具体说明市场比较法的应用及评估步骤。

(1) 选择参照公司。选择原则是参照公司应在经营业务和财务特征两个方面与企业相似，即具有可比性。如果找不到基本相似的参照公司，可找出一组参照公司，其中一些参照公司在经营业务方面与企业相似，另一些参照公司则在财务特征方面与企业相似。

(2) 选择和计算财务比率(乘数)。在市场比较法中，企业价值评估所采用的乘数有两大类：① 股权乘数。它是根据参照公司的普通股每股市价计算确定的财务比率，包括市盈率、市价总额对现金净流量的比率、市价总额对有形资产账面价值的比率等。② 总资本乘数。它是根据参照公司的股东权益的市场价值及其尚未清偿的负债计算确定的财务比率，包括总资本对 EBIT 的比率、总资本对息税前现金净流量的比率、总资本对有形资产和负债的账面价值之和的比率等。由于总资本乘数考虑了负债对公司价值的影响，因此更具有使用价值。在具体价值评估实务中，可根据企业的经营业务和财务特征选择财务比率(乘数)。

(3) 根据确定的乘数估计企业价值。为了提高评估准确性，首先根据多项乘数分别估算企业初步评估价值，然后对各项乘数估算出多个企业初步评估价值赋以权数，求出企业的最终评估价值。计算公式如下：

$$IV_t = M_t \cdot F_t$$

$$PV = \sum_{t=1}^{n} IV_t \cdot \omega_t$$

式中，IV_t 为根据第 t 项乘数计算的企业初步评估价值；M_t 为第 t 项乘数；F_t 为与第 t 项乘数对应的企业的财务数据；PV 为企业的最终评估价值；ω_t 为第 t 项乘数的权数；n 为所选择乘数的总项数。

采用市场比较法估算企业价值时，还应注意以下几点：① 企业的财务数据(F_t)必须与乘数(M_t)相对应并保持一致。有时为了与乘数一致，还需要对企业的财务数据进行适当调整。② 用股权乘数评估的价值是企业股东权益市场价值的估算数；而用总资本乘数评估的价值则是企业包括股东权益和负债在内的总资本的市场价值的估算数。③ 对各企业初步评估值(IV_t)赋予的权数，应体现各乘数对企业价值的影响程度。即对企业价值影响大的乘数，依据该乘数所计算的企业初步评估值的权数就大；反之，对企业价值影响小的乘数，依据该乘数所计算的企业初步评估值的权数就应适当小些。

四、业务分拆法

在激烈的市场竞争中，多元化经营能够分散经营风险，从而成为企业发展的一种选择。对于这些业务多元化的企业价值评估，一般采用业务分拆法。所谓业务分拆法，是指对业务多元化的企业，先分别评估其每一个业务部门的价值，然后加总计算其价值总额的一种评估方法。该方法认为跨行业经营的企业各部门业务价值之和可能高于其整体的当前总价值。业务分拆法的关键在于找到与多元化经营的企业各部门可比的样本公司和合适的估价比率。该法评估过程包括以下三个步骤：

(1) 分析企业业务所涉及的不同行业，寻找各项业务所属行业的专营公司，并据此计算某些平均估价比率，如市价总额与销售收入的比率、市价总额与总资产的比率、市价总额与净收益的比率等。

(2) 将得到的各项估价比率分别乘以企业相应的销售额、资产总额和净收益等，即可得到多元化经营的企业各业务部门的按不同估价比率下计算的理论市场价值，并在此基础上，汇总每一估价比率下各业务部门的理论市场价值之和，即可得到企业的多个理论市场价值。

(3) 计算上述各项估价比率下所得到的企业的多个理论市场价值的平均值，即可得到企业的分拆加总价值。

本章小结

债券的价值是按一定的折现率对未来的利息收入(或支出)及收回(或付出)的本金进行折现的现值。债券价值主要受到债券面值、票面利率、期限、还本付息方式、计息方式以及估价所用折现率的影响。在这些影响因素中,不同的还本付息方式与计息方式将导致不同的债券估价模型,而折现率是引起债券价值和价格变动的最为活跃的因素。对不同价值形式的债券价值进行估价,适用的折现率不一,对此应予以关注。债券估价往往以市场利率作为一个合适的折现率来使用,债券价值与市场利率呈反向变动关系,市场利率与票面利率的大小对比关系,决定了债券价值是高于面值,还是低于面值,抑或与面值持平。估算债券的价值是为了进行投资决策和融资决策,通过对比债券内在价值与债券市场价格的大小关系,可以进行投资的选择;另外,投资者也可以通过计算债券投资的净现值,或计算债券投资的内含报酬率,判定债券价值是高估,还是低估,据此从出售、购买、持有等方式中作出合理的选择。

与债券相似,股票的价值形式也有多种,主要有股票的票面价值、股票的内在价值、股票的账面价值、股票的发行价格、股票的市场价格和股票的清算价值等形式。其中股票的内在价值是股票持有期间内各期股利的现值与出售价款收入的现值之和,即通过股利折现法来估算,公司股利发放的情况和投资者持有股票的期间决定了股票估价模型的具体形式。本章我们重点介绍了基于股利折现法的四种估价模型。股票的内在价值以及市场价格也可以运用市盈率进行测算。相比于债券估价,利用股价模型计算股票的投资价值或市场价格,其估价的准确性受到更多的质疑。这是因为股价的高低虽然受到股价模型中的有关因子的影响,但股价的影响因素众多,远非这几个因子所能代表,有时模型以外的因素对股价的影响可能更大、更为重要。股票的投资决策方法和标准与债券相同,净现值法和内含报酬率法同样适用于股票投资决策。

企业整体价值的评估方法多种多样,评估主体应根据评估的目的及其企业价值的内涵合理选择评估方法,实务中单纯采用一种方法较难得出正确的评估结果,往往需要多种方法结合使用,并通过比较才能得到较为理想的评估结果。本章主要介绍了收益途径下的贴现现金流量法、资产途径下的资产基准法和市场途径下的市场比较法及业务分拆法。当今企业并购等产权交易活动发展迅猛,企业估价也愈显重要,企业估价将被广泛运用于产权交易中的投资决策、出价和要价策略的制定等方面,并在企业资源优化配置的进程中起着重要的作用。

复习思考题 封底扫码查看参考答案

简答题

1. 利率变动、期限长短对债券价值的变化会产生什么影响?
2. 债券发行价格与票面价值不等的原因是什么?
3. 不同形式的股票价值有何区别?
4. 在不同的股利增长情形下,股票估价的基本模型应进行怎样的调整?
5. 如何运用市盈率指标评估股票的价值?

6. 影响股票市场价格的因素有哪些?

7. 如何运用净现值法和内含报酬率法进行债券、股票的投资决策?

8. 现金流量贴现公式中的各项因子如何确定?

9. 市场比较法下如何利用总资本乘数估算企业全部资本(资产)的价值?

计算题

1. A企业于某年1月5日以每张1 020元的价格购买B企业发行的利随本清的企业债券。该债券的面值为1 000元,期限为3年,票面年利率为10%,不计复利。购买时A企业要求的必要投资报酬率为8%。不考虑所得税。

要求:(1) 利用债券估价模型评价A企业购买此债券是否合算?

(2) 如果A企业在购入债券一年后的1月5日将该债券以1 130元的市价出售,计算该债券的预期投资报酬率。

2. A公司于某年7月1日购买某公司两年前的7月1日发行的面值为100元,票面利率为8%,期限为5年,每年付息一次的债券,若此时投资者要求的必要报酬率为10%。

要求:(1)计算该债券的投资价值。

(2)若该债券此时的市价为94元,此价格对投资者有无吸引力?按此价格投资的预期报酬率为多少?

3. 股票市场预期A公司的股票股利将在未来3年内高速增长,增长率达15%,以后转为正常增长,增长率为10%,已知A公司最近支付的股利为每股3元,投资者要求的最低报酬率为12%。试计算该公司股票目前的市场价值。

4. 某公司进行一项股票投资,需要投入资金200 000元,该股票准备持有5年,每年可获得现金股利10 000元。根据调查分析,该股票的β系数为1.5,目前市场上国库券的利率为6%,股票市场风险报酬率为4%。

要求:(1)计算该股票的预期报酬率;

(2)股票5年后市价大于多少时,现在才值得购买。

5. 大地公司准备购入甲、乙、丙三个公司的股票,经过调查分析和专家预测得知,甲公司的股票6个月后每股发放股利4元,此后的价格将达到每股36元;乙公司的股票现在每股的价格为27元,乙公司的股票为优先股,每年的股利为每股2.7元;丙公司的股票上年的股利每股3元,预计以后每年以4%的增长率增长。假设大地公司要求的必要报酬率为12%,乙公司股票和丙公司股票准备长期持有。

要求:试对上述三公司的股票进行估价。

6. B公司的税后资本成本为16%,它正准备收购C公司。收购双方有相同的系统风险。收购后每年增加的现金流量如下表14-2所示:

表14-2 B公司收购C公司后现金流量变动 万元

年度均值	1~5年	6~10年	11~15年	16~20年
每年来源于C公司的现金流	1 000	1 500	2 000	1 500
减:所需的新增投资	200	500	1 000	500
税后净现金流	800	1 000	1 000	1 000

假定公司的经营风险维持不变。计算C公司当前的价值,以及B公司支付给C公司的最高价格。

第十五章　财务分析

第一节　财务分析概述

一、财务分析概念

财务分析是企业财务管理的一项重要内容。不同学者对其概念的解释存在一定的差异。美国南加州大学教授梅吉司认为，财务分析的本质是搜集与决策有关的各种财务信息，并加以分析与解释的一种技术。美国纽约市立大学本斯亭教授认为，财务分析是一种判断过程，旨在评估企业现在或过去的财务状况及经营成果，其主要目的在于对企业未来的状况及经营业绩进行最佳预测。国内有的学者认为，财务分析是一定的财务分析主体以企业的财务报告等财务资料为主要依据，采用一定的标准，运用科学系统的方法，对企业的财务状况和经营成果、财务信用和财务风险，以及财务总体情况和未来发展趋势的分析与评价。

我们认为，财务分析是以财务报表为主要依据，采用科学的分析技术和方法，通过对企业过去和现在有关筹资活动、投资活动，经营活动的偿债能力、盈利能力和营运能力、成长能力等进行分析与评价，从而使经营者以及企业的利益相关者能够了解企业过去、评价企业现在、预测企业未来，作出正确决策，提高决策水平。

二、财务分析的目的

（一）财务分析的一般目的

财务分析的目的是指财务分析主体对企业进行财务分析所要达到的目的。财务分析目的有一般目的与具体目的之分。财务分析的目的受财务分析主体与财务分析服务对象的制约，不同的财务分析主体进行财务分析的目的是不同的，不同的财务分析服务对象所关心的问题也是有差别的。但不同财务分析主体和财务分析服务对象的分析目的也有共同性，这就是财务分析的一般目的。概括地讲，进行企业财务分析的一般目的有三个。

1. 考察企业财务状况

企业的财务状况揭示了企业资金筹集、分配、调度和管理的状况，是企业资金在数量上和时间上相互协调的情况。通过对企业财务报表等相关资料进行分析,可以了解企业的负债水平、负债期限结构、现金状况、资产变现能力以及偿还债务的能力,从而评价企业的经营风险和财务风险。通过资产管理比率分析,可以了解企业的经营状况和管理水平,以充分提高企业资金的使用效率。

2. 评价企业经营成果

盈利体现了企业的出发点和归宿,是企业追求的目标。投资者、债权人和经营者都十分关心企业的盈利能力,盈利水平关系到企业是否合理有效地使用资金。对企业盈利能力分析,不仅要分析利润的绝对数,更要分析其相对数,财务分析者关注的不仅仅是盈利结果的多少,更关注分析盈利的原因及过程。财务分析者更关注企业的主营业务盈利能力,正常营业状况的持续盈利能力强,非正常营业状况持续盈利能力弱。

3. 预测企业发展前景

企业投资者和经营者需要正确地预测企业发展前景,企业的债权人等也需要预测企业发展前景。通过趋势分析方法,可以预测企业的经营前景,揭示企业未来总体发展趋势;通过因素分析法和对比分析法,可以找出企业经营环节的潜力,为投资者和经营管理者进行决策提供重要的依据。

(二)财务分析的具体目的

不同财务分析主体具有不同的分析目的,企业财务分析的具体目的有以下几方面。

1. 投资者分析目的

企业的投资者包括企业的现实投资者和潜在投资者,他们拥有企业剩余索取权,因此他们进行财务分析的最根本目的是分析企业的盈利能力状况,盈利能力是投资者资本保值和增值的关键。但是投资者仅关注盈利能力还是不够的,他们还非常关注企业所承担的风险、在市场上的竞争力以及企业的发展前景。只有投资者认为企业的竞争能力强、发展前景好,才会保持或增加投资,潜在投资者才有可能投资。因此,投资者进行财务分析的主要目的是:通过对企业财务状况和经营成果的分析,了解企业的盈利能力、竞争能力和企业的发展前景,决定是否对企业追加投资或转让股份。

2. 债权人分析目的

企业债权人包括贷款银行和其他金融机构,以及购买企业债券的单位与个人等,企业与债权人之间的关系是债务与债权关系。债权人为了按期收回本金和获取利息,要对企业的偿债能力进行分析,决定是否继续持有企业的债权,是否给企业追加新的贷款:为了解债务人的短期偿债能力,要分析其资产的流动性,尤其要预测债务人的现金流量;为了解债务人的长期偿债能力,要分析其盈利状况,以及债务人对现有债务资本成本的承受能力。

3. 企业管理者分析目的

企业管理者受企业所有者的委托,对投资者投入资本的保值增值以及企业的经营成败负主要责任。他们对企业的日常经营活动进行管理,确保企业支付给股东与风险相适应的收益,及时偿还各种到期债务,并使企业的各种经济资源得到有效运用。为了完成这些任务,他们关注企业财务状况和经营成果的各个方面,如盈利能力状况、资产结构、营运状况与效率、经营风险与财务风险、支付能力和偿债能力等。通过这些分析,及时发现生产经营中存在的问题,并采取有效措施解决,使企业不仅能充分利用现有资源,而且使企业盈利能力保持持续增长。

4. 其他分析主体分析目的

其他财务分析主体主要是指与企业经营有关的企业单位和国家有关部门、员工与竞争对手等。国家有关部门进行财务分析的目的：一是监督检查企业纳税的执行情况，二是调查了解企业的职工收入和就业情况以及其承当社会责任的情况，为宏观决策提供可靠依据。与企业经营有关的企业单位主要是指材料供应商，他们向企业提供商品和劳务后可能成为企业的债权人，其财务分析的主要目的在于监控企业的信用状况，包括商业信用和财务信用。企业的员工非常关心工作岗位的稳定性、工作环境的安全性以及获取报酬的前景。因此，他们关心企业未来的发展与薪酬的变化。对企业的竞争对手的财务分析，主要是通过比较分析，了解自己的竞争优势与劣势。

三、财务分析的内容

尽管不同主体进行财务分析有各自的侧重点，但是财务分析的内容从总体上来看可分四个方面：偿债能力分析、营运能力分析、盈利能力分析和增长能力分析。偿债能力是企业理财目标实现的保证，营运能力是企业理财目标实现的物质基础，盈利能力是两者共同作用的结果，增长能力是前三者的综合表现，四者共同构成财务分析的基本内容。

（一）偿债能力分析

主要反映企业支付现金的能力和偿还债务的能力。企业的现金支付能力是指企业可用现金资产来满足经营业务立即付现需要的能力和到期偿债的能力。企业偿还债务的能力是指企业用资产和未来经营收益偿还长、短期债务的能力。企业的现金支付能力和偿债能力，与企业的资产、资本构成有着密切的关系。因此，在进行企业现金支付能力和偿债能力分析之前，要对企业资产、资本的组成与结构进行分析。

（二）营运能力分析

企业的营运能力主要指企业营运资产的效率与效益。企业营运资产的效率主要指资产的周转率或周转速度，体现在企业应收账款、存货的周转及其他各项资产的周转速度上。企业营运资产的效益主要是指企业的产出额与资产占用额之间的比率。企业营运能力分析的实质是要以尽可能少的资产占用，在尽可能短的时间周转，生产尽可能多的产品，实现尽可能多的销售收入，创造尽可能多的纯收入。

（三）盈利能力分析

企业的盈利能力是企业投入的各种经营资源创造利润的能力，也是企业经营管理各方面工作成果的综合反映。通过盈利能力分析可衡量企业的经营业绩以及发现企业经营管理中存在的问题，进而衡量管理人员综合管理水平。

（四）增长能力分析

企业的增长能力通常是指企业未来生产经营的发展趋势和发展水平，包括企业的资产、销售收入、收益等方面的增长趋势和增长速度。增长能力与企业盈利能力、营运能力、偿债能力密切联系。因为无论是增强企业的盈利能力、偿债能力，还是提高企业的资产营运效率，都是为了企业未来又好又快地增长。

四、财务分析的依据

财务分析依据是财务分析据以进行的基础。由于财务分析是从财务角度剖析企业经济活动形成的财务状况和经营成果，而财务报表及其相关资料是直接反映企业的财务状况和经营成果的资料，因此财务报表及其相关资料是企业进行财务分析的重要依据。企业的财务报表按其反映的内容可分为主表和附表。主表是综合反映企业财务活动的报表，包括资产负债表、利润表和现金流量表、所有者权益变动表。附表是对主表中某些重要项目做进一步说明的报表，包括资产减值准备明细表、应交增值税明细表、利润分配表、分部报表（营业分部和地区分部）。下面主要介绍进行财务分析常用的四张主表：资产负债表、利润表、现金流量表和所有者权益变动表。

（一）资产负债表

资产负债表是反映企业某一特定日期财务状况的会计报表。它以"资产＝负债＋所有者权益"会计等式为依据，按照一定的分类标准和次序反映企业在某一时点上全部资产、负债和所有者权益的基本状况。它表明企业在某一特定日期所拥有或控制的经济资源，承担的负债义务以及所有者对净资产的索偿权。资产负债表的结构详见表 15－1。

表 15－1　资产负债表

编制单位：ABC 公司　　　　20××年 12 月 31 日　　　　单位：百万元

项　目	期末余额	期初余额	项　目	期末余额	期初余额
流动资产：			流动负债：		
货币资金	56	37	短期借款	60	45
交易性金融资产			交易性金融负债		
衍生金融资产			衍生金融负债		
应收票据	8	11	应付票据	5	4
应收账款	398	199	应付账款	186	124
应收账款融资			预收款项	10	4
预付款项	22	4	合同负债		
其他应收款	12	22	应付职工薪酬	2	1
存货	119	326	应交税费	5	4
合同资产			其他应付款	14	13
持有待售资产			持有待售负债		
一年内到期的非流动资产	77	11	一年内到期的非流动负债	10	16
其他流动资产	8		其他流动负债	8	9
流动资产合计	700	610	流动负债合计	300	220
非流动资产：			非流动负债：		
债权投资		45	长期借款	450	245
其他债权投资			应付债券	240	260
长期应收款			其中：优先股		
长期股权投资	30		永续债		
其他权益工具投资			租赁负债		
其他非流动金融资产			长期应付款	48	56
投资性房地产			预计负债	2	4
固定资产	1238	955	递延收益		
在建工程	18	35	递延所得税负债		
生产性生物资产			其他非流动负债		15

（续表）

项　目	期末余额	期初余额	项 目	期末余额	期初余额
油气资产			非流动负债合计	740	580
使用权资产			负债合计	1 040	800
无形资产	6	8	所有者权益(或股东权益)：		
开发支出			实收资本(或股本)	100	100
商誉			其他权益工具		
长期待摊费用	5	15	其中：优先股		
递延所得税资产			永续债		
其他非流动资产	3	12	资本公积	620	620
非流动资产合计	1 300	1 070	减：库存股		
			其他综合收益		
			专项储备		
			盈余公积	50	36
			未分配利润	190	124
			所有者权益(或股东权益)合计	960	880
资产总计	2 000	1 680	负债和所有者权益(或股东权益)总计	2 000	1 680

资产负债表揭示了企业某一特定时点有关资产、负债、所有者权益及其结构或相互关系的信息，既反映企业经营活动的物质基础，又反映了企业的规模和发展潜力。因此，利用该表的资料可以分析企业资产的分布状态、负债水平、负债结构和所有者权益的构成情况，据以评价企业的资产、资本结构是否合理；可以分析企业资产的流动性，长、短期债务金额及偿债能力，评价企业的财务弹性以及承受风险的能力。

（二）利润表

利润表是反映企业在一定时期内生产经营成果的财务报表。它是根据企业一定会计期间发生的各项收入与各项费用的配比计算得出，并通过其附表“利润分配表”来反映净利润的分配情况。利润表能够说明企业某一特定时期的净收益状况及其形成过程。在财务分析中，利润表提供了评价企业的经营管理效率、判断资本保全程度和预测未来利润变化趋势的主要信息来源。利润表的结构详见表 15－2。

表 15－2　利润表

编制单位：ABC 公司　　　　20××年　　　　单位：百万元

项　目	本期发生额	上期发生额
一、营业收入	3 000	2 850
减：营业成本	2 644	2 503
税金及附加	28	27
销售费用	50	47
管理费用	78	70
研发费用		
财务费用	47	35

续表

项　　目	本期发生额	上期发生额
其中:利息费用		
利息收入		
加:其他收益		
投资收益(损失以"—"号填列)	9	
其中:对联营企业和合营企业的投资收益		
以摊余成本计量的金融资产终止确认收益(损失以"—"号填列)		
净敞口套期收益(损失以"—"号填列)		
公允价值变动收益(损失以"—"号填列)		
信用减值损失(损失以"—"号填列)	—6	—5
资产减值损失(损失以"—"号填列)		
资产处置收益(损失以"—"号填列)		
二、营业利润(亏损以"—"号填列)(注)	156	163
加:营业外收入	45	72
减:营业外支出	1	
三、利润总额(亏损总额以"—"号填列)	200	235
减:所得税费用	64	75
四、净利润(净亏损以"—"号填列)	136	160
(一) 持续经营净利润(净亏损以"—"号填列)	136	160
(二) 终止经营净利润(净亏损以"—"号填列)		
五、其他综合收益的税后净额		
(一) 不能重分类进损益的其他综合收益		
1. 重新计量设定受益计划变动额		
2. 权益法下不能转损益的其他综合收益		
3. 其他权益工具投资公允价值变动		
4. 企业自身信用风险公允价值变动		
……		
(二) 将重分类进损益的其他综合收益		
1. 权益法下可转损益的其他综合收益		
2. 其他债权投资公允价值变动		
3. 金融资产重分类计入其他综合收益的金额		
4. 其他债权投资信用减值准备		
5. 现金流量套期储备		
6. 外币财务报表折算差额		
……		
六、综合收益总额	136	160
七、每股收益:		
(一) 基本每股收益	1.36	1.6
(二) 稀释每股收益	1.36	1.6

注:利润总额不等同于应纳税所得额,两者往往有差异。

根据利润的构成,分为四个层次,按重要性大小自上而下依次排列。第一层次计算营业利润。营业利润由营业收入减去营业成本、税金及附加、销售费用、管理费用和财务费用、资产减值损失,再加上公允价值变动收益、投资收益构成。第二层次计算利润总额。利润总额由营业利润加上营业外收入、减去营业外支出构成。第三层次计算净利润。净利润是由利润总额减去所得税构成。第四层次计算其他综合收益的税后净额与综合收益总额。第五层次计算每股收益。每股收益包括基本每股收益和稀释每股收益两部分。

通过利润表分析可以考核企业利润执行情况,评价经营活动的业绩,分析企业的盈利能力以及利润增减变化的原因,预测企业利润的发展趋势。将利润表项目与资产负债表项目结合起来分析,可以计算企业所得与所占用资产之间的比例关系,分析企业的盈利能力,评价企业收益水平。根据利润表还可以提供反映企业营业成本利润率信息资料,明确企业加强成本管理的着眼点。

(三)现金流量表

现金流量表是以现金及现金等价物为基础编制的财务状况变动表,它为财务报表使用者提供企业一定会计期间内现金流量的信息、收益质量信息和财务弹性信息,并用于预测企业的未来现金流量。现金流量表的结构详见表15-3,现金流量表补充资料略。

表15-3　现金流量表

编制单位:ABC公司　　20××年　　单位:百万元

项　　目	本期发生额
一、经营活动产生的现金流量:	
销售商品、提供劳务收到的现金	2 810
收到的税费返还	
收到其他与经营活动有关的现金	10
经营活动现金流入小计	2 820
购买商品、接受劳务支付的现金	2 363
支付给职工以及为职工支付的现金	29
支付的各项税费	91
支付其他与经营活动有关的现金	14
经营活动现金流出小计	2 497
经营活动产生的现金流量净额	323
二、投资活动产生的现金流量:	
收回投资收到的现金	4
取得投资收益收到的现金	6
处置固定资产、无形资产和其他长期资产收回的现金净额	12
处置子公司及其他营业单位收到的现金净额	
收到其他与投资活动有关的现金	
投资活动现金流入小计	22
购建固定资产、无形资产和其他长期资产支付的现金	369
投资支付的现金	30
取得子公司及其他营业单位支付的现金净额	
支付其他与投资活动有关的现金	

（续表）

项　　目	本期发生额
投资活动现金流出小计	399
投资活动产生的现金流量净额	−377
三、筹资活动产生的现金流量：	
吸收投资收到的现金	
取得借款收到的现金	270
收到其他与筹资活动有关的现金	
筹资活动现金流入小计	270
偿还债务支付的现金	20
分配股利、利润或偿付利息支付的现金	152
支付其他与筹资活动有关的现金	25
筹资活动现金流出小计	197
筹资活动产生的现金流量净额	73
四、汇率变动对现金及现金等价物的影响	
五、现金及现金等价物净增加额	19
加：期初现金及现金等价物余额	37
六、期末现金及现金等价物余额	56

现金流量表的主要作用：一是提供报告期现金流量的实际数据；二是评价报告期收益质量的信息；三是有助于评价企业的流动性和财务弹性；四是可据以预测企业的未来现金流量。

财务分析主体通过对经营活动产生的现金流量，投资活动产生的现金流量和筹资活动产生的现金流量的分析，可以了解企业现金增减变动的具体原因，为改善企业资金管理指明方向。对现金流量表分析，可以弥补受财务会计信息质量要求和会计方法影响的资产负债表和损益表的不足。

（四）所有者权益变动表

所有者权益变动表（在股份有限公司亦称股东权益变动表）反映构成所有者权益的各组成部分当期的增减变动情况的报表，主要反映当期损益、直接计入所有者权益的利得和损失，以及所有者的资本交易导致的所有者权益的变动情况。所有者权益变动表结构详见15-4。

所有者权益变动表至少应当单独列示反映下列信息的项目：① 净利润；② 直接计入所有者权益的利得和损失；③ 会计政策变更和差错更正的累积影响金额；④ 所有者投入资本、购回库存股和向所有者分配利润等；⑤ 按照规定提取的盈余公积；⑥ 实收资本（或股本）、资本公积、盈余公积、未分配利润的期初和期末余额及其本期变动情况。

表15-4　所有者权益变动表

编制单位：ABC公司　　　　20××年　　　　单位：百万元

项　　目	股本	其他权益工具			资本公积	减：库存股	其他综合收益	专项储备	盈余公积	未分配利润	所有者权益合计
		优先股	永续债	其他							
一、上年期末余额	100				620				36	124	880

续表

项　　目	股本	其他权益工具			资本公积	减:库存股	其他综合收益	专项储备	盈余公积	未分配利润	所有者权益合计
		优先股	永续债	其他							
加:会计政策变更											
前期差错更正											
其他											
二、本年期初余额	100				620				36	124	880
三、本期增减变动金额(减少以"—"填列)									14	66	80
(一)综合收益总额										136	136
(二)所有者投入和减少资本											
1. 所有者投入的普通股											
2. 其他权益工具持有者投资资本											
3. 股份支付计入所有者权益的金额											
4. 其他											
(三)利润分配									14	—70	—56
1. 提取盈余公积									14	—14	
2. 对所有者(或股东)的分配										—56	—56
3. 其他											
(四)所有者权益内部结转											
1. 资本公积转增资本(或股本)											
2. 盈余公积转增资本(或股本)											

续表

项目	股本	其他权益工具			资本公积	减:库存股	其他综合收益	专项储备	盈余公积	未分配利润	所有者权益合计
		优先股	永续债	其他							
3. 盈余公积弥补亏损											
4. 设定受益计划变动额结转留存收益											
5. 其他综合收益结转留存收益											
6. 其他											
(五)专项储备											
1. 本期提取											
2. 本期适用											
(六)其他											
四、本年年末余额	100				620				50	190	960

所有者权益变动表全面反映了企业所有者权益的变化情况。分析者可以运用对比分析法,将上年末所有者权益与本年初所有者权益对比,分析会计政策变更和差错更正的累积影响;运用对比分析法分析净利润、直接计入所有者权益的利得和损失、所有者投入资本和本年利润分配对所有者权益增减变化的影响,区分经营性业绩、金融资产与套期工具公允价值的变动和所有者投入资本对所有者权益的影响。运用结构分析法分析企业所有者权益的构成项目额占总额的结构,将上年结构与本年结构对比,分析企业外部资本变动与内部资本或留存收益变动对所有者权益的影响,进而对企业的资本保值、增值质量作出正确判断,从而获取对决策有用的信息。

五、财务分析的方法

(一)财务分析的类型

一般说来,财务分析通常包括定性分析和定量分析两种类型。定性分析是指报表分析主体根据自己的知识、经验以及对企业的经营活动、外部环境的了解程度所作出的非量化的分析和评价;而定量分析则是指财务分析主体采用一定的数学方法和分析工具对有关指标所作出的量化分析。财务分析主体应根据分析的目的和要求,以定性分析为基础和前提,以定量分析为工具和手段,要透过数字看本质,正确地评价企业的财务状况和经营成果。由于定性分析更多要依靠主观判断,因而应坚持以定量分析为主。

(二)财务分析的方法

1. 对比分析法

对比分析法是指将反映的报告期数据与计划或上期数据等进行对比,研究企业财务指标计划完成情况或发展状况的一种方法。通常对比的方法有两种：一是确定其增减变动的绝对数量；二是确定增减变动的相对比率。

对比分析是财务分析的一种基本方法。可进行绝对数量与相对数量的比较分析，两者不可偏废。通过对比，可以揭示出企业有关方面存在的问题，为深入地分析企业财务活动情况奠定了基础。科学合理的对比标准有历史标准、预算标准、行业标准和经验标准等。

2. 趋势分析法

趋势分析法是通过对比不同时期财务报表中相同指标，确定其增减变动的方向、数额和幅度，来说明企业财务状况和经营成果变动趋势的一种方法。趋势分析法既可用于对财务报表的整体分析，又可以对某些主要财务指标进行分析。通过分析，可以了解引起财务指标变化的主要原因，预测企业未来的发展前景。

趋势分析法的具体运用主要有两种方式：一是重要财务指标的比较；二是财务报表的比较。

主要财务指标的比较是将不同时期报表中的相同指标或比率进行比较，直接观察其增减变动幅度，显示企业未来的发展趋势。对不同时期财务指标的比较，通常有两种方法：一是定基动态比率，即以某一固定时期为基期而计算出来的各个时期的动态比率。其计算公式为：

$$定基动态比率=\frac{分析期数额}{固定基期数额}\times 100\%$$

二是环比动态比率，即分别以分析期的前一期为基期数值而计算出来的动态比率。其计算公式为：

$$环比动态比率=\frac{分析期数额}{前期数额}\times 100\%$$

财务报表的整体比较是将连续若干期的财务报表的金额并列起来，比较其相同指标的增减变动金额和幅度，确定企业财务状况和经营成果发展变化的一种方法。主要包括资产负债表比较、利润表比较、现金流量表比较等。

在运用趋势分析法时，必须注意以下问题：① 以本企业历史数据作为比较基础具有不合理的因素。由于企业经营外部环境的变化、物价变动的存在，各期会计政策的不同选择等因素的影响。趋势分析法涉及的时间跨度越长，财务报表的可比性就越差。② 用于对比的各期指标数据在计算口径上必须一致，并且应该剔除非常年度偶发性项目的影响，能够反映企业正常的经营状况。③ 应运用例外原则，对某些有显著变动的指标作重点分析，研究报表各项目之间存在的因果关系，满足分析目的需要。

3. 结构分析法

结构分析法是指将企业编制的财务报表中某个总体指标作为 100%，然后分别计算出其各组成项目占总体指标的百分比，以揭示出财务报表中的各项目的相对地位及其与总体的关系，以此来判断有关财务活动的变化趋势。

通过对财务报表的结构分析，将原来不便比较的绝对数字，转换为同一基础上的数据来进行比较，可以了解企业各项目结构的动态配置。但是在实际应用过程中，还应该将分析期各项目的比重与前期旧项目比重进行纵向比较，研究其变化趋势；或者将分析期各项目的比重与同类其他企业或同行业平均水平可比项目比重进行横向比较，了解本企业所处的地位及存在的问题。结构分析法能够排除不同企业或不同时期之间业务规模差异的影响，有利于分析企业的成本费用和盈利状况。

4. 比率分析法

比率分析法是利用财务报表各指标之间存在的内在逻辑关系，通过计算比率来考察、计量和评价企业财务状况、财务活动效果的一种方法。比率分析是一种重要的分析方法，它排除了规模不可比的影响，能够使在某些条件下的不可比指标具有可比性。

比率指标可以有不同的类型，主要有三类：一是构成比率；二是效率比率；三是相关比率。

构成比率又称结构比率，它是某项财务指标的各组成部分数值占总体数值的百分比，反映部分与总体的关系。其计算公式为：

$$构成比率=\frac{某个组成部分数值}{总体数值}\times 100\%$$

比如，企业资产中流动资产、固定资产和无形资产占资产总额的百分比，企业负债中流动负债和长期负债占负债总额的百分比等。利用构成比率，可以考察总体中某个部分的形成和安排是否合理，以便协调配置财务资源。

效率比率是某项财务活动中所费与所得的比例，反映投入与产出的关系。利用效率指标，可以进行得失比较，考察经营成果，评价经济效益。例如，将利润项目与销售成本、销售收入、资本金等项目进行对比，可计算出成本利润率、销售利润率以及资本金利润率等利润率指标，可以从不同角度观察比较企业获利能力的高低及其增减变化情况。

相关比率是以某个项目和与其有关但又不同的项目加以对比所得的比率，反映有关财务活动的相关关系。利用相关比率指标，可以考察企业有联系的相关业务安排得是否合理，以保障运营活动顺畅进行。比如，将流动资产与流动负债加以对比，计算出流动比率，据以判断企业的短期偿债能力。

比率分析法的计算简单且结果容易判断。但在采用比率分析法时，应注意以下问题：① 比率分析涉及企业经营管理的各个方面，而企业的经营管理活动是相互联系错综复杂的，孤立的一项比率没有多大意义，它本身并不能说明什么问题，应把各种比率有机地结合起来，综合地判断企业的财务状况、经营成果和总的经济状态。② 应注意比率计算口径的一致性和对比项目的相关性。③ 必须明确计算出比率的结果只是反映报表各要素之间过去的关系，分析人员不应该受到误导而影响对企业未来前景的判断。④ 计算出的相对比率，需要选用一定的标准与之对比，以便对企业的财务状况作出合理的评价。⑤ 根据资产负债表有关数据计算的比率，其数据可以按期初数计算，也可以按期末数计算，或期初与期末的平均数计算。

5. 因素分析法

因素分析法，是根据分析指标与其影响因素之间的关系，按照一定的程序和方法，从数量上确定各因素对指标差异影响程度的一种方法。采用这个方法主要基于：当有若干因素对分析指标产生影响时，假定其他各个因素既定，顺序地确定每一个因素单独变化所产生的影响。

因素分析法具体有两种：一是连环替代法；二是差额分析法。连环替代法是将分析指标分解为各个可以计量的因素，并根据各个因素之间的依存关系，顺次用各因素的比较值（通常是实际值）替代基准值（通常是标准值或计划值），据以测定各因素对分析指标的影响。

差额分析法是连环替代法的一种简化形式，它是利用各个因素的比较值与基准值之间的差额，来计算对分析指标的影响。

第二节　基本财务比率分析

一、偿债能力比率分析

偿债能力是指企业偿还各种到期债务（包括本息）的能力。偿债能力分析可以揭示企业的财务风险，是企业财务分析的一个重要方面。偿债能力分析包括短期偿债能力分析和长期偿债能力分析。

（一）短期偿债能力分析

短期偿债能力分析是指企业流动资产对流动负债及时足够偿还的保证程度，是衡量企业当前产生现金的能力。通常流动负债需以流动资产来偿付，因此通过分析企业近期转化为现金的流动资产与流动负债之间的关系可以判断企业短期偿债能力。反映企业短期偿债能力的比率主要有流动比率、速动比率、现金比率等。

1. 流动比率

流动比率是企业流动资产除以流动负债的比值，它反映企业每一元流动负债有多少流动资产作为偿还的保证。其计算公式为：

$$流动比率=\frac{流动资产}{流动负债}$$

［**例 15－1**］　根据表 15－1，ABC 公司 20××年年末计算流动比率为：

$$流动比率=\frac{700}{300}=2.33$$

一般认为，流动比率越高，反映企业短期偿还能力越强，债权人的权益越有保障。根据西方企业的长期经验，生产型企业合理的流动比率在 2∶1 左右。这主要是因为在流动资产中为满足企业日常的生产经营的存货金额比重较大，且变现能力较差，因此要有流动性较强的其他流动资产来满足到期短期债务的偿付。

流动比率是个相对数，是对营运资金的补充，适合于不同规模企业之间以及本企业不同历史时期的比较。在运用该比率时应注意以下几个问题：

（1）虽然流动比率越高，企业偿还短期债务的流动资产保证程度越强，但这不等于说企业已有足够的现金或存款用来偿债。流动比率高有可能是存货积压、应收账款增多且收账期延长，以及预付账款和其他流动财产增加所致，而真正可用于偿付短期债务的现金和存款严重短缺，所以，企业应在分析流动比率的基础上，进一步加强对现金流量的考察。

（2）尽管过高的流动比率，有利于保障短期债权人的权益，但从企业经营角度看，则意味着企业持有过多的闲置资金，必然造成企业机会成本的增加和盈利能力的降低。因此，企业应尽可能将流动比率维持在不使货币资金闲置的水平。

（3）该比值大小没有绝对标准，不同的企业以及同一企业不同时期的评价标准是不尽相同的。

(4) 应充分考虑各项流动资产的减值问题,如:应收账款的坏账准备和存货的跌价准备等。

(5) 企业的营业周期、应收账款数额和存货的周转速度也是影响流动比率的主要因素。

2. 速动比率

速动比率又称酸性测试比率,是企业速动资产除以流动负债的比值。所谓速动资产,一般是指流动资产减去变现能力较差且不稳定的存货之后的余额。这个指标相对于流动比率来说,能够更加准确、可靠地评价企业资产的流动性及其偿还短期债务的能力,因为它剔除了存货等变现能力较弱且不稳定的资产。其计算公式为:

$$速动比率=\frac{速动资产}{流动负债}$$

速动资产=货币资金+交易性金融资产+应收账款+应收票据等

或简算为:

$$速动资产=流动资产-存货$$

在计算速动比率时,将存货从流动资产中剔除的原因在于:在流动资产中存货的变现能力最差;部分存货可能已成为残损变质、质次价高和冷背呆滞的有问题存货且仍未作出处理;部分存货已抵押给债权人;存货用成本计价不能反映其变现价值。因此,速动比率较之流动比率能够更加准确、可靠地评价企业对短期债务的偿付能力。

一般来说,速动比率越高,表明企业偿还流动负债的能力越强。通常认为正常的速动比率为1,低于1的速动比率被认为是短期偿债能力偏低。但是若速动比率过大,尽管债务偿还的能力很高,企业可能因现金及应收账款占用过多而大大增加企业的机会成本。

[**例15-2**] 根据表15-1,ABC公司20××年年末速动比率为:

$$速动比率=\frac{700-119}{300}=1.94$$

3. 现金比率

现金比率是指一定时期内企业的现金以及现金等价物与流动负债的比率。现金指企业的货币资金,现金等价物一般为交易性金融资产。它代表了企业随时可以偿债的能力或对流动负债的随时支付程度。其计算公式为:

$$现金比率=\frac{现金类资产}{流动负债}$$

速动比率已将变现能力较差的流动资产,如存货等予以剔除,但速动资产中的应收账款等有时也会因客户倒闭、抵押等情况使变现能力受影响,甚至出现坏账,最终减弱企业的短期偿债能力。尤其在企业一旦面临财务危机时,即使有较高的流动比率和速动比率,也无法满足债权人的要求。因此现金比率是比流动比率和速动比率更加保守地反映企业短期偿债能力的指标。

[**例15-3**] 根据表15-1,ABC公司20××年年末现金比率为:

$$现金比率=\frac{56}{300}=0.19$$

4. 现金流动负债比率

现金流动负债比率是企业一定时期的经营现金净流量同流动负债的比率，它可以从现金流量角度来反映企业当期偿还短期债务的能力。其计算公式为：

$$现金流动负债比率=\frac{年经营活动现金净流量}{年末流动负债}$$

其中，年经营现金净流量是指一定时期内，企业经营活动所产生的现金流入量与流出量的差额。

现金流动负债比率从现金流入和流出的动态角度对企业的实际偿债能力进行考察。在企业经营中，利润和现金流入并不是同步的，有的企业尽管利润很高，但是并没有充足的现金来偿还债务，所以利用以收付实现制为基础计量的现金指标，能充分体现企业经营活动所产生的现金净流量可以在多大程度上保证当期流动负债的偿还，直观地反映出企业偿还流动负债的实际能力。该指标越大，表明企业经营活动产生的现金净流量越多，越能保障企业按期偿还到期债务。但也不是越大越好，该指标过大则表明企业流动资金利用不充分，获利能力不强。

［**例 15－4**］ 根据表 15－1 和表 15－3，ABC 公司 20××年末的现金流动比率为：

$$现金流动负债比率=\frac{323}{300}=1.08$$

在计算该比率时，应当注意现金流量比率的分子是一定时期内，由企业经营活动所产生的现金的流入量与流出量的差额，来自现金流量表，属于时期指标；而分母流动负债来自资产负债表，属于时点指标，两者计算口径不一致。

5. 到期债务本息偿付比率

到期债务本息偿付比率是本期经营活动产生的现金净流量与本期到期债务本息的比率。其计算公式为：

$$到期债务本息偿付比率=\frac{年经营活动现金净流量}{到期债务本金+到期利息支出}$$

该指标反映本期经营活动产生的现金净流量是本期到期债务本息的倍数，它主要是衡量本期内到期的债务本金及相关的现金利息支出可由经营活动所产生的现金来偿付程度。该项财务比率越高，说明企业经营活动所产生的现金对偿付本期到期的债务本息的保障程度越高，企业的偿债能力也越强。如果该指标小于 1，表明企业经营活动产生的现金不足以偿付本期到期的债务本息。

（二）长期偿债能力分析

对于企业的所有者和长期债权人来说，他们不仅关心企业短期偿债能力，更关心企业长期偿债能力，以便全面了解企业的偿债能力与财务风险。企业的资产、净资产与债务的关系，可以反映企业偿还到期债务本金及支付债务利息的能力。

1. 资产负债率

资产负债率又称负债比率，是企业负债总额对资产总额的比值。它反映在企业资产总额中，债权人提供资金所占的比重，以及企业资产对债权人权益的保障程度。其计算公式为：

$$资产负债率=\frac{负债总额}{资产总额}\times 100\%$$

公式中的分子负债总额不仅包括长期负债，还应包括流动负债。公式中的分母是资产总额。

［**例 15－5**］ 根据表 15－1 有关数据，ABC 公司 20××年末的资产负债率为：

$$资产负债率=\frac{1\,040}{2\,000}\times 100\%=52\%$$

关于资产负债率，企业的债权人、股东和经营者往往从不同的角度进行评价。

从债权人的角度看，他们最关心的是能否按期收回本金和利息。如果该比率过高，则债权人将主要承担企业的财务风险，其贷款的安全程度较低。因此，债权人总是希望企业的负债率越低越好，这样贷款不会有太大的风险。

从股东的角度看，由于股东和债权人为企业提供的财务资源在经营中发挥相同的作用，在企业的全部资金利润率超过借入资金的利息率时，股东就可以通过负债经营获取更多利润，取得财务杠杆利益。如果全部资金利润率低于借入资金的利息率时，股东则利用利润来弥补借入资金的多余利息，对股东不利。因此，从股东的角度看，当全部资金利润率大于借入资金利息率时，负债比率越大越好，否则相反。

从经营者的立场看，他们既要考虑企业的盈利，也要面对企业所承担的财务风险。如果企业不举债或负债比率很小，则说明经营者比较保守，对未来缺乏信心，利用债权人资本进行经营活动的能力较差。如果经营者理性的借款比率越大，则说明企业经营充满活力。

从财务管理的角度看，不同的国家、不同的行业、不同类型和处于不同发展阶段企业的资产负债率水平都有较大差异。企业一定要审时度势，充分考虑企业内部的优势与不足，以及企业外部的机遇与威胁，在收益与风险之间权衡利益得失，利用定性分析与定量分析相结合的方法，确定最优的负债比率。

2. 产权比率

产权比率是负债总额与股东权益总额的比率，也称债务股权比率。其计算公式为：

$$产权比率=\frac{负债总额}{股东权益总额}\times 100\%$$

［**例 15－6**］ 根据表 15－1，ABC 公司 20××年末产权比率为：

$$产权比率=\frac{1\,040}{960}\times 100\%=108.33\%$$

产权比率是资产负债率的另一种表现形式，两个指标可以相互补充，对评价企业长期偿债能力的作用基本相同，具有共同的经济意义。

产权比率是企业基本财务结构是否稳健的重要标志，反映企业所有者权益对债权人权益的保障程度。该比率越低，表明债权人权益的保障程度越高，承担的财务风险越小，但企业发挥负债的财务杠杆效应也越低。从股东立场看，在经济繁荣和通货膨胀的严重时期，企业产权比率较高是有益的；在经济衰退时期，较低的产权比率可以减少利息负担和财务风险。因此，产权比率高，是高风险、高报酬的财务结构；产权比率低，是低风险、低报酬的财务结构。

3. 或有负债比率

或有负债比率是指企业或有负债总额对所有者权益总额的比率，反映企业所有者权益应对发生的或有负债的保障程度。其计算公式为：

$$或有负债比率=\frac{或有负债总额}{所有者权益总额}\times 100\%$$

或有负债总额＝已贴现商业承兑汇票金额＋对外担保金额＋未决诉讼、未决仲裁金额(除贴现与担保引起的诉讼或仲裁)＋其他或有负债总额

一般情况下，或有负债比率越低，表明企业的长期偿债能力越强，所有者权益对或有负债的保障程度越高；或有负债比率越高，表明企业承担的相关风险越大。

4. 利息保障倍数

利息保障倍数是指企业一定时期息税前利润与利息费用的比率，用以衡量企业获利能力对偿付借款利息的保证程度。其计算公式为：

$$利息保障倍数=\frac{息税前利润}{利息费用}$$

$$息税前利润=利润总额+利息费用$$

［**例 15－7**］　根据表 15－2 的数据，假定财务费用均为利息费用，ABC 公司 20××年的利息保障倍数为：

$$利息保障倍数=\frac{247}{47}=5.26$$

利息保障倍数指标反映企业获利能力对当期所需支付债务利息的保证程度，它既是企业负债经营的前提条件，也是衡量企业长期偿债能力大小的重要标志。如果这个比率太低，说明企业难以保证用经营所得来按时按量支付债务本息。从长期看，利息保障倍数至少应大于 1，否则就难以偿付债务及利息，企业就会濒临亏损或走向破产。

二、营运能力比率分析

企业的营运能力实际上就是指企业基于外部市场环境的约束，通过资源配置，对总资产及其各个组成要素的管理运作效率。通过企业营运能力分析，可以了解企业的经营状况和管理水平，以充分提高企业资源的使用效率。评价企业营运能力常用的指标有存货周转率、应收账款周转率、流动资产周转率、固定资产周转率和总资产周转率。

(一) 存货周转率

存货周转率就是一定时期企业的营业成本或销售成本与存货平均资金占用额的比率，又称存货周转次数，是反映存货周转速度的指标。其计算公式为：

$$存货周转率(次数)=\frac{营业成本}{存货平均余额}$$

$$存货平均余额=\frac{(期初存货+期末存货)}{2}$$

［**例 15－8**］　根据表 15－1、表 15－2 的有关数据，ABC 公司 20××年末的存货周转率为：

$$存货周转率=\frac{2\ 644}{222.5}=11.88(次)$$

存货周转率是反映企业流动资产流动性的一个指标，也是衡量和评价企业存货的供、产、销等各环节运营效率的一个综合性指标。一般说来，存货周转率越高越好，存货周转率越高，表明其周转的速度越快，周转额越大，资产占用水平越低。因此，通过存货周转分析，有利于找出存货管理存在的问题，尽可能降低资金占用水平。但是，过高的存货周转率，可能会引起企业订货成本与缺货成本上升，造成销售不畅。存货周转率过低，可能是销售疲软或存货呆滞、积压。合理的存货周转率的确定应该是在满足企业战略目标选择和保证企业生产经营连续性的同时，尽可能地减少资金占用，提高企业的经营管理水平。

存货周转速度也可以用存货周转天数表示。通常用全年会计计算期天数 360 天(也可以用日历天数 365 天)除以存货周转率计算，其计算公式为：

$$存货周转天数=\frac{360}{存货周转率}=\frac{360\times 存货平均余额}{营业成本}$$

存货周转天数表示存货周转一次所需要的天数，天数越少说明存货周转越快，存货的流动性越强。续例 15－8：

$$存货周转天数=\frac{360}{11.88}=30.30(天)$$

（二）应收账款周转率

应收账款周转率是企业一定时期内赊销收入净额与应收账款平均余额的比率，是反映应收账款周转速度的指标。企业外部分析者在无法获取企业赊销收入净额时，也可以用营业收入与应收账款平均余额计算应收账款周转率。其计算公式为：

$$应收账款周转率(次数)=\frac{赊销收入净额}{应收账款平均余额}$$

$$应收账款平均余额=\frac{(期初应收账款+期末应收账款)}{2}$$

［**例 15－9**］ 根据表 15－1、表 15－2，ABC 公司 20××年末的应收账款周转率为：

$$应收账款周转率=\frac{3\ 000}{298.50}=10.05(次)$$

由于在市场经济条件下商业信用的广泛应用，应收账款已成为一项重要的流动资产。应收账款周转率反映了企业在一个会计年度内应收账款变现速度的快慢和管理效率的高低。较高的应收账款周转率表明企业资产流动性和短期偿债能力强，收账期短，同时可以减少收账费用和坏账损失。否则，企业的营运资金会过多地滞留在应收账款上。但过高的应收账款周转率，也可能是企业执行了过于苛刻的信用政策，导致企业销售量减少，从而影响企业的盈利水平。

应收账款的周转速度，也可以用应收账款天数来反映，其计算公式为：

$$应收账款天数=\frac{360}{应收账款周转率}=\frac{360\times 应收账款平均余额}{营业收入}$$

应收账款天数表示应收账款周转一次所需天数。平均收账期越短，表明企业的应收账款周转速度越快。根据ABC公司的应收账款周转率，计算出的应收账款天数为：

$$\text{应收账款天数}=\frac{360}{10.05}=35.82(\text{天})$$

ABC公司的应收账款天数为35.82天，说明企业从赊销产品到收回账款的天数为35.82天。

在计算应收账款周转率时，需要注意的问题是如果应收账款余额的波动性较大，应尽可能使用更详尽的计算资料，如按每月的应收账款余额来计算其平均占用额。

（三）流动资产周转率

流动资产周转率是流动资产在一定时期所完成的周转额（营业收入）与全部流动资产的平均占用额之间的比率，是反映流动资产周转速度的指标。其计算公式为：

$$\text{流动资产周转率(次数)}=\frac{\text{营业收入}}{\text{流动资产平均占用额}}$$

$$\text{流动资产平均占用额}=\frac{(\text{期初流动资产}+\text{期末流动资产})}{2}$$

［**例15-10**］　根据表15-1、表15-2的有关数据，ABC公司20××年流动资产周转率为：

$$\text{流动资产周转率}=\frac{3\,000}{655}=4.58(\text{次})$$

流动资产周转率是反映企业流动资产在生产经营过程中的周转速度。在一定时期内，流动资产周转次数越多，表明既定的流动资产完成的周转额越多，流动资产利用效率越高，能增强企业盈利能力。但是企业流动资产周转率并没有统一的标准，通常根据企业历年的数据并结合行业平均水平确定。

由于加速流动资产周转而形成的节约有两种形式：绝对节约和相对节约。流动资产的绝对节约是指企业由于加速流动资产周转，可以在生产和销售任务不变的情况下减少流动资产占用额，并从周转中腾出一部分流动资产的情况；流动资产的相对节约是指企业由于加速流动资产周转，能够以原有的流动资产数量来实现更多的生产和销售任务，企业虽未从周转中腾出流动资产，但相对减少流动资产需要量的情况。

企业在经营过程中，往往出现流动资产占用额与营业收入同时变动的情况，其形成的节约额可能同时存在绝对节约额和相对节约额，在实际工作中，通常不对绝对节约额和相对节约额做严格的区分。

流动资产节约额的计算公式为：

$$\begin{matrix}\text{流动资产}\\\text{节约额}\end{matrix}=\begin{matrix}\text{报告期}\\\text{营业收入}\end{matrix}\times\left(\frac{1}{\text{报告期流动资产周转次数}}-\frac{1}{\text{基期流动资产周转次数}}\right)$$

上述公式计算值为“负值”，表示节约额；为“正值”，表示浪费额。

［**例15-11**］　根据ABC公司有关财务数据，假定基期流动资金周转次数为4.15次，计算流动资产节约额。

$$\text{流动资产节约额}=3\,000\left(\frac{1}{4.58}-\frac{1}{4.15}\right)\approx-67.86(\text{百万元})$$

流动资产周转状况，还可以用流动资产周转天数来反映，其计算公式为：

$$\text{流动资产周转天数}=\frac{360}{\text{流动资产周转率}}=\frac{360\times\text{流动资产平均占用额}}{\text{营业收入}}$$

从流动资产周转天数来看，周转一次所需要的天数越少，表明流动资产在经历生产和销售各阶段时所占用的时间越短。生产经营任何一个环节上的工作改善，都会反映到周转天数的缩短上来。

［**例 15－12**］ 根据 ABC 公司的流动资产周转率，计算出的流动资产周转天数为：

$$\text{流动资产周转天数}=\frac{360}{4.58}=78.60(\text{天})$$

（四）固定资产周转率

固定资产周转率是指企业一定时期营业收入与固定资产平均净值的比率。其计算公式为：

$$\text{固定资产周转率}=\frac{\text{营业收入}}{\text{固定资产平均净值}}$$

$$\text{固定资产平均净值}=\frac{(\text{期初固定资产净值}+\text{期末固定资产净值})}{2}$$

［**例 15－13**］ 根据表 15－1、表 15－2 的有关数据，假定企业没有计提固定资产减值准备，表 15－1 中固定资产价值为固定资产净值，ABC 公司固定资产周转率为：

$$\text{固定资产周转率}=\frac{3\,000}{1\,096.50}=2.74(\text{次})$$

这里，需要注意的是，计算时使用的是固定资产净值，即固定资产原价扣除已计提的累积折旧后的金额，而不是固定资产原价或固定资产净额。

固定资产周转率是反映企业固定资产周转情况，衡量企业固定资产利用效率的指标。一般情况下，固定资产周转率越高，表明企业固定资产利用充分，结构合理，能够充分发挥效率。反之，如果固定资产周转率不高，则表明固定资产使用效率较低，企业的营运能力不强，可能会影响企业的盈利能力。

运用固定资产周转率时，需要考虑固定资产因计提折旧，其净值在不断地减少，以及因更新重置，其净值突然增加的影响。同时，由于折旧方法的不同，可能影响其可比性。所以，在分析时，一定要剔除掉这些不可比因素。

固定资产周转情况也可用固定资产周转天数来反映，其计算公式为：

$$\text{固定资产周转天数}=\frac{360}{\text{固定资产周转率}}=\frac{360\times\text{固定资产平均占用额}}{\text{营业收入}}$$

（五）总资产周转率

总资产周转率是企业一定时期营业收入与平均资产总额的比值。其计算公式为：

$$总资产周转率=\frac{营业收入}{平均资产总额}$$

$$平均资产总额=\frac{(年初资产总额+年末资产总额)}{2}$$

［**例 15-14**］　根据表 15-1、表 15-2，ABC 公司总资产周转率为：

$$总资产周转率=\frac{3\ 000}{1\ 840}=1.63$$

总资产周转率反映资产总额的周转速度。周转越快，表明企业全部资产的使用效率越高。反之，则说明企业利用全部资产的使用效率越低，最终会影响企业的获利能力。企业应采用各种措施，来提高企业的资产利用程度，如处理不良资产或通过薄利多销的办法增加销售。

三、盈利能力比率分析

从财务角度看，盈利就是使资产获得超过其投资的回报。企业必须盈利，才有存在的价值。盈利是企业的出发点和归宿，不论是投资者、债权人还是企业经理人员，都非常重视和关心企业的盈利能力。一般来说，对企业盈利能力的分析，只涉及正常的经营活动。非正常的、特殊的经营活动，尽管也会给企业带来收益，但只是特殊状况下的偶发性结果，不能说明企业的可持续能力，应予以剔除。

评价企业的盈利能力可以从收入、成本、资产占用效果等不同角度进行分析。反映企业盈利能力的指标主要有总资产报酬率、净资产收益率、成本费用净利率、营业利润率、盈余现金保障倍数、资本收益率、每股收益、市盈率等。

（一）资产盈利能力分析

资产盈利能力是指企业运用资产获得利润的能力，主要从占用资产的盈利能力、消耗资产的盈利能力和资产管理效率对资产盈利能力的影响等方面进行分析。

1. 总资产报酬率

总资产报酬率是企业在一定时期内获得的报酬总额与企业平均资产总额的比值。它是反映企业资产综合利用效果的指标，也是衡量企业利用债权人和所有者权益总额获得盈利的重要指标。其计算公式为：

$$总资产报酬率=\frac{息税前利润总额}{平均资产总额}\times 100\%$$

［**例 15-15**］　假定 ABC 公司财务费用全部是利息费用，根据表 15-1，15-2 的有关数据，ABC 公司 20××年的总资产报酬率为：

$$总资产报酬率=\frac{247}{1\ 840}\times 100\%=13.42\%$$

总资产报酬率全面反映了企业全部资产的获利水平，企业所有者和债权人对该指标都非常关心。一般情况下，该指标越高，表明企业的资产利用效果越好，整个企业获利能力越强，经营管理水平越高。企业还可以将该指标与市场资本利率进行比较，如果前者较后者大，则说明企业可以充分利用财务杠杆，适当举债经营，以获得更多的收益。在分析企业的总资产报酬率时，通常要与该企业前期、同行业平均水平和先进水平进行比较，这样才能判断企业资产报酬率的变动趋势以及在同行业中所处的地位，从而了解企业的总资产利用效率，发现经营管理中存在的问题，以便改进管理，提高效益。

2. 资产净利率

资产净利率是企业在一定时期内的净利润与平均资产总额的比率。其计算公式为：

$$资产净利率=\frac{净利润}{平均资产总额}\times 100\%$$

［**例 15－16**］ 根据表 15－1，15－2 的有关数据，ABC 公司的资产净利率为：

$$资产净利率=\frac{136}{1\,840}\times 100\%=7.39\%$$

在运用该指标时，应该注意以下几方面：

（1）该指标主要用来衡量企业利用资产获得净利润的能力，反映企业资产利用的综合效果。指标越高，表明资产的利用效率越高，增收节支的效果越好，否则相反。

（2）该指标是一个综合指标，可以用该指标与本企业前期、预算、本行业平均水平和行业内先进水平对比，分析差异形成的原因，正确评价企业经济效益的高低，挖掘提高利润水平的潜力。影响资产净利率高低的因素主要有：产品的售价、单位成本、产销的数量、资金占用的数额、所得税税率等。

（3）该指标可以分解为总资产周转率与销售净利率的乘积，提高该指标可从提高销售净利率和加速资产周转入手。

3. 成本费用利润率

成本费用利润率是企业一定时期利润额与成本费用总额的比率。该指标是反映企业生产经营中发生的各种耗费与获得的利润之间的关系。其计算公式为：

$$成本费用利润率=\frac{利润额}{成本费用总额}\times 100\%$$

公式中的分母一般包括营业成本、税金及附加、销售费用、管理费用、研发费用、财务费用，公式中的分子一般是指利润总额。该比率不仅可以评价企业获利能力的高低，还可以评价企业对成本费用的实际控制能力和经营管理水平。

［**例 15－17**］ 根据表 15－2 的有关数据，则 ABC 公司 20××年的成本费用利润率为：

$$成本费用利润率=\frac{200}{2\,847}\times 100\%=7.02\%$$

ABC 公司的成本费用利润率为 7%，说明该公司每耗费 100 元可以获得 7 元的利润总额。

（二）经营活动流转额的盈利能力

经营活动流转额的盈利能力是指将营业收入转化为利润的能力，是企业最基本的盈利能力。主要从经营活动流转额的初始盈利能力和最终盈利能力两方面进行分析。

1. 营业收入利润率

它是企业一定时期营业利润与营业收入的比值。其计算公式为：

$$营业收入利润率=\frac{营业利润}{营业收入}\times 100\%$$

营业收入利润率越高，表明企业市场竞争力越强，发展的潜力越大，从而获利能力越强。而且，通过考察营业利润占整个利润总额比重的升降，可以发现企业经营理财状况的稳定性、盈利空间等。

［**例 15－18**］　根据表 15－2 的有关数据，则 ABC 公司 20××年的营业收入利润利率为：

$$营业收入利润率=\frac{156}{3\,000}\times 100\%=5.20\%$$

2. 营业收入毛利率

营业收入毛利率是企业营业毛利与营业收入的比率。其中毛利是营业收入与营业成本或销售收入与销售成本的差额，是企业营业利润形成的基础。其计算公式为：

$$营业收入毛利率=\frac{营业收入-营业成本}{营业收入}\times 100\%$$

该指标反映每百元营业收入扣除营业成本后，有多少钱可用于各项费用和形成盈利，它是营业利润率形成的初始基础。毛利率越大，说明在营业收入中营业成本所占比重越小，企业通过营业或销售获取利润的能力越强，也表明企业有较强的竞争优势。

将销售毛利率与同行业其他企业比较，可以揭示企业在定价政策、成本控制等方面存在的问题，表明企业在本行业中的竞争能力。

［**例 15－19**］　根据表 15－2 的有关数据，ABC 公司 20××年的营业收入毛利率为：

$$营业收入毛利率=\frac{356}{3\,000}\times 100\%=11.87\%$$

3. 营业收入净利率

营业收入净利率或销售净利率是指企业净利润与营业收入或销售收入的比率。其计算公式为：

$$营业收入净利率=\frac{净利润}{营业收入}\times 100\%$$

［**例 15－20**］　根据表 15－2，ABC 公司本年的营业收入净利率为：

$$营业收入净利率=\frac{136}{3\,000}\times 100\%=4.53\%$$

该指标反映每百元营业收入所带来的净利润，评价企业营业收入最终盈利能力。该比率越高，企业通过扩大销售获取收益的能力越强。通过分析比较企业历年的指标，从而判断企业营业收入净利率的变化趋势，可以促使企业在扩大营业收入的同时，注意改进经营管理，提高盈利水平。此外，该指标能够分解为营业收入毛利率、营业收入税金率、营业收入成本率、营业收入期间费用率等。

4. 营业收入现金比率

营业收入净利率质量或盈利质量可通过销售现金比率分析，该指标越高，盈利质量越好。

$$营业收入现金比率=\frac{经营活动现金流入量}{营业收入}\times 100\%$$

该比率是对“营业收入净利率”的修正，反映企业通过完成的营业收入或销售获得现金的能力。该比率排除了不能收回的应收账款损失的影响，因而较为稳健。其数值越大越好。该指标由于分子分母确认的基础不同，所计算的指标与营业收入净利率指标比较时，有一定的不可比因素。为了可比，该比率分子最好是当期销货，当期取得的经营活动现金流入量。

（三）股权资本的盈利能力

股权资本的盈利能力是指企业所有者投入资本获取利润的能力。

1. 净资产收益率

净资产收益率是企业一定时期的净利润与平均净资产的比率，也称股东权益报酬率。其计算公式为：

$$净资产收益率=\frac{净利润}{净资产平均额}\times 100\%$$

［例 15－21］ 根据表 15－1、表 15－2 的有关数据，ABC 公司 20××年的净资产收益率为：

$$净资产收益率=\frac{136}{920}\times 100\%=14.78\%$$

该公式的分母一般使用“平均净资产”，也可以使用“年末净资产”。净资产收益率可以反映投资者投入企业的自有资本获取净收益的能力，是评价企业自有资本及其积累获取报酬水平的最具综合性与代表性的指标。该指标越高，表明企业自有资本获取收益的能力越强，运营效益越好。在我国上市公司业绩综合排序中，该指标居于首位。通过对该指标与行业平均标准及不同行业标准进行比较分析，可以了解企业获利能力在同行业中所处的地位，以及不同行业的差异水平。

2. 每股收益

每股收益是指本年净利润扣除优先股股利后的余额与发行在外的普通股加权平均数的比值。该指标反映了每股普通股所能分摊到的净收益，是评价上市公司盈利能力的重要指标，也是投资者将其作为投资决策的重要依据。

每股收益的计算包括基本每股收益和稀释每股收益。

（1）基本每股收益

基本每股收益的计算公式为：

$$基本每股收益=\frac{归属于普通股股东的当期净利润}{当期发行在外普通股的加权平均数}$$

$$当期发行在外普通股的加权平均数=期初发行在外普通股股数+\frac{当期新发行普通股股数\times 已发行时间}{报告期时间}-\frac{当期回购普通股股数\times 已回购时间}{报告期时间}$$

已发行时间、报告期时间和已回购时间一般按天数计算，在不影响结果的前提下，也可以按月份简化计算。

(2) 稀释每股收益

稀释每股收益是以基本每股收益为基础，假设企业所有发行在外的稀释性潜在普通股均已转换为普通股，从而分别调整归属于普通股股东的当期净利润以及发行在外普通股的加权平均数计算而得的每股收益。潜在普通股是指赋予其持有者在报告期或以后期间享有普通股权利的一种金融工具或其他合同。目前，我国企业发行的潜在普通股主要有可转换公司债券、认股权证、股份期权等。稀释性潜在普通股，是指假设当期转换为普通股会减少每股收益的潜在普通股。计算稀释每股收益时只考虑稀释性潜在普通股的影响，而不考虑不具有稀释性的潜在普通股。当期被注销或终止的稀释性潜在普通股，应当按照当期发行在外的时间加权平均计入稀释每股收益；当期被转换或行权的稀释性潜在普通股，应当从当期期初至转换日（或行权日）计入稀释每股收益中，从转换日（或行权日）起所转换的普通股则计入基本每股收益中。稀释性潜在普通股应按照其稀释程度从大到小的顺序计入稀释每股收益值，直至达到最小值。

计算稀释性每股收益时，可能会涉及分子当期净利润的调整，也可能会涉及分母股数的调整。对归属于普通股股东的当期净利润进行调整，调整项目有：① 当期已确认为费用的稀释性潜在普通股的利息；② 稀释性潜在普通股转换时将产生的收益或费用。对净利润的调整应注意所得税的影响。同时，将当期发行在外普通股的加权平均数调整为，计算基本每股收益时普通股的加权平均数与假定稀释性潜在普通股转换为已发行普通股而增加的普通股股数的加权平均数之和。计算稀释性潜在普通股转换为已发行普通股而增加的普通股股数，是否需按照其发行在外时间进行加权平均，具体来说：以前期间发行的稀释性潜在普通股应当假设在当期期初转换为普通股，没有时间权重；当期发行的稀释性普通股应当假设在发行日转为普通股，就要考虑时间权重。

假定稀释性潜在普通股转换为已发行普通股而增加的普通股股数，应当根据潜在普通股的条件确定。当存在不止一种转换基础时，应当假定会采取从潜在普通股持有者角度看最有利的转换率或执行价格。

下面简单分述可转换债券、认股权证与股份期权、回购股份稀释每股收益的情形：

① 可转换债券

$$\text{稀释每股收益}=\left(\begin{array}{c}\text{归属于普通股}\\\text{股东的当期}\\\text{净利润}\end{array}+\begin{array}{c}\text{假设转换时}\\\text{增加的利润}\end{array}\right)\div\left(\begin{array}{c}\text{当期发行在外}\\\text{普通股的}\\\text{加权平均数}\end{array}+\begin{array}{c}\text{假设转换}\\\text{所增加的}\\\text{普通股股数}\end{array}\right)$$

为了避免无用功，可根据增量每股收益，事先判断可转换债券的稀释性：

$$\text{增量每股收益}=\text{税后利息费用}\div\text{可转换股数}$$

如果增量每股收益大于基本每股收益，则不具有稀释效应。

［**例 15－22**］　亚东公司 2017 年净利润为 14 000 万元，优先股利为 400 万元，2016 年末发行在外普通股股数为 30 000 万股，2017 年 10 月 28 日发普通股新股 12 000 万股，2017 年 11 月 30 日回购发行在外的普通股股数为 600 万股，计算基本每股收益。假设 2017 年已发行的可转换债券面值为 5 000 万元，行权价格为每股 10 元，票面年利率为 2％，公司适用的所得税税率为 25％，可转换债券已在行权期，且可转换的股票市场价格已高于行权价格，计算稀释的

每股收益。

(1) 基本每股收益计算

$$当期发行在外普通股加权平均数 = 30\,000 + \frac{12\,000 \times 2 - 600 \times 1}{12} = 31\,950(万股)$$

$$基本每股收益 = \frac{14\,000 - 400}{31\,950} = 0.43(元)$$

(2) 稀释每股收益计算

可转换债券若转为普通股可使净利润增加：

$$5\,000 \times 2\% \times (1 - 25\%) = 75(万元)$$

可转换债券若转为普通股可使普通股数增加：

$$50\,000\,000 \div 10 = 5\,000\,000(股) = 500(万股)$$

稀释每股收益计算如下：

$$稀释每股收益 = \frac{14\,000 - 400 + 75}{31\,950 + 500} = 0.42(元)$$

② 认股权证与股份期权

对于盈利企业，认股权证、股份期权等的行权价格低于当期普通股平均市场价格时，具有稀释性。对于亏损企业，认股权证、股份期权的假设行权一般不影响净亏损，但增加普通股股数，从而导致每股亏损金额的减少，实际产生反稀释的作用。

对于稀释性认股权证、股份期权，计算稀释每股收益时，一般无需调整分子净利润金额，只需对普通股加权平均数进行调整：

$$\begin{matrix}净增加的\\普通股股数\end{matrix} = \begin{matrix}拟行权时转换的\\普通股股数\end{matrix} - \begin{matrix}行权\\价格\end{matrix} \times \begin{matrix}拟行权时转换的\\普通股股数\end{matrix} \div \begin{matrix}当期普通股\\平均市场价格\end{matrix}$$

将净增加的普通股股数乘以其假设发行在外的时间权数，据此调整稀释每股收益的分母。

③ 股份回购

假设企业于期初按照当期普通股平均市场价格发行普通股，以募集足够的资金来履行回购合同。合同日晚于期初的，则假设企业于合同日按照自合同日至期末的普通股平均市场价格发行足量的普通股。该假设前提下，由于是按照市价发行普通股，导致企业经济资源流入与普通股股数同比例增加，每股收益额不变。

假设回购合同已于当期期初或合同日履行，按照约定的行权价格回购本企业股票，行权价格高于当期普通股平均市场价格时，应考虑其稀释性。此时，

$$\begin{matrix}净增加的普通\\股股数\end{matrix} = \begin{matrix}回购\\价格\end{matrix} \times \begin{matrix}承诺回购的\\普通股股数\end{matrix} \div \begin{matrix}当期普通股平均\\市场价格\end{matrix} - \begin{matrix}承诺回购的\\普通股股数\end{matrix}$$

将净增加的普通股股数乘以相应的时间权重，据此调整稀释每股收益的分母。

每股收益是衡量上市公司盈利能力最重要的财务指标，是所有上市公司必须披露的重要信息

之一。在分析时，与同行业内不同公司比较，可以评价该公司的相对盈利能力；与公司的历史数据比较，可以了解公司盈利能力的变化趋势；与公司盈利预测比较，可以反映公司的管理效率。

在运用每股收益分析公司盈利能力时，应当注意以下几个问题：一是每股收益并不能够揭示股票所包含的风险，同一公司不同时期的经营风险不同，但每股收益可能相同；二是不同股票的每一股的经济价值是不等量的，它们所含有的净资产和市价不同，即换取每股收益的投资额不同；三是每股收益多，并不意味着股利多，还取决于公司股利分配政策和现金流量等状况。

3. 市盈率

市盈率是指上市公司普通股每股市价相当于每股收益的倍数，其计算公式为：

$$市盈率(倍数)=\frac{普通股每股市价}{普通股每股收益}$$

［**例 15-23**］ 续前例，亚东公司的普通股基本每股收益为 0.43 元，稀释每股收益 0.42 元，每股市价为 8 元，公司按基本每股收益计算的市盈率为：

$$市盈率=\frac{8}{0.43}=18.60$$

公司按稀释每股收益计算的市盈率为：

$$市盈率=\frac{8}{0.42}=19.05$$

该指标反映投资者对每元净利润所愿意支付的价格，可以用来估计股票的投资风险和收益水平。它是市场对公司的总体期望值，是市场对该股票的评价。市盈率越高，表明投资者对公司的未来越看好，但投资风险越高。仅从市盈率高低的横向比较看，较高市盈率说明公司能够获得投资者信赖，可能具有良好的发展前景。

使用市盈率指标分析市价与净收益时，应注意以下几个问题：

(1) 过高或过低的市盈率是不正常的。当股市受到非正常因素干扰时，一些股票的市价被透支炒作，市盈率会很高，风险相当大；反之，一些股票的市盈率比较低，表明投资者对公司的未来缺乏信心，公司的前景暗淡，风险也比较大。正常的市盈率为 20 倍左右。

(2) 不同行业公司的市盈率不具有可比性。一般说来，新兴行业市盈率普遍较高，而传统产业的市盈率普遍较低，不能仅仅从市盈率角度分别判断它们的投资价值高低。

(3) 影响市盈率的因素有会计政策的选择，投资者的心理预期和投机炒作等。有时过高的市盈率也不能完全说明投资者看好公司的发展前景。因此，重要的是观察股票市盈率的长期变化趋势。

4. 每股股利

每股股利一般是指上市公司本年发放的普通股现金股利总额与年末普通股总数的比值。其计算公式为：

$$每股股利=\frac{普通股现金股利总额}{年末普通股总数}$$

它表明在某一时期内每股普通股能够分享多少股利收益。该指标数值越高，股东获得的现金股利越多。

5. 每股净资产

每股净资产是上市公司年末净资产(股东权益)与年末普通股总数的比值,该指标一定程度地、间接地反映了公司留存收益的累积情况。其计算公式为:

$$每股净资产=\frac{年末股东权益}{年末普通股总数}$$

[**例 15-24**] 根据表 15-1,ABC 公司 20××年末每股净资产为:

$$每股净资产=\frac{960}{100}=9.60(元)$$

四、增长能力比率分析

增长能力是企业在生存的基础上,扩大规模、壮大实力的潜在能力。企业能否持续增长对投资者、经营者及其他相关利益者至关重要。对于投资者来说,这不仅关系到投资者的投资报酬,而且关系到企业是否真正具有投资价值。对企业经营者来说,只有企业能够持续不断地增长,才算将企业经营成功。对债权人来说,增长能力也同样非常重要,因为企业长期债务的偿还主要是依靠企业未来的盈利能力。

分析企业的增长能力主要考察以下指标:营业收入增长率、资本保值增值率、资本积累率、总资产增长率、营业利润增长率。

(一) 营业收入增长率

营业收入增长率是企业本年营业收入增长额与上年营业收入总额的比率,这一比率是反映当年的增长率。还可以计算三年平均增长率。本书仅介绍营业收入三年平均增长率,其他三年平均增长率指标省略,计算原理相同。营业收入增长率反映企业营业收入的增减变动情况,是评价企业成长状况和发展能力的重要指标。其计算公式为:

$$营业收入增长率=\frac{本年营业收入增长额}{上年营业收入总额}\times 100\%$$

$$本年营业收入增长额=本年营业收入总额-上年营业收入总额$$

$$营业收入三年平均增长率=\left(\sqrt[3]{\frac{本年营业收入总额}{三年前营业收入总额}}-1\right)\times 100\%$$

[**例 15-25**] 根据表 15-2 的有关数据,ABC 公司当年的营业收入增长率为:

$$营业收入增长率=\frac{150}{2\,850}\times 100\%=5.26\%$$

ABC 公司 2022 年营业收入为 30 亿元,2019 年营业收入为 25.6 亿元,营业收入三年平均增长率为:

$$营业收入三年平均增长率=\left(\sqrt[3]{\frac{30}{25.6}}-1\right)\times 100\%=5.43\%$$

营业收入增长率是衡量企业经营状况和市场占有能力、预测企业经营业务拓展趋势的重要标志。不断增加的营业收入,是企业生存的基础和发展的条件。该指标若大于 0,表示企业本年的营业收入有所增长,指标值越高,表明增长速度越快,企业市场前景越好;若该指标小于0,则说明产品或服务不适销对路、质次价高,或是售后服务等方面存在问题,或是外部环境因素造成的。运用该指标时,应结合企业历年的营业收入水平、企业市场占有率、行业未来发展及其他影响企业发展的潜在因素进行前瞻性预测,或者结合企业前几年的营业收入增长率作出定比和环比趋势性分析判断。

(二)营业利润增长率

营业利润增长率是企业本年营业利润增长额与上年营业利润总额的比率,反映企业利润的增减变动情况。其计算公式为:

$$营业利润增长率=\frac{本年营业利润增长额}{上年营业利润总额}\times 100\%$$

[**例 15-26**] 根据表 15-2 的有关数据,ABC 公司 20××年的营业利润增长率为:

$$营业利润增长率=\frac{-7}{163}\times 100\%=-4.29\%$$

(三)总资产增长率

总资产增长率是企业本年总资产增长额同年初资产总额的比率,它是用来考核企业资产规模增长幅度的指标。其计算公式为:

$$总资产增长率=\frac{本年资产增长额}{年初资产总额}\times 100\%$$

[**例 15-27**] 根据表 15-1 的有关数据,ABC 公司 20××年的总资产增长率为:

$$总资产增长率=\frac{320}{1\ 680}\times 100\%=19.05\%$$

总资产增长率为正数,则说明企业本年度的资产规模获得增加;资产增长率为负数,则说明企业本年度的资产规模减少;资产增长率为零,则说明企业本年度的资产规模既未增加也未减少。该指标是从企业资产总量扩张方面衡量企业的发展能力,表明企业规模增长水平对企业发展后劲的影响。该指标越高,表明企业一定时期内资产经营规模扩张的速度越快。但在实际分析时,应考虑资产规模扩张的质与量的关系,资产的量与价的关系以及企业的后续发展能力,避免资产盲目扩张。

(四)资本保值增值率

资本保值增值率是指企业本年末扣除客观因素后的所有者权益与年初所有者权益的比率。它是考核投资者投入资本保值和增值能力的指标。其计算公式为:

$$资本保值增值率=\frac{扣除客观因素后的年末所有者权益}{年初所有者权益}\times 100\%$$

资本保值增值率一方面反映了资本保全原则的要求,即企业要以保持资本完整无损为前提来确认收益,另一方面又能够及时、有效地发现侵蚀所有者权益的现象,是投资者和经营者都非常重视的指标,也是国有资本金绩效评价的重要指标。该指标大于 1,表明企业所有者权益资本增值,维护和增加了所有者利益,表明企业的资本保全状况好,所有者权益增长快,债权人的权益有一定的保障,企业可持续发展能力越强。该指标小于 1,表明企业所有者权益资本减值,受到侵蚀,损害了所有者利益。

［例 15-28］ 根据表 15-1 的有关数据，ABC 公司 20××年的资本保值增值率为：

$$资本保值增值率=\frac{960}{880}\times 100\%=109.09\%$$

第三节 财务综合分析

一、企业财务综合分析的含义及特点

（一）企业财务综合分析的含义

财务分析的最终目的在于全方位地了解企业的经营状况，并对企业的经营绩效的优劣作出系统、客观的评价。单独的某一项财务指标只是从一个侧面反映企业的财务状况，有一定的片面性和局限性。因此，必须进行财务综合分析，采用适当的标准进行综合性的评价，从而解决基本财务比率分析或单项财务指标分析缺乏系统性分析的缺陷。

财务综合分析就是将反映企业的偿债能力、营运能力、盈利能力等诸方面的财务指标纳入一个有机的整体中，系统、全面、综合地对企业财务状况、经营成果和财务状况的变动进行剖析、解释和评价，从而对企业经营绩效的优劣作出准确的评判。

（二）财务综合分析的特点

与基本财务比率分析或单项财务指标分析相比，财务综合分析具有以下特点。

(1) 分析方法不同。基本财务比率分析采用由一般到个别，把企业财务活动的总体分解为每个具体部分，然后逐一考查分析；而综合分析则是通过归纳综合，从个别财务现象分析入手，再从财务活动的总体上作出总结评价。

(2) 财务分析性质不同。基本财务比率分析具有实务性和实证性；而综合分析则具有高度的抽象性和概括性，着重从整体上概括财务状况的本质特征。

(3) 财务分析的重点和比较基准不同。单项财务指标分析的重点和比较基准是某一方面能力状况与发展趋势；而综合分析的重点和比较基准是企业整体状况与发展趋势。

(4) 财务指标在分析中的地位不同。单项财务分析把每个分析的指标视为同等重要地位来处理，忽视了各种指标之间的相互关系；而财务综合分析则强调各种指标有主辅之分，并且特别注意主辅指标之间的本质联系和层次关系。

二、沃尔财务状况综合评价法

亚历山大·沃尔在 20 世纪初出版的《信用晴雨表研究》和《财务报表比率分析》中提出了信用能力指数的概念。将流动比率、产权比率、固定资产周转率、存货周转率、应收账款周转率、固定资产比率、自有资金周转率等七项财务比率用线性关系结合起来；并根据其重要程度分别给定了它们在总体评价中占的比重，总和为 100 分；然后确定标准比率，并与实际比率相比较，确定各项指标的得分及总体指标的累积分数，从而对企业的总体水平作出评价。

沃尔财务综合状况的程序包括五个步骤：

(1) 选定评价企业财务状况的比率指标。在每一类指标中，通常应选择有代表性、能说明问题的重要指标，如偿债能力、营运能力和盈利能力三类比率指标。选择指标时，尽量选择正指标，不要选择逆指标。

(2) 根据各项比率的重要程度，确立其重要性系数，各项比率指标的重要性系数之和应等于1或100%。对其重要性程度的判断，可根据企业的经营状况、管理要求、发展趋势及分析的目的等具体情况来确定。

(3) 确定各项财务比率的标准值和实际值。财务比率标准值是指特定的国家、特定的行业、特定的时期的财务比率指标体系及其标准值，可以用来作为标准财务比率的通常是行业平均水平的比率。它是根据同一行业中部分有代表性的企业的财务与经营资料，经过综合成为整体后，再据以求得的各项比率，它可以作为评价企业财务比率优劣的参照物。

(4) 计算关系比率。关系比率即各项指标实际值与标准值的比率。

$$关系比率=\frac{实际值}{标准值}$$

(5) 根据企业财务报表，分别计算所选定指标的实际值，再计算所选定指标的加权平均分数。其计算公式为：

$$综合实际分=\sum(重要性系数\times单项系数)$$

一般来说，综合系数合计数若为1(100%)或接近1(100%)，则表明该企业财务状况基本符合要求；若过低，则表明企业财务活动与结果不佳。

下面采用沃尔比重评分法，对ABC公司20××年的财务情况进行综合评价，见表15-5。

表15-5　ABC公司20××年沃尔比重评分表

财务比率	比　重 (1)	标准比率 (2)	实际比率 (3)	关系比率 (4)=(3)/(2)	实际评分 (1)×(4)
流动比率	25	2.0	2.330	1.165	29.13
净资产/负债	25	2.0	1.923	0.960	24.04
资产/固定资产	15	2.5	1.620	0.650	9.69
销售成本/存货	10	8.0	11.880	1.485	14.85
销售额/应收账款	10	8.0	9.740	1.220	12.20
销售额/固定资产	10	4.0	2.420	0.610	6.10
销售额/净资产	5	3.0	3.130	1.040	5.20
合　计	100				101.21

沃尔比重评分法存在两个缺陷：一是在理论上未能证明所选定这七项指标，而不是更多或更少些，或选择其他的指标，以及未能证明每项指标在每项评价中所占比重的合理性；二是在技术上当某项指标严重异常时，会对实际评分产生不合逻辑的重大影响。该缺陷是由关系比率与比重相乘引起的。财务比率提高一倍，其评分增加100%；而缩小一半，其评分只减少50%。

与沃尔所处的时代相比，当今社会已发生很大变化，沃尔最初确定的七项指标已难以完全满足当前企业评价的客观要求。一般认为企业财务评价的内容主要是盈利能力，其次是偿债能力和营运能力，此外还有发展能力。1999年6月1日我国财政部、国家经济贸易委员会、人事部、国家发展计划委员会联合发布的《国有资本金绩效评价规则》和《国有资本金绩效评价操作细则》将整个指标体系分为三个层次，由基本指标、修正指标和评议指标共32项组成；进一步完善了国有资本金监督评价制度，科学剖析和客观反映企业资产运营绩效和财务效益状况。

国家四部委指出，非国有企业可借鉴《国有资本金绩效评价规则》对其资本金进行绩效评价。该评价系统的指标体系及权重如表 15－6 所示。

表 15－6　国有资本金绩效评价指标

评价内容	基本指标	修正指标(+ -)	评议指标(+ -)
一、财务效益状况(42)	净资产收益率(30) 总资产报酬率(12)	资本保值增值率(16) 销售(营业)利润率(14) 成本费用利润率(12)	1. 领导班子基本素质(20) 2. 产品市场占有能力(服务满意度,18) 3. 基础管理比较水平(20) 4. 在岗员工素质状况(12) 5. 技术装备更新水平(服务硬环境,10) 6. 行业或区域影响力(5) 7. 企业经营发展策略(5) 8. 长期发展能力预测(10)
二、资产营运状况(18)	总资产周转率(9) 流动资产周转率(9)	存货周转率(4) 应收账款周转率(4) 不良资产比率(6) 资产损失比率(4)	
三、偿债能力状况(22)	资产负债率(12) 已获利息倍数(10)	流动比率(6) 速动比率(4) 现金流动负债比率(4) 长期资产适合率(5) 经营亏损挂账比率(3)	
四、发展能力状况(18)	销售(营业)增长率(9) 资本积累率(9)	总资产增长率(7) 固定资产成新率(5) 三年利润平均增长率(3) 三年资本平均增长率(3)	
权重合计	100	100	100

1999 年由财政部等四部委联合发布的《国有资本金绩效评价规则》及其《国有资本金绩效评价操作细则》，2002 年由财政部五部委联合发布的《企业绩效评价操作细则(修订)》以及 2003 年国资委发布的《中央企业负责人经营业绩考核暂行办法》，初步形成了我国国有企业的经营业绩考核体系。2006 年国务院国资委发布实施的《中央企业综合绩效评价管理暂行办法》，打破了原有国有企业特别是中央企业考核办法。新的考核办法分为企业财务绩效定量评价和管理绩效定性评价两部分，其中财务绩效定量评价是指对企业一定期间的盈利能力、资产质量、债务风险和经营增长四个方面进行定量对比分析和评判。

企业经营绩效综合评价方法会不断创新与改进，但国有资本金评价思想和指标体系仍具有指导与借鉴意义。

三、杜邦财务分析体系

杜邦财务分析体系是由美国杜邦公司创立并成功运用的，故称之为杜邦系统。该体系是利用各项财务比率间的内在联系，综合地分析和评价企业盈利能力、营运能力和资本结构等状况的方法。它是一个以净资产收益率为龙头，以资产净利率为核心的完整的财务指标分析体系。该体系可用图 15－1 表示：

下面以 ABC 公司为例来说明杜邦财务分析体系的主要内容，如图 15－1 所示。

杜邦系统各主要的财务比率之间的关系如下：

净资产收益率＝资产净利率×权益乘数＝销售净利率×总资产周转率×权益乘数

$$销售净利率=\frac{净利润}{营业收入}$$

$$总资产周转率=\frac{营业收入}{平均资产总额}$$

$$权益乘数=\frac{资产总额}{所有者权益总额}=\frac{1}{1-资产负债率}$$

从杜邦财务分析图中，可直观地看出以下几种主要指标之间的关系：

(1) 净资产收益率是所有比率中综合性最强、最具有代表性的指标，是杜邦系统的核心。

通过对净资产收益指标分解，可以确定各项指标彼此之间的相互依存关系，从而揭示企业的获利能力以及使净资产收益率指标发生升降变化的原因具体化。站在股东的角度，财务管理的目标就是实现股东财富最大化，净资产收益率的高低反映了股东投入资本的获利能力以及企业筹资、投资等各项经营活动的效率。

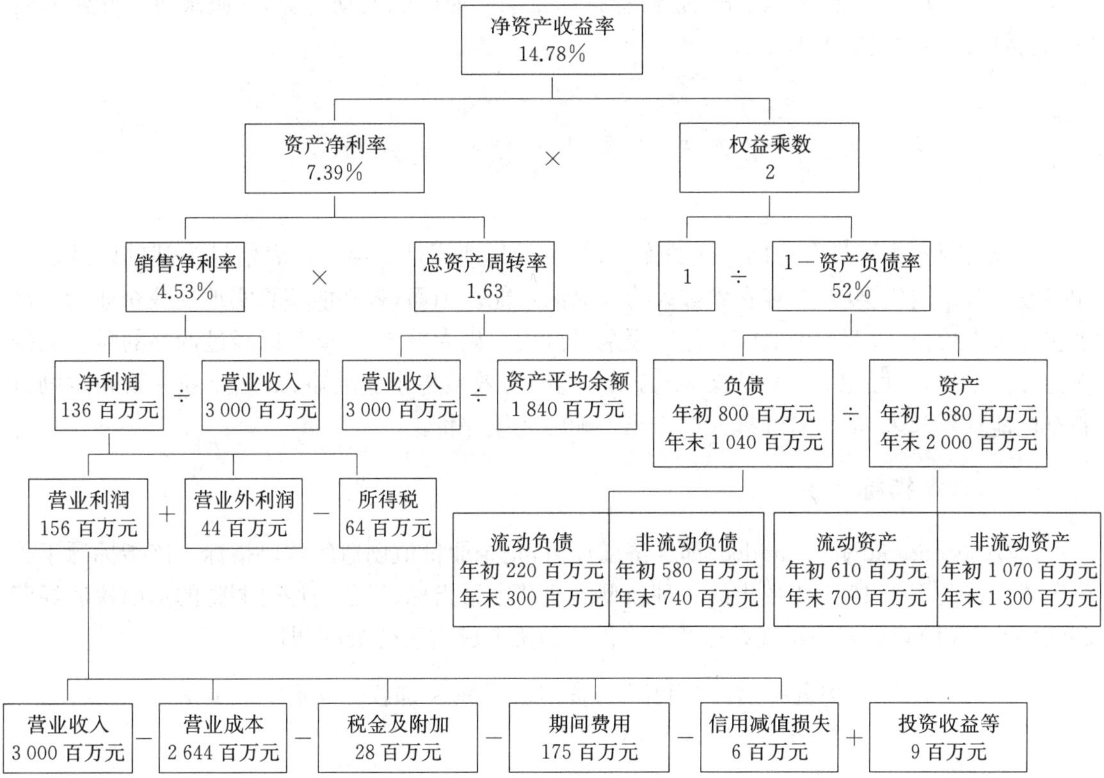

图 15－1　ABC 公司杜邦财务分析体系

(2) 资产净利率是反映企业资产盈利能力的一项重要财务比率，它揭示了企业生产经营活动的效率，具有较强的综合性。企业的营业收入、成本费用、资本结构、资产管理效率等各种因素，都直接影响该指标的高低。资产净利率是销售净利率与总资产周转率的乘积，因此必须从企业的盈利能力状况与资产管理效率两方面进行分析。

(3) 权益乘数主要受资产负债率的影响，反映所有者权益与总资产的关系。权益乘数越大，说明企业有较高的负债程度，这样能给企业带来较大的财务杠杆利益，同时也给企业带来较大的风险。因此在总资产需要量既定的前提下，企业应适当开展负债经营，合理使用全部资产，要妥善安排资金结构，努力实现财务管理目标。

(4) 销售净利率反映了企业净利率与营业收入的关系。提高销售净利率是提高企业盈利能力的关键，企业必须一方面开拓市场，增加营业收入；另一方面必须加强成本费用控制，降低各种耗费，增加利润。企业管理人员可以根据企业的一系列内部报表和资料从营业收入和成本费用两个方面进行更详细的分析。

(5) 总资产周转率揭示企业运用资产实现营业收入的综合能力。企业应该认真分析影响企业周转率的各项因素，联系营业收入分析企业使用资产的状况以及对资产的各构成部分占用量是否合理，还可以通过对应收账款周转率、存货周转率、固定资产周转率等有关资产组成部分使用效率的分析，发现企业资产管理方面存在的主要问题，以加强管理，提高资产的利用效率。

杜邦财务分析体系是以系统理论为基础，用联系的观点来分析问题，通过自上而下因素层层地分解探究深层次原因。其作用是解释指标变动的原因和变动趋势，为决策者优化经营管理、提高经营绩效提供了思路。

第四节　企业价值创造分析

传统的财务指标具有可操作性的优点，但由于其计算是以会计报表信息为基础以及没有扣除股权资本的机会成本，存在着被人为操纵的可能。因而，未必能够真实地反映企业的经济现实与未来价值。EVA 价值模式是以股东财富最大化为导向，主要是以经过调整的财务数据作为评价指标，尽可能不受会计操纵的影响，能够有效地将企业战略、日常业务决策和激励机制有机地联系起来，从而对经理人员作出正确的业绩评价。

一、EVA 指标

EVA(economic value added)即经济增加值，是企业价值创造的重要指标。该指标源于美国思腾思特公司于 1991 年提出的一种新型的业绩衡量指标，指公司经过调整的息前税后经营利润(NOPAT)减去该公司现有资产经济价值的机会成本后的余额，即：

$$\begin{aligned}\text{EVA} &= \text{息前税后经营利润} - \text{资本占用额} \times \text{加权平均资本成本率} \\ &= NOPAT - NA \cdot WACC\end{aligned}$$

由上述公式可以看到，计算 EVA 这个指标有三个重要的因素需要考虑，即息前税后经营利润($NOPAT$)、资本占用额(NA)以及加权平均资本成本率($WACC$)。

1. *息前税后经营利润*

息前税后经营利润是根据报告期利润表中的净利润经过一系列调整得到的，一般是指净利润加上利息支出。传统的财务指标计算是以会计报表信息为基础，由于会计政策使用和调整会影响到会计利润以及历史成本原则无法正确地反映公司真实的收益和未来价值，因此，会计报表对公司的业绩反映本身就存在部分失真。在计算 EVA 的过程中，思腾思特公司站在经济学的角度对财务数据进行了最多达 160 多项的调整。这种调整使 EVA 比会计利润更加接近企业的经济现实。当然 EVA 的根本目的并不在于得到完善真实的原始利润值，而是在充分地考虑企业会计信息系统效率性的情况下，在调整操作的简单性、经济性与结果准确性之间寻求平衡。

目前，“国资委”考核计算中央国有企业 EVA 指标中的息前税后经营利润的主要调整项目有 4 项，即净利润、利息支出、研究开发费用、非经常性收益。具体计算如下：

$$\text{息前税后经营利润}=\text{净利润额}+\left(\text{利息支出}+\text{研究开发费用调整项}-\text{非经常性收益调整项}\times 50\%\right)\times(1-25\%)$$

上述调整项反映了国家鼓励企业要突出主业，加大研究开发投入，提高盈利水平等。

2. 资本占用额

$$\text{资本占用额}=\text{股权资本}+(\text{债务资本}-\text{商业信用债务资本})$$

这一指标是企业经营所实际占用的资本额，它与总资产、净资产等概念不同，商业信用债务资本主要是指应付账款等无息流动负债。

“国资委”考核国有企业 EVA 指标中的资本占用额在上述计算的基础上，还要扣除在建工程项目，其目的是鼓励企业要加大技术改造等基本建设投入，注重可持续发展。

3. 加权平均资本成本率

加权平均资本成本是根据债务资本成本和股权资本成本加权平均计算求得，股权资本成本可运用资本资产定价模型(CAPM)计算求得。

$$\text{加权平均资本成本率}=\text{股权资本比例}\times\text{股权资本成本率}+\text{债权资本比例}\times\text{债权资本成本率}\times(1-\text{所得税率})$$

资本成本本身是否精确并不重要，关键是管理者必须意识到资本成本的存在，股利取决于利润超过成本后公司创造的经济增加值。从量的规定性角度，资本成本是不断发生变化的。一方面，投资者要求的收益率与其所处的经济周期密切相关，在经济繁荣时期，投资者要求的收益率较高；而在经济萧条时期，投资者要求的收益率较低。另一方面，企业的形象、信誉、实力以及投资者对企业风险状况评价的变化，都会使投资者对不同企业要求的收益率产生较大的差异。

“国资委”考核计算中央国有企业 EVA 指标规定：加权平均资本成本率原则上定为 5.5%；承担国家政策任务较重且资产通用性较差的企业，资本成本率定为 4.1%；资产负债率在 75%以上的工业企业和 80%以上的非工业企业，资本成本率为 6%；资本成本率确定后，三年不变。

EVA 可以比较准确地反映企业在一定时期内所创造的价值。如果余额为正，表示创造了价值，EVA 持续地增长意味着公司新创造价值的不断增加；如果余额为负，表示损耗了价值，从而背离了股东财富最大化的经营目标。

二、EVA 的主要特点与分析

EVA 作为一种新的业绩评价指标，具有区别于传统的业绩评价指标的明显特点。

（一）从股东角度定义企业利润和公司价值

传统的会计利润计算，只考虑了债务资本成本，没有考虑股权资本成本，因此这种计算实际隐含着一个假设，即股东的钱是可以无偿使用的，这显然是不妥的。EVA的视角是从股东的角度来定义企业的利润，股东在将资本投入到企业之后，实际上放弃了投资于其他项目可能获得的收益，即机会成本。因此，从股东角度来说，只有当企业的盈利超过了他的机会成本时，他的财富才真正地增加了，EVA与股东财富的变化是一致的。例如，假设股东要求的最低收益率为10%，那么企业只有在实际收益率超过10%时，才真正向股东提供除成本补偿以外的超额利润，股东财富才得到不断增加。反之，若企业的实际收益率达不到10%，尽管企业的账面利润较高，但实际上并没有给股东创造财富，反而损害了股东财富。

（二）EVA更注重企业的可持续发展

根据传统的会计利润指标来衡量企业的业绩，常常引起企业的短期化行为，使得企业在新技术开发、新产品研制等方面投入不足或较少，从而影响企业的未来发展。计算EVA时，对会计利润进行调整，如对研究开发、人力资源培养等支出加快。这有助于经营者作出能给企业带来长远利益的投资决策，如重视新产品的研究与开发、重视人力资源的培养等，从而能够杜绝企业经营者短期行为的发生，促进企业可持续发展。

（三）EVA指标改变了管理者的决策理念

如何提高EVA，避免评价标准不一导致公司制定未来计划、项目预算和经营决策的不协调，是管理需要研究的问题。EVA指标有助于管理者将股东财富最大化和投资者要求的收益率超过资本成本两个基本原则纳入企业经营决策之中，促使他们改变资本增值的观念，更理性地使用资本，提高资本的利用效率。同时，EVA能在股东利益与管理者利益之间建立起有效的共同利益机制，以EVA为基础建立特有的薪酬计划的公司，按照计划目标设立奖金，只对每年EVA的增量部分对管理者提供奖励，每年度的EVA改进目标一般3～5年确定一次。运用EVA考核可以建立"奖金存储库"，与EVA联系的一部分奖金被存储起来以后支付，当EVA下降时就会产生"负奖金"，奖金上不封顶，下不保底。因此，管理者在进行投资时就会充分兼顾企业的长期利益与短期利益，在谋求自身利益最大化的同时也为股东创造更多的财富。

（四）EVA适用于不同行业、不同类型企业的业绩评价

一般说来，不同资本规模、不同经营风险的企业为股东创造价值的能力存在较大差别。股权资本成本是股东现有资产上所要求的最低收益率，这虽是一种隐性成本，但却是客观存在的，对于不同类型、不同风险的企业，他们所要求的最低收益率不尽相同。如投资于一家经营日用品企业与投资一家高新技术企业，两者的经营风险迥异，股东所要求的最低收益率就会有很大差异。建议不同行业的企业运用EVA考核时，可以考虑行业资本的成本、资本结构的特点计算分析。因而，EVA能够将不同经营风险、不同资本结构和不同行业的企业放在同一起跑线上进行业绩评价，其适用范围较广。

EVA归根结底是以会计报表作为计算依据的会计估计值，尽管对NOPAT进行一系列的调整，纠正了许多会计扭曲数据，但仍无法将公司经济现实与会计结果之间的差异完全弥合。因此，EVA在实际应用中有其局限性，即使是在适用EVA有限范围内的企业，由于不同企业的特殊性，每家公司在运用EVA时必须寻求个案最优解决方案。

本章小结

本章主要从企业基本财务比率、财务综合分析、企业价值创造等不同角度对企业的财务状况和经营成果进行了深入分析。

财务分析是财务管理的工具，其最基本功能是将大量的会计报表数据加工成对特定决策有用的信息，作出正确决策，以减少决策的不确定性，提高财务决策水平。

现行财务分析指标计算基于财务数据资料，没有考虑非财务信息资料。因此，财务分析也存在着一定的局限性。

财务分析人员应对企业的生产经营状况、财务状况和经营成果及其变动原因进行全面系统的分析和评价。

复习思考题 封底扫码查看参考答案

简答题

1. 什么是财务分析？简述财务分析的主要作用。
2. 财务分析的主要方法有哪些？比率分析法有哪些局限性？
3. 如何评价企业的偿债能力、营运能力、盈利能力和增长能力？
4. 什么是杜邦财务分析体系？它的核心内容是什么？
5. 简述 EVA 的含义及其主要特点。

计算题

1. 某公司 2021 年的净资产收益率为 14%，净利润为 120 万元，产权比率为 80%，2021 年销售收入为 3 600 万元，2021 年的所有者权益期初数与期末数相同，预计 2022 年销售收入为 4 158 万元，2022 年资产总额比上年增长 10%，销售净利率、权益乘数保持不变，所得税率为 30%。

要求：(1) 计算 2021 年资产总额、资产周转率、销售净利率、权益乘数；

(2) 计算 2022 年净资产收益率，并与 2021 年比较，分析其变动的原因。

2. 某公司 2021 年销售收入为 125 000 元，毛利率为 52%，赊销比例为 80%，销售净利率 16%，存货周转率 5 次，期初存货余额为 10 000 元，期初应收账款余额为 12 000 元，期末应收账款余额为 8 000 元，速动比率为 1.6，流动比率为 2.16，流动资产占资产总额的 27%，资产负债为 40%，该公司只发行普通股，流通在外股数为 5 000 股，每股市价 10 元，该公司期初与期末总资产相等。

要求：计算应收账款周转率；计算资产净利率；计算每股收益、市盈率。

3. ABC 公司 2021 年的销售额为 62 500 万元，比上年提高 28%，有关的财务比率如下：

表 15-6　ABC公司财务资料

财务比率	2020年同业平均	2020年本公司	2021年本公司
应收账款回收期(天)	35	36	36
存货周转率	2.50	2.29	2.11
销售毛利率	38%	40%	40%
销售营业利润率(息税前)	10.00%	9.60%	10.63%
销售利息率	3.73%	2.40%	3.82%
销售净利率	6.27%	7.20%	6.81%
总资产周转率	1.14	1.11	1.07
固定资产周转率	1.40	2.02	1.82
资产负债率	58%	50%	61%
已获利息倍数	2.68	4.00	2.78

注:该公司正处于免税期。

要求:(1) 运用杜邦财务分析原理,比较2020年公司与同业平均的净资产收益率,分析形成差异的原因。

(2) 运用杜邦财务分析原理,比较本公司2021年与2020年的净资产收益率,分析变化的原因。

E—阅读:连环替代法

哈佛分析框架

附 表

表 1 复利终值系数表

n	1%	2%	3%	4%	5%	6%	7%	8%	9%	10%	11%	12%	13%	14%	15%	16%	17%	18%	19%	20%	25%	30%
1	1.010	1.020	1.030	1.040	1.050	1.060	1.070	1.080	1.090	1.100	1.110	1.120	1.130	1.140	1.150	1.160	1.170	1.180	1.190	1.200	1.250	1.300
2	1.020	1.040	1.061	1.082	1.103	1.124	1.145	1.166	1.188	1.210	1.232	1.254	1.277	1.300	1.323	1.346	1.369	1.392	1.416	1.440	1.563	1.690
3	1.030	1.061	1.093	1.125	1.158	1.191	1.225	1.260	1.295	1.331	1.368	1.405	1.443	1.482	1.521	1.561	1.602	1.643	1.685	1.728	1.953	2.197
4	1.041	1.082	1.126	1.170	1.216	1.262	1.311	1.361	1.412	1.464	1.518	1.574	1.630	1.689	1.749	1.811	1.874	1.939	2.005	2.074	2.441	2.856
5	1.051	1.104	1.159	1.217	1.276	1.338	1.403	1.469	1.539	1.611	1.685	1.762	1.842	1.925	2.011	2.100	2.192	2.288	2.386	2.488	2.052	3.713
6	1.062	1.126	1.194	1.265	1.340	1.419	1.501	1.587	1.677	1.772	1.870	1.974	2.082	2.195	2.313	2.436	2.565	2.700	2.840	2.986	3.815	4.827
7	1.072	1.149	1.230	1.316	1.407	1.504	1.606	1.714	1.828	1.949	2.076	2.211	2.353	2.502	2.660	2.826	3.001	3.185	3.379	3.583	4.768	6.276
8	1.083	1.172	1.267	1.369	1.477	1.594	1.718	1.851	1.993	2.144	2.305	2.476	2.658	2.853	3.059	3.278	3.511	3.759	4.021	4.300	5.960	8.157
9	1.094	1.195	1.305	1.423	1.551	1.689	1.838	1.999	2.172	2.358	2.558	2.773	3.004	3.252	3.518	3.803	4.108	4.435	4.785	5.160	7.451	10.604
10	1.105	1.219	1.344	1.480	1.629	1.791	1.967	2.159	2.367	2.594	2.839	3.106	3.395	3.707	4.046	4.411	4.807	5.234	5.696	6.192	9.313	13.786
11	1.116	1.243	1.384	1.539	1.710	1.898	2.105	2.332	2.580	2.853	3.152	3.479	3.836	4.226	4.652	5.117	5.624	6.176	6.777	7.430	11.642	17.922
12	1.127	1.268	1.426	1.601	1.796	2.012	2.252	2.518	2.813	3.138	3.498	3.896	4.335	4.818	5.350	5.936	6.580	7.288	8.064	8.916	14.552	23.298
13	1.138	1.294	1.469	1.665	1.886	2.133	2.410	2.720	3.066	3.452	3.883	4.363	4.898	5.492	6.153	6.886	7.699	8.599	9.596	10.699	18.190	30.288
14	1.149	1.319	1.513	1.732	1.980	2.261	2.579	2.937	3.342	3.797	4.310	4.887	5.535	6.261	7.076	7.988	9.007	10.147	11.420	12.839	22.737	39.374
15	1.161	1.346	1.558	1.801	2.079	2.397	2.759	3.172	3.645	4.177	4.785	5.474	6.254	7.138	8.137	9.266	10.539	11.974	13.590	15.407	28.422	51.186
16	1.173	1.373	1.605	1.873	2.183	2.540	2.952	3.426	3.970	4.595	5.311	6.130	7.067	8.137	9.358	10.748	12.330	14.129	16.172	18.488	35.527	66.542

（续表）

n	1%	2%	3%	4%	5%	6%	7%	8%	9%	10%	11%	12%	13%	14%	15%	16%	17%	18%	19%	20%	25%	30%
17	1.184	1.400	1.653	1.948	2.292	2.693	3.159	3.700	4.328	5.054	5.895	6.866	7.986	9.276	10.761	12.468	14.426	16.672	19.244	22.186	44.409	86.504
18	1.196	1.428	1.702	2.206	2.407	2.854	3.380	3.996	4.717	5.560	5.544	7.690	9.024	10.575	12.375	14.463	16.879	19.673	22.091	26.623	55.511	112.46
19	1.208	1.457	1.754	2.107	2.527	3.026	3.617	4.316	5.142	6.116	7.263	8.613	10.197	12.056	14.232	16.777	19.748	23.214	27.252	31.948	69.389	146.19
20	1.220	1.486	1.806	2.191	2.653	3.207	3.870	4.661	5.604	6.727	8.062	9.646	11.523	13.743	16.367	19.461	23.106	27.393	32.429	38.338	86.736	190.05
25	1.282	1.641	2.094	2.666	3.386	4.292	5.427	6.848	8.623	10.835	13.585	17.000	21.231	26.462	32.919	40.874	50.658	62.669	77.388	95.396	264.70	705.64
30	1.348	1.811	2.427	3.243	4.322	5.743	7.612	10.063	13.268	17.449	22.892	29.960	39.116	50.950	66.212	85.850	111.07	143.37	184.68	237.38	807.79	2 620.0
40	1.489	2.208	3.262	4.801	7.040	10.286	14.974	21.725	31.409	45.259	65.001	93.051	132.78	188.88	267.86	378.72	533.87	750.38	1 051.7	1 469.8	7 523.2	36 119.0
50	1.645	2.692	4.384	7.107	11.467	18.420	29.457	46.902	74.358	117.39	184.57	289.00	450.74	700.23	1 083.7	1 670.7	2 566.2	3 927.4	5 988.9	9 100.4	70 065	497 929

表 2　复利现值系数表

n	1%	2%	3%	4%	5%	6%	7%	8%	9%	10%	11%	12%	13%	14%	15%	16%	17%	18%	19%	20%	25%	30%	35%	40%	50%
1	0.990	0.980	0.971	0.962	0.952	0.943	0.935	0.926	0.917	0.909	0.901	0.893	0.885	0.877	0.870	0.862	0.855	0.847	0.840	0.833	0.800	0.769	0.741	0.714	0.667
2	0.980	0.961	0.943	0.925	0.907	0.890	0.873	0.857	0.842	0.826	0.812	0.797	0.783	0.769	0.756	0.743	0.731	0.718	0.706	0.694	0.640	0.592	0.549	0.510	0.444
3	0.971	0.942	0.915	0.889	0.864	0.840	0.816	0.794	0.772	0.751	0.731	0.712	0.693	0.675	0.658	0.641	0.624	0.609	0.593	0.579	0.512	0.455	0.406	0.364	0.296
4	0.961	0.924	0.888	0.855	0.823	0.792	0.763	0.735	0.708	0.683	0.659	0.636	0.613	0.592	0.572	0.552	0.534	0.516	0.499	0.482	0.410	0.350	0.301	0.260	0.198
5	0.951	0.906	0.863	0.822	0.784	0.747	0.713	0.681	0.650	0.621	0.593	0.567	0.543	0.519	0.497	0.476	0.456	0.437	0.419	0.402	0.320	0.269	0.223	0.186	0.132
6	0.942	0.888	0.837	0.790	0.746	0.705	0.666	0.630	0.596	0.565	0.535	0.507	0.480	0.456	0.432	0.410	0.390	0.370	0.352	0.335	0.262	0.207	0.165	0.133	0.088
7	0.933	0.871	0.813	0.760	0.711	0.665	0.623	0.583	0.547	0.513	0.482	0.452	0.425	0.400	0.376	0.354	0.333	0.314	0.296	0.279	0.210	0.159	0.122	0.095	0.059
8	0.923	0.853	0.789	0.731	0.677	0.627	0.582	0.540	0.502	0.467	0.434	0.404	0.376	0.351	0.327	0.305	0.285	0.266	0.249	0.233	0.168	0.123	0.091	0.068	0.039
9	0.914	0.837	0.766	0.703	0.645	0.592	0.544	0.500	0.460	0.424	0.391	0.361	0.333	0.300	0.284	0.263	0.243	0.225	0.209	0.194	0.134	0.094	0.067	0.048	0.026
10	0.905	0.820	0.744	0.676	0.614	0.558	0.508	0.463	0.422	0.386	0.352	0.322	0.295	0.270	0.247	0.227	0.208	0.191	0.176	0.162	0.107	0.073	0.050	0.035	0.017
11	0.896	0.804	0.722	0.650	0.585	0.527	0.475	0.429	0.388	0.351	0.317	0.287	0.261	0.237	0.215	0.195	0.178	0.162	0.148	0.135	0.086	0.056	0.037	0.025	0.012
12	0.887	0.788	0.701	0.625	0.557	0.497	0.444	0.397	0.356	0.319	0.286	0.257	0.231	0.208	0.187	0.168	0.152	0.137	0.124	0.112	0.069	0.043	0.027	0.018	0.008
13	0.879	0.773	0.681	0.601	0.530	0.469	0.415	0.368	0.326	0.290	0.258	0.229	0.204	0.182	0.163	0.145	0.130	0.116	0.104	0.093	0.055	0.033	0.020	0.13	0.005

（续表）

n	1%	2%	3%	4%	5%	6%	7%	8%	9%	10%	11%	12%	13%	14%	15%	16%	17%	18%	19%	20%	25%	30%	35%	40%	50%
14	0.870	0.758	0.661	0.577	0.505	0.442	0.388	0.340	0.299	0.263	0.232	0.205	0.181	0.160	0.141	0.125	0.111	0.099	0.088	0.078	0.044	0.025	0.15	0.009	0.003
15	0.861	0.743	0.642	0.555	0.481	0.417	0.362	0.315	0.275	0.239	0.209	0.183	0.160	0.140	0.123	0.108	0.095	0.084	0.074	0.065	0.035	0.020	0.011	0.006	0.002
16	0.853	0.728	0.623	0.534	0.458	0.394	0.339	0.292	0.252	0.218	0.188	0.163	0.141	0.123	0.107	0.093	0.081	0.071	0.062	0.054	0.028	0.015	0.008	0.005	0.002
17	0.844	0.714	0.605	0.513	0.436	0.371	0.317	0.270	0.231	0.198	0.170	0.146	0.125	0.108	0.093	0.080	0.069	0.060	0.052	0.045	0.023	0.012	0.006	0.003	0.001
18	0.836	0.700	0.587	0.494	0.416	0.350	0.296	0.250	0.212	0.180	0.153	0.130	0.111	0.095	0.081	0.069	0.059	0.051	0.044	0.038	0.018	0.009	0.005	0.002	0.001
19	0.828	0.686	0.570	0.475	0.396	0.331	0.277	0.232	0.194	0.164	0.138	0.116	0.098	0.083	0.70	0.060	0.051	0.043	0.037	0.031	0.014	0.007	0.003	0.002	0
20	0.820	0.673	0.554	0.456	0.377	0.312	0.258	0.215	0.178	0.149	0.124	0.104	0.087	0.073	0.061	0.051	0.043	0.037	0.31	0.026	0.012	0.005	0.002	0.001	0
25	0.780	0.610	0.478	0.375	0.295	0.233	0.184	0.146	0.116	0.092	0.074	0.059	0.047	0.038	0.030	0.024	0.020	0.016	0.013	0.010	0.004	0.001	0.001	0	0
30	0.742	0.552	0.412	0.308	0.231	0.174	0.131	0.099	0.075	0.057	0.044	0.033	0.026	0.020	0.015	0.012	0.009	0.007	0.005	0.004	0.001	0	0	0	0
40	0.62	0.453	0.307	0.208	0.142	0.097	0.067	0.046	0.032	0.022	0.015	0.011	0.008	0.005	0.004	0.003	0.002	0.001	0.001	0.001	0	0	0	0	0
50	0.608	0.372	0.228	0.141	0.087	0.054	0.034	0.021	0.013	0.009	0.005	0.003	0.002	0.001	0.001	0.001	0	0	0	0	0	0	0	0	0

表 3　年金终值系数表

n	1%	2%	3%	4%	5%	6%	7%	8%	9%	10%	11%	12%	13%	14%	15%	16%	17%	18%	19%	20%	25%	30%
1	1.000	1.000	1.000	1.000	1.000	1.000	1.000	1.000	1.000	1.000	1.000	1.000	1.000	1.000	1.000	1.000	1.000	1.000	1.000	1.000	1.000	1.000
2	2.010	2.020	2.030	2.040	2.050	2.060	2.070	2.080	2.090	2.100	2.110	2.120	2.130	2.140	2.150	2.160	2.170	2.180	2.190	2.200	2.250	2.300
3	3.030	3.060	3.091	3.122	3.153	3.184	3.215	3.246	3.278	3.310	3.342	3.374	3.407	3.440	3.473	3.506	3.539	3.572	3.606	3.640	3.813	3.990
4	4.060	4.122	4.184	4.246	4.310	4.375	4.440	4.506	4.573	4.641	4.710	4.779	4.850	4.921	4.993	5.066	5.141	5.215	5.291	5.368	5.766	6.187
5	5.101	5.204	5.309	5.416	5.526	5.637	5.751	5.867	5.985	6.105	6.228	6.353	6.480	6.610	6.742	6.877	7.014	7.154	7.297	7.442	8.207	9.043
6	6.152	6.308	6.468	6.633	6.802	6.975	7.153	7.336	7.523	7.716	7.913	8.115	8.323	8.536	8.754	8.977	9.207	9.442	9.683	9.930	11.259	12.756
7	7.214	7.434	7.662	7.898	8.142	8.394	8.654	8.923	9.200	9.487	9.783	10.089	10.405	10.730	11.067	11.414	11.772	12.142	12.523	12.916	15.073	17.583
8	8.286	8.583	8.892	9.214	9.549	9.897	10.260	10.637	11.028	11.436	11.859	12.300	12.757	13.233	13.727	14.240	14.773	15.327	15.902	16.499	19.842	23.858
9	9.369	9.755	10.159	10.583	11.027	11.491	11.987	12.488	13.021	13.579	14.164	14.776	15.416	16.085	16.786	17.519	18.285	19.086	19.923	20.799	25.802	32.015
10	10.462	10.950	11.464	12.006	12.578	13.181	13.816	14.487	15.193	15.937	16.722	17.549	18.420	19.337	20.304	21.321	22.393	23.521	24.701	25.959	33.253	42.619

（续表）

n	1%	2%	3%	4%	5%	6%	7%	8%	9%	10%	11%	12%	13%	14%	15%	16%	17%	18%	19%	20%	25%	30%
11	11.567	12.169	12.808	13.486	14.207	14.972	15.784	16.645	17.560	18.531	19.561	20.655	21.814	23.045	24.349	25.733	27.200	28.755	30.404	32.150	42.566	56.405
12	12.683	13.412	14.192	15.026	15.917	16.870	17.888	18.977	20.141	21.384	22.713	24.133	25.650	27.271	29.002	30.850	32.824	34.931	37.180	39.581	54.208	74.237
13	13.809	14.680	15.618	16.627	17.713	18.882	20.141	21.495	22.953	24.523	26.212	28.029	29.985	32.089	34.352	36.786	39.404	42.219	45.244	48.497	68.760	97.625
14	14.947	15.974	17.086	18.292	19.599	21.015	22.550	24.215	26.019	27.975	30.095	32.393	34.883	37.581	40.505	43.627	47.103	50.818	54.841	59.196	86.949	127.91
15	16.097	17.293	18.599	20.024	21.579	23.276	25.129	27.152	29.361	31.772	34.405	37.280	40.417	43.842	47.580	51.660	56.110	60.965	66.261	72.035	109.69	167.29
16	17.258	18.639	20.157	21.825	23.657	25.673	27.888	30.324	33.003	35.950	39.190	42.753	46.672	50.980	55.717	60.925	66.649	72.939	79.850	87.442	138.11	218.47
17	18.430	20.012	21.762	23.698	25.840	28.213	30.840	33.750	36.974	40.545	44.501	48.884	53.739	59.118	65.075	71.673	78.979	87.068	96.022	105.93	173.64	285.01
18	19.615	21.412	23.414	25.645	28.132	30.906	33.999	37.450	41.301	45.599	50.396	55.750	61.725	68.394	75.836	84.141	93.406	103.74	115.27	128.12	218.05	371.52
19	20.811	22.841	25.117	27.671	30.539	33.760	37.379	41.446	46.018	51.159	56.939	63.440	70.749	78.969	88.212	98.603	110.29	123.41	138.17	154.74	273.56	483.97
20	22.019	24.297	26.870	29.778	33.066	36.786	40.995	45.762	51.160	57.275	64.203	72.052	80.947	91.025	102.44	115.38	130.03	146.63	165.42	186.69	342.95	630.17
25	28.243	32.030	36.459	41.646	47.727	54.865	63.249	73.106	84.701	98.347	114.41	133.33	155.62	181.87	212.79	249.21	292.11	342.60	402.04	471.98	1 054.8	2 348.8
30	34.785	40.588	47.575	56.085	66.439	79.058	94.461	113.28	136.31	164.49	199.02	241.33	293.20	356.79	434.75	530.31	647.44	790.95	966.7	1 181.9	3 227.2	8 730.0
40	48.886	60.402	75.401	95.026	120.80	154.76	199.64	259.06	337.89	442.59	581.83	767.09	1 013.7	1 342.0	1 779.1	2 360.8	3 134.5	4 163.21	5 519.8	7 343.9	30 089	120 393
50	64.463	84.579	112.80	152.67	209.35	290.34	406.53	573.77	815.08	1 163.9	1 668.8	2 400.0	3 459.5	4 994.5	7 217.7	10 436	15 090	21 813	31 515	45 497	280 256	165 976

表 4　年金现值系数表

n	1%	2%	3%	4%	5%	6%	7%	8%	9%	10%	11%	12%	13%	14%	15%	16%	17%	18%	19%	20%	25%	30%	35%	40%	50%
1	0.990	0.980	0.971	0.962	0.952	0.943	0.935	0.926	0.917	0.909	0.901	0.893	0.885	0.877	0.870	0.862	0.855	0.847	0.840	0.833	0.800	0.769	0.741	0.714	0.667
2	1.970	1.942	1.914	1.886	1.859	1.833	1.808	1.783	1.759	1.736	1.713	1.690	1.668	1.647	1.626	1.605	1.585	1.566	1.547	1.528	1.440	1.361	1.289	1.224	1.111
3	2.941	2.884	2.829	2.775	2.723	2.673	2.624	2.577	2.531	2.487	2.444	2.402	2.361	2.322	2.283	2.246	2.210	2.174	2.140	2.106	1.952	1.816	1.696	1.589	1.407
4	3.902	3.808	3.717	3.630	3.546	3.465	3.387	3.312	3.240	3.170	3.102	3.037	2.974	2.914	2.855	2.798	2.743	2.690	2.639	2.589	2.362	2.166	1.997	1.849	1.605
5	4.853	4.714	4.580	4.452	4.330	4.212	4.100	3.993	3.890	3.791	3.696	3.605	3.517	3.433	3.352	3.274	3.199	3.127	3.058	2.991	2.689	2.436	2.220	2.035	1.737
6	5.796	5.601	5.417	5.242	5.076	4.917	4.767	4.263	4.486	4.355	4.231	4.111	3.998	3.889	3.784	3.685	3.589	3.498	3.410	3.326	2.951	2.643	2.385	2.168	1.824
7	6.728	6.472	6.230	6.002	5.786	5.582	5.389	5.206	5.033	4.868	4.712	4.564	4.423	4.288	4.160	4.039	3.922	3.812	3.706	3.605	3.161	2.802	2.508	2.263	1.883

（续表）

n	1%	2%	3%	4%	5%	6%	7%	8%	9%	10%	11%	12%	13%	14%	15%	16%	17%	18%	19%	20%	25%	30%	35%	40%	50%
8	7.652	7.325	7.020	6.733	6.463	6.210	5.971	5.747	5.535	5.335	5.146	4.968	4.799	4.639	4.487	4.344	4.207	4.078	3.954	3.837	3.329	2.925	2.598	2.331	1.922
9	8.566	8.162	7.786	7.435	7.108	6.802	6.515	6.247	5.995	5.759	5.537	5.328	5.132	4.946	4.472	4.607	4.451	4.303	4.163	4.031	3.463	3.019	2.665	2.379	1.948
10	9.471	8.983	8.530	8.111	7.722	7.360	7.024	6.710	6.418	6.145	5.889	5.650	5.426	5.126	5.019	4.833	4.659	4.494	4.339	4.192	3.571	3.092	2.715	2.414	1.965
11	10.368	9.787	9.253	8.761	8.306	7.887	7.499	7.139	6.805	6.495	6.207	5.938	5.687	5.453	5.234	5.029	4.836	4.656	4.486	4.327	3.656	3.147	2.752	2.438	1.977
12	11.255	10.575	9.954	9.385	8.863	8.384	7.943	7.536	7.161	6.814	6.412	6.194	5.918	5.660	5.421	5.197	4.988	4.793	4.611	4.439	3.725	3.190	2.779	2.456	1.985
13	12.134	11.348	10.635	9.986	9.394	8.853	8.358	7.904	9.487	7.103	6.750	6.424	6.122	5.842	5.583	5.342	5.118	4.910	4.715	4.553	3.780	3.223	2.799	2.469	1.990
14	13.004	12.106	11.296	10.563	9.899	9.295	8.745	8.244	7.786	7.367	6.982	6.628	6.302	6.003	5.724	5.468	5.229	5.008	4.802	4.611	3.824	3.249	2.814	2.478	1.993
15	13.865	12.849	11.938	11.118	10.380	9.712	9.108	8.559	8.061	7.606	7.191	6.811	6.462	6.142	5.847	5.576	5.324	5.092	4.876	4.675	3.859	3.268	2.825	2.484	1.995
16	14.718	13.578	12.561	11.652	10.838	10.106	9.447	8.851	8.313	7.824	7.379	6.974	6.604	6.265	5.954	5.668	5.404	5.162	4.938	4.730	3.887	3.283	2.834	2.489	1.997
17	15.562	14.292	13.166	12.166	11.274	10.477	9.763	9.122	8.544	8.022	7.549	7.102	6.729	6.373	6.047	5.749	5.475	5.222	4.988	4.775	3.910	3.295	2.840	2.492	1.998
18	16.398	14.992	13.754	12.659	11.690	10.828	10.059	9.372	8.756	8.201	7.702	7.250	6.840	6.467	6.128	5.515	5.534	5.273	8.033	4.813	3.928	3.304	2.844	2.494	1.999
19	17.226	15.678	14.324	13.134	12.085	11.158	10.336	9.604	8.950	8.365	7.839	7.336	6.938	6.550	6.198	5.877	5.584	5.316	5.070	4.843	3.942	3.311	2.848	2.496	1.999
20	18.046	16.351	14.878	13.590	12.462	11.470	10.594	9.818	9.129	8.514	4.963	7.469	7.025	6.623	6.259	5.929	5.628	5.353	5.101	4.870	3.954	3.316	2.850	2.497	1.999
25	22.023	19.523	17.413	15.622	14.094	12.783	11.654	10.675	9.823	9.077	8.422	7.843	7.330	6.873	6.464	6.097	5.766	5.467	5.195	4.948	3.985	3.329	2.856	2.499	2.000
30	28.808	22.396	19.600	17.292	15.373	13.765	12.409	11.258	10.274	9.427	8.694	8.055	7.496	7.003	6.566	6.233	5.871	5.548	5.235	4.979	3.995	3.332	2.857	2.500	2.000
40	32.835	27.355	23.115	19.793	17.159	15.046	13.332	11.925	10.757	9.779	8.951	8.244	7.634	7.105	6.642	6.233	5.871	5.548	5.258	4.997	3.999	3.333	2.857	2.500	2.000
50	39.196	31.424	25.730	21.482	18.256	15.726	13.801	12.233	10.962	9.915	9.042	8.034	7.675	7.133	6.661	6.246	5.880	5.554	5.262	4.999	4.000	3.333	2.857	2.500	2.000

图书在版编目(CIP)数据

财务管理 / 王玉春主编. —7 版. —南京 ：南京大学出版社，2022.6(2024.8 重印)

ISBN 978-7-305-25789-6

Ⅰ. ①财… Ⅱ. ①王… Ⅲ. ①财务管理 Ⅳ. ①F275

中国版本图书馆 CIP 数据核字(2022)第 089112 号

免费

为选用教材提供：
教学详解PPT
电子教学方案
综合测试试卷
详情请咨询：

2397781670@qq.com

出版发行 南京大学出版社
社　　址 南京市汉口路 22 号　　邮　　编 210093

书　　名 财务管理
CAIWU GUANLI
主　　编 王玉春
责任编辑 唐甜甜　　编辑热线 025-83594087

照　　排 南京开卷文化传媒有限公司
印　　刷 盐城市华光印刷厂
开　　本 787 mm×1092 mm 1/16 印张 23.25 字数 580 千
版　　次 2008 年 1 月第 1 版　2022 年 6 月第 7 版
印　　次 2024 年 8 月第 4 次印刷
ISBN 978-7-305-25789-6
定　　价 62.80 元

网　　址：http://www.njupco.com
官方微博：http://weibo.com/njupco
官方微信号：njupress
销售咨询热线：(025)83594756